ŒUVRES POLITIQUES

DE

BENJAMIN CONSTANT

Paris. — Imprimerie VIÉVILLE et CAPIOMONT, rue des Poitevins, 6.

ŒUVRES POLITIQUES

DE

BENJAMIN CONSTANT

AVEC

INTRODUCTION, NOTES ET INDEX

PAR

CHARLES LOUANDRE

PARIS

CHARPENTIER ET Cⁱᵉ, LIBRAIRES-ÉDITEURS

28, QUAI DU LOUVRE, 28

1874
Tous droits réservés.

AVERTISSEMENT SUR CETTE ÉDITION

En présentant ce volume au public nous devons tout d'abord rendre hommage à M. Édouard Laboulaye, l'éminent publiciste dont le nom se rencontrera souvent dans les pages qui suivent. Biographe, éditeur et commentateur de Benjamin Constant, M. Laboulaye a mis en pleine lumière la vie et les œuvres politiques du grand orateur de la Restauration; il a montré aux hommes de notre temps que c'était dans ces œuvres qu'il fallait chercher le code de la liberté moderne, et il a rendu par là le plus grand service à la cause du progrès. Mais, à côté de l'édition qu'il a publiée en deux volumes in-8, nous avons pensé qu'il restait une place pour une édition plus modeste, accessible à tous, dégagée des écrits de circonstance et offrant l'essence même des doctrines de l'illustre écrivain.

Il ne s'agissait point pour nous de reproduire des écrits littéraires dans leur intégrité et l'ordre même que leur avait donné l'auteur, d'autant plus que cet ordre est quelquefois un peu confus, et que de nom-

breux passages se rapportent à des faits dont le souvenir est souvent effacé ; nous avons voulu seulement
en quelque sorte composer un manuel politique,
où chacun puisse trouver des notions claires et précises sur les droits et les devoirs du citoyen, sur les
formes diverses des gouvernements, sur les principes
qui sont la base des sociétés humaines. A ce point
de vue, cette édition, tout en ne reproduisant que
des extraits, est aussi complète que possible et ne
laisse aucune question sans réponse. Il n'est pas, en
effet, un seul des problèmes qui s'agitent aujourd'hui
que Benjamin Constant n'ait abordé, et pour ainsi
dire résolu avec l'autorité d'un esprit supérieur qui
s'élève au-dessus des partis, quels qu'ils soient, pour
se placer dans les calmes régions de la justice et de
la vérité. Souveraineté du peuple, monarchie absolue
ou constitutionnelle, droit électoral, service militaire,
organisation judiciaire, système répressif, liberté de
la presse, de la conscience et de la pensée, administration communale, impôts, commerce, tels sont les
graves et importants sujets qu'il aborde tour à tour,
en cherchant la solution la plus équitable et la plus
rationnelle. Chacun des chapitres que nous lui avons
empruntés correspond ainsi à l'un des éléments dont
l'ensemble constitue la vie collective des nations.

Le présent volume est divisé en six parties : les
cinq premières sont théoriques et dogmatiques. La
sixième est à la fois dogmatique et historique, et se
rattache particulièrement à la république et à l'em-

pire par les chapitres intitulés : *De la Terreur et de ses effets;* — *des Réactions politiques;* — *de l'Esprit de conquête.* L'auteur, après avoir posé les principes, les vérifie par les faits; il prouve jusqu'à la dernière évidence qu'il est des lois supérieures à toutes les formes de gouvernement, à toutes les théories exclusives des partis, et que les pouvoirs en apparence les plus forts ne violent jamais qu'en travaillant eux-mêmes à leur ruine.

En publiant cette édition de Benjamin Constant, nous avons suivi le même système que dans celles qui l'ont précédée. Une introduction résume la vie et les travaux de l'auteur; des notes explicatives, historiques ou bibliographiques, sont ajoutées au texte, et le volume se termine par un index que nous nous sommes efforcé de rendre aussi complet que possible. Les notes non signées sont de Benjamin Constant; les autres portent le nom de leurs auteurs.

Dans les jours troublés où nous vivons, la politique n'est trop souvent que la lutte aveugle des illusions, des passions, des ambitions, et tandis que les uns s'attachent obstinément à un passé qui ne peut renaître, les autres compromettent l'avenir par des aspirations et des utopies irréalisables. En présence de cette situation, il nous a paru utile de montrer, par les écrits d'un illustre publiciste, que la politique est une science rigoureuse, basée sur la morale, l'expérience, le respect de tous les droits, la conciliation de tous les intérêts légitimes : c'est à ce titre seulement qu'elle peut assurer aux nations comme aux individus le libre développement de leur activité et de leur force, concilier l'ordre et la liberté, et nous préserver des bouleversements et des désastres qui depuis bientôt un siècle nous conduisent périodiquement au bord de l'abîme. Puisse ce livre faire pénétrer plus profondément dans les esprits ces grandes vérités, dont Benjamin Constant a démontré l'évidence avec une rigueur mathématique !

Cette édition était prête pour l'impression à la fin de 1869. Les malheurs inouïs dont nous avons été les témoins et les victimes n'ont fait que donner une autorité nouvelle aux jugements de l'illustre publiciste. Nous n'avons pas eu à modifier une seule des notes rédigées il y a cinq ans, et celles, en petit nombre d'ailleurs, qui se rattachent à ces dernières années sont venues se placer d'elles-mêmes au-dessous du texte, comme pour démontrer la clairvoyance de l'auteur et la sagesse de ses prévisions.

INTRODUCTION

I

L'illustre publiciste dont le nom se rattache aux plus grands souvenirs de notre histoire est né le 25 octobre 1767, à Lausanne, d'une famille de protestants français qui était venue s'établir dans cette ville en 1607. Son père était lieutenant-colonel d'un régiment suisse au service de la Hollande, et l'un de ses ancêtres, le capitaine Constant de Rebecque, avait sauvé la vie à Henri IV à la bataille de Coutras, en tuant un gendarme qui allait assommer ce prince avec un tronçon de lance [1]. Sa mère, Henriette de Chaudieu-Villars, mourut en lui donnant le jour; ce malheur eut sur sa première jeunesse une influence fâcheuse, car son père se remaria, et la vie de famille paraît n'avoir pas été pour lui sans quelque amertume.

En 1779, Benjamin Constant vint à Paris, et, peu de temps après, son père le conduisit à Bruxelles et le présenta à la cour de l'archiduc. De Bruxelles il fut envoyé à Oxford pour apprendre l'anglais; il se rendit ensuite en Allemagne, à l'Université d'Erlangen: après un an de sé-

---

1. Nous ne pouvons, en raison des bornes qui nous sont imposées ici, entrer dans de longs détails biographiques; mais les personnes qui voudront connaître intimement Benjamin Constant, et l'apprécier comme homme et comme écrivain, trouveront tous les renseignements désirables dans la belle étude publiée par M. Edouard Laboulaye, *Revue nationale*, t. V, VI, VII, XXV, XXVI. Cette étude n'est pas seulement une œuvre éminente de critique littéraire et politique, c'est aussi un commentaire très-important de l'histoire du premier empire et de la restauration.

jour dans cette ville, il alla terminer ses études à l'Université d'Édimbourg, et il y resta jusqu'en 1787, époque à laquelle il revint à Paris, où il publia, sans y mettre son nom, l'*Essai historique sur les mœurs des temps heroïques de la Gréce*. Ce livre, faible début d'un grand esprit qui cherchait sa voie, passa inaperçu du public; mais il créa d'importantes relations à son auteur, qui fut accueilli avec bienveillance par M. Necker et reçu dans les salons de Suard, où il rencontra Marmontel, La Harpe, Lacretelle, l'abbé Morellet. Cependant la littérature ne suffisait pas à l'âme ardente et inquiète de Benjamin Constant : il cherchait à s'étourdir par les plaisirs et le jeu, lorsque l'idée de se marier lui prend tout à coup. Il fait sa demande, éprouve un refus, et le voilà qui se décide à quitter la France. Laissons-le raconter lui-même cette aventure :

« En fouillant des papiers, je trouvai une lettre d'une de mes parentes, qui, en me parlant de mon père, me peignait son mécontentement de ce que je n'avais point d'état, ses inquiétudes sur l'avenir, et me rappelait ses soins pour mon bonheur et l'intérêt qu'il y mettait. Je me représentai, moi, pauvre diable, ayant manqué dans tous mes projets, plus ennuyé, plus malheureux, plus fatigué que jamais de ma triste vie. Je me figurai ce pauvre père, trompé dans toutes ses espérances, n'ayant pour consolation dans sa vieillesse qu'un homme aux yeux duquel à vingt ans tout était décoloré, sans activité, sans énergie, sans désirs... J'étais abattu, je souffrais, je pleurais...

« Une idée folle me vint, je me dis : partons, vivons seul, ne faisons plus le malheur d'un père, ni l'ennui de personne. Ma tête était montée; je ramasse à la hâte trois chemises et quelques bas, et je pars sans autre habit, veste, culotte ou mouchoir, que ceux que j'avais sur moi. Il était minuit. J'allai vers un de mes amis dans un hôtel. Je m'y fis donner un lit. J'y dormis d'un sommeil pesant, d'un sommeil affreux jusqu'à onze heures. L'image de mademoiselle P..., embellie par le désespoir, me poursuivait partout. Je me lève, un sellier qui demeurait vis-à-vis me loue une chaise. Je fais demander des chevaux pour Amiens. Je m'enferme dans ma chaise. Je pars avec mes trois chemises et une paire de pantoufles (car je n'avais point de souliers avec moi), et trente et un louis en poche. Je vais ventre à terre; en vingt heures je fais soixante et neuf lieues. J'arrive à Calais, je m'embarque, j'arrive à Douvres, et je me réveille d'un songe.

« Mon père irrité, mes amis confondus, les indifférents clabaudant à qui mieux mieux; moi seul, avec quinze guinées, sans domestique, sans habit, sans chemises, sans recommandations; voilà ma situation, madame, au moment où je vous écris, et je n'ai été de ma vie moins inquiet. »

En arrivant en Angleterre, Benjamin Constant achète un cheval au rabais et se met à courir les routes, en vrai bachelier de Salamanque; mais sa bourse était légère : elle fut bientôt vide. Il reconnut alors qu'il était bon d'avoir un état, comme le voulait son père, et celui-ci lui fit obtenir une place de chambellan auprès du duc de Brunswick. Momentanément réconcilié avec la vie tranquille, l'enfant prodigue, avant de partir pour l'Allemagne, alla passer quelques semaines près de Lausanne, et c'est là qu'il rencontra madame de Charrière [1].

« Cette dame, dit M. Laboulaye, fut-elle, comme on l'a supposé, la *première marraine de ce Chérubin quelque peu émancipé?* Il est permis d'en douter, et, en bonne justice, le doute est acquis à l'accusé. Selon moi, Mme de Charrière ne joua pas le personnage qu'on lui prête; elle fut quelque chose de mieux : l'amie intelligente et dévouée d'un jeune homme qui n'avait pas de mère, et qui cherchait autour de lui une tendresse qu'il ne trouvait pas au logis paternel. » Mais quelle qu'ait été la nature de ces relations, elles exercèrent sur Benjamin Constant une grande influence et donnèrent lieu à une correspondance intime qui jette un grand jour sur son caractère à la fois sceptique et passionné [2].

Après deux mois de séjour près de Lausanne, le jeune chambellan du duc de Brunswick alla prendre possession de sa charge, au mois de mars 1788 ; il *végétailla decemment,* ainsi qu'il le dit lui-même dans sa *Béotie brunswickoise,* pendant sept longues années [3], travaillant, pour se dis-

---

1. Madame de Charrière, hollandaise de naissance, a cultivé avec beaucoup de succès la littérature française. On lui doit entre autres un roman de *Caliste* qui se distingue par des qualités sérieuses. Voir l'étude critique que lui a consacrée Sainte-Beuve, dans les *Derniers portraits.*

2. La dernière lettre de cette correspondance est du 26 mars 1796.

3. Dans sa correspondance avec madame de Charrière, Benjamin Constant donne de piquants détails sur la petite cour dont il était, ainsi qu'il le dit, le gentilhomme le plus extraordinaire. Voici comment il rend compte d'une fête officielle :

« J'ai été hier d'office à un bal où je me suis passablement ennuyé. Toute la cour y allait, il a bien fallu y aller. Pendant sept mortelles heures, enveloppé dans mon domino, un masque sur le nez et un beau chapeau avec

traire, à une *Histoire de la civilisation graduelle des Grecs
par les colonies égyptiennes*; se mariant pour se divorcer
peu de temps après, et toujours mal vu des Allemands,
parce qu'il avait autant d'esprit qu'ils en avaient peu, et
qu'il aimait la France, dont ils étaient alors aussi basse-
ment jaloux qu'ils le sont encore aujourd'hui. En 1795,
il prit enfin la résolution de quitter la petite cour dont il
était « le gentilhomme le plus extraordinaire » et vint se
fixer à Paris.

A dater de cette époque, il entre définitivement dans son
rôle.

II

Lors de son premier séjour en France, en 1787, Benjamin
Constant, nous l'avons vu plus haut, avait été reçu avec
une grande bienveillance par M. Necker. En 1795, il
trouva près de sa fille, madame de Staël, le même accueil
empressé, et bientôt une sympathie profonde rapprocha
ces deux natures d'élite, « ces deux âmes faites l'une pour
l'autre, comme le dit M. Laboulaye, et qui se complétaient
mutuellement. »

Femme de l'ambassadeur de Suède près la République
française, madame de Staël avait profité de la sauvegarde
diplomatique que lui assurait le titre de son mari, pour
ouvrir son salon aux hommes marquants de tous les partis.
Ce salon, si justement célèbre, « était peuplé, dit Benjamin
Constant, de quatre à cinq tribus différentes : des membres

---

une belle cocarde sur la tête, je me suis assis, etendu, chauffe, promene.
« Vous ne tanze pas, monsieur le baron ? — Non, madame. — *Der Herr
Kammerjunker tanzen nicht.* — *Nein, Euere Excellenz.* — Votre Altesse
Serenissime a beaucoup danse. — Votre Altesse Serénissime aime beaucoup
la danse. — Votre Altesse Serénissime dansera-t-elle encore ? — Votre Altesse
Serénissime est infatigable. » A une heure a peu près je pris une indigestion
d'ennui et je m'en allai avant les autres.

« Les Allemands, dit Benjamin Constant, sont lourds en raisonnant, en
plaisantant, en s'attendrissant, en se divertissant, en s'ennuyant... Ils croient
qu'il faut être hors d'haleine pour être gai, et hors d'équilibre pour être
poli. »

du gouvernement présent, dont madame de Staël cherchait
à conquérir la confiance ; de quelques échappés du gouvernement passé dont l'aspect déplaisait à leurs successeurs ;
de tous les nobles rentrés, qu'elle était à la fois flattée et fâ-
chée de recevoir ; des écrivains qui, depuis le 9 thermidor,
avaient repris de l'influence ; et du corps diplomatique,
qui était aux pieds du Comité de salut public, en conspirant
contre lui. Au milieu des conversations, des actes, des in-
trigues de ces différentes peuplades, ma naïveté républicaine
se trouvait fort embarrassée. Quand je causais avec le parti
républicain qui était victorieux, je l'entendais dire qu'il
fallait couper la tête aux anarchistes et fusiller les émigrés,
à peu près sans jugement ; quand je me rapprochais du
petit nombre de terroristes déguisés qui avaient survécu,
j'entendais dire qu'il fallait exterminer le nouveau gouvernement, les émigrés et les étrangers ; quand je me laissais
séduire par les opinions modérées et doucereuses des écrivains qui prêchaient le retour à la morale et à la justice,
on m'insinuait à la deuxième phrase que la France ne pouvait se passer d'un roi, chose qui me choquait singulièrement. Je ne savais donc trop que faire de mon enthousiasme pour la République. »

Cet enthousiasme ne tarda cependant pas à trouver son
emploi.

La Convention voulait se maintenir au pouvoir en se
renouvelant par tiers, et s'imposer ainsi au pays qui la
repoussait. Benjamin Constant combattit cette prétention
au nom de la souveraineté du peuple ; dans des articles
de journaux qui firent grand bruit, il demanda qu'une
nouvelle Assemblée fût constituée par des élections générales. Des écrivains royalistes s'imaginèrent qu'il voulait
le renversement de la République ; ils le félicitèrent cha-
leureusement de son bon esprit ; les femmes le compli-
mentèrent dans les salons, et de tous côtés on le pria de
travailler à une restauration monarchique. « Cette invitation, dit-il, me fit sauter en l'air. Je rentrai chez moi,
maudissant les salons, les femmes, les journalistes, et tout
ce qui ne voulait pas la République, à la vie, à la mort. Je
ne savais pas alors qu'il n'y avait, au fond, de républicain
en France que moi, et ceux qui craignaient que la royauté
ne les fît pendre. » L'année suivante, au mois d'avril 1796,

il affirmait sa foi républicaine dans une brochure inti-
tulée : *De la forme du gouvernement actuel de la France et
de la nécessité de s'y rallier.* Ce gouvernement, c'était le
Directoire organisé par la constitution de l'an III, et quand
on compare les arguments dont il use en faveur de ce
nouveau pouvoir à ceux qui, de notre temps même, ont été
mis en avant pour faire accepter ou consolider la troisième
république, on est frappé de l'analogie qu'ils présentent
entre eux : il veut la République, « parce qu'il désire ardemment voir se terminer la Révolution ; » qu'elle peut
seule donner au pays l'ordre et la liberté et que « son affermissement est attaché à tout ce qu'il y a de noble et de
grand dans les destinées humaines. » Mais l'analogie n'est
pas seulement dans les arguments, elle est aussi dans les
faits, et quand on voit Benjamin Constant pris, comme
M. Thiers, pour un monarchiste par ceux qui désirent
la monarchie, quand on le voit déclarer, comme M. Thiers,
que la République est le seul gouvernement possible, n'est-
on point autorisé à se demander si le présent est autre chose
que le passé qui recommence ?

Benjamin Constant avait toujours aimé la France ; il
s'autorisa de l'article 22 de la loi du 9 décembre 1790 pour
demander le titre de citoyen français, en sa qualité de fils
de religionnaire ; ce titre lui fut accordé par le Directoire :
il s'en fit une arme pour répondre à ceux qui lui repro-
chaient de se mêler des affaires d'un pays auquel il était
étranger par sa naissance, et dès ce moment il prit une part
de plus en plus active à la politique militante. Les événements marchaient vite : une constitution nouvelle, celle
de l'an VIII, semblait promettre au pays le repos auquel il
aspirait ; le Tribunat venait d'être créé, et pour mieux
masquer ses desseins Bonaparte, premier consul, y fit
entrer les hommes qui lui paraissaient le plus dévoués aux institutions républicaines. Benjamin Constant
fut du nombre, avec l'austère et vertueux Daunou, Chénier, Ginguené, Gallois et Andrieux ; mais déjà, ainsi
que l'a dit Victor Hugo, *Napoléon perçait sous Bonaparte :*
il présenta un projet de loi au Tribunat, en lui donnant
trois jours pour l'examiner, l'adopter, et désigner les orateurs qui devaient le soutenir au Corps législatif. Benjamin
Constant protesta contre ce vote au pas de charge, en dé-

fendant l'indépendance des assemblées délibérantes; vingt-
six membres sur quatre-vingts s'associèrent à ses vues. De
nouvelles exigences vinrent bientôt soulever d'autres protestations. Le 18 janvier 1802, le premier consul écrivit à
son collègue Cambacérès : « Je vous prie de tenir la main
à ce qu'on nous débarrasse exactement des vingt et des
soixante mauvais membres que nous avons dans les autorités constituées. » Cambacérès exécuta la consigne et
Benjamin Constant fut éliminé avec Daunou, Chénier,
Ginguené, et tous *les mauvais membres* qui se réfugièrent
dans le salon de madame de Staël : le despotisme ombrageux du premier consul les y poursuivit encore; madame
de Staël fut expulsée et se rendit en Allemagne.

« Benjamin Constant, dit-elle, eut la bonté de m'accompagner ;
mais comme il aimait aussi beaucoup le séjour de Paris, je souffrais
du sacrifice qu'il me faisait. Chaque pas des chevaux me faisait
mal, et quand les postillons se vantaient de m'avoir menée vite, je
ne pouvais m'empêcher de soupirer du triste service qu'ils me rendaient. Je fis ainsi quarante lieues sans reprendre possession de
moi-même. »

. L'arrêt de proscription qui frappait l'illustre fille de
Necker excita, chez Benjamin Constant, un sentiment profond d'indignation.

« J'admire Bonaparte, a-t-il dit à propos de cet arrêt, quand il
couvre de gloire les drapeaux de la nation qu'il gouverne. Je l'admire quand, prévoyant l'instant où la mort brisera son bras de
fer, il dépose dans le Code civil des germes d'institutions libérales ;
je l'admire quand il défend le sol de la France ; mais, je le déclare,
la persécution d'un des plus beaux talents de ce siècle, son acharnement contre un des caractères les plus élevés de notre époque,
sont dans son histoire une tache ineffaçable. L'exil d'Ovide a flétri
la mémoire d'Auguste, et si Napoléon, à beaucoup d'égards, est
bien supérieur au triumvir qui prépara la perte de Rome, sous le
prétexte banal d'étouffer l'anarchie, le versificateur licencieux que
ce dernier envoya périr sous un ciel lointain n'était en rien comparable à l'écrivain qui a consacré sa vie entière à la défense de
toutes les pensées nobles, et qui, au milieu de tant d'exemples de
dégradation et d'apostasie, est resté fidèle aux principes de liberté
et de dignité, sans lesquels l'espèce humaine ne serait qu'une
horde de barbares ou un troupeau d'esclaves »

On a dit et souvent répété que Benjamin Constant avait
été expulsé comme madame de Staël; c'est une erreur, et
tout indique au contraire qu'il a volontairement quitté la
France, non pour la maudire et conspirer contre elle,
mais pour échapper au spectacle d'une tyrannie qui révol-
tait les plus nobles instincts de son âme. Au mois de décembre 1803, il alla se fixer à Weimar, qui était alors le
centre intellectuel de l'Allemagne; on le retrouve ensuite
à Coppet, en Suisse, dans le château de madame de Staël;
en 1808, il revient à Paris où il épouse mademoiselle de
Hardenberg, la parente du célèbre ministre prussien de ce
nom, qu'il avait connue à la cour du duc de Brunswick.
De Paris, il part pour Gœttingue et, dans cette retraite
studieuse, il traduit en vers la tragédie de *Walstein*, et tra-
vaille au livre de la *Religion*, au *Polythéisme romain*; en
1813, il publie le pamphlet célèbre *De l'esprit de conquête
et de l'usurpation*, et l'année suivante, il rentre en France
en même temps que les Bourbons.

La vie de Benjamin Constant, on le voit par les détails
qui précèdent, a été mêlée, dans sa première période,
d'incidents bien divers, et remplie par des fonctions et des
travaux de nature bien différente. L'élève des universités
anglaises et allemandes, le chambellan du duc de Brunswick, le membre du Tribunal, avait vu s'ouvrir devant lui
les plus larges perspectives de la science et de la politique. Lié avec les hommes les plus éminents de la France,
de l'Angleterre et de l'Allemagne, avec ceux qui exerçaient
la dictature de l'intelligence, il avait, à leur contact,
agrandi et rectifié son esprit, naturellement doué des plus
brillantes aptitudes; il s'était fait des gouvernements un
magnifique idéal de justice, d'ordre et de liberté, et c'est à
défendre cet idéal qu'il devait consacrer les dernières et
glorieuses années de sa vie.

III

De même que la grande majorité des Français, Benjamin Constant crut voir dans le retour des Bourbons un gage

de sécurité pour l'avenir. Il eut foi dans leurs promesses, et quelques jours avant la promulgation de la Charte, il fit paraître une brochure dans laquelle il traçait le programme du gouvernement représentatif tel qu'il le voulait pour la France ; on l'accusa de s'être mis en contradiction avec les principes qu'il professait en l'an III ; il répondit par ces sages paroles, que l'on ne saurait trop rappeler aux partis qui, depuis quarante ans, se sont chez nous disputé le pouvoir, en sacrifiant le pays à leur ambition :

« La liberté, l'ordre, le bonheur des peuples, sont le but des associations humaines ; les organisations politiques ne sont que des moyens, et un républicain éclairé est beaucoup plus disposé à devenir un royaliste constitutionnel qu'un partisan de la monarchie absolue. Entre la monarchie constitutionnelle et la république, la différence est dans la forme. Entre la monarchie constitutionnelle, et la monarchie absolue, la différence est dans le fond. »

Le nouveau gouvernement ne tarda point à montrer que tout en promettant la monarchie constitutionnelle, il était disposé à rentrer dans les voies de la monarchie absolue. Un projet de loi fut présenté au Corps législatif dans le but de soumettre à la censure tous les écrits qui n'auraient point trente feuilles d'impression, et de défendre aux journaux et aux publications périodiques de paraître sans une autorisation du roi. L'article 8 de la Charte était ouvertement violé. Benjamin Constant répondit au projet de loi par un opuscule intitulé : *De la liberté des brochures, des pamphlets et des journaux, considérée sous le rapport de l'intérêt du gouvernement.* Deux éditions en un seul jour témoignèrent de l'effet produit sur l'opinion publique par ce brillant plaidoyer qui semble résumer à l'avance tout ce qui a été dit depuis soixante ans sur la question.

Un nouvel écrit, la *Responsabilité des ministres*, obtint un égal succès, et déjà les illusions que les libéraux s'étaient faites au sujet de la restauration commençaient à s'évanouir, lorsqu'on apprit à Paris le retour de Napoléon. Benjamin Constant ne s'en montra pas moins, dans le premier moment, disposé à soutenir la cause des Bourbons, parce qu'il la croyait plus favorable aux intérêts du pays.

« L'homme qui nous menace, disait-il, avait tout envahi, il enlevait les bras à l'agriculture, il faisait croître l'herbe dans nos cités commerçantes, il traînait aux extrémités du monde l'élite de la nation, pour l'abandonner ensuite aux horreurs de la famine et aux rigueurs des frimas ; par sa volonté douze cent mille braves ont péri sur la terre étrangère, sans secours, sans aliments, sans consolations, abandonnés par lui après l'avoir défendu de leurs mains mourantes[1]; il revient aujourd'hui, pauvre et avide, pour nous arracher ce qui nous reste encore. Les richesses de l'univers ne sont plus à lui, ce sont les nôtres qu'il veut dévorer. Son apparition, qui est pour nous le renouvellement de tous les malheurs, est, pour l'Europe, un signal de guerre. »

Ceci était écrit le 19 mars ; le lendemain Louis XVIII quittait Paris et la France, Benjamin Constant se retirait à la campagne, chez le ministre des États-Unis, M. Crawford, et l'empereur entrait aux Tuileries.

On n'était plus au temps où la gloire militaire suffisait à justifier le despotisme. Napoléon ne pouvait faire accepter son pouvoir et le consolider qu'à la condition de donner à la France de larges garanties, de respecter les droits qu'il avait audacieusement violés, et même de s'entourer des hommes qui l'avaient le plus énergiquement combattu, ce qui était le plus sûr moyen de duper la foule. Benjamin Constant, complétement rassuré sur ses intentions au sujet de ses anciens adversaires, était revenu à Paris après une absence de huit jours, et, le 14 avril 1815, il recevait le billet suivant :

« Le chambellan de service a l'honneur de prévenir M. Benjamin Constant que Sa Majesté l'Empereur lui a donné l'ordre de lui écrire pour l'inviter à se rendre de suite au palais des Tuileries. Le chambellan de service prie M. Benjamin Constant de recevoir l'assurance de sa considération distinguée. »

L'entrevue fut acceptée. L'empereur était seul. « Ce fut lui, dit M. Laboulaye, qui commença l'entretien. Dès les premiers mots, il entra dans le cœur de la question et joua cartes sur table; il ne se faisait pas d'illusion sur les sentiments de Benjamin Constant ; mais il avait besoin des constitutionnels, c'était en eux que le pays mettait

1. Sur ces douze cent mille braves, 150,000 étaient Français ; les autres appartenaient aux nations annexées ou alliées.

Quant à la France, la conscription napoléonienne lui a coûté 1,700,000 hommes de 1800 à 1815. Cet effroyable chiffre est donné par le directeur même de la conscription sous l'empire. Le second empire nous a coûté 500,000 hommes, soit pour les deux Napoléon 2,200,000 victimes.

sa confiance : il lui fallait Lafayette, madame de Staël, et surtout l'homme qui, depuis un an, avait défendu la liberté avec le plus de talent et de succès. Ce qu'il voulait de Benjamin Constant, c'était un projet de constitution qui ne laissât pas de doute sur ses intentions; il avait besoin d'une Charte impériale pour entraîner la France après lui, et l'opposer à l'ennemi. Ne pouvant pas donner la paix, il lui fallait donner la liberté à pleines mains. Du reste, Napoléon parla franchement. Quoiqu'il eût beaucoup appris à l'île d'Elbe, dans cette espèce de tombeau où, descendu de son vivant, il avait entendu la vérité sous sa forme la plus rude, il ne se donna pas pour un homme que l'exil a converti et qui revient à la liberté par repentir du despotisme; non, il était toujours le même : en toutes choses, il ne voyait que lui. La question n'était pas de savoir si, en principe, la liberté vaut mieux qu'un régime absolu, c'était de l'idéologie; mais simplement de savoir si, dans la circonstance, la liberté était plus utile à l'empereur que le despotisme, et si, d'ailleurs, il était possible de l'écarter. »

Peu de jours après l'entrevue des Tuileries, Benjamin Constant reçut le titre de conseiller d'État, et ce fut lui qui rédigea en grande partie l'*Acte additionnel*, que M. Thiers regarde comme la plus sage et la plus libérale de toutes les constitutions qui, depuis quatre-vingts ans, aient été données à la France. Napoléon aurait-il permis à cette constitution de fonctionner ? On ne le saurait dire, car les événements se précipitèrent avec une telle rapidité que la France n'eut point le temps d'expérimenter le nouveau régime.

Lorsque Waterloo eut ramené les Bourbons, l'assassinat politique fut organisé dans les cours prévôtales, et l'on vit reparaître ces *juges de tyrannie*, ces commissions extraordinaires, contre lesquelles les États-Généraux de l'ancienne monarchie avaient tant de fois protesté au nom de la conscience publique. Le Comité de salut public était reconstitué sous une autre forme, et le jacobinisme monarchique ne différait du jacobinisme révolutionnaire que par l'hypocrisie [1].

1. Cette opinion ne peut manquer de paraître trop sévère à quelques lecteurs, mais nous croyons qu'elle est suffisamment justifiée par les faits. Les

Benjamin Constant avait tenté vainement de sauver La Bédoyère, d'arrêter les excès de la *terreur blanche;* sa voix était étouffée par la fureur des partis. Tandis qu'il demandait grâce pour les victimes de la réaction, M. de Chateaubriand, président du collège électoral du Loiret, remettait, au roi, au lendemain même de l'exécution de La Bédoyère, une adresse qu'il avait rédigée au nom de ce collège, et dans laquelle il n'avait pas honte de dire, lui, l'auteur du *Génie du Christianisme :*

« Sire, vous avez deux fois sauvé la France; vous allez achever votre ouvrage. *Ce n'est pas sans une vive émotion que nous venons de voir le commencement de vos justices.* Vous avez saisi ce *glaive* que le Souverain du ciel a confié aux princes de la terre pour assurer le repos des peuples. »

En présence de pareils faits, Benjamin Constant indigné se réfugia en Angleterre, et c'est là qu'il publia le roman d'*Adolphe*[1], œuvre capitale, qui lui assure l'un des premiers rangs parmi les romanciers du dix-neuvième siècle.

IV

La France, affolée de royalisme en 1815, ne tarda point à reconnaître, qu'au train dont elle était menée par les *ultras,* elle ne tarderait pas à perdre jusqu'aux dernières

cours prévôtales ont procédé exactement comme les tribunaux de Robespierre : même rétroactivité, même mépris des formes légales, même violation de toutes les garanties, y compris celles de l'appel. On aura beau dire, il y a là, dans l'histoire de la Restauration, une tache de sang qu'on n'effacera jamais, et l'on n'a point à s'étonner que Louis XVIII ait autorisé de pareils attentats, quand on se rappelle la conduite qu'il a tenue, avant la révolution, à l'égard de Marie-Antoinette. C'est lui qui a jeté sur la malheureuse reine les premiers et indignes soupçons d'adultère ; et, comme nous l'avons dit ailleurs, entre le prince qui calomniait la mère et le savetier Simon qui torturait l'enfant, l'infâme a rapproché la distance.

1. *Adolphe,* anecdote trouvée dans les papiers d'un inconnu, nouvelle édition, suivie des réflexions sur le théâtre allemand et précédée d'une notice sur Benjamin Constant, par Gustave Planche. Paris, Charpentier, 1 vol in-18. — On a dit avec beaucoup de vraisemblance, que l'auteur s'était peint sous le nom d'Adolphe.

conquêtes de 89. L'opinion publique réclama l'exécution
des garanties stipulées dans la Charte ; la Chambre introu-
vable fut dissoute le 5 septembre 1816. Benjamin Constant
revint à Paris et se consacra tout entier à la défense des
principes qu'il n'avait jamais cessé d'affirmer sous les pré-
cédents régimes. Quelques fautes que Louis XVIII et ses
ministres eussent commises, il ne voulait point renverser
la nouvelle royauté, car il savait trop ce que coûtent les
révolutions. Le gouvernement constitutionnel était à ses
yeux une machine essentiellement perfectible, dont il faut
régler et améliorer le fonctionnement par les moyens
légaux, sans en briser les rouages dans des explosions de
colère. La Charte, malgré ses dispositions restrictives, lui
paraissait offrir des garanties dont il fallait se contenter
pour le moment, et comme il se plaçait sur le terrain de
la légalité, il voulait y maintenir le pouvoir. De 1797 à 1814,
il avait développé ses théories politiques dans les remarqua-
bles écrits qui portent pour titres : *Des effets de la terreur* ;
Des réactions politiques ; *De l'esprit de conquête et de l'usurpation*. Il reprit son travail au point de vue de la situation nouvelle, et de 1815 à 1818, il publia les *Principes de politique* ;
les *Réflexions sur la Constitution* ; la *Responsabilité des ministres* ; les questions *sur la législation de la presse*. Il donnait en même temps de nombreux articles de discussion
au *Mercure*, à la *Minerve* ; il expliquait dans les *Lettres sur les
Cent-Jours* sa conduite après le 20 mars, et reprenant le rôle
que Voltaire avait joué dans l'affaire de Calas, il arrachait
à la mort Wilfrid Regnault, condamné comme assassin,
sur de fausses dénonciations lancées par des personnages
en crédit. Chaque nouvelle brochure, chaque nouvel article étaient accueillis par le public, non pas seulement
avec l'avide curiosité que soulèvent de grands débats politiques, mais avec une sorte de reconnaissance et de respect ; la France comptait sur Benjamin Constant, et le
département de la Sarthe l'envoya, en 1819, siéger à la
Chambre, à côté de Manuel et du général Foy.

« Benjamin Constant, dit M. de Cormenin dans le
Livre des orateurs, a été, de tous les orateurs de la gauche,
le plus spirituel, le plus ingénieux et le plus fécond. Il
avait le corps fluet, les jambes grêles, le dos voûté, de
longs bras. Des cheveux blonds et bouclés tombaient sur

ses épaules et encadraient agréablement sa figure expressive.... Quand il récitait, il traînait la voix d'un ton monotone; quand il improvisait, il s'appuyait des deux mains sur le marbre de la tribune, et il précipitait le flux de ses paroles. La nature lui avait refusé tous ces avantages extérieurs du port, du geste et de l'organe, dont elle a été si prodigue envers Berryer[1], mais il y suppléait à force d'apprêt et de travail. Jamais orateur n'a manié avec plus d'habileté la langue politique...; la plupart de ses discours sont des chefs-d'œuvre de dialectique vive et serrée qui n'ont eu, depuis, rien de semblable. Si la droite se sentait blessée de quelque mot un peu vif, il retrouvait, sans rompre le fil de son discours, l'équivalent de ce mot, et si l'équivalent offensait encore, il lui substituait à l'instant même un troisième à peu près.... Ainsi, par exemple, disait-il : Je veux épargner à la couronne (*on murmure*) ; il change : au monarque (*on murmure encore*) : au roi constitutionnel (*on ne murmure plus*). »

Autant Benjamin Constant était respecté, admiré par le parti libéral, autant il était odieux aux exaltés de la réaction royaliste; il fut plus d'une fois insulté et menacé publiquement, entre autres en 1818, par des gardes du corps; en 1820, dans un voyage qu'il fit à Saumur, par les élèves de l'école de cavalerie de cette ville. En 1822, un procureur général qui voulait faire du zèle pour obtenir de l'avancement le signala, dans un réquisitoire, comme un homme des plus dangereux, en état permanent de conspiration; il porta plainte, mais il ne put se faire rendre justice, et ce fut pour lui un nouveau titre de gloire. Le gouvernement fit de vains efforts, à chaque réélection, pour l'écarter de la Chambre. Il y siégea sans interruption jusqu'en 1830, grandissant toujours en renommée, au fur et à mesure que la Restauration portait un nouveau défi au bon sens public, par des lois que Louis XV

---

1. Ici se présente d'elle-même une comparaison entre les deux orateurs. Berryer a conduit, comme Mirabeau, le deuil de la monarchie des Bourbons; il a été l'orateur des morts, et le dernier héritier de cette grande race s'est chargé lui-même de nous l'apprendre. Benjamin Constant au contraire a été l'orateur des temps nouveaux, sa parole est toujours vivante, et si le sentiment de la vraie liberté parvient, comme nous l'espérons, à se développer en France, Benjamin Constant aura la gloire d'en avoir été l'initiateur.

lui-même eût à peine osé envoyer à l'enregistrement du parlement de Paris : *loi d'amour, loi sur le droit d'aînesse, loi sur le sacrilége.*

Fatal exemple de l'aveuglement des partis et des gouvernements! Charles X était un prince débonnaire, très-disposé à faire le bonheur de *son peuple*. Les finances du royaume avaient atteint sous son règne un degré de prospérité inconnu depuis Colbert; l'administration était habile, instruite, d'une irréprochable probité; mais il était enchaîné par sa naissance, les souvenirs de sa jeunesse et son entourage aux traditions de la vieille monarchie. Tout en acceptant le rôle de roi constitutionnel, il voulait rester le roi du catholicisme et de la noblesse; il voulait renouer l'alliance de l'autel et du trône, sans soupçonner que pour refaire l'ancien régime, il fallait effacer la révolution de l'histoire et ressusciter les morts. Enfermé, entre le présent et le passé, dans une contradiction sans issue, il voulut en sortir par un coup d'État; «la lutte, a dit Amand Marrast, était devenue formidable : quelques mois d'un ministère semi-libéral avaient ajouté à la puissance de l'opposition; elle était en mesure de combattre la tête haute, lorsque Charles X défia la France en donnant la présidence du conseil à M. de Polignac, le ministère de la guerre à Bourmont. C'était le dernier triomphe de la contre-révolution, le dernier coup de la partie. Les ordonnances de Juillet l'engagèrent et le peuple la gagna. »

Benjamin Constant était à la campagne lorsque les ordonnances furent promulguées. Il reçut de Lafayette un billet ainsi conçu : « Il se joue ici un jeu terrible; nos têtes servent d'enjeu, apportez la vôtre. » Sans différer d'un moment, il partit pour Paris. Les souvenirs de la Terreur l'avaient rendu défiant envers la République ; il sentait la nécessité de constituer sans retard un gouvernement définitif, non pour y prendre place, comme tant d'autres l'ont fait après lui, mais pour assurer le repos du pays, et il fut au nombre des députés qui décernèrent la couronne à Louis-Philippe. Ce prince se montra reconnaissant : il l'appela à la présidence du conseil d'État et lui offrit, peu de temps après, un don de 300,000 francs. — « Vous avez fait pour la liberté, lui dit le roi, des efforts au-dessus de vos forces ; cette cause nous est commune, et c'est avec plaisir que je viens à votre secours. — Sire, j'accepte ce bienfait; mais la liberté passe avant la reconnaissance; je veux rester indépendant, car si votre gouvernement fait des fautes, je serai le premier à rallier l'opposition. — C'est ainsi que je l'entends, reprit Louis-Philippe. »

Comment Benjamin Constant, si fier, si désintéressé, en était-il réduit à recevoir le payement du vote d'une couronne? Il était joueur, et ce mot explique tout; mais il ne devait pas jouir longtemps des largesses royales[1]. « Les ressorts de sa vie étaient usés, sa noble tête s'affaissait; il la tenait parfois enveloppée de ses deux mains, se traînait péniblement de son banc à la tribune et ses lèvres éteintes ne pouvaient plus sourire[2]. » La mort ne tarda point à faire son œuvre : le 8 décembre 1830, le puissant orateur, dont la voix avait éveillé tant de sympathiques échos, entra dans l'éternel silence. Le lendemain, on lisait sur les murs un arrêté municipal qui rendait à sa mémoire un éclatant hommage. « La mort de Benjamin Constant, disait l'arrêté, sera un sujet de deuil pour la France entière, mais elle sera encore plus vivement sentie par la population de Paris, dont il fut pendant longtemps l'éloquent et courageux représentant. » La population répondit à cet appel, et l'illustre mort fut conduit, le 12, au cimetière de l'Est, au milieu d'un immense concours.

UN CERCUEIL ET UNE NATION.

Voilà, comme on l'a dit dans les suprêmes adieux, le grand spectacle que présenta Paris le jour de ces solennelles obsèques.

---

1. Benjamin Constant passait des nuits entières au *Cercle des étrangers* qui était tenu par la ferme des jeux. C'est là qu'il gagna le petit hôtel de la rue Saint-Honoré. Sa passion pour le jeu lui a été très amèrement reprochée par ses détracteurs, mais, sans chercher à l'excuser, il faut bien tenir compte de son caractère. Sous les dehors les plus aimables, il portait en lui une tristesse profonde. L'inconnu de la mort l'agitait profondément; il y pensait sans cesse, et sa passion pour le jeu, complétement étrangère aux mobiles de la cupidité, n'était pour lui qu'un moyen de s'étourdir et d'oublier la vie.

2. M. de Cormenin, le *Livre des Orateurs*, Paris, 1869, in-8. T. I, p. 350.

V

Cinquante ans nous séparent de Benjamin Constant. Les révolutions ont emporté l'empire et la monarchie, ceux qu'il a servis comme ceux qu'il a combattus ; que reste-t-il de son œuvre, quel sillon a-t-il creusé sur cette terre de France dont il fut si longtemps séparé par l'exil ? Quels souvenirs a-t-il laissés parmi les générations présentes ?

Le beau livre *de la Religion*, une *Histoire du polythéisme*, dépassée par la science, mais qui a marqué, lors de son apparition, le point de départ d'études nouvelles et fécondes ; un roman qu'on lit toujours, *Adolphe* ; un *Cours de politique constitutionnelle*, qu'on lit trop rarement ; des discours éclatants, quelques brochures de circonstance, voilà la part de l'écrivain, du penseur que M. Lanfrey, l'un de ses plus brillants disciples, a justement proclamé le plus grand de nos publicistes modernes ; mais si ses œuvres ne rencontrent que des approbations, il n'en est pas de même de certains actes de la vie publique et privée. A-t-il mérité le blâme que quelques critiques s'obstinent à lui infliger ?

Un divorce et des liaisons galantes ouvertement affichées ont attiré sur Benjamin Constant de violentes accusations d'immoralité ; mais le divorce était justifié par les plus graves motifs, et les torts n'étaient point du côté du mari ; quant aux liaisons galantes, on les a singulièrement exagérées, comme pour rabaisser l'homme politique par les faiblesses de l'homme privé ; on a voulu faire du grand publiciste une sorte de séducteur vulgaire qui se jouait de l'affection des femmes et se plaisait à les faire pleurer, en les torturant par l'indifférence ou l'infidélité. On a tiré du silence où la mort les avait ensevelies des correspondances intimes, pour le peindre comme un roué égoïste et sceptique, « qui n'avait ni flamme ni amour, ni même le voile d'illusion et de poésie. » Pour madame de Staël surtout, avec laquelle il avait eu *quelque chose de plus serré qu'un mariage*, ainsi qu'il le dit lui-même, il se serait montré d'une dureté extrême, ou plutôt d'une insensibilité révoltante. Eh bien! ce jugement est aussi faux qu'injuste.

La vie entière de Benjamin Constant a été une lutte ardente entre son cœur et sa raison; il passait brusquement des effusions de la tendresse la plus vive au désenchantement, de l'enthousiasme à la désillusion : après avoir craint d'être dupe, il craignait d'avoir été cruel, et pour donner l'exacte mesure de ses sentiments, nous ne pouvons mieux faire que de transcrire ici la lettre qu'il écrivit à sa cousine, mademoiselle Rosalie de Constant, peu de temps après une première rupture avec madame de Staël :

« Aux Herbages, près Luzarches, ce 29 mars.

« Je conçois, ma chère Rosalie, votre répugnance à me parler d'une personne qui nous intéresse tous deux, et dont les qualités et les défauts font quelquefois le charme et d'autres fois le tourment de ma vie. Je viens cependant vous demander de vaincre cette répugnance. Je l'exige de votre amitié. C'est peut-être le service le plus important que vous puissiez me rendre, et que vous seule puissiez me rendre, à l'époque la plus importante de ma destinée.

« Vous pouvez compter que, deux minutes après que votre lettre aura été lue, elle sera brûlée. Votre nom, jamais, ne sera prononcé. Ce n'est pas d'ailleurs d'explication avec elle ni de justification vis-à-vis de personne que j'ai besoin ; c'est pour moi seul que je voudrais être informé, parce que je suis malheureux du malheur que l'on me dit que je cause, et si je pouvais apprendre que ce malheur n'existe pas, et surtout qu'un autre objet d'intérêt en distrait au moment même où on me le peint des couleurs les plus déchirantes, le calme me serait rendu, l'espèce de remords que j'éprouve et qui me tourmente cesserait, et je pourrais persister à être libre sans que l'influence surnaturelle de sa voix ou de ses lettres, et de l'assurance qu'elle ne peut vivre sans moi, et que je la fais souffrir, bouleversât de nouveau tous mes projets et mon existence. Si vous m'aimez, ma chère cousine, ce vous est un devoir de me dire exactement tous les faits qui peuvent m'éclairer à cet égard[1]. »

1. Cette lettre a été publiée pour la première fois par M. Eugène Crépet dans l'intéressant travail intitulé : *Benjamin Constant, d'après une correspondance de famille entièrement inédite.* Revue nationale, t. XXVII. Une lettre de mademoiselle de Constant à son frère indique discrètement que les soupçons au sujet de madame de Staël étaient partagés.

Est-ce ainsi, nous le demandons à l'impartialité du lecteur, que parlent ceux « qui n'ont ni flamme ni amour? »

MM. Laboulaye, Crépet et de Loménie ont victorieu-
sement justifié Benjamin Constant, et pour nous il reste
ce qu'il fut réellement : une nature d'élite, qui paya
sans doute son tribut aux faiblesses humaines, mais qui
porta toujours, dans ces faiblesses mêmes, la douloureuse
susceptibilité du cœur et de l'honneur. Accessible à tous
les sentiments affectueux, il se laissait facilement entraîner
aux exagérations de la passion ; mais il reconnaissait vite
que la passion ne donne pas en bonheur ce qu'elle donne
en souffrance, et le scepticisme, le penchant à l'ironie
dont on l'accuse, ne sont, au fond, que la réaction d'un
grand esprit qui se replie sur lui-même, après avoir vainement cherché l'idéal qu'il a rêvé.

Benjamin Constant avait un sentiment très-profond des
mystères et des tristesses de la vie. Moraliste pénétrant et
pratique, il touche en passant aux plus hautes questions
de la philosophie, sans tomber jamais dans les subtilités
de l'école qui font de la science une gymnastique à
l'usage des pédants. Ses idées sur la religion s'élèvent à
une hauteur que les écrivains contemporains n'ont pu
atteindre que bien rarement; et c'est une grave erreur
d'attribuer à Chateaubriand seul le mérite de la réaction
spiritualiste qui a marqué les premières années du dix-neuvième siècle ; c'est un outrage à la mémoire d'un homme
illustre, d'avoir accusé d'égoïsme et de sécheresse de
cœur celui dont la plume éloquente a tracé ces lignes :

« Tout ce qui est beau, tout ce qui est intime, tout ce
qui est noble participe de la religion. Elle est le centre
commun où se réunissent, au-dessus de l'action du temps
et de la portée du vice, toutes les idées de justice, d'amour,
de liberté, de pitié qui dans ce monde d'un jour composent la dignité de l'espèce humaine; elle est la tradition
de tout ce qui est beau, grand et bon à travers l'avilissement et l'iniquité des siècles, la voix éternelle qui répond
à la vertu dans sa langue, l'appel du présent à l'avenir, de
la terre au ciel, le recours solennel de tous les opprimés
dans toutes les situations, la dernière espérance de l'innocence qu'on opprime, et de la faiblesse que l'on foule aux
pieds. »

Comme homme politique, Benjamin Constant a donné lieu à de nombreux reproches, et les haines qui s'étaient déchaînées contre lui de son vivant l'ont suivi jusque dans la mort. On l'accuse d'avoir manqué de convictions, d'avoir été tour à tour républicain, impérialiste et monarchiste; mais ici encore sa justification ressort des faits et ne laisse planer sur sa mémoire aucun soupçon d'inconséquence.

Le grand publiciste s'était fait du gouvernement, quelle qu'en fût la forme, une idée très-haute; il croyait que ceux qui sont appelés à diriger les affaires publiques ne doivent avoir qu'un seul but, l'intérêt général; qu'il est de leur devoir de s'oublier eux-mêmes, de s'immoler à cet intérêt, de faire régner la liberté qui n'est, suivant la belle définition de Montesquieu, que la sécurité pour tous. Le mouvement de 89 éclate; la France prend possession d'elle-même et se lève dans sa force et dans son calme, pour réaliser, par la justice, l'idéal des sociétés humaines; Benjamin Constant voit tomber sans regrets la vieille monarchie, parce qu'elle est impuissante à faire disparaître les abus contre lesquels la nation n'a jamais cessé de protester, depuis le jour où les États-Généraux se sont ouverts pour la première fois. Il salue la République comme l'instrument de la rénovation sociale; mais elle glisse dans le sang. L'égalité et la fraternité qu'elle proclame ne sont plus, comme l'a dit Vergniaud, deux sœurs qui s'embrassent, mais deux tigres qui se déchirent, et Benjamin Constant, blessé dans ses espérances les plus chères, proteste éloquemment dans le beau livre *Des effets de la terreur*, non pas contre la République, comme forme abstraite de gouvernement, mais contre les hommes qui s'étaient servis de son prestige pour masquer leur tyrannie, et n'avaient arraché la France à la royauté que pour la jeter au bourreau.

Benjamin Constant se rallie au premier consul, parce qu'il voit en lui le glorieux défenseur de sa patrie adoptive, et qu'il croit y voir le restaurateur de la paix et des libertés publiques. Il défend ces libertés au Tribunat; le jour où elles sont menacées, il tombe en disgrâce, parce qu'il n'a point cédé sur les principes, et bien loin de transiger comme tant d'autres, dans l'intérêt de

son repos et de sa fortune, il prend le chemin de l'exil.
Dans les Cent-Jours, il rédige l'*Acte additionnel*, parce
qu'il regarde comme un devoir, sous la menace d'une invasion prochaine, de réconcilier la France et l'Empire.
Napoléon tombe, il accepte la Restauration, en prenant
acte de ses promesses ; mais la Restauration manque à la
parole jurée, elle s'écarte du pacte qui la lie à la nation,
et il la combat, comme il avait combattu la République
et l'empire, quand ils s'étaient égarés dans les voies fatales
de la violence et de l'arbitraire.

Machiavel, Bossuet et Montesquieu résument la politique
du passé ; Benjamin Constant résume la politique du dix-
neuvième siècle [1]. Par l'étendue de la pensée et la précision
du style, il est de la famille de ces maîtres ; mais il a sur
eux l'avantage d'avoir été spectateur des plus grands et des
plus terribles drames du monde moderne. Tout en s'enfer-
mant dans le système de la monarchie constitutionnelle,
il le dépasse et le domine par une vue générale de tous
les faits qui peuvent se produire dans le gouvernement des
peuples. Il cherche la cause de nos catastrophes avec une
impartialité souveraine ; et pour la trouver, il élève la politique à la hauteur d'une science exacte, il en écarte la
force et le hasard, la ramène à des principes immuables,
et n'admet pas que la vérité et la puissance absolues se
rencontrent dans les conceptions exclusives des partis. Aux
théoriciens du droit divin ou de la souveraineté populaire,
il répond « qu'il n'y a de divin que la divinité, de souverain que la justice. » — Des garanties inviolables, des lois
qui sauvegardent les intérêts légitimes et les droits de tous
et qui imposent le respect par leur équité même, des
pouvoirs nettement définis, responsables, n'agissant que
dans la sphère d'action qui leur est assignée par un pacte
organique, la conscience libre, l'individu libre dans tous
les actes qui ne nuisent point à autrui, voilà ce que veut

---

1. Il a dit, en parlant de lui-même, qu'il était le maître d'école de la
liberté, et il a eu raison de le dire. Il est impossible, en effet, parmi les écrivains de son temps, d'en trouver un seul qui ait fait plus pour elle, et qui
en ait exposé et défendu les principes avec plus d'autorité et de raison. On
a peine à comprendre comment, en présence de ce fait incontestable, et qui
domine son œuvre et sa vie, des critiques en quête des petites misères de la
vie humaine se sont fourvoyés, pour le rabaisser, dans l'analyse de correspondances féminines, qui ne prouvent rien de ce qu'ils voulaient prouver.

Benjamin Constant, dans les États républicains aussi bien que dans les monarchies. Après avoir posé ces principes, il en montre l'application dans la pratique, et comme tous les esprits supérieurs, en parlant aux hommes de son temps, il devance l'avenir. Il n'est pas en effet un seul des grands événements accomplis depuis sa mort qui n'ait sa page dans le volume que nous présentons au public : le coup d'État du 2 décembre est expliqué dans le chapitre de l'*Usurpation* ; — la guerre insensée de 1870, dans l'*Esprit de conquête* ; — la Commune, dans les *Effets de la Terreur* ; il n'est pas une seule des questions qui s'agitent encore aujourd'hui à laquelle ce livre ne réponde ; hommes politiques ou simples citoyens, demandons-lui des conseils et des lumières, et quand le dernier feuillet aura tourné sous nos doigts, nous comprendrons mieux les causes qui, depuis tantôt un siècle, ont jeté ce malheureux pays à travers tous les excès du despotisme et de l'anarchie, les émeutes, les malheurs de la guerre, les coups de main révolutionnaires, les coups d'État césariens.

Charles LOUANDRE.

NOTE BIBLIOGRAPHIQUE

Cette introduction serait incomplète si nous ne donnions pas ici quelques renseignements sur les divers écrits consacrés à B. Constant, ou sur les livres où il est mentionné comme homme politique.

Parmi les notices biographiques, nous indiquerons celles qui sont contenues dans la *France protestante*, de Haag ; — la *Biographie universelle des contemporains*, de Jouy ; — la *Notice* lue par M. Coulmann à la Société de la morale chrétienne, en avril 1831 ; l'auteur avait connu B. Constant et donne sur lui d'intéressants détails ; — le *Dictionnaire de la conversation*, article signé J.-P. Pagès, qui a été, comme M. Coulmann, l'ami de l'illustre publiciste ; cet article contient quelques révélations sur la manie du jeu qu'avait Benjamin Constant, et dont ses adversaires se sont autorisés pour chercher à déconsidérer sa mémoire ; — la *Biographie générale* de MM. Didot ; — l'*Éloge*, de Michel Berr ; — l'*Étude* publiée par Loève-Veimars dans la *Revue des deux Mondes*, nᵒ du 1ᵉʳ février 1833. Ces divers travaux, à des dates très-différentes, sont tous à l'honneur de l'homme auquel ils sont consacrés.

Sainte-Beuve, dans un article sur madame de Charrière, s'est attaché pour la première fois à rabaisser Benjamin Constant au point de vue moral ; ainsi que nous l'avons dit, il en a fait un égoïste, un sceptique, qui n'avait pas même le voile de l'illusion. M. de Loménie, dans la *Galerie des contemporains illustres*, a vivement relevé les assertions du célèbre critique ; mais celui-ci ne s'est pas tenu pour battu. Dans un nouvel article, inséré dans la *Revue des deux Mondes*, nᵒ du 1ᵉʳ novembre 1845, sous le

titre de : *Un dernier mot sur B. Constant*, il s'est attaché
à maintenir la sévérité de ses premiers jugements.

Comme on est toujours disposé en France à se ranger
du côté de ceux qui dénigrent, l'opinion de Sainte-Beuve
est devenue monnaie courante, et elle a fait autorité jusqu'au moment où M. Laboulaye est venu prendre en main
la cause de la justice et de la vérité, et réduire à néant
des attaques d'autant plus regrettables que le nom de
Sainte-Beuve leur donnait plus d'autorité.

De 1814 à 1830, Benjamin Constant ayant été mêlé aux
événements les plus importants de la politique contemporaine, on trouvera sur le rôle qu'il a joué comme homme
public et comme orateur des détails dans l'*Histoire des
deux Restaurations*, de M. Vaulabelle; — l'*Histoire de la Restauration*, de M. Nettement; — l'*Histoire du Consulat et de
l'Empire*, de M. Thiers.

Il faut indiquer encore, comme source de biographie intime, le recueil de lettres conservé à la bibliothèque publique de Genève. Ces lettres, au nombre de 239, s'étendent de 1774 à 1830, et elles suffiraient seules à défendre
la mémoire de l'homme qui les a écrites.

Ainsi que nous l'indiquons plus loin, des extraits de cette
correspondance ont été publiés par M. Eugène Crépet.

Du reste, en terminant cette introduction nous ne pouvons mieux faire que d'indiquer encore une fois, comme
la plus exacte des sources, l'importante étude publiée
par M. Laboulaye dans la *Revue nationale*.

ŒUVRES POLITIQUES

DE

BENJAMIN CONSTANT

PREMIÈRE PARTIE

I

DE LA SOUVERAINETÉ DU PEUPLE.

Le principe de la souveraineté du peuple, c'est-à-dire
la suprématie de la volonté générale sur toute volonté
particulière, ne peut être contesté. L'on a cherché de nos
jours à l'obscurcir, et les maux que l'on a causés, et les
crimes que l'on a commis, sous le prétexte de faire exécuter la volonté générale, prêtent une force apparente
aux raisonnements de ceux qui voudraient assigner une
autre source à l'autorité des gouvernements. Néanmoins
tous ces raisonnements ne peuvent tenir contre la simple définition des mots qu'on emploie. La loi doit être
l'expression ou de la volonté de tous, ou de celle de
quelques-uns. Or, quelle serait l'origine du privilége
exclusif que vous concéderiez à ce petit nombre? Si
c'est la force, la force appartient à qui s'en empare; elle

ne constitue pas un droit, et si vous la reconnaissez comme légitime, elle l'est également, quelques mains qui s'en saisissent, et chacun voudra la conquérir à son tour. Si vous supposez le pouvoir du petit nombre sanctionné par l'assentiment de tous, ce pouvoir devient alors la volonté générale[1].

Ce principe s'applique à toutes les institutions. La théocratie, la royauté, l'aristocratie, lorsqu'elles dominent les esprits, sont la volonté générale. Lorsqu'elles ne les dominent pas, elles ne sont autre chose que la force. En un mot, il n'existe au monde que deux pouvoirs, l'un illégitime, c'est la force; l'autre légitime, c'est la volonté générale. Mais en même temps que l'on reconnait les droits de cette volonté, c'est-à-dire la souveraineté du peuple, il est nécessaire, il est urgent d'en bien concevoir la nature et d'en bien déterminer l'étendue. Sans une définition exacte et précise, le triomphe de la théorie pourrait devenir une calamité dans l'application. La reconnaissance abstraite de la souveraineté du peuple n'augmente en rien la somme de liberté des individus; et si l'on attribue à cette souveraineté une

---

1. Il est curieux de comparer ce que dit ici Benjamin Constant avec l'opinion de M. de Bonald, le grand théoricien du droit divin. « L'homme, dit M. de Bonald, créé à l'image de son créateur, ne relève que de lui, et ne doit obéir à l'homme que pour obéir à Dieu; mais si nul homme n'a pouvoir sur son semblable, deux hommes, dix hommes, mille hommes, un peuple entier n'en ont pas davantage, car le peuple est un être de raison, et quand je cherche le peuple je ne vois que des individus, isolés les uns des autres, sans lien ni cohésion entre eux. En rapprochant des individus pour exercer quelque acte de souveraineté populaire, vous ne rapprochez que des hommes sans pouvoir aucun sur leurs semblables. Vous ne réunissez que des nullités, des *néants* de pouvoir, et toutes ces nullités, quelque soit leur nombre, ne sont pas plus une réalité de pouvoir que des millions de zéros mis au bout les uns des autres ne font un chiffre positif. » De Bonald, *OEuvres complètes*, Paris, 1839. In-8, t. II, p. 216, 217.   (*Note de l'éditeur.*)

latitude qu'elle ne doit pas avoir, la liberté peut être perdue malgré ce principe, ou même par ce principe.

La précaution que nous recommandons et que nous allons prendre est d'autant plus indispensable, que les hommes de parti, quelque pures que leurs intentions puissent être, répugnent toujours à limiter la souveraineté. Ils se regardent comme ses héritiers présomptifs, et ménagent, même dans les mains de leurs ennemis, leur propriété future. Ils se défient de telle ou telle espèce de gouvernements, de telle ou telle classe de gouvernants : mais permettez-leur d'organiser à leur manière l'autorité, souffrez qu'ils la confient à des mandataires de leur choix, ils croiront ne pouvoir assez l'étendre.

Lorsqu'on établit que la souveraineté du peuple est illimitée, on crée et l'on jette au hasard dans la société humaine un degré de pouvoir trop grand par lui-même, et qui est un mal, en quelques mains qu'on le place. Confiez-le à un seul, à plusieurs, à tous, vous le trouverez également un mal. Vous vous en prendrez aux dépositaires de ce pouvoir, et suivant les circonstances, vous accuserez tour à tour la monarchie, l'aristocratie, la démocratie, les gouvernements mixtes, le système représentatif. Vous aurez tort ; c'est le degré de force, et non les dépositaires de cette force qu'il faut accuser. C'est contre l'arme et non contre le bras qu'il faut sévir. Il y a des masses trop pesantes pour la main des hommes.

L'erreur de ceux qui, de bonne foi dans leur amour de la liberté, ont accordé à la souveraineté du peuple un pouvoir sans bornes, vient de la manière dont se sont formées leurs idées en politique. Ils ont vu dans l'histoire un petit nombre d'hommes, ou même un seul, en possession d'un pouvoir immense, qui faisait beaucoup de mal ; mais leur courroux s'est dirigé contre les pos-

sesseurs du pouvoir et non contre le pouvoir même. Au
lieu de le détruire, ils n'ont songé qu'à le déplacer.
C'était un fléau, ils l'ont considéré comme une conquête.
Ils en ont doté la société entière. Il a passé forcément
d'elle à la majorité, de la majorité entre les mains
de quelques hommes, souvent dans une seule main :
il a fait tout autant de mal qu'auparavant : et les
exemples, les objections, les arguments et les faits se
sont multipliés contre toutes les institutions politiques.

Dans une société fondée sur la souveraineté du peuple,
il est certain qu'il n'appartient à aucun individu, à
aucune classe, de soumettre le reste à sa volonté particulière ; mais il est faux que la société tout entière
possède sur ses membres une souveraineté sans bornes.

L'universalité des citoyens est le souverain, dans ce
sens, que nul individu, nulle fraction, nulle association
partielle ne peut s'arroger la souveraineté, si elle ne
lui a pas été déléguée. Mais il ne s'en suit pas que l'universalité des citoyens, ou ceux qui par elle sont investis
de la souveraineté, puissent disposer souverainement de
l'existence des individus. Il y a au contraire une partie
de l'existence humaine qui, de nécessité, reste individuelle et indépendante, et qui est de droit hors de toute
compétence sociale. La souveraineté n'existe que d'une
manière limitée et relative. Au point où commence
l'indépendance et l'existence individuelle, s'arrête la
juridiction de cette souveraineté. Si la société franchit
cette ligne, elle se rend aussi coupable que le despote
qui n'a pour titre que le glaive exterminateur; la société
ne peut excéder sa compétence sans être usurpatrice, la
majorité, sans être factieuse. L'assentiment de la majorité ne suffit nullement dans tous les cas, pour légitimer
ses actes : il en existe que rien ne peut sanctionner;
lorsqu'une autorité quelconque commet des actes pareils,

il importe peu de quelle source elle se dit émanée, il importe peu qu'elle se nomme individu ou nation; elle serait la nation entière, moins le citoyen qu'elle opprime, qu'elle n'en serait pas plus légitime.

Rousseau a méconnu cette vérité, et son erreur a fait de son *Contrat social*, si souvent invoqué en faveur de la liberté, le plus terrible auxiliaire de tous les genres de despotisme. Il définit le contrat passé entre la société et ses membres, l'aliénation complète de chaque individu avec tous ses droits et sans réserve à la communauté. Pour nous rassurer sur les suites de cet abandon si absolu de toutes les parties de notre existence au profit d'un être abstrait, il nous dit que le souverain, c'est-à-dire le corps social, ne peut nuire ni à l'ensemble de ses membres, ni à chacun d'eux en particulier; que chacun se donnant tout entier, la condition est égale pour tous, et que nul n'a intérêt de la rendre onéreuse aux autres; que chacun se donnant à tous ne se donne à personne; que chacun acquiert sur tous les associés les mêmes droits qu'il leur cède, et gagne l'équivalent de tout ce qu'il perd avec plus de force pour conserver ce qu'il a. Mais il oublie que tous ces attributs préservateurs qu'il confère à l'être abstrait qu'il nomme le souverain résultent de ce que cet être se compose de tous les individus sans exception. Or, aussitôt que le souverain doit faire usage de la force qu'il possède, c'est-à-dire aussitôt qu'il faut procéder à une organisation pratique de l'autorité, comme le souverain ne peut l'exercer par lui-même, il la délègue, et tous ces attributs disparaissent. L'action qui se fait au nom de tous étant nécessairement de gré ou de force à la disposition d'un seul ou de quelques-uns, il arrive qu'en se donnant à tous, il n'est pas vrai qu'on ne se donne à personne; on se donne au contraire à ceux qui agissent au nom de tous. De là suit, qu'en se donnant tout entier, l'on n'entre pas dans une condition égale pour tous, puisque quelques-uns profitent exclusivement du sacrifice du reste; il n'est pas vrai que nul n'ait intérêt de rendre la condition onéreuse aux autres, puisqu'il existe des associés qui sont hors de la condition commune. Il n'est pas vrai que tous les associés acquièrent les mêmes droits qu'ils cèdent; ils ne gagnent pas tous l'équivalent de ce qu'ils perdent, et le résultat de ce qu'ils sacrifient est ou peut être l'établissement d'une force qui leur enlève ce qu'ils ont.

Rousseau lui-même a été effrayé de ces conséquences; frappé de terreur à l'aspect de l'immensité du pouvoir social qu'il venait de créer, il n'a su dans quelles mains déposer ce pouvoir monstrueux, et n'a trouvé de préservatif contre le danger inséparable d'une pareille souveraineté, qu'un expédient qui en rendît l'exercice impossible. Il a déclaré que la souveraineté ne pouvait être ni aliénée, ni déléguée, ni représentée. C'était déclarer en d'autres termes qu'elle ne pouvait être exercée; c'était anéantir de fait le principe qu'il venait de proclamer.

Mais voyez comme les partisans du despotisme sont plus francs dans leur marche, quand ils partent de ce même axiome, parce qu'il les appuie et les favorise. L'homme qui a le plus spirituellement réduit le despotisme en système, Hobbes, s'est empressé de reconnaître la souveraineté comme illimitée, pour en conclure à la légitimité du gouvernement absolu d'un seul. La souveraineté, dit-il, est absolue; cette vérité a été reconnue de tout temps, même par ceux qui ont excité des séditions ou suscité des guerres civiles : leur motif n'était pas d'anéantir la souveraineté, mais bien d'en transporter ailleurs l'exercice. La démocratie est une souveraineté absolue entre les mains de tous; l'aristocratie une souveraineté absolue entre les mains de quelques-uns ; la monarchie une souveraineté absolue entre les mains d'un seul. Le peuple a pu se dessaisir de cette souveraineté absolue, en faveur d'un monarque, qui alors en est devenu légitime possesseur.

L'on voit clairement que le caractère absolu que Hobbes attribue à la souveraineté du peuple est la base de tout son système. Ce mot *absolu* dénature toute la question et nous entraîne dans une série nouvelle de conséquences ; c'est le point où l'écrivain quitte la route de la vérité pour marcher par le sophisme au but qu'il s'est proposé en commençant. Il prouve que les conventions des hommes ne suffisant pas pour être observées, il faut une force coercitive pour les contraindre à les respecter ; que la société devant se préserver des agressions extérieures, il faut une force commune qui arme pour la défense commune ; que les hommes étant divisés par leurs prétentions, il faut des lois pour régler leurs droits. Il conclut du premier point, que le souverain a le droit absolu de punir ; du second, que le souverain a le droit absolu de faire la guerre ; du troisième, que le souverain est législateur absolu. Rien de plus faux que ces conclusions. Le souverain a le droit de punir, mais seulement les actions coupables : il a le droit de faire la guerre, mais seulement lorsque la société est attaquée : il a le droit de faire des lois, mais seulement quand ces lois sont nécessaires, et en tant qu'elles sont conformes à la justice. Il n'y a par conséquent rien d'absolu, rien d'arbitraire dans ces attributions. La démocratie est l'autorité déposée entre les mains de tous, mais seulement la somme d'autorité nécessaire à la sûreté de l'association ; l'aristocratie est cette autorité confiée à quelques-uns ; la monarchie, cette autorité remise à un seul. Le peuple peut se dessaisir de cette autorité en faveur d'un seul homme ou d'un petit nombre ; mais leur pouvoir est borné comme celui du peuple qui les en a revêtus. Par ce retranchement d'un seul mot, inséré gratuitement dans la construction d'une phrase, tout l'affreux système de Hobbes s'écroule. Au contraire, avec le mot *absolu*, ni la liberté, ni, comme on le verra dans la suite le repos, ni le bonheur ne sont possibles sous aucune institution. Le gouvernement populaire n'est qu'une tyrannie convulsive, le gouvernement monarchique qu'un despotisme plus concentré.

Lorsque la souveraineté n'est pas limitée, il n'y a nul moyen de mettre les individus à l'abri des gouvernements. C'est en vain que vous prétendez soumettre les gouvernements à la volonté générale. Ce sont toujours eux qui dictent cette volonté, et toutes les précautions deviennent illusoires.

Le peuple, dit Rousseau, est souverain sous un rapport, et sujet sous un autre : mais dans la pratique, ces deux rapports se confondent. Il est facile à l'autorité d'opprimer le peuple comme sujet, pour le forcer à manifester comme souverain la volonté qu'elle lui prescrit[1].

Aucune organisation politique ne peut écarter ce danger. Vous avez beau diviser les pouvoirs : si la somme totale du pouvoir est illimitée, les pouvoirs divisés n'ont qu'à former une coalition, et le despotisme est sans remède. Ce qui nous importe, ce n'est pas que nos droits ne puissent être violés par tel pouvoir, sans l'approbation de tel autre, mais que cette violation soit interdite

---

1. « Le triomphe de la force tyrannique est de contraindre les « esclaves à se proclamer libres ; mais en se prêtant à ce simulacre « mensonger de liberté, les esclaves devenus complices sont aussi « méprisables que leurs maîtres. » Benjamin Constant. *Discours*, t. II, p. 60.   (*Note de M. Laboulaye.*)

à tous les pouvoirs. Il ne suffit pas que les agents de l'exécution aient besoin d'invoquer l'autorisation du législateur, il faut que le législateur ne puisse autoriser leur action que dans leur sphère légitime. C'est peu que le pouvoir exécutif n'ait pas le droit d'agir sans le concours d'une loi, si l'on ne met pas de bornes à ce concours, si l'on ne déclare pas qu'il est des objets sur lesquels le législateur n'a pas le droit de faire une loi, ou en d'autres termes que la souveraineté est limitée, et qu'il y a des volontés que ni le peuple, ni ses délégués, n'ont le droit d'avoir.

C'est là ce qu'il faut déclarer, c'est la vérité importante, le principe éternel qu'il faut établir.

Aucune autorité sur la terre n'est illimitée, ni celle du peuple, ni celle des hommes qui se disent ses représentants, ni celle des rois, à quelque titre qu'ils règnent, ni celle de la loi, qui, n'étant que l'expression de la volonté du peuple ou du prince, suivant la forme du gouvernement, doit être circonscrite dans les mêmes bornes que l'autorité dont elle émane.

Les citoyens possèdent des droits individuels indépendants de toute autorité sociale ou politique, et toute autorité qui viole ces droits devient illégitime. Les droits des citoyens sont la liberté individuelle, la liberté religieuse, la liberté d'opinion, dans laquelle est comprise sa publicité, la jouissance de la propriété, la garantie contre tout arbitraire. Aucune autorité ne peut porter atteinte à ces droits, sans déchirer son propre titre.

La souveraineté du peuple n'étant pas illimitée, et sa volonté ne suffisant point pour légitimer tout ce qu'il veut, l'autorité de la loi, qui n'est autre chose que l'expression vraie ou supposée de cette volonté, n'est pas non plus sans bornes.

Nous devons au repos public beaucoup de sacrifices; nous nous rendrions coupables aux yeux de la morale, si, par un attachement trop inflexible à nos droits, nous résistions à toutes les lois qui nous sembleraient leur porter atteinte; mais aucun devoir ne nous lie envers ces lois prétendues, dont l'influence corruptrice menace les plus nobles parties de notre existence, envers ces lois qui non-seulement restreignent nos libertés légitimes, mais nous commandent des actions contraires à ces principes éternels de justice et de pitié que l'homme ne peut cesser d'observer sans dégrader et démentir sa nature.

Aussi longtemps qu'une loi, bien que mauvaise, ne tend pas à nous dépraver, aussi longtemps que les empiétements de l'autorité n'exigent que des sacrifices qui ne nous rendent ni vils, ni féroces, nous y pouvons souscrire. Nous ne transigeons que pour nous. Mais si la loi nous prescrivait de fouler aux pieds ou nos affections ou nos devoirs; si, sous le prétexte d'un dévouement gigantesque et factice, pour ce qu'elle appellerait tour à tour monarchie ou république, elle nous interdisait la fidélité à nos amis malheureux; si elle nous commandait la perfidie envers nos alliés, ou même la persécution contre des ennemis vaincus, anathème à la rédaction d'injustices et de crimes couverte ainsi du nom de loi.

Un devoir positif, général, sans restriction, toutes les fois qu'une loi paraît injuste, c'est de ne pas s'en rendre l'exécuteur. Cette force d'inertie n'entraîne ni bouleversements, ni révolutions, ni désordres.

Rien ne justifie l'homme qui prête son assistance à la loi qu'il croit inique.

La terreur n'est pas une excuse plus valable que toutes les autres passions infâmes. Malheur à ces instruments zélés et dociles, éternellement comprimés, à ce qu'ils nous disent, agents infatigables de toutes les tyrannies existantes, dénonciateurs posthumes de toutes les tyrannies renversées.

On nous alléguait, à une époque affreuse, qu'on ne se faisait l'agent des lois injustes que pour en affaiblir la rigueur, que le pouvoir dont on consentait à se rendre le dépositaire aurait fait plus de mal encore, s'il eût été remis à des mains moins pures. Transaction mensongère, qui ouvrait à tous les crimes une carrière sans bornes. Chacun marchandait avec sa conscience, et chaque degré d'injustice trouvait de dignes exécuteurs. Je ne vois pas pourquoi, dans ce système, on ne se rendrait pas le bourreau de l'innocence, sous le prétexte qu'on l'étranglerait plus doucement.

Résumons maintenant les conséquences de nos principes.

La souveraineté du peuple n'est pas illimitée; elle est circonscrite dans les bornes que lui tracent la justice et les droits des individus. La volonté de tout un peuple ne peut rendre juste ce qui est injuste. Les représentants d'une nation n'ont pas le droit de faire ce que la nation n'a pas le droit de faire elle-même[1]. Aucun monarque, quelque titre qu'il réclame, soit qu'il s'appuie sur le

---

1. Esprit aussi élevé que pratique, Benjamin Constant a toujours protesté contre les pouvoirs qui prétendent ne relever que d'eux-mêmes. « Il y a deux dogmes également dangereux, a-t-il dit dans la séance du 10 mars 1820, l'un le droit divin, l'autre la souveraineté illimitée du peuple; l'un et l'autre ont fait beaucoup de mal, il n'y a de divin que la divinité, il n'y a de souverain que la justice. » C'est cette sage théorie de la limitation des pouvoirs basée sur l'expérience, qui l'a conduit à demander une double représentation, et à signaler les dangers que présente l'existence d'une chambre unique, toujours entraînée à s'égarer dans ce qu'il appelait *l'horrible route de l'omnipotence parlementaire.*

(Note de l'éditeur.)

droit divin, sur le droit de conquête, ou sur l'assentiment
du peuple, ne possède une puissance sans bornes. Dieu,
s'il intervient dans les choses humaines, ne sanctionne
que la justice. Le droit de conquête n'est que la force,
qui n'est pas un droit, puisqu'elle passe à qui s'en saisit.
L'assentiment du peuple ne saurait légitimer ce qui est
illégitime, puisqu'un peuple ne peut déléguer à personne
une autorité qu'il n'a pas.

Une objection se présente contre la limitation de la
souveraineté. Est-il possible de la limiter? Existe-t-il
une force qui puisse l'empêcher de franchir les barrières
qu'on lui aura prescrites? On peut, dira-t-on, par des combinaisons ingénieuses, restreindre le pouvoir en le divi-
sant. On peut mettre en opposition et en équilibre ses
différentes parties. Mais par quel moyen fera-t-on que
la somme totale n'en soit pas illimitée? Comment borner le pouvoir autrement que par le pouvoir?

Sans doute, la limitation abstraite de la souveraineté
ne suffit pas. Il faut chercher des bases d'institutions
politiques qui combinent tellement les intérêts des divers dépositaires de la puissance, que leur avantage le
plus manifeste, le plus durable et le plus assuré, soit de
rester chacun dans les bornes de leurs attributions respectives. Mais la première question n'en est pas moins
la compétence et la limitation de la souveraineté ; car
avant d'avoir organisé une chose, il faut en avoir déterminé la nature et l'étendue.

En second lieu, sans vouloir, comme l'ont fait trop
souvent les philosophes, exagérer l'influence de la vérité, l'on peut affirmer que lorsque de certains principes
sont complétement et clairement démontrés, ils se
servent en quelque sorte de garantie à eux-mêmes. Il se
forme à l'égard de l'évidence une opinion universelle
qui bientôt est victorieuse. S'il est reconnu que la sou-

veraineté n'est pas sans bornes, c'est-à-dire qu'il n'existe sur la terre aucune puissance illimitée, nul, dans aucun temps, n'osera réclamer une semblable puissance. L'expérience même le prouve déjà. L'on n'attribue plus, par exemple, à la société entière, le droit de vie et de mort, sans jugement. Aussi, nul gouvernement moderne ne prétend exercer un pareil droit. Si les tyrans des anciennes républiques nous paraissent bien plus effrénés que les gouvernants de l'histoire moderne, c'est en partie à cette cause qu'il faut l'attribuer. Les attentats les plus monstrueux du despotisme d'un seul furent souvent dus à la doctrine de la puissance sans bornes de tous.

La limitation de la souveraineté est donc véritable, et elle est possible. Elle sera garantie d'abord par la force qui garantit toutes les vérités reconnues, par l'opinion : ensuite elle le sera d'une manière plus précise, par la distribution et par la balance des pouvoirs.

Mais commencez par reconnaître cette limitation salutaire. Sans cette précaution préalable, tout est inutile.

En renfermant la souveraineté du peuple dans ses justes bornes, vous n'avez plus rien à redouter ; vous enlevez au despotisme, soit des individus, soit des assemblées, la sanction apparente qu'il croit puiser dans un assentiment qu'il commande, puisque vous prouvez que cet assentiment, fût-il réel, n'a le pouvoir de rien sanctionner.

Le peuple n'a pas le droit de frapper un seul innocent, ni de traiter comme coupable un seul accusé, sans preuves légales. Il ne peut donc déléguer un droit pareil à personne. Le peuple n'a pas le droit d'attenter à la liberté d'opinion, à la liberté religieuse, aux sauvegardes judiciaires, aux formes protectrices. Aucun despote, aucune assemblée ne peut donc exercer un droit semblable, en disant que le peuple l'en a revêtu. Tout despotisme est donc illégal ; rien ne peut le sanctionner, pas même la volonté populaire qu'il allègue, car il s'arroge, au nom de la souveraineté du peuple, une puissance qui n'est pas comprise dans cette souveraineté, et ce n'est pas seulement le déplacement irrégulier du pouvoir qui existe, mais la création d'un pouvoir qui ne doit pas exister.

Benjamin Constant est revenu à diverses reprises, dans ses écrits sur l'abus que le despotisme pouvait faire des principes de la souveraineté du peuple. Voici ce qu'il dit à ce sujet dans la *Préface* de l'édition de ses œuvres publiées en 1818 :

A l'époque où le mouvement national de 1789, détourné de sa tendance naturelle par l'ignorance de beaucoup d'hommes et par l'égoïsme de plusieurs, eut dégénéré en agitation convulsive, sans but précis et sans direction fixe, une portion nombreuse et bien intentionnée de la nation fut la dupe de quelques axiomes vrais en eux-mêmes, mais faussés par l'application qu'on en faisait.

· Le dogme de la souveraineté du peuple devint un instrument de tyrannie, et, durant quelque temps, le peuple se laissa opprimer au nom de sa souveraineté.

Il dit encore ailleurs :

Le despotisme qui a remplacé la démagogie et qui s'est constitué légataire du fruit de tous ses travaux, a persisté très-habilement dans la route tracée. Les deux extrémités se sont trouvées d'accord parce qu'au fond,

dans les deux extrêmes, il y avait volonté de tyran-
niser....

Dès que la volonté générale peut tout, les représentants de cette volonté générale sont d'autant plus re-
doutables qu'ils ne se disent qu'instruments dociles de
cette volonté prétendue, et qu'ils ont en main les
moyens de force ou de séduction nécessaires pour en
assurer la manifestation dans le sens qui leur convient.
Ce qu'aucun tyran n'oserait faire en son propre nom,
ceux-ci le légitiment par l'étendue sans bornes de l'autorité sociale. L'agrandissement d'attributions dont ils
ont besoin, ils le demandent au propriétaire de cette
autorité, au peuple, dont la toute-puissance n'est là que
pour justifier leurs empiétements. Les lois les plus injustes, les institutions les plus oppressives, sont obligatoires comme l'expression de la volonté générale. Car
les individus, dit Rousseau, aliénés tout entiers au profit
du corps social, ne peuvent avoir d'autre volonté que
cette volonté générale. En obéissant à cette volonté, ils
n'obéissent qu'à eux-mêmes, et sont d'autant plus libres
qu'ils lui obéissent plus implicitement. Telles nous
voyons apparaître à toutes les époques de l'histoire les
conséquences de ce système; mais elles se sont développées surtout dans toute leur effrayante latitude au
milieu de notre révolution : elles ont fait à des principes
sacrés des blessures peut-être difficiles à guérir. Plus le
gouvernement qu'on voulait donner à la France était
populaire, plus ces blessures ont été profondes. Il serait
facile de démontrer par des citations sans nombre, que
les sophismes les plus grossiers des plus fougueux
apôtres de la terreur, dans les conséquences les plus
révoltantes, n'étaient que des conséquences parfaitement
justes des principes de Rousseau. Le peuple, qui peut
tout, est aussi dangereux, plus dangereux qu'un tyran,

ou plutôt il est certain que la tyrannie s'emparera du droit accordé au peuple. Elle n'aura besoin que de proclamer la toute-puissance de ce peuple en le menaçant, et de parler en son nom, en lui imposant silence.

DU POUVOIR ROYAL DANS LES MONARCHIES
CONSTITUTIONNELLES.

Notre constitution, en établissant la responsabilité des ministres, sépare clairement le pouvoir ministériel du pouvoir royal. Le seul fait que le monarque est inviolable, et que les ministres sont responsables, constate cette séparation. Car on ne peut nier que les ministres n'aient pas là un pouvoir qui leur appartient en propre jusqu'à un certain point. Si on ne les considérait que comme des agents passifs et aveugles, leur responsabilité serait absurde et injuste, ou du moins il faudrait qu'ils ne fussent responsables qu'envers le monarque, de la stricte exécution de ses ordres. Mais la constitution veut qu'ils soient responsables envers la nation, et que dans certains cas les ordres du monarque ne puissent leur servir d'excuse. Il est donc clair qu'ils ne sont pas des agents passifs. Le pouvoir ministériel, bien qu'émané du pouvoir royal, a cependant une existence réellement séparée de ce dernier : et la différence est essentielle et fondamentale, entre l'autorité responsable, et l'autorité investie de l'inviolabilité.

Cette distinction étant de la sorte consacrée par notre constitution même, elle a paru claire et utile à des

hommes dont l'opinion est à mes yeux d'un grand poids.
C'est en effet, selon moi, la clef de toute organisation
politique.

Le pouvoir royal (j'entends celui du chef de l'État,
quelque titre qu'il porte) est un pouvoir neutre. Celui
des ministres est un pouvoir actif. Pour expliquer cette
différence, définissons les pouvoirs politiques, tels qu'on
les a connus jusqu'ici.

Le pouvoir exécutif, le pouvoir législatif, et le pouvoir judiciaire, sont trois ressorts qui doivent coopérer,
chacun dans sa partie, au mouvement général : mais
quand ces ressorts dérangés se croisent, s'entre-choquent
et s'entravent, il faut une force qui les remette à leur
place. Cette force ne peut pas être dans l'un des ressorts, car elle lui servirait à détruire les autres. Il faut
qu'elle soit en dehors, qu'elle soit neutre, en quelque
sorte, pour que son action s'applique nécessairement
partout où il est nécessaire qu'elle soit appliquée, et
pour qu'elle soit préservatrice, réparatrice, sans être
hostile.

La monarchie constitutionnelle crée ce pouvoir neutre,
dans la personne du chef de l'État. L'intérêt véritable
de ce chef n'est aucunement que l'un des pouvoirs renverse l'autre, mais que tous s'appuient, s'entendent et
agissent de concert.

On n'a distingué jusqu'à présent, dans les organisations
politiques, que trois pouvoirs.

J'en démêle cinq, de natures diverses, dans une monarchie constitutionnelle : 1° le pouvoir royal ; 2° le
pouvoir exécutif ; 3° le pouvoir représentatif de la durée ;
4° le pouvoir représentatif de l'opinion ; 5° le pouvoir
judiciaire.

Le pouvoir représentatif de la durée réside dans une
assemblée héréditaire ; le pouvoir représentatif de l'opi-

nion dans une assemblée élective[1]; le pouvoir exécutif est confié aux ministres; le pouvoir judiciaire aux tribunaux. Les deux premiers pouvoirs font les lois, le troisième pourvoit à leur exécution générale, le quatrième les applique aux cas particuliers. Le pouvoir royal est au milieu, mais au-dessus des quatre autres, autorité à la fois supérieure et intermédiaire, sans intérêt à déranger l'équilibre, mais ayant au contraire tout intérêt à le maintenir.

Sans doute, comme les hommes n'obéissent pas toujours à leur intérêt bien entendu, il faut prendre cette précaution, que le chef de l'État ne puisse agir à la place des autres pouvoirs. C'est en cela que consiste la différence entre la monarchie absolue et la monarchie constitutionnelle.

Comme il est toujours utile de sortir des abstractions par les faits, nous citerons la constitution anglaise.

Aucune loi ne peut être faite sans le concours de la chambre héréditaire et de la chambre élective, aucun acte ne peut être exécuté sans la signature d'un ministre, aucun jugement prononcé que par des tribunaux indépendants. Mais quand cette précaution est prise, voyez comme la constitution anglaise emploie le pouvoir royal à mettre fin à toute lutte dangereuse, et à rétablir l'harmonie entre les autres pouvoirs. L'action du pou-

---

1. Depuis l'établissement du système représentatif en France, les publicistes les plus éminents se sont prononcés pour l'existence de deux Chambres. Ce principe n'est contesté aujourd'hui que par les ultras du radicalisme, qui s'attachent aux souvenirs de la *Convention* et qui appartiennent au parti de la *démocratie autoritaire*, c'est-à-dire au parti qui met la république au-dessus du suffrage universel lui-même. L'existence de deux Chambres étant admise, il reste à décider si elles doivent être toutes deux électives. Voir à ce sujet: *Le Parti libéral, son programme et son avenir*, par M. Laboulaye. Paris, Charpentier, 1865, p. 202 et suiv.

(*Note de l'éditeur.*)

voir exécutif est-elle dangereuse, le roi destitue les ministres. L'action de la chambre héréditaire devient-elle funeste, le roi lui donne une tendance nouvelle, en créant de nouveaux pairs. L'action de la chambre élective s'annonce-t-elle comme menaçante, le roi fait usage de son *veto*, ou il dissout la chambre élective. Enfin l'action même du pouvoir judiciaire est-elle fâcheuse, en tant qu'elle applique à des actions individuelles des peines générales trop sévères, le roi tempère cette action par son droit de faire grâce.

Le vice de presque toutes les constitutions a été de ne pas avoir créé un pouvoir neutre, mais d'avoir placé la somme totale d'autorité dont il doit être investi dans l'un des pouvoirs actifs. Quand cette somme d'autorité s'est trouvée réunie à la puissance législative, la loi, qui ne devait s'étendre que sur des objets déterminés, s'est étendue à tout. Il y a eu arbitraire et tyrannie sans bornes. De là les excès du long parlement, ceux des assemblées du peuple dans les républiques d'Italie, ceux de la convention, à quelques époques de son existence. Quand la même somme d'autorité s'est trouvée réunie au pouvoir exécutif, il y a eu despotisme. De là l'usurpation qui résulta de la dictature à Rome.

L'histoire romaine est en général un grand exemple de la nécessité d'un pouvoir neutre, intermédiaire entre les pouvoirs actifs. Nous voyons dans cette république, au milieu des froissements qui avaient lieu entre le peuple et le sénat, chaque parti chercher des garanties : mais comme il les plaçait toujours en lui-même, chaque garantie devenait une arme contre le parti opposé. Les soulèvements du peuple menaçant l'État de sa destruction, l'on créa les dictateurs, magistrats dévoués à la classe patricienne. L'oppression exercée par cette classe réduisant les plébéiens au désespoir, l'on ne détruisit

point la dictature ; mais on eut recours simultanément
à l'institution tribunicienne, autorité toute populaire.
Alors les ennemis se retrouvèrent en présence ; seulement chacun s'était fortifié de son côté. Les centuries
étaient une aristocratie, les tribus une démocratie. Les
plébiscites décrétés sans le secours du sénat n'en étaient
pas moins obligatoires pour les patriciens. Les sénatus-
consultes, émanant des patriciens seuls, n'en étaient pas
moins obligatoires pour les plébéiens. Ainsi chaque.
parti saisissait tour à tour le pouvoir qui aurait dû être
confié à des mains neutres, et en abusait, ce qui ne peut
manquer d'arriver, aussi longtemps que les pouvoirs
actifs ne l'abdiquent pas pour en former un pouvoir à
part.

La même observation se reproduit pour les Carthaginois : vous les voyez créer successivement les suffètes
pour mettre des bornes à l'aristocratie du sénat, le tribunal des cent pour réprimer les suffètes, le tribunal des
cinq pour contenir les cent. Ils voulaient, dit Condillac,
imposer un frein à une autorité, et ils en établissaient
une autre, qui avait également besoin d'être limitée,
laissant ainsi toujours subsister l'abus auquel ils
croyaient porter remède.

La monarchie constitutionnelle nous offre, comme je
l'ai dit, ce pouvoir neutre, si indispensable à toute liberté régulière. Le roi, dans un pays libre, est un être
à part, supérieur aux diversités des opinions, n'ayant
d'autre intérêt que le maintien de l'ordre et le maintien
de la liberté, ne pouvant jamais rentrer dans la condition commune, inaccessible en conséquence à toutes les
passions que cette condition fait naître, et à toutes celles
que la perspective de s'y retrouver nourrit nécessairement dans le cœur des agents investis d'une puissance
momentanée. Cette auguste prérogative de la royauté

doit répandre dans l'esprit du monarque un calme, et dans son âme un sentiment de repos, qui ne peuvent être le partage d'aucun individu dans une position inférieure. Il plane, pour ainsi dire, au-dessus des agitations humaines, et c'est le chef-d'œuvre de l'organisation politique d'avoir ainsi créé, dans le sein même des dissentiments sans lesquels nulle liberté n'existe, une sphère inviolable de sécurité, de majesté, d'impartialité, qui permet à ces dissentiments de se développer sans péril, tant qu'ils n'excèdent pas certaines limites, et qui, dès que le danger s'annonce, y met un terme par des moyens légaux, constitutionnels, et dégagés de tout arbitraire. Mais on perd cet immense avantage, soit en rabaissant le pouvoir du monarque au niveau du pouvoir exécutif, soit en élevant le pouvoir exécutif au niveau du monarque.

Si vous confondez ces pouvoirs, deux grandes questions deviennent insolubles : l'une, la destitution du pouvoir exécutif proprement dit, l'autre la responsabilité.

Le pouvoir exécutif réside de fait dans les ministres : mais l'autorité qui pourrait le destituer a ce défaut dans la monarchie absolue, qu'elle est son alliée, et dans la république, qu'elle est son ennemie. Ce n'est que dans la monarchie constitutionnelle qu'elle s'élève au rang de son juge.

Aussi voyons-nous que, dans la monarchie absolue, il n'y a de moyen de destituer le pouvoir exécutif, qu'un bouleversement, remède souvent plus terrible que le mal; et bien que les républiques[1] aient cherché à orga-

---

1. « En théorie, la république est le gouvernement qui paraît le plus conforme à l'égalité et à la dignité de l'homme. Il est le plus rationnel de tous les régimes, quoique le plus compliqué. Il a des développements magnifiques et des expédients ingénieux. Toutes les libertés s'y déploient à l'aise : liberté de conscience, liberté de

niser des moyens plus réguliers, ces moyens ont eu fréquemment le même résultat violent et désordonné.

Les Crétois avaient inventé uue insurrection en quelque sorte légale, par laquelle on déposait tous les magistrats, et plusieurs publicistes les en louent[1]. Une loi d'Athènes permettait à chaque citoyen de tuer quiconque dans l'exercice d'une magistrature aurait attenté à la liberté de la république[2]. La loi de Valérius Publicola avait à Rome le même but. Les Florentins ont eu leur Ballia, ou conseil extraordinaire, créé sur l'heure, et qui, revêtu de tous les pouvoirs, avait une faculté de destitution universelle[3]. Mais dans toutes ces constitutions, le droit de destituer le pouvoir exécutif flottait, pour ainsi dire, à la merci de quiconque s'en emparait, et celui qui s'en emparait le saisissait, non pour détruire,

presse, liberté de tribune, liberté d'association, liberté de l'individu, liberté du commerce, liberté de production et de consommation. Mais en pratique et chez un peuple vieilli et nombreux, ce n'est plus cela. La dispute, qui n'a ni frein ni fin, y devient ardente sur tous les points et entre toutes personnes. C'est à qui n'obéira pas et, par conséquent, à qui commandera. On ne veut plus qu'une Chambre grande, la plus grande possible, afin que chacun puisse y entrer. On la veut omnipotente, afin qu'elle puisse à la fois légiférer et gouverner. On la veut unique, afin qu'elle n'ait point d'arrêt ni de rivale. On veut un pouvoir exécutif composé de plusieurs membres, pour que chaque député ait la chance d'en faire partie à son tour. » — En reproduisant ces réflexions de M. de Cormenin, nous n'avons pas besoin d'ajouter qu'elles s'appliquent particulièrement à la France. L'exemple de l'Amérique prouve que la république peut donner à un peuple la prospérité, la sécurité et la force, mais pour arriver à ce résultat, il faut que ce peuple soit composé de citoyens vraiment dignes de ce nom. Avons-nous jusqu'à présent mérité cet éloge? et n'avons-nous pas trop souvent donné l'exemple du mépris de la justice et des lois? C'est ce mépris qui a été la cause de tous nos malheurs, et qui nous a conduits aux catastrophes de la Commune.

(*Note de l'éditeur.*)

1. Filangieri, I, 10. Montesquieu, *Esp. des Lois*, VIII, 11.
2. Petit, de Leg. Att. III, 2.
3. Machiavel, *passim*.

mais pour exercer la tyrannie. Il arrivait de là que le parti vainqueur ne se contentait pas de déposséder, il frappait; et comme il frappait sans jugement, c'était un assassinat, au lieu d'être une justice.

La Ballia de Florence, née de l'orage, se ressentait de son origine. Elle condamnait à mort, incarcérait, dépouillait, parce qu'elle n'avait pas d'autre moyen de priver de l'autorité les hommes qui en étaient dépositaires. Aussi, après avoir agité Florence par l'anarchie, fut-elle l'instrument principal de la puissance des Médicis.

Il faut un pouvoir constitutionnel qui ait toujours ce que la Ballia avait d'utile, et qui n'ait jamais ce qu'elle avait de dangereux; c'est-à-dire qui ne puisse ni condamner, ni incarcérer, ni dépouiller, ni proscrire, mais qui se borne à ôter le pouvoir aux hommes ou aux assemblées qui ne sauraient plus longtemps le posséder sans péril.

La monarchie constitutionnelle résout ce grand problème; et, pour mieux fixer les idées, je prie le lecteur de rapprocher mes assertions de la réalité. Cette réalité se trouve dans la monarchie anglaise. Elle crée ce pouvoir neutre et intermédiaire : c'est le pouvoir royal séparé du pouvoir exécutif ou ministériel. Le pouvoir exécutif est destitué sans être poursuivi. Le roi n'a pas besoin de convaincre ses ministres d'une faute, d'un crime ou d'un projet coupable pour les renvoyer; il les renvoie sans les punir : ainsi, tout ce qui est nécessaire a lieu, sans rien de ce qui est injuste; et, comme il arrive toujours, ce moyen, parce qu'il est juste, est encore utile sous un autre point de vue.

C'est un grand vice dans toute constitution, que de ne laisser d'alternative aux hommes puissants, qu'entre leur puissance et l'échafaud.

Il y a, entre la destitution du pouvoir exécutif et son châtiment, la même différence qu'entre la dissolution des assemblées représentatives et la mise en accusation de leurs membres. Si l'on remplaçait la première de ces mesures par la seconde, nul doute que les assemblées menacées, non-seulement dans leur existence politique, mais dans leur existence individuelle, ne devinssent furieuses par le sentiment du péril, et que l'État ne fût exposé aux plus grands maux. Il en est de même du pouvoir exécutif. Si vous substituez à la faculté de le destituer sans poursuite celle de le mettre en jugement, vous excitez sa crainte et sa colère : il défendra son pouvoir pour sa sûreté. La monarchie constitutionnelle prévient ce danger. Les représentants, après la dissolution de leur assemblée, les ministres, après leur destitution, rentrent dans la classe des autres citoyens, et les résultats de ces deux grands préservatifs contre ces abus sont également efficaces et paisibles.

Des considérations du même genre s'offrent à nous, quand il s'agit de la responsabilité.

Un monarque héréditaire peut et doit être irresponsable ; c'est un être à part au sommet de l'édifice. Son attribution qui lui est particulière et qui est permanente non-seulement en lui, mais dans sa race entière, depuis ses ancêtres jusqu'à ses descendants, le sépare de tous les individus de son empire. Il n'est nullement extraordinaire de déclarer un homme inviolable, lorsqu'une famille est investie du droit de gouverner un grand peuple, à l'exclusion des autres familles, et au risque de toutes les chances de la succession.

Le monarque lui-même se prête sans répugnance à la responsabilité de ses ministres. Il a des biens plus précieux à défendre que tel ou tel détail de l'administration, tel ou tel exercice partiel de l'autorité. Sa dignité est un patrimoine de famille, qu'il retire de la lutte, en abandonnant son ministère. Mais ce n'est que lorsque la puissance est de la sorte sacrée, que vous pouvez séparer la responsabilité d'avec la puissance.

Un pouvoir républicain se renouvelant périodiquement n'est point un être à part, ne frappe en rien l'imagination, n'a point droit à l'indulgence pour ses erreurs, puisqu'il a brigué le poste qu'il occupe, et n'a rien de plus précieux à défendre que son autorité, qui est compromise dès qu'on attaque son ministère, composé d'hommes comme lui, et avec lesquels il est toujours de fait solidaire.

Rendre le pouvoir suprême inviolable, c'est constituer ses ministres juges de l'obéissance qu'ils lui doivent. Ils ne peuvent, à la vérité, lui refuser cette obéissance qu'en donnant leur démission; mais alors l'opinion publique devient juge à son tour entre le pouvoir supérieur et les ministres, et la faveur est naturellement du côté des hommes qui paraissent avoir fait à leur conscience le sacrifice de leurs intérêts. Ceci n'a pas d'inconvénients dans la monarchie héréditaire. Les éléments dont se compose la vénération qui entoure le monarque empêchent qu'on ne le compare avec ses ministres, et la permanence de sa dignité fait que tous les efforts de leurs partisans se dirigent contre le ministère nouveau. Mais dans une république, la comparaison s'établirait entre le pouvoir suprême et les anciens ministres; elle mènerait à désirer que ceux-ci devinssent le pouvoir suprême, et rien, dans sa composition, ni dans ses formes, ne semblerait s'y opposer.

Entre un pouvoir républicain non responsable et un ministère responsable, le second serait tout, et le premier ne tarderait pas à être reconnu pour inutile. La non-responsabilité force le gouvernement à ne rien faire que par ses ministres. Mais alors quelle est l'utilité du pouvoir supérieur au ministère? Dans une monarchie, c'est d'empêcher que d'autres ne s'en emparent, et d'établir un point fixe, inattaquable, dont les passions ne puissent approcher. Mais rien de pareil n'a lieu dans une république, où tous les citoyens peuvent arriver au pouvoir suprême.

Supposez, dans la constitution de 1795, un Directoire inviolable et un ministère actif et énergique. Aurait-on souffert longtemps cinq hommes qui ne faisaient rien, derrière six hommes qui auraient tout fait? Un gouvernement républicain a besoin d'exercer sur ses ministres une autorité plus absolue qu'un monarque héréditaire : car il est exposé à ce que ses instruments deviennent ses rivaux. Mais, pour qu'il exerce une telle autorité, il faut qu'il appelle sur lui-même la responsabilité des actes qu'il commande : car on ne peut se faire obéir des hommes, qu'en les garantissant du résultat de l'obéissance.

Les républiques sont donc forcées à rendre responsable le pouvoir suprême. Mais alors la responsabilité devient illusoire.

Une responsabilité qui ne peut s'exercer que sur des hommes dont la chute interromprait les relations extérieures et frapperait d'immobilité les rouages intérieurs de l'État ne s'exercera jamais. Voudra-t-on bouleverser la société pour venger les droits d'un, de dix, de cent, de mille citoyens, disséminés sur une surface de trente mille lieues carrées? L'arbitraire sera sans remède, parce que le remède sera toujours plus fâcheux qu'un mal modéré. Les coupables échapperont, tantôt par l'usage qu'ils feront de leur pouvoir pour corrompre, tantôt parce que ceux mêmes qui seraient disposés à les accuser frémiront de l'ébranlement qu'une accusation ferait éprouver à l'édifice constitutionnel. Car, pour venger la violation d'une loi particulière, il faudra mettre en péril ce qui sert de garantie à toutes les lois. Ainsi les hommes faibles et les hommes raisonnables, les hommes vénaux et les hommes scrupuleux, se trouveront engagés par des motifs différents à ménager les dépositaires infidèles de l'autorité exécutive. La responsabilité sera nulle, parce qu'elle aura été dirigée trop haut. Enfin, comme il est de l'essence du pouvoir, lorsqu'il peut abuser impunément, d'abuser toujours davantage, si les vexations se multiplient au point d'être intolérables, la responsabilité s'exercera, mais étant dirigée contre les chefs du gouvernement, elle sera probablement suivie de la destruction du gouvernement.

Je n'ai point ici à examiner s'il serait possible, par une organisation nouvelle, de remédier à l'inconvénient relatif à la responsabilité, dans une constitution républicaine. Ce que j'ai voulu prouver, c'est que la première condition qui est indispensable, pour que la responsabilité s'exerce, c'est de séparer le pouvoir exécutif du pouvoir suprême. La monarchie constitutionnelle atteint ce grand but; mais on reperdrait cet avantage, si l'on confondait ces deux pouvoirs.

Le pouvoir ministériel est si réellement le seul ressort de l'exécution dans une constitution libre, que le monarque ne propose rien que par l'intermédiaire de ses ministres : il n'ordonne rien, que leur signature n'offre à la nation la garantie de leur responsabilité.

Quand il est question de nominations, le monarque décide seul ; c'est son droit incontestable. Mais dès qu'il est question d'une action directe, ou même seulement d'une proposition, le pouvoir ministériel est obligé de se mettre en avant, pour que jamais la discussion ou la résistance ne compromette le chef de l'État.

L'on a prétendu qu'en Angleterre le pouvoir royal n'était point aussi positivement distingué du pouvoir ministériel. L'on a cité une conjoncture où la volonté personnelle du souverain l'avait emporté sur celle de ses ministres, en refusant de faire participer les catholiques aux priviléges de ses autres sujets. Mais ici deux choses sont confondues, le droit de maintenir ce qui existe, droit qui appartient nécessairement au pouvoir royal, et qui le constitue, comme je l'affirme, autorité neutre et préservatrice, et le droit de proposer l'établissement de ce qui n'existe pas encore, droit qui appartient au pouvoir ministériel.

Dans la circonstance indiquée, il n'était question que de maintenir ce qui existait, car les lois contre les catholiques sont en pleine vigueur, bien que l'exécution en soit adoucie[1]. Or, aucune loi ne peut être abrogée sans la participation du pouvoir royal. Je n'examine pas si, dans le cas particulier, l'exercice de ce pouvoir a été bon ou mauvais ; je regrette que des scrupules respectables, puisqu'ils tiennent à la conscience, mais erronés en principe et funestes en application, aient engagé le roi d'Angleterre à maintenir des mesures vexatoires et intolérantes ; mais il s'agit seulement ici de prouver qu'en les maintenant, le pouvoir royal n'est pas sorti de ses bornes : et, pour nous en convaincre surabondamment, renversons l'hypothèse, et supposons que ces lois contre les catholiques n'eussent pas existé. La volonté personnelle du monarque n'aurait pu obliger aucun ministre à les proposer, et j'ose affirmer que, de nos jours, le roi d'Angleterre ne trouverait pas un

---

1. On sait que ces lois ont été abrogées en 1829, sous le ministère du duc de Wellington et de sir Robert Peel.

(*Note de M. Laboulaye.*)

ministre qui proposât des lois pareilles. Ainsi la différence entre le pouvoir royal et le pouvoir ministériel
est constatée par l'exemple même, allégué pour l'obscurcir. Le caractère neutre et purement préservateur
du premier est bien manifeste : il est évident qu'entre
les deux le second seul est actif, puisque si ce dernier
ne voulait pas agir, le premier ne trouverait nul moyen
de l'y contraindre, et n'aurait pas non plus de moyen
d'agir sans lui : et remarquez que cette position du pouvoir royal n'a que des avantages et jamais d'inconvénients, car, en même temps qu'un roi d'Angleterre ren-
contrerait dans le refus d'agir de son ministère un
insurmontable obstacle à proposer des lois contraires à
l'esprit du siècle et à la liberté religieuse, cette opposition ministérielle serait impuissante, si elle voulait empêcher le pouvoir royal de faire proposer des lois conformes à cet esprit et favorables à cette liberté. Le roi
n'aurait qu'à changer de ministres, et tandis que nul ne
se présenterait pour braver l'opinion et pour lutter de
front contre les lumières, il s'en offrirait mille pour être
les organes de mesures populaires, que la nation ap-
puierait de son approbation et de son aveu[1].

Je ne veux point nier qu'il n'y ait dans le tableau d'un
pouvoir monarchique plus animé, plus actif, quelque
chose de séduisant, mais les institutions dépendent des
temps beaucoup plus que des hommes. L'action directe
du monarque s'affaiblit toujours inévitablement, en rai-

---

1. Ce que je dis ici du respect, ou de la condescendance des ministres anglais, pour l'opinion nationale, ne s'applique malheureusement qu'à leur administration intérieure. Le renouvellement de
la guerre, sans prétexte, sans excuse, en réponse aux démonstrations les plus modérées, aux intentions pacifiques les plus manifestement sincères, ne prouve que trop que pour les affaires du continent, ce ministère anglais ne consulte ni l'inclination du peuple, ni
sa raison, ni ses intérêts.

son des progrès de la civilisation. Beaucoup de choses que nous admirons et qui nous semblent touchantes à d'autres époques, sont maintenant inadmissibles. Représentez-vous les rois de France rendant aux pieds d'un chêne la justice à leurs sujets, vous serez ému de ce spectacle, et vous révérerez cet exercice auguste et naïf d'une autorité paternelle; mais aujourd'hui, que verrait-on dans un jugement rendu par un roi, sans le concours des tribunaux ? la violation de tous les principes, la confusion de tous les pouvoirs, la destruction de l'indépendance judiciaire, si énergiquement voulue par toutes les classes. On ne fait pas une monarchie constitutionnelle avec des souvenirs et de la poésie.

Il reste aux monarques, sous une constitution libre, de nobles, belles, sublimes prérogatives. A eux appartient ce droit de faire grâce, droit d'une nature presque divine, qui répare les erreurs de la justice humaine, ou ses sévérités trop inflexibles qui sont aussi des erreurs : à eux appartient le droit d'investir les citoyens distingués d'une illustration durable, en les plaçant dans cette magistrature héréditaire, qui réunit l'éclat du passé à la solennité des plus hautes fonctions politiques : à eux appartient le droit de nommer les organes des lois, et d'assurer à la société la jouissance de l'ordre public, et à l'innocence la sécurité : à eux appartient le droit de dissoudre les assemblées représentatives et de préserver ainsi la nation des égarements de ses mandataires, en l'appelant à de nouveaux choix : à eux appartient la nomination des ministres, nomination qui dirige vers le monarque la reconnaissance nationale, quand les ministres s'acquittent dignement de la mission qu'il leur a confiée : à eux appartient enfin la distribution des grâces, des faveurs, des récompenses, la prérogative de payer d'un regard ou d'un mot les services rendus à l'État, prérogative qui donne à la monarchie un trésor d'opinion inépuisable, qui fait de tous les amours-propres autant de serviteurs, de toutes les ambitions autant de tributaires.

Voilà certes une carrière vaste, des attributions imposantes, une grande et noble mission ; et ces conseillers seraient mauvais et perfides, qui présenteraient à un monarque constitutionnel, comme objet de désir ou de regret, cette puissance despotique, sans bornes ou plutôt sans frein, qui serait équivoque, parce qu'elle serait illimitée, précaire, parce qu'elle serait violente, et qui pèserait d'une manière également funeste sur le prince, qu'elle ne peut qu'égarer, et sur le peuple qu'elle ne sait que tourmenter ou corrompre [1].

1. Comparer avec ce chapitre le livre de M. John Stuart Mill, *Considérations sur le gouvernement représentatif*, traduit par M. Dupont-White, Paris, 1861. 1 vol. in-18.

III

Une constitution est un acte d'union qui fixe les rapports réciproques du monarque et des peuples, et leur indique les moyens de se soutenir, de s'appuyer et de se seconder mutuellement. Pour qu'ils se soutiennent et s'appuient, il faut déterminer la sphère des divers pouvoirs, et en marquant leur place et leur action l'un sur l'autre, les préserver des chocs inattendus et des luttes involontaires.

N'existait-il pas autrefois en France une constitution, maintenant oubliée, qui réunissait tous les avantages, et ne suffisait-il pas de la rétablir?

« Ceux qui l'affirment tombent dans une singulière méprise. Ils partent d'un principe vrai; c'est que les souvenirs, les habitudes, les traditions des peuples doivent servir de base à leurs institutions. Mais, de leur aveu, l'on a oublié l'ancienne constitution française, et non-seulement ils en conviennent, mais ils en fournissent la preuve, car ils sont réduits à s'épuiser en raisonnements pour démontrer qu'elle a existé[1]. N'est-il pas

1. Benjamin Constant répond ici aux politiques rétrospectifs qui voulaient faire revivre la constitution de l'ancienne monarchie. Il est dans la stricte vérité historique lorsqu'il dit que cette constitution

manifeste qu'une constitution oubliée n'a pas laissé de souvenirs et n'a pas fondé d'habitudes? Rien ne serait plus respectable, et plus nécessaire à ménager, qu'une vieille constitution, dont on se serait toujours souvenu, et que le temps aurait graduellement perfectionnée. Mais une constitution, oubliée tellement qu'il faut des recherches pour la découvrir, et des arguments pour prouver son existence, une constitution qui est le sujet des dissentiments des publicistes et des disputes des antiquaires, n'est qu'un objet d'érudition, qui aurait dans l'application tous les inconvénients de la nouveauté.

« Nous blâmons les novateurs, et je ne les ai pas blâmés moins sévèrement qu'un autre; nous les blâmons de faire des lois en sens inverse de l'opinion existante. Mais vouloir renouveler des institutions qu'on dit avoir disparu, et que l'on croit avoir découvertes, est un tort du même genre. Si ces institutions ont disparu, c'est qu'elles n'étaient plus conformes à l'esprit national. Si elles lui étaient restées conformes, elles seraient vivantes dans toutes les têtes, et gravées dans toutes les mémoires. C'est donc vouloir faire plier le présent, non devant un passé avec lequel il s'est identifié, mais devant un passé qui n'existe plus pour lui, comme les novateurs veulent le faire plier devant un avenir qui n'existe pas; or, le temps n'y fait rien, le mal est le même.

---

n'a jamais existé; et en effet elle ne pouvait pas exister, puisque le roi tenait son pouvoir de Dieu seul, et n'en devait compte qu'à Dieu. Le *Cours de droit public* composé sous Louis XIV pour l'instruction du duc de Bourgogne résume en quelques mots cette prétendue constitution. « Le roi représente la nation tout entière.... toute puissance, toute autorité réside dans ses mains; il ne peut y en avoir d'autres dans le royaume que celles qu'il établit. La nation ne fait pas corps en France, elle réside tout entière dans la personne du roi. » (Voir Lemontey, *OEuvres*, t. V, p. 13.) Le serment du sacre était le seul engagement de la royauté française, ce n'était pas à la nation qu'elle le prêtait, c'était à Dieu.

(Note de l'éditeur.)

« Oui, sans doute, il faut employer tous les éléments qui survivent à nos troubles, mais de tous ces éléments, le plus réel aujourd'hui, après nos fautes et nos douleurs, c'est notre expérience. Cette expérience nous dit que l'anarchie est un mal, car nous avons connu l'anarchie; mais cette expérience ne nous dit pas moins que le despotisme est un mal, car nous avons éprouvé le despotisme.

« La France sait que la liberté politique lui est aussi nécessaire que la liberté civile. Elle ne croit plus que, pourvu, comme on le dit, qu'un peuple soit heureux, il est inutile qu'il soit libre politiquement. Elle sait que la liberté n'est autre chose que la faculté d'être heureux sans qu'aucune puissance humaine trouble arbitrairement ce bonheur. Si la liberté politique ne fait pas partie de nos jouissances immédiates, c'est elle qui les garantit. La déclarer inutile, c'est déclarer superflus les fondements de l'édifice qu'on veut habiter.

« Je ne connais rien de si ridicule que ce qui s'est renouvelé sans cesse durant notre révolution. Une constitution se discute; on la décrète, on la met en activité. Mille lacunes se découvrent, mille superfluités se rencontrent, mille doutes s'élèvent. On commente la constitution, on l'interprète comme un manuscrit ancien qu'on aurait nouvellement déterré. *La constitution ne s'explique pas*, dit-on, *la constitution se tait, la constitution a des parties ténébreuses*. Croyez-vous donc qu'un peuple se gouverne par des énigmes? Ce qui fut hier l'objet d'une critique sévère et publique peut-il aujourd'hui, tout à coup, se transformer en objet de vénération silencieuse et d'implicite adoration !

« Organisez bien vos divers pouvoirs, intéressez toute leur existence, toute leur moralité, toutes leurs espérances honorables à la conservation de votre établissement public; et si toutes les autorités réunies veulent profiter de l'expérience pour opérer des changements qui n'attentent ni au principe de la représentation, ni à la sûreté personnelle, ni à la manifestation de la pensée, ni à l'indépendance du pouvoir judiciaire, laissez-leur toute liberté sous ce rapport... Quelle est la garantie d'un gouvernement durable? dit Aristote. C'est que les différents ordres de l'État l'aiment tel qu'il est et n'y veuillent pas de changement.

« Les constitutions se font rarement par la volonté des hommes, le temps les fait; elles s'introduisent graduellement, et d'une manière insensible. Cependant, il y a des circonstances qui rendent indispensable de faire une constitution; mais alors ne faites que ce qui est indispensable; laissez de l'espace au temps et à l'expérience, pour que ces deux puissances réformatrices dirigent vos pouvoirs déjà constitués, dans l'amélioration de ce qui est fait, dans l'achèvement de ce qui reste à faire[1]. »

1. A propos de ce passage, M. Laboulaye, dans son *Étude de la Revue nationale*, dit avec raison : « Sages conseils, qu'on a eu tort de méconnaître en 1848 ; on leur a préféré les théories de la révolution, sans comprendre que nulle loi ne peut faire qu'une erreur soit la vérité, et que les faits donnent toujours un terrible démenti aux vanités d'une fausse théorie. » Les Constitutions et les Chartes qui ont régi la France depuis la révolution sont celle de 1791, votée par l'Assemblée nationale; celle de 1793, nommée aussi *Acte constitutionnel*, votée par la Convention; celle de l'an III (1795), également votée par la Convention; celle de l'an VIII (1799), votée par 3,011,017 électeurs sur 3,012,369. Elle confiait le pouvoir exécutif à trois consuls, élus, les deux premiers pour dix ans, le troisième pour cinq ans, et tous rééligibles. Elle créait un tribunat de cent membres, un Corps législatif de trois cents membres, renouvelé par cinquième tous les ans, et un Sénat de quatre-vingt membres élus à vie. Les consuls proposaient les lois; le tribunat les discutait et les amendait; le Corps législatif les votait ou les rejetait, et le Sénat veillait à leur conservation; la Constitution de l'an VIII fut modifiée une première fois par le sénatus-consulte organique de l'an X qui rendit viagères et inamovibles les fonctions des consuls, et par le sénatus-consulte du 28 floréal an XII qui établit

l'empire héréditaire ; l'*Acte additionnel*, promulgué, le 22 avril 1813, par Napoléon à son retour de l'île d'Elbe, comme supplément aux constitutions de l'empire ; la *Charte* du 4 juin 1814, octroyée par Louis XVIII; la *Charte* de 1830, votée, le 7 août 1830, par la Chambre des députés, et acceptée le lendemain par Louis-Philippe ; la *Constitution de* 1848 en 116 articles, promulguée, le 4 novembre de cette même année, par l'Assemblée nationale issue de la révolution de février, et abrogée par le coup d'État du 2 décembre 1851 ; la *Constitution de* 1852 faite par le prince Louis Napoléon, en vertu des pouvoirs à lui délégués par le vote plébiscitaire des 20 et 21 décembre 1851, modifiée par les deux sénatus-consultes du 7 et du 23 novembre 1852, et par le plébiscite de 1870. — On trouvera toutes ces constitutions réunies pour la première fois dans un volume publié en 1871, par M. Plouard, avocat, sous ce titre : les *Constitutions françaises votées par les chambres depuis 1788 jusqu'en 1870. 1 vol. in-8.* (*Note de l'éditeur.*)

IV

DE LA SUSPENSION ET DE LA VIOLATION
DES CONSTITUTIONS.

Durant le cours de notre révolution, nos gouverne-ments ont fréquemment prétendu qu'ils avaient le droit de violer la constitution pour la sauver. Le dépôt constitutionnel, ont-ils dit, nous est confié; notre devoir est de prévenir toutes les atteintes qui pourraient lui être portées : et, comme le prétexte de prévenir quoi que ce soit permet tout, nos autorités, dans leur prévoyance préservatrice, démêlant toujours, au fond de toutes les réclamations et de toutes les résistances, de secrets desseins et des intentions perfides, ont généreusement pris sur elles de faire un mal certain pour éviter un mal présumé.

C'est ainsi que le directoire, après avoir commencé par la loi d'exception du 3 brumaire, a été conduit jusqu'au 18 fructidor. C'est ainsi que Bonaparte, après avoir commencé par la mesure d'exception qui éliminait le tribunat, a fini par l'empire : et déjà, sous le règne de la charte, on a insinué que son quatorzième article donnait au gouvernement le droit de tout faire. Cette logique ressemble assez à celle du berger dans l'*Avocat Patelin*. Mais, comme ici le ridicule est sans préjudice de l'odieux, il est bon de réfuter sérieusement ce système.

Un gouvernement constitutionnel cesse de droit d'exister aussitôt que la constitution n'existe plus, et une constitution n'existe plus dès qu'elle est violée : le gouvernement qui la viole déchire son titre : à dater de cet instant même, il peut bien subsister par la force, mais il ne subsiste plus par la constitution.

Eh quoi ! répondent ceux qui détruisent les constitutions pour les préserver d'être détruites par d'autres, faut-il les livrer sans défense à leurs ennemis ? Faut-il permettre que ces ennemis s'en servent comme d'une arme ?

Je demande d'abord si, lorsqu'on viole la constitution, c'est bien réellement la constitution que l'on conserve : je réponds que non ; ce que l'on conserve, c'est le pouvoir de quelques hommes qui règnent au nom d'une constitution qu'ils ont anéantie. Remarquez-le bien, étudiez les faits, vous verrez que toutes les fois que des constitutions ont été violées, ce ne sont pas les constitutions, mais les gouvernements que l'on a sauvés.

Soit, me dira-t-on : mais n'est-ce pas un bien que de sauver le gouvernement ? Le gouvernement n'est-il pas de première nécessité parmi les hommes ? Et si une constitution est devenue inexécutable, soit par ses défauts intrinsèques, soit par un enchaînement malheureux de circonstances, n'est-il pas salutaire qu'au moins le gouvernement soit en sûreté ?

S'il était prouvé que, par des mesures pareilles, le gouvernement fût en sûreté, j'hésiterais peut-être dans ma réponse.

Je suis enclin, moins que personne, à désirer le bouleversement des formes établies : j'aime presque toujours mieux ce qui existe que ce qui viendrait, parce qu'il y a presque toujours dans ce qui existe des garanties pour la liberté et pour le repos ; mais, précisément parce que je désire le maintien de ces formes comme garantie du repos et de la liberté, je ne puis consentir à ce que, sous prétexte de les conserver, on prenne des moyens qui détruisent l'une et troublent l'autre; je n'y puis consentir, parce qu'on marche contre le but qu'on allègue, qu'on sacrifie le fond sans sauver les formes. Car, il ne faut pas s'y tromper, lorsqu'un gouvernement n'a de ressource pour prolonger sa durée que dans les mesures illégales, ces mesures ne retardent sa perte que de peu d'instants, et le renversement qu'il voulait prévenir s'opère ensuite avec plus de malheurs et de honte.

L'on est convenu d'admirer, de siècle en siècle, certains exemples d'une rapidité extra-constitutionnelle, extra-judiciaire, qui, dit-on, sauve les États en ne laissant pas aux séditieux le temps de se reconnaître; et, lorsqu'on raconte ces attentats politiques, on les considère isolément, comme si les faits qui les ont suivis ne faisaient pas partie de leurs conséquences[1].

Sans doute il y a, pour les sociétés politiques, des moments de danger que toute la prudence humaine a peine à conjurer; mais il est des actions que l'amour de la vie ne légitime pas dans les individus : il en est de même pour les gouvernements, et si l'on veut prendre conseil de l'expérience et de l'histoire de tous les peuples, on cessera de qualifier cette règle de morale niaise. Si la chute est inévitable, pourquoi joindre au malheur certain le crime inutile? Si le péril peut se conjurer, ce ne sera point par la violence, par la suppression de la justice, mais en adhérant plus scrupuleusement que

---

1. Ici l'auteur cite l'exemple des Gracques, des complices de Catilina et des Guises. Ce qu'il dit à ce sujet, il le répète, presque dans les mêmes termes, dans le chapitre intitulé : *De l'effet des mesures illégales et despotiques dans les gouvernements réguliers eux-mêmes.* Le lecteur trouvera donc dans ce chapitre ce que nous retranchons ici. *(Note de l'éditeur.)*

jamais aux lois établies, aux formes tutélaires, aux garanties préservatrices.

Deux avantages résulteront de cette courageuse persistance dans ce qui est juste et légal. Les gouvernements laisseront à leurs ennemis l'odieux de la violation des lois les plus saintes ; et, de plus, ils obtiendront, par le calme et par la sécurité dont leurs actes seront empreints, la confiance de cette masse timide qui resterait au moins indécise, si des mesures extraordinaires ne prouvaient, dans les dépositaires de l'autorité, le sentiment d'un péril pressant.

Il n'y a point d'excuse pour des moyens qui servent également à toutes les intentions et à tous les buts, et qui, invoqués par les hommes honnêtes contre les brigands, se retrouvent dans la bouche des brigands avec l'autorité des hommes honnêtes, avec la même apologie de la nécessité, avec le même prétexte du salut public. La loi de Valérius Publicola, qui permettait de tuer sans formalité quiconque aspirait à la tyrannie, servait alternativement les fureurs aristocratiques et populaires, et perdit la république romaine.

Que reste-t-il après une constitution violée ? La sécurité, la confiance sont détruites. Les gouvernants ont le sentiment de l'usurpation ; les gouvernés ont la conviction qu'ils sont à la merci d'un pouvoir qui s'est affranchi des lois. Toute protestation de respect pour la constitution paraît, dans les uns, une dérision ; tout appel à cette constitution paraît, dans les autres, une hostilité. En vain ceux qui, dans leur zèle imprévoyant, ont concouru à ce mouvement désordonné, veulent-ils l'arrêter dans ses déplorables conséquences ; ils ne trouvent plus de point d'appui. Ce remède est hors de la portée des hommes ; la digue est rompue ; l'arbitraire est déchaîné. En admettant les intentions les plus pures, tous les efforts seront infructueux. Les dépositaires de l'autorité savent qu'ils ont préparé un glaive qui n'attend qu'un bras assez fort pour le diriger contre eux. Le peuple oublierait, peut-être, que le gouvernement s'est établi sur la violation des règles qui le rendaient légitime; mais le gouvernement ne l'oublie pas : il y pense, et pour regarder toujours comme en péril un pouvoir devenu coupable, et pour avoir sans cesse en arrière-pensée la possibilité d'un coup d'État pareil au premier; il suit avec effort, en aveugle, au jour le jour, une route sillonnée par l'injustice; il ne dépend pas de lui d'en suivre une meilleure. Il subit la destinée de tout gouvernement sorti de ses bornes.

Et qu'on n'espère pas rentrer dans une constitution après l'avoir violée.

Toute constitution qui a été violée est prouvée mauvaise. Car, de trois choses, une est démontrée. Ou il était impossible aux pouvoirs constitutionnels de gouverner avec la constitution, ou il n'y avait pas dans tous ces pouvoirs un intérêt égal à maintenir cette constitution; ou, enfin, il n'existait pas dans les pouvoirs opposés au pouvoir usurpateur des moyens suffisants de la défendre. Mais, lors même qu'on supposerait que cette constitution eût été bonne, sa puissance est détruite sur l'esprit des peuples; elle a perdu tout ce qui la rendait respectable, tout ce qui formait son culte, par cela seul qu'on a porté atteinte à sa légalité.

J'aime à m'étendre sur ce sujet et à le présenter sous toutes ses faces, parce qu'il est bon que les écrivains réparent le mal que des écrivains ont fait. La manie de la plupart des hommes, c'est de se prétendre au-dessus de ce qu'ils sont. La manie des écrivains, c'est de se prétendre des hommes d'Etat. En conséquence, ils racontent presque tous avec respect, ils décrivent avec complaisance, tous les grands développements de force, tous les recours aux mesures illégales, dans les circonstances périlleuses ; ils réchauffent leur vie spéculative de toutes les démonstrations de puissance dont ils décorent leurs phrases; ils cherchent à mettre dans leur style la rapidité qu'ils recommandent ; ils lancent de tous côtés l'arbitraire; ils se croient, pour un moment, revêtus du pouvoir, parce qu'ils en prêchent l'abus ; ils se donnent ainsi quelque chose du plaisir de l'autorité : ils répètent, à tue-tête, les grands mots de salut du peuple, de loi suprême, d'intérêt public; ils sont en admiration de leur profondeur, et s'émerveillent de leur énergie. Pauvres imbéciles ! ils parlent à des hommes qui ne demandent pas mieux que de les écouter, et qui, à la première occasion, feront sur eux-mêmes l'expérience de leur théorie.,

Cette vanité, qui a faussé le jugement de tant d'écrivains, a eu plus d'inconvénients qu'on ne pense, pendant nos dissensions civiles. Tous les esprits médiocres, conquérants passagers d'une portion de l'autorité, étaient remplis de toutes ces maximes, d'autant plus agréables à la sottise, qu'elles lui servent à trancher les nœuds qu'elle ne peut délier. Ils ne rêvaient que mesures de salut public, grandes mesures, coups d'État. Ils se croyaient des génies extraordinaires parce qu'ils s'écartaient, à chaque instant, des moyens ordinaires. Ils se proclamaient des têtes vastes, parce que la justice leur paraissait une chose étroite. A chaque crime politique qu'ils commettaient, on les entendait s'écrier : Nous avons encore une fois sauvé la patrie. Certes, nous devons en être suffisamment convaincus; c'est une patrie bientôt perdue, qu'une patrie sauvée ainsi chaque jour.

V

DE L'USURPATION [1].

Mon but n'est nullement de me livrer à l'examen des diverses formes de gouvernement.

Je veux opposer un gouvernement régulier à ce qui n'en est pas un, mais non comparer les gouvernements réguliers entre eux. Nous n'en sommes plus au temps où l'on déclarait la monarchie un pouvoir contre nature ; et je n'écris pas non plus dans le pays où il est ordonné de proclamer que la république est une institution anti-sociale[2].

---

1. Nous n'avons pas besoin de rappeler que les pages ci-dessus ont été écrites en 1813, comme une protestation contre le régime impérial, et que le mot *usurpation* s'applique à ce régime. Voir sur les moyens employés par Napoléon pour arriver au pouvoir suprême : M. Lanfrey, *Histoire de Napoléon I*[er], Paris, Charpentier, 1870. T. I, ch. i, jeunesse et commencements de Napoléon ; ch. x. expédition d'Égypte ; ch. xii, le dix-huit brumaire ; t. III, ch. iv, l'empire. *(Note de l'éditeur.)*

2. Il y a un esprit de parti absurde et une ignorance profonde à vouloir réduire à des termes simples la question de la république et de la monarchie : comme si la première n'était que le gouvernement de plusieurs, et la seconde celui d'un seul. Réduite à ces termes, l'une n'assure point le repos, l'autre ne garantit point la liberté. Y avait-il du repos à Rome sous Néron, sous Domitien, sous Héliogabale ; à Syracuse sous Denys ; en France sous Louis XI, ou

Je ne me réunirai point aux détracteurs des républiques. Celles de l'antiquité, où les facultés de l'homme se développaient dans un champ si vaste, tellement fortes de leurs propres forces, avec un tel sentiment d'énergie et de dignité, remplissent toutes les âmes, qui ont quelque valeur, d'une émotion d'un genre profond et particulier. Les vieux éléments, d'une nature antérieure, pour ainsi dire, à la nôtre, semblent se réveiller en nous à ces souvenirs. Les républiques de nos temps modernes, moins brillantes et plus paisibles, ont favorisé d'autres développements de facultés et créé d'autres

---

sous Charles IX ? Y avait-il de la liberté sous les décemvirs, sous le long parlement, sous la convention ou même le directoire? L'on peut concevoir un peuple, gouverné par des hommes qui paraissent de son choix, et ne jouissant d'aucune liberté, si ces hommes forment une faction dans l'État, et si leur puissance est illimitée. On peut aussi concevoir un peuple, soumis à un chef unique, et ne goûtant aucun repos, si ce chef n'est contenu ni par la loi ni par l'opinion. D'un autre côté, une république pourrait se trouver tellement organisée, que l'autorité y fût assez forte pour maintenir l'ordre ; et quant à la monarchie, pour ne citer qu'un exemple, qui osera nier qu'en Angleterre, depuis cent vingt ans, l'on n'ait joui de plus de sûreté personnelle et de plus de droits politiques que n'en procurèrent jamais à la France ses essais de république, dont les institutions informes et imparfaites disséminaient l'arbitraire et multipliaient les tyrans ?

Que de questions de détail, d'ailleurs, dont chacune serait nécessaire à examiner ! La monarchie est-elle la même chose, suivant que son établissement remonte à des siècles reculés, ou date d'une époque récente ; suivant que la famille régnante est de temps immémorial sur le trône, comme les descendants de Hugues Capet, ou qu'étrangère par son origine, elle a été appelée à la couronne par le vœu du peuple, comme en Angleterre, en 1688, ou qu'elle est enfin tout à fait nouvelle, et sortie, par d'heureuses circonstances, de la foule de ses égaux ; suivant encore que la monarchie est accompagnée d'une ancienne noblesse héréditaire, comme dans presque tous les États de l'Europe, ou qu'une seule famille s'élève isolément, et se voit forcée de créer à la hâte une noblesse sans aïeux ; suivant que cette noblesse est féodale, comme en Allemagne ; purement honorifique, comme elle l'était en France ; ou qu'elle forme une sorte de magistrature, comme la Chambre des pairs, etc., etc. ?

vertus. Le nom de la Suisse rappelle cinq siècles de bonheur privé et de loyauté publique. Le nom de la Hollande en retrace trois d'activité, de bon sens, de fidélité et d'une probité scrupuleuse, jusqu'au milieu des dissensions civiles, et même sous le joug de l'étranger; et l'imperceptible Genève a fourni aux annales des sciences, de la philosophie et de la morale, une moisson plus ample que bien des empires cent fois plus vastes et plus puissants.

D'une autre part, en considérant les monarchies de nos jours, ces monarchies, où maintenant les peuples et les rois sont réunis par une confiance réciproque et ont contracté une sincère alliance, on doit se plaire à leur rendre hommage.

Enfin, lorsqu'on réfléchit que l'Angleterre est une monarchie, et que l'on y voit tous les droits des citoyens hors d'atteinte, l'élection populaire maintenant la vie dans le corps politique, malgré quelques abus plus apparents que réels, la liberté de la presse respectée, le talent assuré de son triomphe, et, dans les individus de toutes les classes, cette sécurité fière et calme de l'homme environné de la loi de sa patrie, sécurité dont naguère, dans notre continent misérable, nous avions perdu jusqu'au dernier souvenir, comment ne pas rendre justice à des institutions qui garantissent un pareil bonheur? Il y a quelques mois que chacun, regardant autour de soi, se demandait dans quel asile obscur, si l'Angleterre était subjuguée, il pourrait écrire, parler, penser, respirer.

Mais l'usurpation ne présente aux peuples ni les avantages d'une monarchie, ni ceux d'une république : l'usurpation n'est point la monarchie. Ce qui fait qu'on a méconnu cette vérité, c'est que, voyant, dans l'une comme dans l'autre, un seul homme dépositaire de la puissance, l'on n'a pas suffisamment distingué deux choses qui ne se ressemblent que sous ce rapport.

I

La monarchie, telle qu'elle existe dans la plupart des États européens, est une institution modifiée par le temps, adoucie par l'habitude. Elle est entourée de corps intermédiaires qui la soutiennent à la fois et la limitent, et sa transmission régulière et paisible rend la soumission plus facile et la puissance moins ombrageuse. Le monarque est en quelque sorte un être abstrait. On voit en lui non pas un individu, mais une race entière de rois, une tradition de plusieurs siècles.

L'usurpation est une force qui n'est modifiée ni adoucie par rien. Elle est nécessairement empreinte de l'individualité de l'usurpateur, et cette individualité, par l'opposition qui existe entre elle et tous les intérêts antérieurs, doit être dans un état perpétuel de défiance et d'hostilité.

La monarchie n'est point une préférence accordée à un homme aux dépens des autres ; c'est une suprématie consacrée d'avance : elle décourage les ambitions, mais n'offense point les vanités. L'usurpation exige de la part de tous une abdication immédiate en faveur d'un seul : elle soulève toutes les prétentions ; elle met en fermentation tous les amours-propres. Lorsque le mot de Pédarète porte sur trois cents hommes, il est moins difficile à prononcer que lorsqu'il porte sur un seul[1].

Ce n'est pas tout de se déclarer monarque héréditaire. Ce qui constitue tel, ce n'est pas le trône qu'on veut

---

1. Pédarète, en sortant d'une assemblée dont il avait inutilement sollicité les suffrages, dit : Je rends grâces aux dieux de ce qu'il y a dans ma patrie trois cents citoyens meilleurs que moi.

transmettre, mais le trône dont on a hérité. On n'est monarque héréditaire qu'après la seconde génération. Jusques alors, l'usurpation peut bien s'intituler monarchie; mais elle conserve l'agitation des révolutions qui l'ont fondée. Ces prétendues dynasties nouvelles sont aussi orageuses que les factions, ou aussi oppressives que la tyrannie. C'est l'anarchie de Pologne, ou le despotisme de Constantinople. Souvent c'est tous les deux.

Un monarque montant sur le trône que ses ancêtres ont occupé suit une route dans laquelle il ne s'est point lancé par sa volonté propre. Il n'a point sa réputation à faire; il est seul de son espèce: on ne le compare à personne. Un usurpateur est exposé à toutes les comparaisons que suggèrent les regrets, les jalousies ou les espérances; il est obligé de justifier son élévation : il a contracté l'engagement tacite d'attacher de grands résultats à une si grande fortune; il doit craindre de tromper l'attente du public, qu'il a si puissamment éveillée. L'inaction la plus raisonnable, la mieux motivée, lui devient un danger. *Il faut donner aux Français, tous les trois mois,* disait un homme qui s'y entend bien, *quelque chose de nouveau:* il a tenu parole[1].

Or, c'est sans doute un avantage que d'être propre à de grandes choses, quand le bien général l'exige ; mais c'est un mal que d'être condamné à de grandes choses pour sa considération personnelle, quand le bien général ne l'exige pas. L'on a beaucoup déclamé contre les rois fainéants. Dieu nous rende leur fainéantise, plutôt que l'activité d'un usurpateur!

Aux inconvénients de la position joignez les vices du caractère, car il y en a que l'usurpation implique, et il y en a encore que l'usurpation produit.

---

1. Napoléon.

Que de ruses, que de violences, que de parjures elle nécessite! Comme il faut invoquer des principes qu'on se prépare à fouler aux pieds, prendre des engagements que l'on veut enfreindre, se jouer de la bonne foi des uns, profiter de la faiblesse des autres, éveiller l'avidité là où elle sommeille, enhardir l'injustice là où elle se cache, la dépravation là où elle est timide : mettre, en un mot, toutes les passions coupables comme en serre chaude, pour que la maturité soit plus rapide, et la moisson plus abondante.

Un monarque arrive noblement au trône; un usurpateur s'y glisse à travers la boue et le sang, et quand il y prend place, sa robe tachée porte l'empreinte de la carrière qu'il a parcourue.

Croit-on que le succès viendra, de sa baguette magique, le purifier du passé? Tout au contraire : il ne serait pas corrompu d'avance, que le succès suffirait pour le corrompre.

Si nous parcourons tous les détails de l'administration extérieure et intérieure, partout nous verrons des différences, au désavantage de l'usurpation, et à l'avantage de la monarchie.

Un roi n'a pas besoin de commander ses armées. D'autres peuvent combattre pour lui, tandis que ses vertus pacifiques le rendent cher et respectable à son peuple. L'usurpateur doit être toujours à la tête de ses prétoriens. Il en serait le mépris, s'il n'en était l'idole.

Ceux qui corrompirent les républiques grecques, dit Montesquieu, *ne devinrent pas toujours tyrans. C'est qu'ils s'étaient plus attachés à l'éloquence qu'à l'art militaire*[1]. Mais dans nos associations nombreuses, l'éloquence est impuissante; l'usurpation n'a d'autre appui que la force

1. *Esprit des Lois*, VIII, 1.

armée. Pour la fonder, cette force est nécessaire; elle l'est encore pour la conserver.

De là, sous un usurpateur, des guerres sans cesse renouvelées : ce sont des prétextes pour s'entourer de gardes; ce sont des occasions pour façonner ces gardes à l'obéissance; ce sont des moyens d'éblouir les esprits et de suppléer, par le prestige de la conquête, au prestige de l'antiquité. L'usurpation nous ramène au système guerrier; elle entraîne donc tous les inconvénients que nous avons rencontrés dans ce système.

La gloire d'un monarque légitime s'accroît des gloires environnantes. Il gagne à la considération dont il entoure ses ministres. Il n'a nulle concurrence à redouter. L'usurpateur, pareil naguère ou même inférieur à ses instruments, est obligé de les avilir, pour qu'ils ne deviennent pas ses rivaux. Il les froisse, pour les employer. Aussi, regardez-y de près, toutes les âmes fières s'éloignent; et quand les âmes fières s'éloignent, que reste-t-il? Des hommes qui savent ramper, mais ne sauraient défendre; des hommes qui insulteraient les premiers, après sa chute, le maître qu'ils auraient flatté[1].

Ceci fait que l'usurpation est plus dispendieuse que la monarchie. Il faut d'abord payer les agents pour qu'ils se laissent dégrader; il faut ensuite payer ces agents dégradés pour qu'ils se rendent utiles. L'argent doit faire le service et de l'opinion et de l'honneur. Mais ces agents, tout corrompus et tout zélés qu'ils sont, n'ont pas l'habitude du gouvernement. Ni eux, ni leur maître, nouveau comme eux, ne savent tourner les obstacles. A chaque difficulté qu'ils rencontrent, la violence leur est si commode qu'elle leur paraît toujours

---

1. Ceci a été écrit six mois avant la chute de Bonaparte.

nécessaire. Ils seraient tyrans par ignorance, s'ils ne l'étaient par intention. Vous voyez les mêmes institutions subsister dans la monarchie durant des siècles. Vous ne voyez pas un usurpateur qui n'ait vingt fois révoqué ses propres lois, et suspendu les formes qu'il venait d'instituer, comme un ouvrier novice et impatient brise ses outils.

Un monarque héréditaire peut exister à côté, ou pour mieux dire, à la tête d'une noblesse antique et brillante; il est, comme elle, riche de souvenirs. Mais là où le monarque voit des soutiens, l'usurpateur voit des ennemis. Toute noblesse, dont l'existence a précédé la sienne, doit lui faire ombrage. Il faut que, pour appuyer sa nouvelle dynastie, il crée une nouvelle noblesse[1].

Mais il y a confusion d'idées dans ceux qui parlent des avantages d'une hérédité déjà reconnue pour en conclure la possibilité de créer l'hérédité. La noblesse engage, envers un homme et ses descendants, le respect des générations, non-seulement futures, mais contemporaines. Or, ce dernier point est le plus difficile. On peut bien admettre un traité pareil, lorsqu'en naissant on le trouve sanctionné ; mais assister au contrat, et s'y résigner, est impossible, si l'on n'est la partie avantagée.

L'hérédité s'introduit dans des siècles de simplicité ou de conquête; mais on ne l'institue pas au milieu de la civilisation. Elle peut alors se conserver, mais non s'établir. Toutes les institutions qui tiennent du prestige

---

1. Un pamphlet publié contre la prétendue Chambre haute du temps de Cromwell est une preuve remarquable de l'impuissance de l'autorité dans les institutions de ce genre. Voir *A reasonable speech made by a worthy member of parliament in the house of Commons, concerning the other house*, March, 1659.

ne sont jamais l'effet de la volonté : elles sont l'ouvrage
des circonstances. Tous les terrains sont propres aux
alignements géométriques; la nature seule produit les
sites et les effets pittoresques. Une hérédité, qu'on voudrait édifier sans qu'elle reposât sur aucune tradition
respectable et presque mystérieuse, ne dominerait point
l'imagination. Les passions ne seraient pas désarmées;
elles s'irriteraient au contraire davantage contre une
inégalité subitement érigée en leur présence et à leurs
dépens. Lorsque Cromwell voulut instituer une chambre haute, il y eut révolte générale dans l'opinion d'Angleterre. Les anciens pairs refusèrent d'en faire partie,
et la nation refusa de son côté de reconnaître comme
pairs ceux qui se rendirent à l'invitation.

On crée néanmoins de nouveaux nobles, objectera-
t-on. C'est que l'illustration de l'ordre entier rejaillit sur
eux. Mais si vous créez à la fois le corps et les membres,
où sera la source de l'illustration?

Des raisonnements du même genre se reproduisent
relativement à ces assemblées, qui, dans quelques monarchies, défendent ou représentent le peuple. Le roi
d'Angleterre est vénérable au milieu de son parlement;
mais c'est qu'il n'est pas, nous le répétons, un simple
individu. Il représente aussi la longue suite des rois qui
l'ont précédé; il n'est pas éclipsé par les mandataires de
la nation : mais un seul homme, sorti de la foule, est
d'une stature trop diminutive, et, pour soutenir le pa-
rallèle, il faut que cette stature devienne terrible. Les
représentants d'un peuple, sous un usurpateur, doivent
être ses esclaves, pour n'être pas ses maîtres. Or, de
tous les fléaux politiques, le plus effroyable est une assemblée qui n'est que l'instrument d'un seul homme. Nul
n'oserait vouloir en son nom ce qu'il ordonne à ses agents
de vouloir, lorsqu'ils se disent les interprètes libres du

vœu national. Songez au sénat de Tibère, songez au parlement d'Henri VIII.

Ce que j'ai dit de la noblesse s'applique également à la propriété. Les anciens propriétaires sont les appuis naturels d'un monarque légitime ; ils sont les ennemis nés d'un usurpateur. Or je pense qu'il est reconnu que pour qu'un gouvernement soit paisible, la puissance et la propriété doivent être d'accord. Si vous les séparez, il y aura lutte, et à la fin de cette lutte, ou la propriété sera envahie, ou le gouvernement sera renversé.

Il paraît plus facile de créer de nouveaux propriétaires que de nouveaux nobles ; mais il s'en faut qu'enrichir des hommes devenus puissants soit la même chose qu'investir du pouvoir des hommes qui étaient nés riches. La richesse n'a point un effet rétroactif. Conférée tout à coup à quelques individus, elle ne leur donne ni cette sécurité sur leur situation, ni cette absence d'intérêts étroits, ni cette éducation soignée qui forment ses principaux avantages. On ne prend pas l'esprit propriétaire aussi lestement qu'on prend la propriété. A Dieu ne plaise que je veuille insinuer ici que la richesse doit constituer un privilége ! Toutes les facultés naturelles, comme tous les avantages sociaux, doivent trouver leur place dans l'organisation politique, et le talent n'est certes pas un moindre trésor que l'opulence. Mais, dans une société bien organisée, le talent conduit à la propriété. Le corps des anciens propriétaires se recrute ainsi de nouveaux membres, et c'est la seule manière dont un changement progressif, imperceptible et toujours partiel, doive s'opérer. L'acquisition lente et graduelle d'une propriété légitime est autre chose que la conquête violente d'une propriété qu'on enlève. L'homme qui s'enrichit par son industrie ou ses facultés apprend à mériter ce qu'il acquiert ; celui qu'enrichit la spoliation ne devient que plus indigne de ce qu'il ravit.

Plus d'une fois, durant nos troubles, nos maîtres d'un jour, qui nous entendaient regretter le gouvernement des propriétaires, ont eu la tentation de devenir propriétaires pour se rendre plus dignes de gouverner ; mais quand ils se seraient investis en quelques heures de propriétés considérables, par une volonté qu'ils auraient appelée loi, le peuple et eux-mêmes auraient pensé que ce que la loi avait conféré, la loi pouvait le reprendre ; et la propriété, au lieu de protéger l'institution, aurait eu continuellement besoin d'être protégée par elle. En richesse, comme en autre chose, rien ne supplée au temps.

D'ailleurs, pour enrichir les uns, il faut appauvrir les autres ; pour créer de nouveaux propriétaires, il faut dépouiller les anciens. L'usurpation générale doit s'entourer d'usurpations partielles, comme d'ouvrages avancés qui la défendent. Pour un intérêt qu'elle se concilie, dix s'arment contre elle.

Ainsi donc, malgré la ressemblance trompeuse qui paraît exister entre l'usurpation et la monarchie, considérées toutes deux comme le pouvoir remis à un seul homme, rien n'est plus différent. Tout ce qui fortifie la seconde menace la première ; tout ce qui est, dans la monarchie, une cause d'union, d'harmonie et de repos, est, dans l'usurpation, une cause de résistance, de haine et de secousses.

Ces raisonnements ne militent pas avec moins de force pour les républiques, quand elles ont existé longtemps. Alors elles acquièrent, comme les monarchies, un héritage de traditions, d'usages et d'habitudes. L'usurpation seule, nue et dépouillée de toutes ces choses, erre au hasard, le glaive en main, cherchant de tous côtés, pour couvrir sa honte, des lambeaux qu'elle déchire et qu'elle ensanglante en les arrachant.

II

L'usurpation ne peut subsister, ni sans le despotisme, car tous les intérêts s'élèvent contre elle, ni par le despotisme, car le despotisme ne peut subsister[1]. La durée de l'usurpation est donc impossible.

Sans doute le spectacle que la France nous offre paraît propre à décourager toute espérance. Nous y voyons l'usurpation triomphante, armée de tous les souvenirs effrayants, héritière de toutes les théories criminelles, se croyant justifiée par tout ce qui s'est fait avant elle, forte de tous les attentats, de toutes les erreurs du passé, affichant le mépris des hommes, le dédain pour la raison. Autour d'elle se sont réunis tous les désirs ignobles, tous les calculs adroits, toutes les dégradations raffinées. Les passions, qui durant la violence des révolutions se sont montrées si funestes, se reproduisent sous d'autres formes. La peur et la vanité parodiaient jadis l'esprit de parti dans ses fureurs les plus implacables. Elles surpassent maintenant, dans leurs démonstrations insensées, la plus abjecte servilité. L'amour-propre, qui survit à

---

1. Les gouvernements despotiques ont cru qu'en empêchant les mécontentements de se montrer par des actes légaux, ils les empêcheraient aussi de se manifester par une multitude de manières illégales et dangereuses. Ils sont souvent victimes de cette erreur, et font naître des révolutions dont il faut attribuer à eux seuls les excès. Le peuple, dans ces gouvernements, est tantôt rampant, tantôt furieux. La modération et la raison n'appartiennent qu'au régime de la liberté. (MIRABEAU.)

tout, place encore un succès dans la bassesse, où l'effroi cherche un asile. La cupidité paraît à découvert,
offrant son opprobre comme garantie à la tyrannie. Le
sophisme s'empresse à ses pieds, l'étonne de son zèle, la
devance de ses cris, obscurcissant toutes les idées, et
nommant séditieuse la voix qui veut le confondre. L'esprit vient offrir ses services; l'esprit qui, séparé de la
conscience, est le plus vil des instruments. Les apostats
de toutes les opinions accourent en foule, n'ayant conservé de leurs doctrines passées que l'habitude des
moyens coupables. Des transfuges habiles, illustres par
la tradition du vice, se glissent de la prospérité de la
veille à la prospérité du jour. La religion est le porte-
voix de l'autorité, le raisonnement, le commentaire de
la force. Les préjugés de tous les âges, les injustices de
tous les pays, sont rassemblés comme matériaux du
nouvel ordre social. L'on remonte vers des siècles reculés, l'on parcourt des contrées lointaines, pour composer
de mille traits épars une servitude bien complète qu'on
puisse donner pour modèle. La parole déshonorée vole
de bouche en bouche, ne partant d'aucune source réelle,
ne portant nulle part la conviction; bruit importun, oi-
seux et ridicule, qui ne laisse à la vérité et à la justice
aucune expression qui ne soit souillée.

Un pareil état est plus désastreux que la révolution
la plus orageuse. On peut détester quelquefois les tribuns séditieux de Rome, mais on est oppressé du mépris
qu'on éprouve pour le sénat sous les Césars. On peut
trouver durs et coupables les ennemis de Charles Ier,
mais un dégoût profond nous saisit pour les créatures
de Cromwell.

Lorsque les portions ignorantes de la société commettent des crimes, les classes éclairées restent intactes.
Elles sont préservées de la contagion par le malheur; et

comme la force des choses remet tôt ou tard le pouvoir
entre leurs mains, elles ramènent facilement l'opinion,
qui est plutôt égarée que corrompue. Mais lorsque ces
classes elles-mêmes, désavouant leurs principes anciens,
déposent leur pudeur accoutumée, et s'autorisent d'exécrables exemples, quel espoir reste-t-il? Où trouver un
germe d'honneur, un élément de vertu? Tout n'est que
fange, sang et poussière.

Destinée cruelle à toutes les époques pour les amis
de l'humanité! Méconnus, soupçonnés, entourés d'hommes incapables de croire au courage, à la conviction
désintéressée, tourmentés tour à tour par le sentiment
de l'indignation, quand les oppresseurs sont les plus
forts, et par celui de la pitié, quand ces oppresseurs
sont devenus victimes, ils ont toujours erré sur la terre,
en butte à tous les partis, et seuls, au milieu des générations, tantôt furieuses, tantôt dépravées.

En eux repose toutefois l'espoir de la race humaine.
Nous leur devons cette grande correspondance des siècles qui dépose en lettres ineffaçables contre tous les sophismes que renouvellent tous les tyrans. Par elle, Socrate a survécu aux persécutions d'une populace aveugle, et Cicéron n'est pas mort tout entier sous les proscriptions de l'infâme Octave. Que leurs successeurs ne
se découragent pas! Qu'ils élèvent de nouveau leur
voix! Ils n'ont rien à se faire pardonner. Ils n'ont besoin ni d'expiation ni de désaveux. Ils possèdent intact
le trésor d'une réputation pure. Qu'ils osent exprimer
l'amour des idées généreuses! Elles ne réfléchissent pas
sur eux un jour accusateur. Ce ne sont point des temps
sans compensation que ceux où le despotisme, dédai-
gnant une hypocrisie qu'il croit inutile, arbore ses propres couleurs, et déploie avec insolence des étendards
dès longtemps connus. Combien il vaut mieux souffrir

de l'oppression de ses ennemis que rougir des excès de ses alliés! On rencontre alors l'approbation de tout ce qu'il y a de vertueux sur la terre. On plaide une noble cause, en présence du monde, et secondé par les vœux de tous les hommes de bien.

Jamais un peuple ne se détache de ce qui est véritablement la liberté. Dire qu'il s'en détache, c'est dire qu'il aime l'humiliation, la douleur, le dénûment et la misère; c'est prétendre qu'il se résigne sans peine à être séparé des objets de son amour, interrompu dans ses travaux, dépouillé de ses biens, tourmenté dans ses opinions et dans ses plus secrètes pensées, traîné dans les cachots et sur l'échafaud. Car, c'est contre ces choses que les garanties de la liberté sont instituées; c'est pour être préservé de ces fléaux que l'on invoque la liberté. Ce sont ces fléaux que le peuple craint, qu'il maudit, qu'il déteste. En quelque lieu, sous quelque dénomination qu'il les rencontre, il s'épouvante, il recule. Ce qu'il abhorrait dans ce que ses oppresseurs appelaient la liberté, c'était l'esclavage. Aujourd'hui l'esclavage s'est montré à lui sous son vrai nom, sous ses véritables formes. Croit-on qu'il le déteste moins?

III

Les peuples devraient s'instruire par l'exemple de Buonaparte, dont l'histoire est trop récente, pour que les leçons qu'elle nous offre soient déjà perdues. Personne n'a plus travaillé que cet homme à ressusciter le dogme du droit divin. Il s'est fait sacrer par le chef de l'Église; toutes les pompes religieuses ont entouré son trône. Il semblait y avoir dans son élévation quelque chose de surnaturel; tous les sophismes de l'esprit se sont mis à son service, à commencer par le catéchisme, et à finir par les harangues académiques. Les productions de mille écrivains se sont remplies de dissertations d'une bassesse naïve sur le devoir d'obéissance implicite et sur le mystère de l'autorité : quel a été le résultat de tous ces efforts? L'heure décisive est venue; et, dans cette nation assermentée et endoctrinée depuis douze ans, pas une voix ne s'est élevée, pour rappeler une profession de foi politique, commentée et amplifiée par tant de rhéteurs infatigables, inculquée à une jeunesse docile, et mille fois jurée par un peuple immense, avec toutes les apparences de l'enthousiasme. C'est que les arguments sur lesquels cette profession de foi repose prouvent trop, ou ne prouvent rien. Ils prouvent trop, si on les établit dans toute leur rigueur, car ils invalident alors la légitimité de toute famille qui s'est élevée aux dépens d'une autre. Ils ne prouvent rien, si on les plie aux circonstances, car alors la source de la légitimité ne sera autre que la force, et la force appartient à qui s'en saisit.

J'admets deux sortes de légitimité : l'une positive qui provient d'une élection libre, l'autre tacite, qui repose sur l'hérédité; et j'ajoute que l'hérédité est légitime puisque les habitudes qu'elle fait naître et les avantages qu'elle procure lui rendent le vœu national. Celle qui provient de l'élection est la plus séduisante en théorie; mais elle a l'inconvénient de pouvoir être contrefaite : elle l'a été en Angleterre par Cromwell ; elle l'a été en France par Buonaparte.

L'histoire ne nous offre guère que deux exemples, où l'élection portant sur un seul homme, et substituée à l'hérédité, ait eu des résultats favorables [1]. Le premier exemple est celui des Anglais en 1668, le second, celui des Suédois, aujourd'hui, mais, dans les deux cas, la légitimité, que l'hérédité consacre, est venue à l'appui de l'élection. Le prince que les Suédois ont appelé a été adopté par la famille royale, et les Anglais ont cherché dans Guillaume III le plus proche parent du roi qu'ils étaient réduits à déposséder. Dans l'un et l'autre cas, il est résulté de cette combinaison, que le prince élu librement par la nation s'est trouvé fort, à la fois, de sa dignité ancienne et de son titre nouveau. Il a contenté l'imagination par des souvenirs qui la captivaient, et la raison par le suffrage national dont il était appuyé. Il n'a point été condamné à n'employer que des éléments d'une création récente. Il a pu disposer avec confiance de toutes les forces de la nation, parce qu'il ne la dépouillait d'aucune partie de son héritage politique. Les institutions antérieures ne lui ont point été contraires; il se les est associées, et elles ont concouru à le soutenir.

Ajoutez à cela, que les circonstances ont donné à Guillaume III un autre intérêt que celui qui d'ordinaire anime les princes, et les porte à ne travailler qu'à l'accroissement de leur puissance. Ayant à maintenir la sienne contre un concurrent qui la lui disputait, il a dû faire cause commune avec les amis de la liberté, qui, en lui conservant ses attributions, ne voulaient pas qu'elles fussent agrandies. Ceux qui auraient voulu agrandir la prérogative royale avaient en même temps pour but d'en confier l'exercice à un autre. De là vint que, sous les trois règnes de Guillaume III, de la reine

---

1. Je ne parle pas de l'Amérique, où le Pouvoir confié au président est républicain et amovible.

Anne et de Georges Ier, ces monarques furent sur la défensive contre une théorie de despotisme qui aurait tourné contre eux. Ils se virent obligés à faire ressortir les dangers de cette théorie. Si les principes de l'obéissance étaient favorables à la puissance du roi, comme roi, les principes de la liberté étaient favorables à la sûreté du roi, comme individu. La reine Anne se crut intéressée à poursuivre Sacheverel, qui avait prêché la doctrine de la soumission implicite et du droit divin. L'influence de la couronne contribua, de la sorte, à former l'esprit public à la liberté.

Cependant, voyez, même dans cette partie importante de l'histoire anglaise, qui renferme ses dernières révolutions depuis 1640, la tendance du peuple à préférer la légitimité héréditaire. A peine Cromwell est-il mort, que les Anglais rappellent les Stuarts avec des transports de joie. Ils aiment à leur prouver de l'attachement, à leur témoigner du repentir, à les entourer d'une confiance sans bornes ; et ce n'est qu'après une seconde et terrible expérience, après avoir vu les actes arbitraires reproduits et multipliés, les propriétés envahies, les jugements annulés, les citoyens frappés de sentences illégales, la liberté de la presse foulée aux pieds, en un mot, toutes les promesses enfreintes, toutes les garanties sociales violées, que la nation britannique se détermine à écarter derechef la ligne directe, et à se contenter de la légitimité que son vœu confie à un nouveau souverain. C'est bien une preuve que l'hérédité a du charme pour les peuples, et qu'ils sont heureux quand ils peuvent, sans trop d'inconvénients, lui rester fidèles !

Me trouvant, par cette explication, d'accord, à ce que je pense, avec ceux qui n'ont censuré mes opinions que parce que je ne les avais développées qu'en partie, il me resterait à répondre à ceux qui me reprochent d'a-

6

voir transformé des faits particuliers en règles générales, et d'avoir pris le conquérant et l'usurpateur qui nous opprimait pour le type de tous les usurpateurs et de tous les conquérants. Mais une comparaison détaillée entre Buonaparte et tous ces fléaux de l'espèce humaine serait nécessaire, et cette comparaison, qui exigerait une foule de discussions historiques, ne peut être placée à la fin de cet ouvrage.

L'on ne m'accusera pas de vouloir excuser celui que je n'ai jamais voulu reconnaître. Mais quand on n'attribue ses entreprises, ses crimes et sa chute qu'à une perversité ou à une démence particulière à lui seul, je crois qu'on se trompe. Il me semble au contraire avoir été puissamment modifié, d'un côté par sa position d'usurpateur, et de l'autre par l'esprit de son siècle. Il était même dans sa nature d'être plus modifié par ces deux causes que tout autre ne l'aurait été. Ce qui le caractérisait, c'était l'absence de tout sens moral, c'est-à-dire de toute sympathie, de toute émotion humaine. Il était le calcul personnifié ; si ce calcul a produit des résultats désastreusement bizarres, c'est qu'il se composait de deux termes opposés l'un à l'autre et inconciliables, de l'usurpation qui lui rendait le despotisme nécessaire, et d'un degré de civilisation qui rend le despotisme impossible. De là des contradictions, des incohérences, un mouvement double et convulsif, que l'on prend à tort pour des bizarreries individuelles.

Sans doute, un caractère tel que Philopémen, Washington, Kosciusko, n'aurait ni suivi la même marche, ni commis les mêmes forfaits. C'est que Philopémen, Washington, Kosciusco, n'auraient pas été des usurpateurs. Mais aussi ce sont des caractères très-rares : ce sont là les exceptions.

Assurément, Buonaparte est mille fois plus coupable

que ces conquérants barbares qui, commandant à des
barbares, n'étaient point en opposition avec leur siècle.
Il a choisi la barbarie, il l'a préférée. Entouré de lumières, il a voulu ramener la nuit. Il a voulu transformer en nomades avides et sanguinaires un peuple doux
et policé ; et son crime est dans cette intention prémé-
ditée, dans cet effort opiniâtre, pour nous ravir l'héritage de toutes les générations éclairées qui nous ont pré-
cédés sur cette terre. Mais pourquoi lui avons-nous
donné le droit de concevoir une telle pensée?

Lorsque arrivé solitaire, dans le dénûment et l'obscurité, jusqu'à l'âge de vingt-quatre ans, il promenait
autour de lui son regard avide, pourquoi lui montrions-
nous un pays où toute idée religieuse était un objet d'i-
ronie? Lorsqu'il écoutait ce qui se professait dans nos
cercles, pourquoi de graves penseurs disaient-ils que
l'homme n'avait de mobile que son intérêt? S'il a démêlé facilement que toutes les interprétations subtiles
par lesquelles on veut éluder les résultats, après avoir
proclamé le principe, étaient illusoires, c'est que son
instinct était sûr et son coup d'œil rapide. Ne lui ayant
jamais prêté les vertus qu'il n'avait pas, je ne suis pas
obligé de lui refuser les facultés qu'il avait. S'il n'y a
que de l'intérêt dans le cœur de l'homme, il suffit à la
tyrannie de l'effrayer ou de le séduire pour le dominer.
S'il n'y a que de l'intérêt dans le cœur de l'homme, il
n'est point vrai que la morale, c'est-à-dire l'élévation,
la noblesse, la résistance à l'injustice, soient d'accord
avec l'intérêt bien entendu. L'intérêt bien entendu n'est,
dans ce cas, vu la certitude de la mort, autre chose que
la jouissance, combinée, vu la possibilité d'une vie plus
ou moins longue, avec la prudence qui donne aux jouissances une certaine durée. Enfin, lorsqu'au milieu de la
France déchirée, fatiguée de souffrir et de se plaindre,

et ne demandant qu'un chef, il s'est offert pour être ce chef, pourquoi la multitude s'est-elle empressée à solliciter de lui l'esclavage? Quand la foule se complait à manifester du goût pour la servitude, elle serait par trop exigeante, si elle prétendait que son maître dût s'obstiner à lui donner de la liberté.

Je le sais, la nation se calomniait elle-même, ou se laissait calomnier par des interprètes infidèles. Malgré l'affectation misérable qui parodiait l'incrédulité, tout sentiment religieux n'était pas détruit; en dépit de la fatuité qui se disait égoïste, l'égoisme ne régnait pas seul, et, quelles que fussent les acclamations qui faisaient retentir les airs, le vœu national n'était pas la servitude : mais Buonaparte a dû s'y tromper, lui, dont la raison n'était pas éclairée par le sentiment, et dont l'âme n'était pas susceptible d'être exaltée par une généreuse inconséquence. Il a jugé la France d'après ses paroles, le monde d'après la France telle qu'il l'imaginait. Parce que l'usurpation immédiate était facile, il a cru qu'elle pouvait être durable, et, devenu usurpateur, il a fait ce que dans notre siècle l'usurpation condamne tout usurpateur à faire.

Il fallait étouffer dans l'intérieur toute vie intellectuelle; il a banni la discussion et proscrit la liberté de la presse.

La nation pouvait s'étonner de ce silence : il y a pourvu par des acclamations arrachées ou payées, qui semblaient un bruit national.

Si la France fût restée en paix, les citoyens tranquilles, les guerriers oisifs auraient observé le despote, l'auraient jugé, se seraient communiqué leurs jugements. La vérité aurait traversé les rangs du peuple. L'usurpation n'aurait pas résisté longtemps à l'influence de la vérité. Buónaparte était donc forcé à distraire l'attention publique par des entreprises belliqueuses. La guerre jetait sur des plages lointaines la portion encore énergique des Français. Elle motivait les vexations de la police contre la portion timide qu'elle ne pouvait chasser au dehors. Elle frappait les esprits de terreur, et laissait au fond des cœurs un certain espoir que le hasard se chargerait de la délivrance : espoir agréable à la peur et commode pour l'inertie. Que de fois j'ai entendu des hommes qu'on pressait de résister à la tyrannie, ajourner, en temps de guerre à la paix, en temps de paix à la guerre!

J'ai donc eu raison de dire qu'un usurpateur n'a de ressource que dans des guerres non interrompues. On me répond : Mais si Buonaparte eût été pacifique? S'il eût été pacifique, il ne se fût pas maintenu douze ans; la paix eût rétabli les communications entre les divers pays de l'Europe. Ces communications auraient rendu à la pensée des organes. Les ouvrages, imprimés dans l'étranger, se seraient introduits clandestinement. Les Français auraient vu qu'ils n'étaient pas approuvés par la majorité européenne ; le prestige n'aurait pu se soutenir. Buonaparte a si bien senti cette vérité, qu'il a rompu avec l'Angleterre pour écarter les journaux anglais. Ce n'était pas encore assez. Tant qu'une seule contrée restait libre, Buonaparte n'était pas en sûreté. Le commerce, actif, adroit, invisible, infatigable, franchissant toutes les distances et se glissant par mille détours, aurait tôt ou tard réintroduit au sein de l'empire les ennemis qu'il était si important d'en exiler. De là le système continental et la guerre avec la Russie.

Et remarquez combien il est vrai que cette nécessité de la guerre, pour la durée de l'usurpation, appartient à l'époque. Un siècle et demi plus tôt, Cromwell n'en avait pas eu besoin. Les communications d'un peuple avec l'autre n'étaient ni aussi fréquentes ni aussi faciles. La littérature continentale était presque étrangère aux Anglais. Les écrits dirigés contre leur usurpateur se composaient en langue latine. Il n'y avait pas de journaux qui, arrivant du dehors, lui portassent des coups, que leur répétition constante rendait chaque jour plus dangereux. Cromwell n'était pas forcé à la guerre pour empêcher que la haine des Anglais ne se fortifiât de l'assentiment étranger, comme il serait arrivé à celle des Français sous Bonaparte, s'il ne les eût séparés du reste du monde. Il fallait à ce dernier la guerre partout, pour faire de ses esclaves

Semotos penitùs orbe... *Gallos.*

Je pourrais offrir sur tous les points une démonstration analogue, si je voulais analyser toutes les actions de Buonaparte. Plusieurs de ses attentats nous semblent inutiles; mais la défiance est un élément inséparable de l'usurpation, et les crimes qui peuvent être inutiles en eux-mêmes, deviennent par là une nécessité de sa nature. Buonaparte ne pouvait être rassuré ni par l'assentiment tumultueux ni par la soumission silencieuse, et le plus horrible de ses actes [1] a été commis parce qu'il croyait trouver une monstrueuse sécurité en imposant à ses agents la solidarité d'un grand crime.

Ce que je dis des moyens de l'usurpation, je le dis aussi de sa chute; j'avais affirmé qu'elle doit tomber par l'effet inévitable des guerres qu'elle nécessite. On m'a

---

1. Le meurtre du duc d'Enghien. Voir sur ce sinistre événement: Lanfrey, *Histoire de Napoléon Ier*, le passage intitulé: *Assassinat du duc d'Enghien*, t. III, pag. 82 et suiv. C'est un des morceaux les plus vigoureux et les plus éloquents de notre histoire contemporaine.   (*Note de l'éditeur.*)

objecté que si Buonaparte n'eût pas commis telle ou telle faute militaire, il n'aurait pas été renversé : pas cette fois, mais une autre ; pas aujourd'hui, mais demain. Il est dans la nature qu'un joueur, qui, chaque jour, court une chance nouvelle, rencontre un jour celle qui doit le ruiner.

On m'a reproché d'avoir affirmé que les conquêtes étaient impossibles au moment où l'Europe entière était la proie d'une vaste conquête et que l'usurpation ne pouvait s'affermir dans notre siècle, tandis que l'usurpation était triomphante. Pendant qu'on me faisait cette objection, toutes les conquêtes ont été reprises et l'usurpation est tombée.

J'ai prétendu que la paix était conforme à l'esprit de notre civilisation actuelle, et tous les peuples étaient en guerre ; mais ils étaient en guerre par amour pour la paix. C'est au nom de la paix qu'ils se sont soulevés. Aucune contrainte, aucune menace n'a été nécessaire pour les réunir et les conduire, tandis qu'en France, où la nation devait combattre, non pour la paix, mais pour la conquête, des sbires, des gendarmes, des bourreaux réussissaient à peine à forcer les citoyens à prendre les armes.

Il me semble donc que je n'ai point généralisé une idée particulière. Seulement, je n'ai pas adopté une logique en vertu de laquelle toutes les idées générales seraient bannies, car on peut toujours supposer d'autres circonstances que celles qui ont existé et travestir en accidents les lois de la nature. Je crois, je l'avoue, qu'il est plus important de montrer que les maux infligés par Buonaparte à la France sont venus de ce que son pouvoir avait dégénéré en usurpation, et de flétrir ainsi l'usurpation même, qu'il ne peut l'être de présenter un individu, comme un être à part, créé pour le mal et commettant le crime sans nécessité et sans intérêt. Le premier point de vue nous donne de grandes leçons pour l'avenir; le second transforme l'histoire en une étude stérile de phénomènes isolés, en une énumération d'effets sans causes [1].

[1]. Les événements du premier empire ont donné complétement raison à Benjamin Constant; et ses théories politiques ont reçu du second empire une confirmation non moins éclatante. C'est le propre, en effet, des esprits supérieurs de ramener le mouvement de l'histoire à des principes généraux qui le vérifient à travers toutes les vicissitudes. (*Note de l'éditeur.*)

VI

DE L'ARBITRAIRE.

Avant de combattre les partisans de l'arbitraire, il faut que je prouve que l'arbitraire a des partisans : car telle est sa nature que ceux mêmes qu'il séduit par les facilités qu'il leur offre sont effrayés de son nom, lorsqu'il est prononcé ; et cette inconséquence est plus souvent un malentendu qu'un artifice.

L'arbitraire, qui a des effets très-positifs, est pourtant une chose négative : c'est l'absence des règles, des limites, des définitions, en un mot, l'absence de tout ce qui est précis.

Or, comme les règles, les limites, les définitions sont des choses incommodes et fatigantes, on peut fort bien vouloir secouer le joug, et tomber ainsi dans l'arbitraire, sans s'en douter.

Si je ne définissais donc pas l'arbitraire, je prouverais vainement qu'il a les effets les plus funestes. Tout le monde en conviendrait ; mais tout le monde protesterait contre l'application. Chacun dirait : L'arbitraire est sans doute infiniment dangereux ; mais quel rapport y a-t-il entre ses dangers et nous, qui ne voulons pas l'arbitraire !

Ceux-là sont partisans de l'arbitraire, qui rejettent les principes ; car tout ce qui est déterminé, soit dans les faits, soit dans les idées, doit conduire à des principes : et l'arbitraire étant l'absence de tout ce qui est déterminé, tout ce qui n'est pas conforme aux principes est arbitraire.

Ceux-là sont partisans de l'arbitraire, qui disent qu'il y a une distance qu'on ne peut franchir entre la théorie et la pratique ; car tout ce qui peut être précisé étant susceptible de théorie, tout ce qui n'est pas susceptible de théorie est arbitraire.

Ceux-là enfin sont partisans de l'arbitraire, qui, prétendant, avec Burke, que des axiomes métaphysiquement vrais peuvent être politiquement faux, préfèrent à ces axiomes des considérations, des préjugés, des souvenirs, des faiblesses, toutes choses vagues, indéfinissables, ondoyantes, rentrant par conséquent dans le domaine de l'arbitraire.

Ils sont donc nombreux les partisans de cet arbitraire dont le nom seul est détesté : mais c'est que, précisément par le vague de sa nature, on y entre sans s'en apercevoir ; on y reste, en croyant en être bien éloigné, comme le voyageur que le brouillard entoure croit voir ce brouillard encore devant lui.

L'arbitraire, en fait de science, serait la perte de toute science ; car la science, n'étant que le résultat de faits précis et fixes, il n'y aurait plus de science là où il n'y aurait plus rien de fixe ni de précis. Mais, comme les sciences n'ont aucun point de contact avec les intérêts personnels, on n'a jamais songé à y glisser l'arbitraire. Aucun calcul individuel, aucune vue particulière ne réclame contre les principes en géométrie.

L'arbitraire, en fait de morale, serait la perte de toute morale ; car la morale étant un assemblage de règles sur lesquelles les individus doivent pouvoir compter mutuellement dans leurs relations sociales, il n'y aurait plus de morale là où il n'existerait plus de règles. Mais, comme la morale a un point de contact perpétuel avec les intérêts de chacun, tous se sont constamment opposés, sans le savoir, et par instinct, à l'introduction de l'arbitraire dans la morale.

Ce que l'absence des intérêts personnels produit dans les sciences, leur présence, au contraire, le produit dans la morale.

L'arbitraire, en institutions politiques, est de même la perte de toute institution politique; car les institutions politiques étant l'assemblage des règles sur lesquelles les individus doivent pouvoir compter dans leurs relations comme citoyens, il n'y a plus d'institutions politiques là où ces règles n'existent pas.

Mais il n'en a pas été de la politique comme des sciences ou de la morale.

La politique ayant beaucoup de points de contact avec les intérêts personnels, mais ces points de contact n'étant ni égaux, ni perpétuels, ni immédiats, elle n'a eu contre l'arbitraire, ni la sauvegarde de l'absence totale des intérêts comme dans les sciences, ni la sauvegarde de leur présence égale et constante, comme dans la morale.

C'est donc spécialement dans la politique que l'arbitraire s'est réfugié; car je ne parle pas de la religion qui, n'étant ni une science, ni une relation sociale, ni une institution, sort absolument de la sphère de nos considérations actuelles.

L'arbitraire est incompatible avec l'existence d'un gouvernement, considéré sous le rapport de son institution; il est dangereux pour l'existence d'un gouvernement, sous le rapport de son action; il ne donne aucune garantie à l'existence d'un gouvernement, sous le rapport de la sûreté des individus qui le composent.

Je vais prouver ces trois assertions successivement.

Les institutions politiques ne sont que des contrats. La nature des contrats est de poser des bornes fixes, or l'arbitraire, étant précisément l'opposé de ce qui constitue un contrat, sape par la base toute institution politique.

Je sais bien que ceux mêmes qui, repoussant les principes comme incompatibles avec les institutions humaines, ouvrent un champ libre à l'arbitraire, voudraient le mitiger et le limiter; mais cette espérance est absurde : car, pour mitiger ou limiter l'arbitraire, il faudrait lui prescrire des bornes précises, et il cesserait d'être arbitraire.

Il doit, de sa nature, être partout, ou n'être nulle part. Il doit être partout, non de fait, mais de droit; et nous verrons tout à l'heure ce que vaut cette différence. Il est destructeur de tout ce qu'il atteint, car il anéantit la garantie de tout ce qu'il atteint ! or, sans la garantie, rien n'existe que de fait, et le fait n'est qu'un accident. Il n'y a d'existant en institution que ce qui existe de droit.

Il s'ensuit que toute institution qui veut s'établir sans garantie, c'est-à-dire par l'arbitraire, est une institution suicide, et que, si une seule partie de l'ordre social est livrée à l'arbitraire, la garantie de tout le reste s'anéantit.

L'arbitraire est donc incompatible avec l'existence d'un gouvernement, considéré sous le rapport de son institution. Il est dangereux pour un gouvernement, considéré sous le rapport de son action : car, bien qu'en précipitant sa marche, il lui donne quelquefois l'air de la force, il ôte néanmoins toujours à son action la régularité et la durée.

En recourant à l'arbitraire, les gouvernements donnent les mêmes droits qu'ils prennent. Ils perdent par conséquent plus qu'ils ne gagnent : ils perdent tout.

En disant à un peuple : vos lois sont insuffisantes pour vous gouverner, ils autorisent ce peuple à répondre : si nos lois sont insuffisantes, nous voulons d'autres lois ; et à ces mots, toute l'autorité légitime d'un gouvernement tombe : il ne lui reste plus que la force ; il n'est plus gouvernement. Car ce serait aussi croire trop à la duperie des hommes que leur dire : Vous avez consenti à vous imposer telle ou telle gêne, pour vous assurer telle protection. Nous vous ôtons cette protection, mais nous vous laissons cette gêne. Vous supporterez d'un côté toutes les entraves de l'état social, et de l'autre vous serez exposés à tous les hasards de l'état sauvage.

Tel est le langage implicite d'un gouvernement qui a recours à l'arbitraire.

Un peuple et un gouvernement sont toujours en réciprocité de devoirs. Si la relation du gouvernement au peuple est dans la loi, dans la loi aussi sera la relation du peuple au gouvernement ; mais si la relation du gouvernement au peuple est dans l'arbitraire, la relation du peuple au gouvernement sera de même dans l'arbitraire.

Enfin l'arbitraire n'est d'aucun secours à un gouvernement, sous le rapport de la sûreté des individus qui le composent ; car l'arbitraire n'offre aux individus aucun asile.

Ce que vous faites par la loi contre vos ennemis, vos ennemis ne peuvent le faire contre vous par la loi, car la loi est là, précise et formelle : elle ne peut vous at-

teindre, vous, innocent. Mais ce que vous faites contre
vos ennemis par l'arbitraire, vos ennemis pourront aussi
le faire contre vous par l'arbitraire ; car l'arbitraire est
vague et sans bornes : innocent ou coupable, il vous
atteindra.

Lors de la conspiration de Babœuf, des hommes s'irritaient de l'observance et de la lenteur des formes. Si
les conspirateurs avaient triomphé, s'écriaient-ils, auraient-ils observé contre nous toutes ces formes ? Et c'est
précisément parce qu'ils ne les auraient pas observées
que vous devez les observer : c'est la ce qui vous distingue : c'est là, uniquement là, ce qui vous donne le
droit de les punir ; c'est là ce qui fait d'eux des anarchistes, de vous des amis de l'ordre.

Lorsque les tyrans de la France, ayant voulu rétablir
leur affreux empire le 1er prairial de l'an III, eurent été
terrassés et vaincus, on créa, pour juger les conspirateurs, des commissions militaires, et les réclamations
de quelques hommes scrupuleux et prévoyants ne furent
pas écoutées. Ces commissions militaires enfantèrent
les conseils militaires du 13 vendémiaire an IV. Ces
conseils militaires produisirent les commissions militaires de fructidor de la même année ; et ces dernières
ont produit les tribunaux militaires du mois de ventôse
an V.

Je ne discute point ici la légalité ni la compétence de
ces différents tribunaux. Je veux seulement prouver
qu'ils s'autorisent et se perpétuent par l'exemple ; et je
voudrais qu'on sentît enfin qu'il n'y a, dans l'incalculable succession des circonstances, aucun individu assez
privilégié, aucun parti revêtu d'une puissance assez durable, pour se croire à l'abri de sa propre doctrine, et
ne pas redouter que l'application de sa propre théorie
ne retombe tôt ou tard sur lui.

Si l'on pouvait analyser froidement les temps épouvantables auxquels le 9 thermidor a mis si tard un terme, on verrait que la terreur n'était que l'arbitraire poussé à l'extrême. Or, par la nature de l'arbitraire, on ne peut jamais être certain qu'il ne sera point poussé à l'extrême. Il est même indubitable qu'il s'y portera toutes les fois qu'il sera attaqué. Car une chose sans bornes, défendue par des moyens sans bornes, n'est pas susceptible de limitation. L'arbitraire, combattant pour l'arbitraire, doit franchir toute barrière, écraser tout obstacle, produire, en un mot, ce qu'était la terreur.

L'époque désastreuse connue sous ce nom nous offre une preuve bien remarquable des assertions que l'on vient de lire.

Nous voyons combien l'arbitraire rend un gouvernement nul, sous le rapport de son institution ; car il n'y avait, malgré les efforts et le charlatanisme sophistique de ses féroces auteurs, aucune apparence d'institution dans ce monstrueux gouvernement révolutionnaire, qui se prêtait à tous les excès et à tous les crimes, qui n'offrait aucune forme protectrice, aucune loi fixe, rien qui fût précis, déterminé, rien par conséquent qui pût garantir.

Nous voyons encore comment l'arbitraire se tourne contre un gouvernement, sous le rapport de son action. Le gouvernement révolutionnaire périt par l'arbitraire, parce qu'il avait régné par l'arbitraire. N'étant fondé sur aucune loi, il n'eut la sauvegarde d'aucune. La puissance irrégulière et illimitée d'une assemblée unique et tumultueuse étant son seul principe d'action, lorsque ce principe réagit, rien ne put lui être opposé ; et comme le gouvernement révolutionnaire n'avait été qu'une suite de fureurs illégales et atroces, sa destruction fut l'ouvrage d'une juste et sainte fureur.

Nous voyons enfin comment l'arbitraire, dans un gouvernement, donne à la sûreté individuelle de ceux qui gouvernent une garantie insuffisante. Les monstres qui avaient massacré sans jugement, ou par des jugements arbitraires, tombèrent sans jugement, ou par un jugement arbitraire. Ils avaient mis hors la loi, et ils furent mis hors la loi.

L'arbitraire n'est pas seulement funeste lorsqu'on s'en sert pour le crime. Employé contre le crime, il est encore dangereux. Cet instrument de désordre est un mauvais moyen de réparation.

La raison en est simple. Dans le temps même que quelque chose s'opère par l'arbitraire, on sent que l'arbitraire peut détruire son ouvrage, et que tout avantage qu'on doit à cette cause est un avantage illusoire; car il attaque ce qui est la base de tout avantage, la durée. L'idée d'illégalité, d'instabilité, accompagne nécessairement tout ce qui se fait ainsi. L'on a la conscience d'une sorte de protestation tacite, contre le bien, comme contre le mal, parce que l'un et l'autre paraissent frappés de nullité dans leur base.

Ce qui attache les hommes au bien qu'ils font, c'est l'espérance de le voir durer. Or, jamais ceux qui font le bien par l'arbitraire ne peuvent concevoir cette espérance; car l'arbitraire d'aujourd'hui prépare la voie pour celui de demain, et ce dernier peut être en sens opposé de l'autre.

Il en résulte un nouvel inconvénient, c'est qu'on cherche à remédier à l'incertitude par la violence. On s'efforce d'aller si loin qu'il ne soit plus possible de rétrograder. On veut se convaincre soi-même de l'effet que l'on produit; on outre son action pour la rendre stable. On ne croit jamais en avoir assez fait pour ôter à son ouvrage la tache ineffaçable de son origine. On cherche dans l'exagération présente une garantie de durée à venir ; et faute de pouvoir placer les fondements de son édifice à une juste profondeur, on bouleverse le terrain et l'on creuse des abîmes.

Ainsi naissent et se succèdent, dans les révolutions, les crimes ; dans les réactions, les excès ; et ils ne s'arrêtent que lorsque l'arbitraire finit.

Mais cette époque est difficile à atteindre. Rien n'est plus commun que de changer d'arbitraire : rien n'est plus rare que de passer de l'arbitraire à la loi.

Les hommes de bien s'en flattent, et cette erreur n'est pas sans danger. Ils pensent qu'il est toujours temps de rendre légaux les effets de l'arbitraire. Ils se proposent de ne faire usage de cette ressource que pour aplanir tous les obstacles, et après avoir détruit par son secours, c'est à l'aide de la loi qu'ils veulent réédifier.

Mais pendant qu'ils emploient ainsi l'arbitraire, ils en prennent l'habitude, il la donnent à leurs agents ; ceux qui en profitent la contractent ; et comme rien n'est plus commode, plus aplanissant, cette habitude se perpétue bien au-delà de l'époque où l'on s'était prescrit de la déposer, et la loi se trouve indéfiniment ajournée.

J'ai déjà exposé ce système dans un ouvrage, où l'on a démêlé, dit-on, beaucoup de machiavélisme[1]. J'aurais cru néanmoins que rien n'était plus contraire au machiavélisme que le besoin de principes positifs, de lois claires et précises : en un mot, d'institutions tellement

---

1. C'est le pamphlet publié en 1796, et intitulé : *De la force du gouvernement actuel de la France, et de la nécessité de s'y rallier.* C'est la première ébauche du traité *Des réactions* ; ce sont les mêmes idées, exposées par un jeune homme qui débute et qui n'est pas sûr de lui. Nous avons jugé inutile de réimprimer ce pamphlet qui s'occupe des hommes plus que des principes. Il est moins curieux par ce qu'il contient, que parce qu'il est le premier écrit politique de l'auteur. (*Note de M. Laboulaye.*)

fixes, qu'elles ne laissent à la tyrannie aucune entrée, à l'envahissement aucun prétexte.

Le caractère du machiavélisme, c'est de préférer à tout l'arbitraire. L'arbitraire sert mieux tous les abus de pouvoir qu'aucune institution fixe, quelque défectueuse qu'elle puisse être. Aussi les amis de la liberté doivent préférer les lois défectueuses aux lois qui prêtent à l'arbitraire, parce qu'il est possible de conserver de la liberté sous des lois défectueuses, et que l'arbitraire rend toute liberté impossible.

L'arbitraire est donc le grand ennemi de toute liberté, le vice corrupteur de toute institution, le germe de mort qu'on ne peut ni modifier, ni mitiger, mais qu'il faut détruire.

Si l'on ne pouvait imaginer une institution sans arbitraire, ou qu'après l'avoir imaginée on ne pût la faire marcher sans arbitraire, il faudrait renoncer à toute institution, repousser toute pensée, s'abandonner au hasard, et, selon ses forces, aspirer à la tyrannie, ou s'y résigner.

Mais, en se pénétrant bien d'une salutaire horreur pour l'arbitraire, il faut se garder aussi de prendre pour de l'arbitraire ce qui n'en est pas. Je vois des hommes bien intentionnés commettre cette méprise, et en conclure la nécessité de l'arbitraire.

Ils confondent avec l'arbitraire toute latitude accordée à l'action du gouvernement, lors même que cette latitude est déterminée, et ils tombent alternativement dans deux excès opposés.

Tantôt ils ôtent toute latitude : la machine s'arrête faute d'espace; alors ils se rejettent dans l'autre extrême; ils accordent une latitude indéfinie, et la machine se disjoint, faute de liens qui retiennent les parties ensemble.

Trois constitutions ont été données à la France [1], et l'on ne paraît pas encore s'être fait une idée bien nette de ce qu'est une constitution, et du genre de respect que l'on doit à une constitution.

Il en résulte qu'on ignore les ressources immenses qu'offrent les institutions libres en faveur de la liberté, et que, méconnaissant les moyens nombreux que la loi fournit, on cherche à les remplacer par le plus illusoire et le plus dangereux de tous les moyens, l'arbitraire.

Une constitution est la garantie de la liberté d'un peuple; par conséquent, tout ce qui tient à la liberté est constitutionnel, et, par conséquent aussi, rien n'est constitutionnel de ce qui n'y tient pas.

Étendre une constitution à tout, c'est faire de tout des dangers pour elle, c'est créer des écueils pour l'en entourer.

Il y a de grandes bases, auxquelles toutes les autorités nationales ne peuvent toucher. Mais la réunion de ces autorités peut faire tout ce qui n'est pas contraire à ces bases.

Parmi nous, par exemple, ces bases sont une représentation nationale en deux sections, point d'unité, point d'hérédité, l'indépendance des tribunaux, l'inviolable maintien des propriétés que la constitution a garanties, l'assurance de n'être pas détenu arbitrairement, de n'être point distrait de ses juges naturels, de n'être point frappé par des lois rétroactives, et quelques autres principes en très-petit nombre.

Cela seul est constitutionnel: les moyens d'exécution sont législatifs.

Dans toutes les mesures de détail, dans toutes les lois

1. Ces trois constitutions sont celles de 1791, 1793, 1795.

d'administration, une chose seulement est constitutionnelle : c'est que ces mesures soient prises, et ces lois faites d'après les formes que la constitution prescrit.

Quand on dit : *La constitution !* l'on a raison. *Toute la constitution !* l'on a encore raison ; mais lorsqu'on ajoute : *Rien que la constitution !* l'on ajoute une ineptie. *La constitution,* et *tout ce qui est nécessaire pour faire marcher la constitution,* cela seul est sensé.

Avec ces principes, le gouvernement, j'entends par ce mot les dépositaires réunis des autorités exécutive et législative, le gouvernement n'a aucun besoin d'arbitraire. Sans ces principes, il sera forcé d'y recourir sans cesse.

Si vous lui imposez d'autres devoirs que de rester fidèle aux bases constitutionnelles, et de faire en conformité avec ces bases, et d'après les formes prescrites, des lois égales pour tous, et des lois fixes, vous lui imposez des devoirs qu'il ne peut remplir.

Gardez-vous d'instituer une constitution tellement étroite qu'elle entrave tous les mouvements que nécessitent les circonstances. Il faut qu'elle les circonscrive et non qu'elle les gêne ; qu'elle leur trace des bornes et non qu'elle les comprime.

Par là vous écarterez l'arbitraire, que les ambitieux ne demandent pas mieux que d'invoquer au premier prétexte, comme un remède indispensable. Vous préviendrez les révolutions, qui ne sont que l'arbitraire employé à détruire ; vous mettrez un terme aux réactions, qui ne sont que l'arbitraire employé à rétablir.

Ce qui, sans l'arbitraire, serait une réforme, par lui devient une révolution, c'est-à-dire un bouleversement. Ce qui, sans l'arbitraire, serait une réparation, par lui devient une réaction, c'est-à-dire une vengeance et une fureur.

*
* *

Oui, disent ses apologistes, l'arbitraire, concentré dans une seule main, n'est pas dangereux, comme lorsque des factieux se le disputent: l'intérêt d'un seul homme, investi d'un pouvoir immense, est toujours le même que celui du peuple[1]. Laissons de côté pour le moment les lumières que nous fournit l'expérience. Analysons l'assertion en elle-même.

L'intérêt du dépositaire d'une autorité sans bornes est-il nécessairement conforme à celui de ses sujets? Je vois bien que ces deux intérêts se rencontrent aux extrémités de la ligne qu'ils parcourent, mais ne se séparent-ils pas au milieu? En fait d'impôts, de guerres, de mesures de police, l'intervalle est vaste entre ce qui est juste, c'est-à-dire indispensable, et ce qui serait évidemment dangereux pour le maître même. Si le pouvoir est illimité, celui qui l'exerce, en le supposant raisonnable, ne dépassera pas ce dernier terme, mais il excédera souvent le premier. Or, l'excéder n'est-ce pas déjà un mal?

Secondement, admettons cet intérêt identique, la garantie qu'il nous procure est-elle infaillible? On dit tous les jours que l'intérêt bien entendu de chacun l'invite à respecter les règles de la justice; on fait néanmoins des lois contre ceux qui les violent; tant il est constaté que

---

1. « La souveraine justice de Dieu, dit un écrivain français, tient à sa souveraine puissance; » et il en conclut que la souveraine puissance est toujours la souveraine justice. Pour compléter le raisonnement, il aurait dû affirmer que le dépositaire de cette puissance sera toujours semblable à Dieu.

les hommes s'écartent fréquemment de leur intérêt bien entendu [1].

Enfin, le gouvernement, quelle que soit sa forme, réside-t-il de fait dans le possesseur de l'autorité suprême ? Le pouvoir ne se subdivise-t-il pas ? Ne se partage-t-il point entre des milliers de subalternes ? L'intérêt de ces innombrables gouvernants est-il alors le même que celui des gouvernés ? non, sans doute. Chacun d'eux a tout près de lui quelque égal ou quelque inférieur, dont les pertes l'enrichiraient, dont l'humiliation flatterait sa vanité, dont l'éloignement le délivrerait d'un rival, d'un surveillant incommode.

Pour défendre le système qu'on veut établir, ce n'est pas l'identité de l'intérêt, c'est l'universalité du désintéressement qu'il faut démontrer.

Au haut de la hiérarchie politique, un homme sans passions, sans caprices, inaccessible à la séduction, à la haine, à la faveur, à la colère, à la jalousie, actif, vigilant, tolérant pour toutes les opinions, n'attachant aucun amour-propre à persévérer dans les erreurs qu'il aurait commises, dévoré du désir du bien, et sachant néanmoins résister à l'impatience et respecter les droits du temps ; plus bas, dans la gradation des pouvoirs, des ministres doués des mêmes vertus, existant dans la dépendance sans être serviles, au milieu de l'arbitraire sans être tentés de s'y prêter par crainte ou d'en abuser par égoïsme ; enfin, partout, dans les fonctions inférieures, même réunion de qualités rares, même amour de la justice, même oubli de soi : telles sont les hypothèses nécessaires. Les regardez-vous comme probables ?

---

1. Il est insensé de croire, dit Spinosa, que celui-là seul ne sera pas entraîné par ses passions, dont la situation est telle qu'il est entouré des tentations les plus fortes, et qu'il a plus de facilité et moins de danger à leur céder.

Si cet enchaînement de vertus surnaturelles se trouve rompu dans un seul anneau, tout est en péril. Vainement les deux moitiés ainsi séparées resteront irréprochables : la vérité ne remontera plus avec exactitude jusqu'au faîte du pouvoir; la justice ne descendra plus, entière et pure, dans les rangs obscurs du peuple. Une seule transmission infidèle suffit pour tromper l'autorité, et pour l'armer contre l'innocence.

Lorsqu'on vante le despotisme, l'on croit toujours n'avoir de rapports qu'avec le despote; mais on en a d'inévitables avec tous les agents subalternes. Il ne s'agit plus d'attribuer à un seul homme des facultés distinguées, et une équité à toute épreuve : il faut supposer l'existence de cent ou deux cent mille créatures angéliques, au-dessus de toutes les faiblesses et de tous les vices de l'humanité.

On abuse donc les peuples lorsqu'on leur dit : « L'intérêt du maître est d'accord avec le vôtre. Tenez-vous tranquilles, l'arbitraire ne vous atteindra pas. Il ne frappe que les imprudents qui le provoquent. Celui qui se résigne et se tait se trouve partout à l'abri. »

Rassuré par ce vain sophisme, ce n'est pas contre les oppresseurs qu'on s'élève, c'est aux opprimés qu'on cherche des torts. Nul ne sait être courageux, même par prudence. On ouvre à la tyrannie un libre passage, se flattant d'être ménagé. Chacun marche les yeux baissés dans l'étroit sentier qui doit le conduire en sûreté vers la tombe. Mais quand l'arbitraire est toléré, il se dissémine de manière que le citoyen le plus inconnu peut tout à coup le rencontrer armé contre lui.

Quelles que soient les espérances des âmes pusillanimes, heureusement pour la moralité de l'espèce humaine, il ne suffit pas de se tenir à l'écart et de laisser frapper les autres. Mille liens nous unissent à nos semblables, et l'égoïsme le plus inquiet ne parvient pas à les briser tous. Vous vous croyez invulnérable dans votre obscurité volontaire : mais vous avez un fils, la jeunesse l'entraîne ; un frère moins prudent que vous se permet un murmure ; un ancien ennemi, qu'autrefois vous avez blessé, a su conquérir quelque influence ; votre maison d'Albe charme les regards d'un prétorien. Que ferez-vous alors ? Après avoir, avec amertume, blâmé toute réclamation, rejeté toute plainte, vous plaindrez-vous à votre tour ? Vous êtes condamné d'avance, et par votre propre conscience, et par cette opinion publique avilie que vous avez contribué vous-même à former. Céderez-vous sans résistance ? mais vous permettra-t-on de céder ? N'écartera-t-on pas, ne poursuivra-t-on point un objet importun, monument d'une injustice ? Des innocents ont disparu, vous les avez jugés coupables ; vous avez donc frayé la route où vous marchez à votre tour.

*
* *

L'arbitraire, soit qu'il s'exerce au nom d'un seul ou au nom de tous, poursuit l'homme dans tous ses moyens de repos et de bonheur [1].

1. Les pays gouvernés despotiquement présentent de loin une surface assez calme, mais combien cette apparence est trompeuse ! Sous le despotisme, on n'écrit point, on communique peu, on ne s'informe pas du sort de son voisin ; on craint d'avoir une plainte à faire, une tristesse à livrer aux soupçons, aux interprétations, un mécontentement à laisser percer, personne n'ose compter les victimes ; mais est-ce à dire qu'il n'y en ait pas ? Pèse-t-on ces larmes silencieuses, ces douleurs muettes, ces calamités ignorées dont les ravages sont d'autant plus terribles que rien ne les arrête ?... La paix publique semble exister ; vaine illusion ! dans une multitude

Il détruit la morale, car il n'y a point de morale sans sécurité; il n'y a point d'affections douces sans la certitude que les objets de ces affections reposent à l'abri, sous la sauvegarde de leur innocence. Lorsque l'arbitraire frappe sans scrupule les hommes qui lui sont suspects, ce n'est pas seulement un individu qu'il persécute, c'est la nation entière qu'il indigne d'abord, et qu'il dégrade ensuite. Les hommes tendent toujours à s'affranchir de la douleur. Quand ce qu'ils aiment est menacé, ils s'en détachent ou le défendent. Les mœurs, dit M. de Paw, se corrompent subitement dans les villes attaquées de la peste; on s'y vole l'un l'autre en mourant. L'arbitraire est au moral ce que la peste est au physique. Chacun repousse le compagnon d'infortune qui voudrait s'attacher à lui; chacun abjure les liens de sa vie passée. Il s'isole pour se défendre, et ne voit, dans la faiblesse ou l'amitié qui l'implorent, qu'un obstacle à sa sûreté. Une seule chose conserve son prix : ce n'est pas l'opinion publique; il n'existe plus ni gloire pour les puissants, ni respect pour les victimes; ce n'est pas la justice, ses lois sont méconnues et ses formes profanées : c'est la richesse. Elle peut désarmer la tyrannie; elle peut séduire quelques-uns de ses agents, apaiser la proscription, faciliter la fuite, répandre quelques jouissances passagères sur une vie toujours menacée. On amasse pour jouir; on jouit pour oublier des dangers inévitables; on oppose au malheur d'autrui la dureté, au sien

---

de lieux à la fois, des milliers d'individus isolés éprouvent dans l'intérieur de leurs maisons, dans leurs relations avec des hommes plus puissants qu'eux, ce que la guerre civile a de plus horrible. Ce silence qui vous trompe est celui de la terreur; rapprochez par l'imagination tous ces êtres malheureux, tous ces esclaves opprimés; donnez à tous les murmures sourds, à tous les désespoirs concentrés la voix qui leur manque, et dites si vous l'osez que le despotisme est un état de paix. *(Mirabeau.)*

propre l'insouciance; on voit couler le sang à côté des
fêtes; on étouffe la sympathie en stoïcien farouche; on
se précipite dans le plaisir en sybarite voluptueux.

Lorsqu'un peuple contemple froidement une succession d'actes tyranniques, lorsqu'il voit sans murmure
les prisons s'encombrer, se multiplier les lettres d'exil,
croit-on qu'il suffise, au milieu de ce détestable exemple, de quelques phrases banales pour ranimer les sentiments honnêtes et généreux? L'on parle de la nécessité
de la puissance paternelle; mais le premier devoir d'un
fils est de défendre son père opprimé; et lorsque vous
enlevez un père du milieu de ses enfants, lorsque vous
forcez ces derniers à garder un lâche silence, que devient
l'effet de vos maximes et de vos codes, de vos déclamations et de vos lois? L'on rend hommage à la sainteté
du mariage; mais sur une dénonciation ténébreuse, sur
un simple soupçon, par une mesure qu'on appelle de
police, on sépare un époux de sa femme, une femme de
son mari! Pense-t-on que l'amour conjugal s'éteigne et
renaisse tour à tour, comme il convient à l'autorité? L'on
vante les liens domestiques; mais la sanction des liens
domestiques, c'est la liberté individuelle, l'espoir fondé
de vivre ensemble, de vivre libres, dans l'asile que la
justice garantit aux citoyens. Si les liens domestiques
existaient, les pères, les enfants, les époux, les femmes,
les amis, les proches de ceux que l'arbitraire opprime
se soumettraient-ils à cet arbitraire? On parle de crédit,
de commerce, d'industrie; mais celui qu'on arrête a des
créanciers dont la fortune s'appuie sur la sienne, des
associés intéressés à ses entreprises. L'effet de sa détention n'est pas seulement la perte momentanée de sa
liberté; mais l'interruption de ses spéculations, peut-
être sa ruine. Cette ruine s'étend à tous les co-parta-
geants de ses intérêts. Elle s'étend plus loin encore; elle

frappe toutes les opinions, elle ébranle toutes les sécurités. Lorsqu'un individu souffre sans avoir été reconnu
coupable, tout ce qui n'est pas dépourvu d'intelligence
se croit menacé, et avec raison, car la garantie est détruite. L'on se tait, parce qu'on a peur ; mais toutes les
transactions s'en ressentent. La terre tremble, et l'on ne
marche qu'avec effroi[1].

Tout se tient dans nos associations nombreuses, au
milieu de nos relations si compliquées. Les injustices
qu'on nomme partielles sont d'intarissables sources de
malheur public. Il n'est pas donné au pouvoir de les
circonscrire dans une sphère déterminée. On ne saurait
faire la part de l'iniquité. Une seule loi barbare décide
de la législation tout entière. Aucune loi juste ne demeure inviolable auprès d'une seule mesure qui soit
illégale. On ne peut refuser la liberté aux uns, et l'accorder aux autres. Supposez un seul acte de rigueur
contre des hommes qui ne soient pas convaincus, toute
liberté devient impossible. Celle de la presse ? on s'en

---

1. Une des grandes erreurs de la nâtion française, c'est de n'avoir
jamais attaché suffisamment d'importance à la liberté individuelle.
On se plaint de l'arbitraire quand on est frappé par lui, mais plutôt
comme d'une erreur que comme d'une injustice ; et peu d'hommes,
dans la longue série de nos oppressions diverses, se sont donné le
facile mérite de réclamer pour des individus d'un parti différent du
leur. Je ne sais quel écrivain a déjà remarqué que M. de Montesquieu, qui défend avec force les droits de la propriété particulière,
contre l'intérêt même de l'État, traite avec beaucoup moins de cha-
leur la question de la liberté des individus, comme si les personnes
étaient moins sacrées que les biens. Il y a une cause toute simple
pour que, chez un peuple distrait et égoïste, les droits de la liberté
individuelle soient moins bien protégés que ceux de la propriété.
L'homme auquel on enlève sa liberté est désarmé par ce fait même,
au lieu que l'homme qu'on dépouille de sa propriété conserve sa
liberté pour la réclamer. Ainsi, la liberté n'est jamais défendue que
par les amis de l'opprimé ; la propriété l'est par l'opprimé lui-
même. On conçoit que la vivacité des réclamations soit différente
dans les deux cas.

servira pour émouvoir le peuple en faveur de victimes.
peut-être innocentes. La liberté individuelle? ceux que
vous poursuivez s'en prévaudront pour vous échapper.
La liberté d'industrie? elle fournira des ressources aux
proscrits. Il faudra donc les gêner toutes, les anéantir
également. Les hommes voudraient transiger avec la
justice, sortir de son cercle pour un jour, pour un obstacle, et rentrer ensuite dans l'ordre. Ils voudraient la
garantie de la règle et le succès de l'exception. La nature s'y oppose; son système est complet et régulier.
Une seule déviation le détruit, comme, dans un calcul
arithmétique, l'erreur d'un chiffre ou de mille fausse de
même le résultat.

*
* *

Quand un gouvernement régulier se permet l'emploi
de l'arbitraire, il sacrifie le but de son existence aux
mesures qu'il prend pour la conserver. Pourquoi veut-on
que l'autorité réprime ceux qui attaqueraient nos propriétés, notre liberté ou notre vie? Pour que ces jouissances nous soient assurées. Mais si notre fortune peut
être détruite, notre liberté menacée, notre vie troublée
par l'arbitraire, quel bien retirerons-nous de la protection de l'autorité? Pourquoi veut-on qu'elle punisse
ceux qui conspireraient contre la constitution de l'État?
Parce que l'on craint que ces conspirateurs ne substi-
tuent une puissance oppressive à une organisation légale et modérée. Mais si l'autorité exerce elle-même
cette puissance oppressive, quel avantage conserve-
t-elle? Un avantage de fait, pendant quelque temps
peut-être. Les mesures arbitraires d'un gouvernement

consolidé sont toujours moins multipliées que celle des
factions qui ont encore à établir leur puissance. Mais
cet avantage même se perd en raison de l'usage de l'arbitraire. Ses moyens une fois admis, on les trouve tellement courts, tellement commodes, qu'on ne veut plus
en employer d'autres. Présenté d'abord comme une ressource extrême dans des circonstances infiniment rares,
l'arbitraire devient la solution de tous les problèmes et
la pratique de chaque jour. Alors, non-seulement le
nombre des ennemis de l'autorité s'augmente avec celui
des victimes, mais sa défiance s'accroit hors de toute
proportion avec le nombre de ses ennemis. Une atteinte
portée à la liberté en appelle d'autres, et le pouvoir entré dans cette voie finit par se mettre de pair avec les
factions.

On parle bien à l'aise de l'utilité des mesures illégales, et de cette rapidité extra-judiciaire qui, ne laissant pas aux séditieux le temps de se reconnaître, raf-
fermit l'ordre et maintient la paix. Mais consultons les
faits, puisqu'on nous les cite, et jugeons le système par
les preuves mêmes que l'on allègue en sa faveur.

Les Gracques, nous dit-on, mettaient en danger la
république romaine. Toutes les formes étaient impuissantes : le sénat recourut deux fois à la loi terrible de
la nécessité, et la république fut sauvée. La république
fut sauvée! c'est-à-dire que, de cette époque, il faut
dater sa chute. Tous les droits furent méconnus; toute
constitution renversée. Le peuple n'avait demandé que
l'égalité des priviléges; il jura le châtiment des meur-
triers de ses défenseurs, et le féroce Marius vint présider
à sa vengeance.

L'ambition des Guises agitait le règne de Henri III.
Il semblait impossible de juger les Guises; Henri III
fit assassiner l'un d'eux. Son règne en devint-il plus

tranquille ? Vingt années de guerres civiles déchirè-
rent l'empire français, et peut-être le bon Henri IV
porta-t-il, quarante ans plus tard, la peine du dernier
Valois.

Dans les crises de cette nature, les coupables que l'on
immole ne sont jamais qu'en petit nombre. D'autres se
taisent, se cachent, attendent ; ils profitent de la con-
sternation que l'apparence de l'injustice répand dans
l'esprit des hommes scrupuleux. Le pouvoir, en s'affranchissant des lois, a perdu son caractère distinctif et
son heureuse prééminence. Lorsque les factieux l'attaquent avec des armes pareilles aux siennes, la foule
des citoyens peut être partagée ; car il lui semble qu'elle
n'a que le choix entre deux factions.

On nous objecte l'intérêt de l'État, les dangers de la
lenteur, le salut public. N'avons-nous pas entendu suffisamment ces mêmes paroles sous le système le plus
exécrable ? Ne s'useront-elles jamais ? Si vous admettez
ces prétextes imposants, ces mots spécieux, chaque
parti verra l'intérêt de l'État dans la destruction de ses
ennemis, les dangers de la lenteur dans une heure d'examen, le salut public dans une condamnation sans jugement et sans preuves.

Tout gouvernement modéré, tout gouvernement qui
s'appuie sur la régularité et sur la justice, se perd par
toute interruption de la justice, par toute déviation de
la régularité. Comme il est dans sa nature de s'adoucir
tôt ou tard, ses ennemis attendent cette époque pour se
prévaloir des souvenirs armés contre lui. La violence a
paru le sauver un instant ; mais elle a rendu sa chute
plus inévitable ; car, en le délivrant de quelques adversaires, elle a généralisé la haine que ses adversaires
lui portaient.

Soyez justes, dirai-je toujours aux hommes investis

de la puissance. Soyez justes, quoi qu'il arrive ; car si vous ne pouviez gouverner avec la justice, avec l'injustice même vous ne gouverneriez pas longtemps.

*
* *

Le système des principes offre seul un repos durable. Seul il présente aux agitations politiques un inexpugnable rempart.

Partout où éclate la démonstration, les passions n'ont plus de prise. Elles abandonnent la certitude pour reporter leur violence sur quelque objet encore contesté.

L'esclavage, la féodalité, ne sont plus parmi nous des germes de guerre. La superstition, sous son rapport religieux, est presque partout réduite à la défensive.

Si les priviléges héréditaires nous divisent encore, c'est que les principes qui les excluent ne sont pas revêtus de toute l'évidence qui leur est propre. Dans un siècle on en parlera comme nous parlons de l'esclavage. Une question de plus aura été enlevée aux passions tumultueuses. En raison de ce que les principes s'établissent, les fureurs s'apaisent ; lorsqu'ils ont triomphé, la paix règne.

Ainsi nous voyons les passions battre en retraite, furieuses, sanguinaires, féroces ; victorieuses souvent contre les individus, mais toujours vaincues par les vérités. Elles reculent en frémissant devant chaque nouvelle barrière que pose devant elles ce système progressif et régulier dont le complétement graduel est la volonté suprême de la nature, l'effet inévitable de la force des choses, et l'espoir consolant des amis de la liberté[1].

Ce système, accéléré dans ses développements par les révolutions, diffère des révolutions mêmes, comme la paix diffère de la guerre, comme le triomphe diffère du combat.

Des calculs politiques, rapprochés des sciences exactes par leur précision, des bases inébranlables pour les institutions générales, une garantie positive pour les droits individuels, la sûreté pour ce qu'on possède, une route certaine vers ce qu'on veut acquérir, une indépendance complète des hommes, une obéissance implicite aux lois, l'émulation de tous les talents, de toutes les qualités personnelles, l'abolition de ces pouvoirs abusifs, de ces distinctions chimériques, qui, n'ayant leur source ni dans la volonté ni dans l'intérêt commun, réfléchissent sur leurs possesseurs l'odieux de l'usurpation, l'harmonie dans l'ensemble, la fixité dans les détails, une théorie lumineuse, une pratique préservatrice : tels sont les caractères du système des principes.

Il est la réunion du bonheur public et particulier. Il ouvre la carrière du génie, comme il défend la propriété du pauvre. Il appartient aux siècles, et les convulsions du moment ne peuvent rien contre lui. En lui résistant, on peut sans doute causer encore des secousses désastreuses. Mais depuis que l'esprit de l'homme mar-

---

1. C'est le système de la perfectibilité que défend ici Benjamin Constant. C'est à lui et à madame de Staël qu'on doit le triomphe de cette théorie en littérature, en religion et en politique. Il y est souvent revenu, sentant bien que la liberté, qui n'est qu'un moyen, serait une force inutile si elle n'élevait l'homme vers une perfection indéfinie.　　　　　　　　　　　　(Note de M. Laboulaye.)

che en avant et que l'imprimerie enregistre ses progrès, il n'est plus d'invasion de barbares, plus de coalition d'oppresseurs, plus d'évocation de préjugés, qui puissent le faire rétrograder. Il faut que les lumières s'étendent, que l'espèce humaine s'égalise et s'élève, et que chacune de ces générations successives que la mort engloutit laisse du moins après elle une trace brillante qui marque la route de la vérité [1].

1. On ne saurait trop recommander les pages ci-dessus à l'attention des lecteurs français : sous l'ancienne monarchie comme dans les temps modernes, les gouvernants pas plus que les gouvernés ne se sont renfermés dans les limites légales. Les diverses écoles politiques qui se sont produites chez nous depuis quatre-vingts ans n'ont fait que masquer sous le vain nom de liberté, leurs théories autoritaires. Entre les ultramontains et les radicaux-socialistes, il n'y a que la différence des mots ; les uns et les autres n'ont fait que des dupes, et les dupes ont toujours formé chez nous la grande majorité. Les intrigants, les ambitieux et les parleurs sont sûrs d'entraîner la foule du moment où ils lui font des promesses irréalisables ; arbitraire monarchique, arbitraire révolutionnaire, voilà les deux termes extrêmes entre lesquels nous flottons depuis tantôt un siècle. Ces générations successives que la mort engloutit, et qui devraient, suivant le mot de Benjamin Constant, laisser après elles une trace brillante qui marque la route de la vérité, n'ont laissé que les plus tristes exemples. Les jacobins, serviles imitateurs des excès de la monarchie qu'ils avaient renversée, ont rappelé, par le tribunal révolutionnaire, ou plutôt par le ramas d'assassins qu'on décorait du nom de juges, les juges de tyrannie de Louis XI et de Richelieu. Les terroristes ont trouvé de notre temps des apologistes et des imitateurs. Ainsi que nous l'avons dit ailleurs, « nous avons traversé tous les excès du despotisme et de l'anarchie, les émeutes, les coups de main révolutionnaires, les coups d'État césariens. La notion des devoirs qu'impose au pays l'exercice de sa propre souveraineté s'est perdue au milieu des bouleversements, et le jour où des désastres inouïs, en livrant Paris à lui-même, ont fait disparaître les dernières garanties de l'ordre et de la liberté, qui n'est que la sécurité pour tous, suivant la belle définition de Montesquieu, la Commune a éclaté, non pas, ainsi que le prétendent ceux qui cherchent encore à la justifier, comme la réaction d'un patriotisme aveugle et désespéré, contre les soupçons de trahison qui circulaient dans l'air, mais comme l'explosion des forces destructives lentement accumulées dans les bas-fonds de la

société française. » Voir les *idées subversives*, Paris, Didier, 1872.
1 vol. in-18. — Aujourd'hui, en 1874, nous pouvons vérifier par
les événements toutes les théories de notre illustre auteur. Il est
certain que si ces théories avaient pénétré plus profondément
dans les esprits, nous n'aurions point eu à subir de si longues agitations et de si cruels désastres.

DEUXIÈME PARTIE

———

I

DE LA RESPONSABILITÉ DES MINISTRES[1].

La constitution actuelle[2] est peut-être la seule qui ait établi sur la responsabilité des ministres des principes parfaitement applicables et suffisamment étendus.

---

1. Le principe de la responsabilité des ministres n'est pas seulement un emprunt que les gouvernements constitutionnels établis en France depuis la révolution ont fait à l'Angleterre ; c'est aussi une idée qui se trouve très-fortement affirmée dans les *Cahiers* de 1789. Voici, entre autres, ce que dit à ce sujet la noblesse des Sénéchaussées réunies d'Armagnac et de L'Isle Jourdain, « que tous les ministres, excepté celui des affaires étrangères, soient tenus de rendre chaque année un compte public des sommes qui auront été versées dans les caisses de leurs départements, trois mois au plus tard après leur retraite, et que tous soient déclarés responsables envers la nation des déprédations dans les finances ainsi que des atteintes portées aux droits tant nationaux que des particuliers, et les infractions justiciables du tribunal qui sera indiqué par les Etats généraux. » Le même vœu est émis dans un grand nombre de localités. Voir *Cahiers des Etats généraux*, imprimés par ordre du Corps législatif, Paris, 1866 et années suiv., t. II, p. 69 ; et à la table de ce même volume au mot *Ministre*.   (*Note de l'éditeur.*)

2. C'est-à-dire la Charte de 1814.

Les ministres peuvent encourir l'accusation, et mériter d'être poursuivis, de trois manières : ˅

1⁰ Par l'abus ou le mauvais emploi de leur pouvoir légal ;

2⁰ Par des actes illégaux, préjudiciables à l'intérêt public, sans rapport direct avec les particuliers ;

3⁰ Par des attentats contre la liberté, la sûreté et la propriété individuelle.

Cette dernière espèce de délit n'ayant aucun rapport avec les attributions dont les ministres sont revêtus légalement, ils rentrent à cet égard dans la classe des citoyens, et doivent être justiciables des tribunaux ordinaires.

Il est certain que si un ministre, dans un accès de passion, enlevait une femme, ou si dans un accès de colère il tuait un homme, il ne devrait pas être accusé comme ministre, d'une manière particulière, mais subir, comme violateur des lois communes, les poursuites auxquelles son crime serait soumis par les lois communes, et dans les formes prescrites par elles.

Or, il en est de tous les actes que la loi réprouve, comme de l'enlèvement et de l'homicide. Un ministre qui attente illégalement à la liberté ou à la propriété d'un citoyen ne pèche pas comme ministre ; car aucune de ses attributions ne lui donne le droit d'attenter illégalement à la liberté ou à la propriété d'un individu. Il rentre donc dans la classe des autres coupables, et doit être poursuivi et puni comme eux.

Il faut remarquer qu'il dépend de chacun de nous d'attenter à la liberté individuelle. Ce n'est point un privilége particulier aux ministres. Je puis, si je veux, soudoyer quatre hommes pour attendre mon ennemi au coin d'une rue, et l'entraîner dans quelque réduit obscur où je le tienne enfermé à l'insu de tout le monde. Le ministre qui fait enlever un citoyen, sans y être autorisé par la loi, commet le même crime. Sa qualité de ministre est étrangère à cet acte, et n'en change point la nature. Car, encore une fois, cette qualité ne lui donnant pas le droit de faire arrêter les citoyens, au mépris de la loi et contre ses dispositions formelles, le délit qu'il commet rentre dans la même classe que l'homicide, le rapt, ou tout autre crime privé.

Sans doute la puissance légitime du ministre lui facilite les moyens de commettre des actes illégitimes; mais cet emploi de sa puissance n'est qu'un délit de plus.

Notre constitution est donc éminemment sage, lorsqu'elle accorde à nos représentants la plus grande latitude dans leurs accusations, et lorsqu'elle confère un pouvoir discrétionnaire au tribunal qui doit prononcer.

Il y a mille manières d'entreprendre injustement ou inutilement une guerre, de diriger avec trop de précipitation, ou trop de lenteur, ou trop de négligence la guerre entreprise, d'apporter trop d'inflexibilité ou trop de faiblesse dans les négociations, d'ébranler le crédit, soit par des opérations hasardées, soit par des économies mal conçues, soit par des infidélités déguisées sous différents noms. Si chacune de ces manières de nuire à l'État devait être indiquée et spécifiée par une loi, le code de la responsabilité deviendrait un traité d'histoire et de politique, et encore ses dispositions n'atteindraient que le passé. Les ministres trouveraient facilement de nouveaux moyens de les éluder pour l'avenir.

Aussi les Anglais, si scrupuleusement attachés d'ailleurs, dans les objets qu'embrasse la loi commune, à l'application littérale de la loi, ne désignent-ils pas les

9

délits qui appellent sur les ministres la responsabilité,
que par les mots très-vagues de *high crimes and mis-
demeanours*, mots qui ne précisent ni le degré ni la nature du crime.

On croira peut-être que c'est placer les ministres dans
une situation bien défavorable et bien périlleuse. Tandis
qu'on exige, pour les simples citoyens, la sauvegarde
de la précision la plus exacte et la garantie de la lettre
de la loi, les ministres sont livrés à une sorte d'arbitraire exercé sur eux, et par leurs accusateurs et par
leurs juges. Mais cet arbitraire est dans l'essence de la
chose même; ses inconvénients doivent être adoucis par
la solennité des formes, le caractère auguste des juges
et la modération des peines. Mais le principe doit être
posé : et il vaut toujours mieux avouer en théorie ce qui
ne peut être évité dans la pratique.

Un ministre peut faire tant de mal sans s'écarter de
la lettre d'aucune loi positive, que si vous ne préparez
pas des moyens constitutionnels de réprimer ce mal et
de punir ou d'éloigner le coupable (car il s'agit beaucoup plus d'enlever le pouvoir aux ministres prévaricateurs, que de les punir), la nécessité fera trouver ces
moyens hors de la constitution même. Les hommes
réduits à chicaner sur les termes, ou à enfreindre les
formes, deviendront haineux, perfides et violents. Ne
voyant point de route tracée, ils s'en fraieront une qui
sera plus courte, mais aussi plus désordonnée et plus
dangereuse. Il y a, dans la réalité, une force qu'aucune
adresse n'élude longtemps. Si en ne dirigeant contre les
ministres que des lois précises, qui n'atteignent jamais
l'ensemble de leurs actes et la tendance de leur administration, vous les dérobez de fait à toutes les lois, on
ne les jugera plus d'après vos dispositions minutieuses
et inapplicables : on sévira contre eux d'après les

inquiétudes qu'ils auront causées, le mal qu'ils auront fait, et le degré de ressentiment qui en sera la suite.

Ce qui me persuade que je ne suis point un ami de l'arbitraire, en posant en axiome que la loi sur la responsabilité ne saurait être détaillée comme les lois communes, et que c'est une loi politique dont la nature et l'application ont inévitablement quelque chose de discrétionnaire, c'est que j'ai pour moi, comme je viens de le dire, l'exemple des Anglais, et que non-seulement depuis cent trente-quatre ans la liberté existe chez eux, sans trouble et sans orages, mais que de tous leurs ministres, exposés à une responsabilité indéfinie, et perpétuellement dénoncés par l'opposition, un bien petit nombre a été soumis à un jugement, aucun n'a subi une peine.

La constitution donne aux ministres un tribunal particulier. Elle profite de l'institution de la pairie pour la constituer juge des ministres, dans toutes les causes où un individu lésé ne se porte pas pour accusateur. Les pairs sont en effet les seuls juges dont les lumières soient suffisantes et l'impartialité assurée.

Placés dans un poste qui inspire naturellement l'esprit conservateur à ceux qui l'occupent, formés par leur éducation à la connaissance des grands intérêts de l'État ; initiés par leurs fonctions dans la plupart des secrets de l'administration, les pairs reçoivent encore de leur position sociale une gravité qui leur commande la maturité de l'examen et une douceur de mœurs qui, en les disposant aux ménagements et aux égards, supplée à la loi positive, par les scrupules délicats de l'équité.

Les représentants de la nation, appelés à surveiller l'emploi de la puissance et les actes de l'administration publique, et plus ou moins admis dans les détails des négociations, puisque les ministres leur en doivent un compte, lorsqu'elles sont terminées, paraissent d'abord aussi en état que les pairs de décider si ces ministres méritent l'approbation ou le blâme, l'indulgence ou le châtiment. Mais les représentants de la nation, électifs pour un espace de temps limité, et ayant besoin de plaire à leurs commettants, se ressentent toujours de leur origine populaire et de leur situation qui redevient précaire à des époques fixes. Cette situation les jette dans une double dépendance, celle de la popularité et celle de la faveur. Ils sont d'ailleurs appelés à se montrer souvent les antagonistes des ministres, et par cela même qu'ils peuvent devenir leurs accusateurs, ils ne sauraient être leurs juges.

Quant aux tribunaux ordinaires, ils peuvent et doivent juger les ministres coupables d'attentats contre les individus; mais leurs membres sont peu propres à prononcer sur des causes qui sont politiques bien plutôt que judiciaires; ils sont plus ou moins étrangers aux connaissances diplomatiques, aux combinaisons militaires, aux opérations de finances : ils ne connaissent qu'imparfaitement l'état de l'Europe, ils n'ont étudié que les codes des lois positives, ils sont astreints, par leurs devoirs habituels, à n'en consulter que la lettre morte, et à n'en requérir que l'application stricte. L'esprit subtil de la jurisprudence est opposé à la nature des grandes questions qui doivent être envisagées sous le rapport public, national, quelquefois même européen, et sur lesquelles les pairs doivent prononcer comme juges suprêmes, d'après leurs lumières, leur honneur et leur conscience.

Car la constitution investit les pairs d'un pouvoir discrétionnaire, non-seulement pour caractériser le délit, mais pour infliger la peine.

En effet, les délits dont les ministres peuvent se rendre coupables ne se composent ni d'un seul acte, ni d'une série d'actes positifs dont chacun puisse motiver une loi précise ; des nuances que la parole ne peut désigner, et qu'à plus forte raison la loi ne peut saisir, les aggravent ou les atténuent. Toute tentative pour rédiger sur la responsabilité des ministres une loi précise et détaillée, comme doivent l'être les lois criminelles, est inévitablement illusoire ; la conscience des pairs est juge compétent, et cette conscience doit pouvoir prononcer en liberté sur le châtiment comme sur le crime.

J'aurais voulu seulement que la constitution ordonnât qu'aucune peine infamante ne frapperait jamais les ministres. Les peines infamantes ont des inconvénients généraux qui deviennent plus fâcheux encore, lorsqu'elles atteignent des hommes que le monde a contemplés dans une situation éclatante. Toutes les fois que la loi s'arroge la distribution de l'honneur et de la honte, elle empiète maladroitement sur le domaine de l'opinion, et cette dernière est disposée à réclamer sa suprématie. Il en résulte une lutte qui tourne toujours au détriment de la loi. Cette lutte doit surtout avoir lieu, quand il s'agit de délits politiques, sur lesquels les opinions sont nécessairement partagées. L'on affaiblit le sens moral de l'homme, lorsqu'on lui commande, au nom de l'autorité, l'estime ou le mépris. Ce sens ombrageux et délicat est froissé par la violence qu'on prétend lui faire, et il arrive qu'à la fin un peuple ne sait plus ce qu'est le mépris ou ce qu'est l'estime.

Dirigées même en perspective contre des hommes qu'il est utile d'entourer, durant leurs fonctions, de considération et de respect, les peines infamantes les dégradent en quelque sorte d'avance. L'aspect du mi-

nistre qui subirait une punition flétrissante avilirait
dans l'esprit du peuple le ministre encore en pouvoir.

Enfin, l'espèce humaine n'a que trop de penchant à
fouler aux pieds les grandeurs tombées. Gardons-nous
d'encourager ce penchant. Ce qu'après la chute d'un
ministre on appellerait haine du crime, ne serait le plus
souvent qu'un reste d'envie, et du dédain pour le
malheur.

La constitution n'a point limité le droit de grâce appartenant au chef de l'État. Il peut donc l'exercer en
faveur des ministres condamnés.

Je sais que cette disposition a porté l'alarme dans
plus d'un esprit ombrageux. Un monarque, a-t-on dit,
peut commander à ses ministres des actes coupables, et
leur pardonner ensuite. C'est donc encourager par
l'assurance de l'impunité le zèle des ministres serviles
et l'audace des ministres ambitieux.

Pour juger cette objection, il faut remonter au premier principe de la monarchie constitutionnelle, je veux
dire à l'inviolabilité. L'inviolabilité suppose que le
monarque ne peut pas mal faire. Il est évident que
cette hypothèse est une fiction légale, qui n'affranchit
pas réellement des affections et des faiblesses de l'humanité l'individu placé sur le trône. Mais l'on a senti que
cette fiction légale était nécessaire pour l'intérêt de
l'ordre et de la liberté même, parce que sans elle tout
est désordre et guerre éternelle entre le monarque et les
factions. Il faut donc respecter cette fiction dans toute
son étendue. Si vous l'abandonnez un instant, vous
retombez dans tous les dangers que vous avez tâché
d'éviter. Or, vous l'abandonnez, en restreignant les prérogatives du monarque, sous le prétexte de ses intentions. Car c'est admettre que ses intentions peuvent être
soupçonnées. C'est donc admettre qu'il peut vouloir le

mal, et par conséquent le faire. Dès lors vous avez
détruit l'hypothèse sur laquelle son inviolabilité repose
dans l'opinion. Dès lors le principe de la monarchie constitutionnelle est attaqué. D'après ce principe, il ne faut
jamais envisager, dans l'action du pouvoir, que les ministres ; ils sont là pour en répondre. Le monarque est
dans une enceinte à part et sacrée ; vos regards, vos
soupçons ne doivent jamais l'atteindre. Il n'a point
d'intentions, de faiblesses, point de connivence avec ses
ministres, car ce n'est pas un homme[1], c'est un pouvoir
neutre et abstrait, au-dessus de la région des orages.

Que si l'on taxe de métaphysique le point de vue
constitutionnel sous lequel je considère cette question,
je descendrai volontiers sur le terrain de l'application
pratique et de la morale, et je dirai encore qu'il y aurait
à refuser au chef de l'État le droit de faire grâce aux
ministres condamnés, un autre inconvénient qui serait
d'autant plus grave que le motif même par lequel on li-
miterait sa prérogative serait plus fondé.

Il se peut en effet qu'un prince, séduit par l'amour
d'un pouvoir sans bornes, excite ses ministres à des
trames coupables contre la constitution ou la liberté.
Ces trames sont découvertes; les agents criminels sont
accusés, convaincus; la sentence est portée. Que faites-
vous, en disputant au prince le droit d'arrêter le glaive
prêt à frapper les instruments de ses volontés secrètes,
et en le forçant à autoriser leur châtiment? Vous le
placez entre ses devoirs politiques et les devoirs plus

---

1. Les partisans du despotisme ont dit aussi que le roi n'était
pas un homme; mais ils en ont inféré qu'il pouvait tout faire, et
que sa volonté remplaçait les lois. Je dis que le roi constitutionnel
n'est pas un homme : mais c'est parce qu'il ne peut rien faire sans
ses ministres, et que ses ministres ne peuvent rien faire que par
les lois.

saints de la reconnaissance et de l'affection. Car le zèle irrégulier est pourtant du zèle, et les hommes ne sauraient punir sans ingratitude le dévouement qu'ils ont accepté. Vous le contraignez ainsi à un acte de lâcheté et de perfidie ; vous le livrez aux remords de sa conscience, vous l'avilissez à ses propres yeux ; vous le déconsidérez aux yeux de son peuple. C'est ce que firent les Anglais, en obligeant Charles Ier à signer l'exécution de Stafford et le pouvoir royal dégradé fut bientôt détruit.

Si vous voulez conserver à la fois la monarchie et la liberté, luttez avec courage contre les ministres pour les écarter : mais dans le prince, ménagez l'homme en honorant le monarque. Respectez en lui les sentiments du cœur, car les sentiments du cœur sont toujours respectables. Ne le soupçonnez pas d'erreurs que la constitution vous ordonne d'ignorer. Ne le réduisez pas surtout à les réparer par des rigueurs qui, dirigées sur des serviteurs trop aveuglément fidèles, deviendraient des crimes.

Et remarquez que si nous sommes une nation, si nous avons des élections libres, ces erreurs ne seront pas {moins} dangereuses. Les ministres, en demeurant impunis, n'en seront pas moins désarmés. Que le prince exerce en leur faveur sa prérogative, la grâce est accordée, mais le délit est reconnu, et l'autorité échappe au coupable, car il ne peut ni continuer à gouverner l'État avec une majorité qui l'accuse, ni se créer, par des élections nouvelles, une nouvelle majorité, puisque dans ces élections l'opinion populaire replacerait au sein de l'assemblée la majorité accusatrice.

Que si nous n'étions pas une nation, si nous ne savions pas avoir des élections libres, toutes nos précautions seraient vaines. Nous n'emploierions jamais les moyens constitutionnels que nous préparons. Nous pourrions bien triompher à d'horribles époques par des violences brutales; mais nous ne surveillerions, nous n'accuserions, nous ne jugerions jamais les ministres. Nous accourrions seulement pour les proscrire lorsqu'ils auraient été renversés.

Quand un ministre a été condamné, soit qu'il ait subi la peine prononcée par sa sentence, soit que le monarque lui ait fait grâce, il doit être préservé pour l'avenir de toutes ces persécutions variées que les partis vainqueurs dirigent sous divers prétextes contre les vaincus. Ces partis affectent pour justifier leurs mesures vexatoires des craintes excessives. Ils savent bien que ces craintes ne sont pas fondées, et que ce serait faire trop d'honneur à l'homme que de le supposer si ardent à s'attacher au pouvoir déchu. Mais la haine se cache sous les dehors de la pusillanimité, et pour s'acharner avec moins de honte sur un individu sans défense, on le présente comme un objet de terreur. Je voudrais que la loi mît un insurmontable obstacle à toutes ces rigueurs tardives, et qu'après avoir atteint le coupable, elle le prît sous sa protection. Je voudrais qu'il fût ordonné qu'aucun ministre, après qu'il aura subi sa peine, ne pourra être exilé, détenu, ni éloigné de son domicile. Je ne connais rien de si honteux que ces proscriptions prolongées. Elles indignent les nations ou elles les corrompent. Elles réconcilient avec les victimes toutes les âmes un peu élevées. Tel ministre, dont l'opinion publique avait applaudi le châtiment, se trouve entouré de la pitié publique, lorsque le châtiment légal est aggravé par l'arbitraire.

Il résulte de toutes les dispositions précédentes, que les ministres seront souvent dénoncés, accusés quelquefois, condamnés rarement, punis presque jamais. Ce résultat peut, à la première vue, paraître insuffisant aux hommes qui pensent que, pour les délits des ministres, comme pour ceux des individus, un châtiment positif et sévère est d'une justice exacte et d'une nécessité absolue. Je ne partage pas cette opinion. La responsabilité me semble devoir atteindre surtout deux buts, celui d'enlever la puissance aux ministres coupables, et celui d'entretenir dans la nation, par la vigilance de ses représentants, par la publicité de leurs débats, et par l'exercice de la liberté de la presse, appliqué à l'analyse de tous les actes ministériels, un esprit d'examen, un intérêt habituel au maintien de la constitution de l'État, une participation constante aux affaires, en un mot un sentiment animé de la vie politique.

Il ne s'agit donc pas, en ce qui tient à la responsabilité, comme dans les circonstances ordinaires, de pourvoir à ce que l'innocence ne soit jamais menacée, et à ce que le crime ne demeure jamais impuni. Dans les questions de cette nature, le crime et l'innocence sont rarement d'une évidence complète. Ce qu'il faut, c'est que la conduite des ministres puisse être facilement soumise à une investigation scrupuleuse, et qu'en même temps beaucoup de ressources leur soient laissées pour échapper aux suites de cette investigation, si leur délit, fût-il prouvé, n'est pas tellement odieux qu'il ne mérite aucune grâce, non-seulement d'après les lois positives, mais aux yeux de la conscience et de l'équité universelle, plus indulgente que les lois écrites.

Cette douceur dans l'application pratique de la responsabilité n'est qu'une conséquence nécessaire et juste du principe sur lequel toute sa théorie repose.

J'ai montré qu'elle n'est jamais exempte d'un certain degré d'arbitraire : or l'arbitraire est dans toute circonstance un grave inconvénient.

S'il atteignait les simples citoyens, rien ne pourrait

le légitimer. Le traité des citoyens avec la société est clair et formel. Ils ont promis de respecter ses lois, elle a promis de les leur faire connaître. S'ils restent fidèles à leurs engagements, elle ne peut rien exiger de plus. Ils ont le droit de savoir clairement quelle sera la suite de leurs actions, dont chacune doit être prise à part et jugée d'après un texte précis.

Les ministres ont fait avec la société un autre pacte. Ils ont accepté volontairement, dans l'espoir de la gloire, de la puissance ou de la fortune, des fonctions vastes et compliquées qui forment un tout compacte et indivisible. Aucune de leurs actions ministérielles ne peut être prise isolément. Ils ont donc consenti à ce que leur conduite fût jugée dans son ensemble. Or c'est ce que ne peut faire aucune loi précise. De là le pouvoir discrétionnaire qui doit être exercé sur eux.

Mais il est de l'équité scrupuleuse, il est du devoir strict de la société, d'apporter à l'exercice de ce pouvoir tous les adoucissements que la sûreté de l'État comporte. De là ce tribunal particulier, composé de manière à ce que ses membres soient préservés de toutes les passions populaires. De là cette faculté donnée à ce tribunal de ne prononcer que d'après sa conscience et de choisir ou de mitiger la peine. De là enfin ce recours à la clémence du roi, recours assuré à tous ses sujets, mais plus favorable aux ministres qu'à tout autre, d'après leurs relations personnelles.

Oui : les ministres seront rarement punis. Mais si la constitution est libre et si la nation est énergique, qu'importe la punition d'un ministre, lorsque, frappé d'un jugement solennel, il est rentré dans la classe vulgaire, plus impuissant que le dernier citoyen, puisque la désapprobation l'accompagne et le poursuit? La liberté n'en a pas moins été préservée de ses attaques, l'esprit public n'en a pas moins reçu l'ébranlement salutaire qui le ranime et le purifie, la morale sociale n'en a pas moins obtenu l'hommage éclatant du pouvoir traduit à sa barre et flétri par sa sentence.

M. Hastings n'a pas été puni : mais cet oppresseur de l'Inde a paru à genoux devant la chambre des pairs, et la voix de Fox, de Sheridan et de Burke, vengeresse de l'humanité longtemps foulée aux pieds, a réveillé dans l'âme du peuple anglais les émotions de la générosité et les sentiments de la justice, et forcé le calcul mercantile à pallier son avidité et à suspendre ses violences [1].

Lord Melville n'a pas été puni, et je ne veux point contester son innocence. Mais l'exemple d'un homme vieilli dans la routine de la dextérité et dans l'habileté des spéculations, et dénoncé néanmoins malgré son adresse, accusé malgré ses nombreux appuis, a rappelé à ceux qui suivaient la même carrière, qu'il y a de l'utilité dans le désintéressement et de la sûreté dans la rectitude [2].

---

1. Warren Hastings, né en 1733, gouverneur du Bengale en 1772, et gouverneur général des Indes en 1774 ; il fut rappelé en Angleterre en 1786, à cause des violences qu'il exerçait sur les indigènes. Traduit devant le Parlement, il fut acquitté après douze ans de débats : son procès lui coûta 1,700,000 liv., mais la Compagnie des Indes lui fit une pension de 125,000 liv. L'éloge que donne ici Benjamin Constant au peuple anglais ne peut être admis qu'avec réserve, car Hastings, malgré ses violences, est resté populaire chez ses compatriotes, parce qu'il est l'un des gouverneurs de l'Inde qui ont le plus contribué à l'extension de la puissance britannique.   (*Note de l'éditeur.*)

2. Henri Dundas, vicomte de Melville, né en 1741, mort en 1811. Trésorier de la marine en 1782, secrétaire d'État de l'intérieur en 1791, gouverneur de la banque d'Écosse, ministre de la guerre en 1794, il fut accusé, en 1806, de malversation dans l'emploi des deniers publics, et traduit devant la Chambre des lords, qui prononça son acquittement, mais le condamna à résigner tous ses emplois.   (*Note de l'éditeur.*)

Lord North n'a pas même été accusé. Mais en le menaçant d'une accusation, ses antagonistes ont reproduit les principes de la liberté constitutionnelle et proclamé le droit de chaque fraction d'un État à ne supporter que les charges qu'elle a consenties [1].

Enfin, plus anciennement encore, les persécuteurs de M. Wilkes n'ont été punis que par des amendes; mais la poursuite et le jugement ont fortifié les garanties de la liberté individuelle, et consacré l'axiome que la maison de chaque Anglais est son asile et son château fort.

Tels sont les avantages de la responsabilité, et non pas quelques détentions et quelques supplices.

La mort, ni même la captivité d'un homme n'ont jamais été nécessaires au salut d'un peuple; car le salut d'un peuple doit être en lui-même. Une nation qui craindrait la vie ou la liberté d'un ministre dépouillé de sa puissance serait une nation misérable. Elle ressemblerait à ces esclaves qui tuaient leurs maîtres, de peur qu'ils ne reparussent le fouet à la main.

Si c'est pour l'exemple des ministres à venir qu'on veut diriger la rigueur sur les ministres déclarés coupables, je dirai que la douleur d'une accusation qui retentit dans l'Europe, la honte d'un jugement, la privation d'une place éminente, la solitude qui suit la disgrâce et que trouble le remords, sont pour l'ambition et pour l'orgueil des châtiments suffisamment sévères, des leçons suffisamment instructives.

Il faut observer que cette indulgence pour les ministres, dans ce qui regarde la responsabilité, ne compromet en rien les droits et la sûreté des individus : car

---

1. Frédéric North, comte de Guildford, né en 1733, chancelier de l'Échiquier en 1767, premier lord de la Trésorerie de 1770 à 1782, mort en 1792. (*Note de l'éditeur.*)

les délits qui attentent à ces droits et qui menacent cette sûreté sont soumis à d'autres formes, jugés par d'autres juges. Un ministre peut se tromper sur la légitimité ou sur l'utilité d'une guerre; il peut se tromper sur la nécessité d'une cession, dans un traité; il peut se tromper dans une opération de finance. Il faut donc que ses juges soient investis de la puissance discrétionnaire d'apprécier ses motifs, c'est-à-dire de peser des probabilités incertaines. Mais un ministre ne peut pas se tromper quand il attente illégalement à la liberté d'un citoyen. Il sait qu'il commet un crime. Il le sait aussi bien que tout individu qui se rendrait coupable de la même violence. Aussi l'indulgence, qui est une justice dans l'examen des questions politiques, doit disparaître quand il s'agit d'actes illégaux ou arbitraires. Alors les lois communes reprennent leurs forces, les tribunaux ordinaires doivent prononcer, les peines doivent être précises et leur application littérale [1].

---

1. Depuis le jour où ces pages ont été écrites, les conditions de la vie politique ont subi bien des changements; mais le principe de la responsabilité a toujours été réclamé par l'opinion publique avec une grande insistance. Voir M. Laboulaye, *Le parti libéral*, au chapitre intitulé : *De la responsabilité ministérielle*, p. 167 et suiv. Dans ce chapitre, l'auteur discute et combat avec une grande force de logique l'article 13 de la constitution de 1852 où il est dit : « *Les ministres ne dépendent que du chef de l'Etat; ils ne sont responsables que chacun en ce qui le concerne des actes du gouvernement; il n'y a point de solidarité entre eux.* »

(*Note de l'éditeur.*)

II

DE LA RESPONSABILITÉ DES AGENTS INFÉRIEURS.

Ce n'est pas assez d'avoir établi la responsabilité des ministres; si cette responsabilité ne commence pas à l'exécuteur immédiat de l'acte qui en est l'objet, elle n'existe point. Elle doit peser sur tous les degrés de la hiérarchie constitutionnelle. Lorsqu'une route légale n'est pas tracée, pour soumettre tous les agents à l'accusation qu'ils peuvent tous mériter, la vaine apparence de la responsabilité n'est qu'un piége, funeste à ceux qui seraient tentés d'y croire. Si vous ne punissez que le ministre qui donne un ordre illégal et non l'instrument qui l'exécute, vous placez la réparation si haut, que souvent on ne peut l'atteindre : c'est comme si vous prescriviez à un homme, attaqué par un autre, de ne diriger ses coups que sur la tête et non sur le bras de son agresseur, sous le prétexte que le bras n'est qu'un instrument aveugle, et que dans la tête est la volonté et par conséquent le crime.

Mais, objecte-t-on, si les agents inférieurs peuvent être punis, dans une circonstance quelconque, de leur obéissance, vous les autorisez à juger les mesures du gouvernement avant d'y concourir. Par cela seul, toute son action est entravée. Où trouvera-t-il des agents si l'obéissance est dangereuse? Dans quelle impuissance vous placez tous ceux qui sont investis du commandement! Dans quelle incertitude vous jetez tous ceux qui sont chargés de l'exécution?

Je réponds d'abord : si vous prescrivez aux agents de l'autorité le devoir absolu d'une obéissance implicite et passive, vous lancez sur la société humaine des instruments d'arbitraire et d'oppression, que le pouvoir aveugle ou furieux peut déchaîner à volonté. Lequel des deux maux est le plus grand?

Mais je crois devoir remonter ici à quelques principes plus généraux sur la nature et la possibilité de l'obéissance passive.

Cette obéissance, telle qu'on nous la vante et qu'on nous la recommande, est, grâce au ciel, complétement impossible. Même dans la discipline militaire, cette obéissance passive a des bornes que la nature des choses lui trace, en dépit de tous les sophismes. On a beau dire que les armées doivent être des machines, et que l'intelligence du soldat est dans l'ordre de son caporal. Un soldat devrait-il, sur l'ordre de son caporal ivre, tirer un coup de fusil à son capitaine? Il doit donc distinguer si son caporal est ivre ou non; il doit réfléchir que le capitaine est une autorité supérieure au caporal. Voila de l'intelligence et de l'examen requis dans le soldat. Un capitaine devrait-il, sur l'ordre de son colonel, aller, avec sa compagnie, aussi obéissante que lui, arrêter le ministre de la guerre? Voilà donc de l'intelligence et de l'examen requis dans le capitaine. Un colonel devrait-il, sur l'ordre du ministre de la guerre, porter une main attentatoire sur la personne du chef de l'État? Voilà donc de l'intelligence et de l'examen requis dans le colonel. On ne réfléchit pas, en exaltant l'obéissance passive, que les instruments trop dociles peuvent être saisis par toutes les mains, et retournés contre leurs premiers maîtres, et que l'intelligence qui porte l'homme à l'examen lui sert aussi à distinguer le droit d'avec la force, et celui à qui appartient le commandement de celui qui l'usurpe.

Qu'en thèse générale la discipline soit la base indispensable de toute organisation militaire, que la ponctualité dans l'exécution des ordres reçus soit le ressort nécessaire de toute administration civile, nul doute. Mais cette règle a des limites : ces limites ne se laissent pas décrire, parce qu'il est impossible de prévoir tous les cas qui peuvent se présenter ; mais elles se sentent, la raison de chacun l'en avertit. Il en est juge, et il en est nécessairement le seul juge : il en est le juge à ses risques et périls. S'il se trompe, il en porte la peine. Mais on ne fera jamais que l'homme puisse devenir totalement étranger à l'examen, et se passer de l'intelligence que la nature lui a donnée pour se conduire, et dont aucune profession ne peut le dispenser de faire usage.

Sans doute la chance d'une punition pour avoir obéi jettera quelquefois les agents subalternes dans une incertitude pénible. Il serait plus commode pour eux d'être des automates zélés ou des dogues intelligents. Mais il y a incertitude dans toutes les choses humaines. Pour se délivrer de toute incertitude, l'homme devrait cesser d'être un être moral. Le raisonnement n'est qu'une comparaison des arguments, des probabilités et des chances. Qui dit comparaison dit possibilité d'erreur, et par conséquent incertitude. Mais à cette incertitude il y a, dans une organisation politique bien constituée, un remède qui non-seulement répare les méprises du jugement individuel, mais qui met l'homme à l'abri des suites trop funestes de ces méprises, lorsqu'elles sont innocentes. Ce remède, dont il faut assurer la jouissance aux agents de l'administration comme à tous les citoyens, c'est le jugement par jurés.

Qu'on ne craigne pas que les instruments de l'autorité, comptant, pour justifier leur désobéissance, sur l'indulgence des jurés, soient trop enclins à désobéir. Leur tendance naturelle, favorisée encore par leur intérêt et leur amour-propre, est toujours l'obéissance. Les faveurs de l'autorité sont à ce prix. Elle a tant de moyens secrets pour les dédommager des inconvénients de leur zèle! Si le contre-poids avait un défaut, ce serait plutôt d'être inefficace ; mais ce n'est au moins pas une raison pour le retrancher. Les jurés eux-mêmes ne prendront point avec exagération le parti de l'indépendance dans les agents du pouvoir. Le besoin de l'ordre est inhérent à l'homme ; et dans tous ceux qui sont revêtus d'une mission, ce penchant se fortifie du sentiment de l'importance et de la considération dont ils s'entourent, en se montrant scrupuleux et sévères. Le bon sens des jurés concevra facilement qu'en général la subordination est nécessaire, et leurs décisions seront d'ordinaire en faveur de la subordination.

L'on dira que je mets l'arbitraire dans les jurés : mais vous le mettez dans les ministres. Il est impossible, je le répète, de tout régler, de tout écrire, et de faire de la vie et des relations des hommes entre eux un procès-verbal rédigé d'avance, où les noms seuls restent en blanc, et qui dispense à l'avenir les générations qui se succèdent, de tout examen, de toute pensée, de tout recours à l'intelligence. Or, si, quoi qu'on fasse, il reste toujours dans les affaires humaines quelque chose de discrétionnaire, je le demande, ne vaut-il pas mieux que l'exercice du pouvoir que cette portion discrétionnaire exige soit confié à des hommes qui ne l'exercent que dans une seule circonstance, et qui ne se corrompent ni ne s'aveuglent par l'habitude de l'autorité, et qui soient également intéressés à la liberté et au bon ordre, que si vous la confiez à des hommes qui ont pour intérêt permanent leurs prérogatives particulières[1].

1. Benjamin Constant a tenté de réaliser dans la législation les principes qu'il développe ici ; c'est lui qui a fait insérer dans l'*Acte additionnel* la promesse que l'article 73 de la constitution de l'an VIII serait aboli. Cet article portait que les agents de l'autorité ne pourraient être poursuivis qu'en vertu d'une décision du Conseil d'État. Voici ce que Benjamin Constant dit à ce sujet : « Jusqu'à présent nos constitutions contenaient un article destructif de la responsabilité des agents, et la Charte royale de Louis XVIII l'avait soigneusement conservé. D'après cet article, l'on ne pouvait poursuivre la réparation d'aucun délit commis par le dépositaire le plus subalterne de la puissance, sans le consentement formel de l'autorité. Un citoyen était-il maltraité, calomnié, lésé d'une manière quelconque par le maire de son village, la constitution se plaçait entre lui et l'agresseur. Il y avait ainsi, dans cette seule classe de fonctionnaires, quarante-quatre mille inviolables au moins, et peut-être deux cent mille dans les autres degrés de la hiérarchie. Ces inviolables pouvaient tout faire sans qu'aucun tribunal pût instruire contre eux tant que l'autorité supérieure gardait le silence.

(*Note de l'éditeur.*)

III

LA PUISSANCE DE LA LOI ET SES LIMITES.

Les individus ont des droits, et ces droits sont indépendants de l'autorité sociale, qui ne peut leur porter
atteinte sans se rendre coupable d'usurpation.

Il en est de l'autorité comme de l'impôt : chaque individu consent à sacrifier une partie de sa fortune pour
subvenir aux dépenses publiques, dont le but est de lui
assurer la jouissance paisible de ce qu'il conserve ;
mais si l'État exigeait de chacun la totalité de sa fortune, la garantie qu'il offrirait serait illusoire, puisque
cette garantie n'aurait plus d'application. De même
chaque individu consent à sacrifier une partie de sa liberté pour assurer le reste ; mais si l'autorité envahis-
sait toute sa liberté, le sacrifice serait sans but.

Cependant, quand elle envahit, que faut-il faire ?
Nous arrivons à la question de l'obéissance à la loi,
l'une des plus difficiles qui puisse attirer l'attention des
hommes. Quelque décision que l'on hasarde sur cette
matière, on s'expose à des difficultés insolubles. Dira-
t-on qu'on ne doit obéir aux lois qu'autant qu'elles sont
justes ? On autorisera les résistances les plus insensées

ou les plus coupables : l'anarchie sera partout. Dira-t-on qu'il faut obéir à la loi, en tant que loi, indépendamment de son contenu et de sa source? On se condamnera à obéir aux décrets les plus atroces et aux autorités les plus illégales. ,

De très-beaux génies, des raisons très-fortes, ont échoué dans leurs tentatives pour résoudre ce problème.

Pascal et le chancelier Bacon ont cru qu'ils en donnaient la solution, quand ils affirmaient qu'il fallait obéir à la loi sans examen. « C'est affaiblir la puissance des lois, dit le dernier, qu'en rechercher les motifs. » Approfondissons le sens rigoureux de cette assertion.

Le nom de loi suffira-t-il toujours pour obliger l'homme à l'obéissance? Mais si un nombre d'hommes ou même un seul homme sans mission (et pour embarrasser ceux que je vois d'ici s'apprêter à me combattre, je personnifierai la chose, et je leur dirai : soit le Comité de salut public, soit Robespierre) intitulaient loi l'expression de leur volonté particulière, les autres membres de la société seront-ils tenus de s'y conformer? L'affirmative est absurde ; mais la négative implique que le titre de loi n'impose pas seul le devoir d'obéir, et que ce devoir suppose une recherche antérieure de la source d'où part cette loi.

Voudra-t-on que l'examen soit permis, lorsqu'il s'agira de constater si ce qui nous est présenté comme une loi part d'une autorité légitime ; mais que, ce point éclairci, l'examen n'ait plus lieu sur le contenu même de la loi ?

Que gagnera-t-on ? Une autorité n'est légitime que dans ses bornes ; une municipalité, un juge de paix sont des autorités légitimes, tant qu'elles ne sortent pas de leur compétence. Elles cesseraient néanmoins de l'être, si elles s'arrogeaient le droit de faire des lois. Il faudra donc, dans tous les systèmes, accorder que les individus peuvent faire usage de leur raison, non-seulement pour connaître le caractère des autorités, mais pour juger leurs actes : de là résulte la nécessité d'examiner le contenu aussi bien que la source de la loi.

Remarquez que ceux mêmes qui déclarent l'obéissance implicite aux lois quelles qu'elles soient de devoir rigoureux et absolu, exceptent toujours de cette règle la chose qui les intéresse. Pascal en exceptait la religion ; il ne se soumettait point à l'autorité de la loi civile en matière religieuse, et il brava la persécution par sa désobéissance à cet égard.

L'auteur anglais, que j'ai cité ci-dessus, a établi que la loi seule créait les délits, et que toute action prohibée par la loi devenait un crime. « Un délit, dit-il, est un acte dont il résulte du mal : or, en attachant une peine à une action, la loi fait qu'il en résulte du mal. » A ce compte, la loi peut attacher une peine à ce que je sauve la vie de mon père, à ce que je le livre au bourreau. En sera-ce assez pour faire un délit de la piété filiale ? Et cet exemple, tout horrible qu'il est, n'est pas une vaine hypothèse. N'a-t-on pas vu condamner, au nom de la loi, des pères pour avoir sauvé leurs enfants, des enfants pour avoir secouru leurs pères ?

Bentham se réfute lui-même lorsqu'il parle des délits imaginaires. Si la loi suffisait pour créer les délits, aucun des délits créés par la loi ne serait imaginaire. Tout ce qu'elle aurait déclaré délit serait tel.

L'auteur anglais se sert d'une comparaison très-propre à éclaircir la question. « Certains actes innocents « par eux-mêmes, dit-il, sont rangés parmi les délits, « comme chez certains peuples des aliments sains sont

« considérés comme des poisons. » Ne s'ensuit-il pas
que, de même que l'erreur de ces peuples ne convertit
pas en poison ces aliments salubres, l'erreur de la loi
ne convertit pas en délits les actions innocentes? Il arrive sans cesse que, lorsqu'on parle de la loi abstraite-
ment, on la suppose ce qu'elle doit être; et quand on
s'occupe de ce qu'elle est, on la rencontre tout autre:
de là des contradictions perpétuelles dans les systèmes
et les expressions.

Bentham a été entraîné dans des contradictions de ce
genre par son principe d'utilité.

Il a voulu faire entièrement abstraction de la nature
dans son système de législation, et il n'a pas vu qu'il
ôtait aux lois tout à la fois leur sanction, leur base et
leur limite. Il a été jusqu'à dire que toute action, quelque indifférente qu'elle fût, pouvant être prohibée par
la loi, c'était à la loi que nous devions la liberté de nous
asseoir ou de nous tenir debout, d'entrer ou de sortir,
de manger ou de ne pas manger, parce que la loi pourrait nous l'interdire. Nous devons cette liberté à la loi,
comme le vizir, qui rendait chaque jour grâces à Sa
Hautesse d'avoir encore sa tête sur ses épaules, devait
au sultan de n'être pas décapité; mais la loi qui aurait
prononcé sur ces actions indifférentes n'aurait pas été
une loi, mais un despote.

Le mot de loi est aussi vague que celui de nature: en
abusant de celui-ci, l'on renverse la société; en abusant de l'autre, on la tyrannise. S'il fallait choisir entre
les deux, je dirais que le mot de nature réveille au
moins une idée à peu près la même chez tous les
hommes, tandis que celui de loi peut s'appliquer aux
idées les plus opposées.

Quand, à d'horribles époques, on nous a commandé
le meurtre, la délation, l'espionnage, on ne nous les a

pas commandés au nom de la nature, tout le monde aurait senti qu'il y avait contradiction dans les termes. On nous les a commandés au nom de la loi, et il n'y a plus eu de contradiction.

L'obéissance à la loi est un devoir ; mais, comme tous les devoirs, il n'est pas absolu, il est relatif ; il repose sur la supposition que la loi part d'une source légitime, et se renferme dans de justes bornes. Ce devoir ne cesse pas, lorsque la loi ne s'écarte de cette règle qu'à quelques égards. Nous devons au repos public beaucoup de sacrifices ; nous nous rendrions coupables aux yeux de la morale, si, par un attachement trop inflexible à nos droits, nous troublions la tranquillité, dès qu'on nous semble, au nom de la loi, leur porter atteinte. Mais aucun devoir ne nous lie envers des lois telles que celles que l'on faisait, par exemple, en 1793 ou même plus tard, et dont l'influence corruptrice menace les plus nobles parties de notre existence. Aucun devoir ne nous lierait envers des lois, qui non-seulement restreindraient nos libertés légitimes et s'opposeraient à des actions qu'elles n'auraient pas le droit d'interdire, mais qui nous en commanderaient de contraires aux principes éternels de justice ou de piété, que l'homme ne peut cesser d'observer sans démentir sa nature.

Le publiciste anglais que j'ai réfuté précédemment convient lui-même de cette vérité. « Si la loi, dit-il, « n'est pas ce qu'elle doit être, faut-il lui obéir, faut-il « la violer ? Faut-il rester neutre entre la loi qui ordonne le mal et la morale qui le défend ? Il faut examiner si les maux probables de l'obéissance sont « moindres que les maux probables de la désobéissance. » Il reconnaît ainsi, dans ce passage, les droits du jugement individuel, droits qu'il conteste ailleurs.

La doctrine d'obéissance illimitée à la loi a fait sous la tyrannie, et dans les orages des révolutions, plus de maux, peut-être, que toutes les autres erreurs qui ont égaré les hommes. Les passions les plus exécrables se sont retranchées derrière cette forme, en apparence impassible et impartiale, pour se livrer à tous les excès. Voulez-vous rassembler, sous un seul point de vue, les conséquences de cette doctrine ? Rappelez-vous que les empereurs romains ont fait des lois, que Louis XI a fait des lois, que Richard III a fait des lois, que le Comité de salut public a fait des lois.

Il est donc nécessaire de bien déterminer quels droits le nom de loi, attaché à certains actes, leur donne sur notre obéissance, et, ce qui est encore différent, quels droits il leur donne à notre concours. Il est nécessaire d'indiquer les caractères qui font qu'une loi n'est pas une loi.

La rétroactivité est le premier de ces caractères. Les hommes n'ont consenti aux entraves des lois que pour attacher à leurs actions des conséquences certaines, d'après lesquelles ils pussent se diriger, et choisir la ligne de conduite qu'ils voulaient suivre. La rétroactivité leur ôte cet avantage. Elle rompt la condition du traité social. Elle dérobe le prix du sacrifice qu'elle a imposé.

Un second caractère d'illégalité dans les lois, c'est de prescrire des actions contraires à la morale. Toute loi qui ordonne la délation, la dénonciation, n'est pas une loi ; toute loi portant atteinte à ce penchant qui commande à l'homme de donner un refuge à quiconque lui demande asile n'est pas une loi. Le gouvernement est institué pour surveiller ; il a ses instruments pour accuser, pour poursuivre, pour découvrir, pour livrer, pour punir ; il n'a point le droit de faire retomber sur' l'individu, qui ne remplit aucune mission, ces devoirs nécessaires, mais pénibles. Il doit respecter dans les citoyens cette générosité qui les porte à plaindre et à secourir, sans examen, le faible frappé par le fort.

C'est pour rendre la pitié individuelle inviolable, que nous avons rendu l'autorité publique imposante. Nous avons voulu conserver en nous les sentiments de la sympathie, en chargeant le pouvoir des fonctions sévères qui auraient pu blesser ou flétrir ces sentiments.

Toute loi qui divise les citoyens en classes, qui les punit de ce qui n'a pas dépendu d'eux, qui les rend responsables d'autres actions que les leurs, toute loi pareille n'est pas une loi. Les lois contre les nobles, contre les prêtres, contre les pères des déserteurs, contre les parents des émigrés, n'étaient pas des lois.

Voilà le principe : mais qu'on n'anticipe pas sur les conséquences que j'en tire. Je ne prétends nullement recommander la désobéissance. Qu'elle soit interdite, non par déférence pour l'autorité qui usurpe, mais par ménagement pour les citoyens que des luttes inconsidérées priveraient des avantages de l'état social. Aussi longtemps qu'une loi, bien que mauvaise, ne tend pas à nous dépraver ; aussi longtemps que l'autorité n'exige de nous que des sacrifices qui ne nous rendent ni vils ni féroces, nous y pouvons souscrire. Nous ne transigeons que pour nous. Mais si la loi nous prescrivait, comme elle l'a fait souvent durant des années de troubles, si elle nous prescrivait, dis-je, de fouler aux pieds et nos affections et nos devoirs ; si, sous le prétexte absurde d'un dévouement gigantesque et factice à ce qu'elle appelle tour à tour république ou monarchie,

elle nous interdisait la fidélité à nos·amis malheureux ;
si elle nous commandait la perfidie envers nos alliés, ou
même la persécution envers nos ennemis vaincus : anathème et désobéissance à la rédaction d'injustices et de
crimes ainsi décorée du nom de loi !

IV

DES LOIS D'EXCEPTION.

Nos lois d'exception sont au nombre de quatre : la
suspension de la liberté individuelle, l'arbitraire sur
les journaux, la loi sur la presse et la création des cours
prévôtales [1].

Quand on s'en tient aux lois ordinaires, un détenu
peut être absous, et le ministère est toujours censé
avoir rempli son devoir. L'arrestation n'est qu'un accident inséparable de la condition sociale. Pourvu qu'une
autre condition sociale soit remplie : celle de laisser
vérifier les faits par les tribunaux, l'autorité ne peut

---

1. Avant la révolution on désignait, sous le nom de *cours prévôtales*, des tribunaux spéciaux chargés de punir certains délits, tels
que le vagabondage, le vol sur les grands chemins. Napoléon fit
revivre ces tribunaux exceptionnels pour juger les conscrits réfractaires, les déserteurs, les contrebandiers, les individus soupçonnés
de manœuvres politiques. La restauration établit de nouvelles cours
prévôtales composées de juges pris dans les tribunaux de première
instance et présidées par un officier supérieur de l'armée active.
Les cours prévôtales de la restauration jugeaient, sans appel et avec
rétroactivité, les faits qui pouvaient porter atteinte à la *sûreté publique;* elles siégèrent de 1815 à 1817, et se déshonorèrent en se
faisant les instruments des réactions et des vengeances politiques.
(Note de l'éditeur.)

être blâmée d'avoir voulu que les faits fussent vérifiés.
Mais les détentions arbitraires ont cet inconvénient, pour
l'autorité, que leur réparation même ressemble à un
tort, parce que le public conclut de leur cessation à leur
inutilité.

Pourquoi donc blesser l'opinion par des mesures in-
constitutionnelles quand les lois suffisent ! Bien que la
suspension de la liberté individuelle confère aux ministres le droit d'arrestation sans causes connues, elle ne
leur donne pas celui d'arrestation sans causes réelles.
Or, ces causes réelles doivent être des commencements
de preuves. Pourquoi ne pas soumettre aux tribunaux
ces commencements de preuves? Est-ce pour ne pas avertir les complices ? Mais ils sont avertis par l'arrestation,
sans motifs exprimés, comme ils le seraient par
l'arrestation motivée. Est-ce pour ne pas laisser aux
suspects le moyen d'achever le crime? Mais l'autorité
qui les surveille peut les saisir, avant qu'ils n'aient fait
un pas pour l'exécution. Est-ce pour se dispenser de la
surveillance? Sans doute, on n'a plus besoin d'observer
ceux qu'on enferme. Mais il est beau dans les ministres
de sacrifier leur repos au nôtre, et sûrement ils ne voudraient pas nous enlever notre liberté pour se relâcher
de leur vigilance.

N'est-ce pas, de plus, donner aux gouvernés une dangereuse idée de la faiblesse d'un gouvernement, que de
le leur peindre comme en péril par la liberté précaire
d'un individu déjà suspect, suivi dans ses démarches,
entouré de témoins invisibles, et contre lequel toute la
force sociale est en armes? Croit-on que cet aveu de faiblesse encourage la fidélité? Il invite au contraire, il
sollicite la défection.

« Je ne connais pas les faits particuliers, dira-t-on; je
« ne puis juger du mal que cette loi d'exception a em-

« péché. C'est précisément son existence qui a pu en
« rendre l'application modérée. » Où nous conduit ce
raisonnement? A consacrer les lois d'exception dans toutes les circonstances : dans les temps calmes, parce que
la crainte de ce pouvoir prévient le désordre ; dans les
temps orageux, parce que l'exercice de ce même pouvoir
rétablit le calme. Autant vaut dire que nous ne sortirons
jamais de ces lois, invoquées tour à tour comme précaution et comme remède.

Toutes nos autorités précédentes se sont mal trouvées
de ces voies extra-constitutionnelles ; et un homme dont
l'opinion sur la légitimité n'est pas suspecte, M. de Vil-
lèle, à dit à la tribune que la *légitimité sur le trône ne
pouvait donner seule à nos institutions la force de résister à des causes destructives de tous les gouvernements.*
Or, les lois d'exception sont des causes destructives de
tous les gouvernements. Elles les ont tous perdus jusqu'à ce jour. Il ne faut pas les choisir pour maintenir le
nôtre. La force d'une constitution est dans l'attachement
du peuple. Un peuple ne s'attache à une constitution
que par la jouissance. Il ne croit point à une constitution dont il ne jouit pas.

*
* *

L'on prétend que ce n'est point après une révolution
longue et violente qu'on peut appliquer avec scrupule
les principes constitutionnels, et qu'il faut, à de pareilles
époques, investir le gouvernement d'une puissance discrétionnaire. J'affirme que c'est précisément alors que la
fidélité la plus stricte aux principes constitutionnels est

indispensable, et que toute puissance discrétionnaire
dans les dépositaires de l'autorité est dangereuse; car
c'est alors que les passions étant plus animées, les dénonciations, les calomnies, les impostures sont plus
fréquentes, et que l'examen le plus scrupuleux, le plus
lent, le plus régulier, est nécessaire.

Dans les temps calmes, peu d'hommes ayant à se
plaindre l'un de l'autre, les agents investis de la terrible
prérogative des lois d'exception ne se voient pas cernés
par toutes les haines déguisées, par tous les ressentiments voilés sous le nom du bien public. On peut au
moins espérer alors que les lois d'exception, toujours
fâcheuses, toujours injustes, ne s'appliqueront qu'à des
périls soudains et à des cas extraordinaires. La masse
des citoyens, paisible et unie entre elle, ne paraît pas en
être menacée. Mais après une crise politique, quand tout
le monde est coupable aux yeux de son voisin, quand
il n'est personne qui n'ait eu quelque tort, commis quelque faute, concouru plus ou moins à quelque injustice,
les lois d'exception sont des armes que chacun ambi-
tionne et saisit à son tour.

Contradiction étrange ! presque toujours après les révolutions violentes, on proclame des amnisties, parce
qu'on sent que les lois ordinaires elles-mêmes deviennent
inapplicables. Or, pourquoi le deviennent-elles? parce
que leur application constante et multipliée tiendrait
tous les esprits en alarme ; et c'est dans le moment où
l'on reconnaît cette vérité, dans le moment où l'on dé-
sarme les lois générales, de peur que leur action ne perpétue l'inquiétude qui pousse aux résolutions désespé-
rées : c'est dans un tel moment que l'on institue des lois
extraordinaires, plus rigoureuses, plus alarmantes, plus
vagues ! On proclame une amnistie, parce qu'on ne veut
pas que tous les coupables, même convaincus, soient

punis, et l'on établit des règles de suspicion en vertu desquelles tous les suspects sont menacés. Mais quand il y a vingt mille coupables, il y a deux millions de suspects.

Aussi, voyez ce que disent sur les effets de ces lois leurs défenseurs mêmes. Écoutez le plus éloquent, et j'ajouterai le plus libéral d'entre eux ; car, même en défendant un mauvais système, il a rendu un digne hommage aux principes, et prouvé que son caractère était aussi noble que son esprit est distingué. Écoutez-le, dis-je, quand il décrit les résultats de la loi du 29 octobre (1815) : *Le reste des partis se disputant l'usage du pouvoir discrétionnaire, l'esprit de délation se couvrant du masque du zèle, détruisant toute confiance au sein des familles, sapant avec les fondements de la tranquillité publique et privée ceux de la morale* [1].

Il parlait ainsi, je le sais, d'une loi abrogée. Mais ne jugeons pas les lois d'exception par ce qu'on en dit tant qu'elles subsistent. On ne s'explique publiquement sur leur compte, comme sur celui des rois, qu'après leur mort. Or, voilà ce qu'on dit de chaque loi d'exception, dès l'instant qu'elle est révoquée. Ceux qui vantent la loi d'aujourd'hui s'en vengent sur celle d'hier. N'est-ce pas un préjugé fâcheux pour ces lois que la nécessité de cette tactique ? Elles sont tellement odieuses à la majorité des hommes, que, pour en faire adopter une, il faut commencer par flétrir toutes celles qui l'ont précédée.

* *
*

L'on a prétendu, dans plus d'un libelle, que je n'avais

---

1. Discours de M. Camille Jordan, du 14 janvier 1817. (*Discours de C. Jordan*, Paris, 1826, p. 76.)

invoqué les principes que depuis l'établissement de la monarchie constitutionnelle en France; et que sous la république ou sous l'empire, j'avais été plus indulgent pour les mesures de circonstance.

Voici ce que j'écrivais, sous le directoire, au moment où des commissions militaires étaient encore assemblées pour juger des conspirations vraies ou supposées : car, depuis trente ans, il ne s'est pas écoulé six mois sans qu'on nous ait parlé de conspiration, et cela doit toujours arriver dans un pays où il existe un ministère particulier qui perdrait son importance s'il n'y avait pas de conspirateurs. Dans un tel pays, on ne se contentera pas de sévir contre les complots réels pour sauver l'État; on en inventera pour sauver le ministère.

« Lors de la conspiration de Babeuf, écrivais-je[1], des
« hommes s'irritaient de ce qu'on observait la lenteur
« des formes. Si les conspirateurs avaient triomphé,
« s'écriaient-ils, auraient-ils observé contre nous ces
« formes dilatoires? Et c'est précisément parce qu'ils
« ne les auraient pas observées, que vous devez les ob-
« server. C'est là ce qui vous distingue, c'est là, unique-
« ment là, ce qui vous donne le droit de les punir : c'est
« là ce qui fait d'eux, des ennemis, de vous, des amis de
« l'ordre. Lors de la conspiration du 1er prairial an III[2],
« l'on créa, pour juger les conspirateurs, des commis-
« sions militaires, et les réclamations de quelques hom-
« mes scrupuleux et prévoyants ne furent pas écoutées.
« Ces commissions militaires enfantèrent les conseils
« militaires du 13 vendémiaire an IV. Ces conseils mili-

1. *Des Réactions politiques*, 2º édition, p. 87.
2. On sait que les restes de la faction de Robespierre marchèrent, en mai 1795, contre la convention, et massacrèrent un de ses membres. Ce fut alors que M. Boissy d'Anglas déploya contre l'anarchie le courage qui a commencé à rendre célèbre un nom qu'il n'a pas moins honoré depuis dans la défense de la liberté.

« taires produisirent les commissions militaires de fruc-
« tidor de la même année, et ces dernières ont produit
« les tribunaux militaires du mois de ventôse an V[1]. Je
« ne discute point ici la légalité ni la compétence de ces
« tribunaux. Je veux seulement prouver qu'ils s'autori-
« sent et se perpétuent par l'exemple ; et je voudrais
« qu'on sentît enfin qu'il n'y a, dans l'incalculablé suc-
« cession des circonstances, aucun individu assez privi-
« légié, aucun parti revêtu d'une puissance assez durable
« pour se croire à l'abri de sa propre doctrine, et ne
« pas redouter que l'application de sa théorie ne retombe
« tôt ou tard sur lui. »

Lorsque Bonaparte proposa ses tribunaux spéciaux,
en les faisant appuyer de raisonnements qui nous ont été
reproduits la session dernière, voici encore ce que j'é-
crivais :

« Tribuns, ouvrez, je ne dirai pas seulement les ca-
« hiers des états-généraux de 1789 ; mais toutes les do-
« léances présentées par les assemblées précédentes, à
« chaque époque où elles ont pu faire entendre leur
« faible voix : vous y verrez que la nation entière a tou-
« jours réclamé contre la création de tribunaux diffé-
« rents des tribunaux ordinaires. Cette opinion s'est ma-
« nifestée sans cesse avec une force toujours renaissante,
« que le despotisme a pu comprimer, mais jamais ré-
« duire au silence. C'est l'opinion la plus nationale qui
« ait existé parmi les Français.

1. Des hommes, que l'on appelait terroristes, furent traduits devant les commissions militaires du mois de mai 1795 ; des hommes,
qu'on appelait royalistes, devant les conseils militaires du mois
d'octobre de la même année ; des terroristes devant les tribunaux
militaires du mois de mars suivant ; des royalistes devant les commissions du mois de juillet.
Qui peut nier qu'il n'eût mieux valu, pour tous les partis, s'en
tenir aux tribunaux ordinaires ?

« Tribuns, ouvrez cette grande charte, que, dans
« l'an 1215, les barons anglais firent signer à Jean Sans
« Terre ; vous y lirez, art. 29, ces paroles mémorables :
« *Nul ne sera arrêté, emprisonné, enlevé à son héritage, à*
« *ses facultés, à ses enfants, à sa famille. Nous déclarons*
« *que nous n'attenterons ni à sa personne ni à sa liberté,*
« *qu'il n'ait été légalement jugé par ses pairs ;* et cette
« disposition tutélaire, que le sentiment de l'éternelle
« et imprescriptible justice arrachait à un peuple bar-
« bare, sous le régime de la féodalité, au commencement
« du treizième siècle, serait abjurée par les représentants
« du peuple français, au commencement du dix-neu-
« vième, douze ans après la révolution, et dans la neu-
« vième année de la république [1] ! »

---

1. *Discours sur les tribunaux spéciaux*, prononcé au tribunat le
5 pluviôse, an IX.   (*Benjamin Constant.*)
   Les tribunaux spéciaux ont été très-nombreux sous l'ancienne
monarchie. Après avoir institué les juges royaux et les parlements
pour rendre à tous *exacte et bonne justice*, les rois ne se font point
scrupule de procéder par *voie de justice sommaire*, ou, pour parler
plus justement, par voie d'extermination. Conformément à la théorie monarchique qui faisait résider en eux tous les attributs de la
justice, ils se regardaient comme étant toujours libres de remplacer
les juges ordinaires par des personnages de leur choix : au
moyen âge par le *prévôt de l'hôtel ;* dans les derniers siècles par
des assemblées administratives, par le *grand prévôt de France*,
le *conseil*, les *chambres ardentes*, les *grands jours*. Jacques Cœur
est jugé par le grand conseil ; François Ier livre Chabot, Ponchet,
le chancelier Poyet à des commissions dont il choisit lui-même les
membres. Richelieu érige à l'arsenal une chambre extraordinaire
pour condamner d'office les individus contre lesquels le parlement
ne voulait pas prononcer sans les entendre, et c'est une commission
composée de ses créatures et convoquée chez lui, dans sa maison
de campagne de Rueil, qui condamna à mort le maréchal de Maril-
lac. Voir, sur les tribunaux spéciaux : Beccaria, *des délits et des
peines*, supplément du chap. vii, par Voltaire ; *des commissions ;* —
de la procédure criminelle et de *quelques autres formes*. — Béran-
ger, *de la justice criminelle en France*, tit. Ier, chap. ii.
                                    (*Note de l'éditeur.*)

Je prie le lecteur de croire que si je transcris ainsi des extraits de mes discours et de mes ouvrages antérieurs, ce n'est pas uniquement pour prouver que j'ai défendu toujours les mêmes opinions, mais parce que je crois qu'aujourd'hui, comme alors, ces vérités sont bonnes à dire [1].

1. Les principes posés par Benjamin Constant dans ce chapitre sont irréfutables ; mais il ne semble pas qu'ils doivent être appliqués de sitôt. Il semble que l'état de révolution permanente où nous vivons depuis tantôt un siècle, sans jamais nous corriger, ne nous permet pas de rester dans l'ordre légal. La guerre civile nous ramène à l'état de siége, et la dictature, qui est le résultat fatal de l'anarchie, nous ramène comme en 1851 aux commissions extraordinaires et aux lois de sûreté générale.   (*Note de l'éditeur.*)

TROISIÈME PARTIE

I

DES ASSEMBLÉES REPRÉSENTATIVES.

Aucune liberté ne peut exister, dans un grand pays, sans assemblées représentatives, investies de prérogatives légales et fortes. Mais ces assemblées ne sont pas sans danger; et pour l'intérêt de la liberté même, il faut préparer des moyens infaillibles de prévenir leurs écarts.

Lorsqu'on n'impose point de bornes à l'autorité représentative, les représentants du peuple ne sont point des défenseurs de la liberté, mais des candidats de tyrannie: or, quand la tyrannie est constituée, elle est peut-être d'autant plus affreuse que les tyrans sont plus nombreux. Sous une constitution dont la représentation nationale fait partie, la nation n'est libre que lorsque ses députés ont un frein.

Une assemblée, qui ne peut être réprimée ni contenue, est de toutes les puissances la plus aveugle dans ses mouvements, la plus incalculable dans ses résultats, pour les membres mêmes qui la composent. Elle se précipite dans des excès qui, au premier coup d'œil, sembleraient s'exclure. Une activité indiscrète sur tous les objets, une multiplicité de lois sans mesure[1], le désir de

1. Benjamin Constant revient à diverses reprises sur l'inconvénient de la multiplicité des lois. Voici ce qu'il dit à ce sujet dans un autre de ses ouvrages :

« La multiplicité des lois flatte dans les législateurs deux penchants naturels, le besoin d'agir et le plaisir de se croire nécessaire. Toutes les fois que vous donnez à un homme une vocation spéciale, il aime mieux faire plus que moins. Ceux qui sont chargés d'arrêter les vagabonds sur les grandes routes sont tentés de chercher querelle à tous les voyageurs. Quand les espions n'ont rien découvert, ils inventent. Il suffit de créer dans un pays un ministère qui surveille les conspirateurs, pour qu'on entende parler sans cesse de conspirations. Les législateurs se partagent l'existence humaine, par droit de conquête, comme les généraux d'Alexandre se partageaient le monde. On peut dire que la multiplicité des lois est la maladie des États représentatifs, parce que dans ces États tout se fait par les lois, tandis que l'absence des lois est la maladie des monarchies sans limites, parce que dans ces monarchies tout se fait par les hommes.

« C'est l'imprudente multiplicité des lois qui, à de certaines époques, a jeté de la défaveur sur ce qu'il y a de plus noble, sur la liberté, et fait chercher un asile dans ce qu'il y a de plus misérable et de plus bas, dans la servitude. »

Un jurisconsulte éminent, l'auteur du *Droit administratif*, a également protesté dans un pamphlet qui a fait grand bruit sous le règne de Louis-Philippe, et qui a pour titre *la Légomanie* ·

« Il faut, est-il dit dans ce pamphlet, que la nation française ait naturellement l'esprit bien juste, car on fait tout ce qu'on peut pour le lui fausser. En théorie, rien n'est plus net que la séparation du législatif et de l'exécutif. Presque toujours, chez nous, le règlement fait invasion dans la loi. Nos assemblées révolutionnaires ont, les premières, donné ce mauvais exemple. Encore peut-on les excuser, parce qu'elles cumulaient le gouvernement avec la législature. Aujourd'hui, les Chambres, par méfiance du pouvoir, empiètent sur lui tant de terrain qu'il y a. C'est comme si c'était autant de pris sur l'ennemi ! Elles rongent, elles émiettent sa prérogative ; elles la dévoreraient tout entière, si on les laissait faire ; elles ouvrent du moins la bouche assez grande pour cela. Le ministère plie et cède, sauf à se rabattre d'un autre côté. Quelquefois, il se noie exprès dans les détails, pour qu'on perde de vue le principe. Quelquefois, une foule d'amendements, éclos à l'instant même dans la tête du premier

plaire à la partie passionnée du peuple, en s'abandonnant à son impulsion, ou même en la devançant; le dépit que lui inspire la résistance qu'elle rencontre, ou la censure qu'elle soupçonne; alors l'opposition au sens national, et l'obstination dans l'erreur; tantôt l'esprit de parti, qui ne laisse de choix qu'entre les extrêmes; tantôt l'esprit de corps, qui ne donne de forces que pour usurper; tour à tour la témérité ou l'indécision, la violence ou la fatigue, la complaisance pour un seul, ou la défiance contre tous; l'entraînement par des sensations purement physiques, comme l'enthousiasme ou la

député venu, se lancent dans la tranchée, prennent la loi à la sape et la renversent sur le dos ou sur le flanc. L'amendement est-il bon, eh! qu'importe? N'est-il pas toujours bon, si c'est l'un des nôtres qui le présente? En comprenez-vous la portée? pas le moins du monde! S'agence-t-il avec ce qui précède et ce qui suit? nullement! Celui qui l'a fait, sait-il ce qu'il veut ôter avant de savoir ce qu'il veut mettre? il ne le sait non plus que vous ni moi! Nous donnerez-vous au moins une demi-minute de lecture, une seconde d'examen? non, pas une minute, pas une seconde! Eh! qu'importe, vous dis-je, que vous sachiez ce que c'est que cet amendement, si c'est un des nôtres qui le présente? Aussi, plongez la vue dans notre chaos législatif. Y a-t-il une loi, par exemple, plus surchargée de détails et plus impraticable que la loi sur la garde nationale? En moins de dix ans, on a retouché deux fois à la loi sur le recrutement. On a remanié deux fois aussi la loi sur l'expropriation pour cause d'utilité publique. Que de lacunes, malgré leurs inutilités, dans les lois sur les élections municipales et sur les chemins vicinaux? Est-il possible d'avoir mieux brouillé les compétences qu'on ne l'a fait dans la loi sur l'instruction primaire? les lois relatives à la propriété littéraire, aux faillites, à la réforme judiciaire, au travail des enfants dans les manufactures, à la chasse, aux patentes, à la responsabilité des ministres et de leurs agents, ne laissent absolument rien à désirer sous le rapport des vices du plan, de l'impropriété des termes, de l'inintelligence des amendements, de l'imprévu des conséquences et de l'impuissance de l'exécution. Faut-il ajouter qu'il y a dans toutes ces lois, presque sans exception, une quantité plus considérable qu'on ne le croit de dispositions purement réglementaires que la législature a usurpées par le laisser-aller du gouvernement, et par mauvaise habitude plutôt que par mauvaise intention. »   (*Note de l'éditeur.*)

terreur; l'absence de toute responsabilité morale, la certitude d'échapper par le nombre à la honte de la lâcheté ou au péril de l'audace : tels sont les vices des assemblées, lorsqu'elles ne sont pas renfermées dans des limites qu'elles ne puissent franchir.

Une assemblée dont la puissance est illimitée est plus dangereuse que le peuple. Les hommes réunis en grand nombre ont des mouvements généreux. Ils sont presque toujours vaincus par la pitié ou ramenés par la justice ; mais c'est qu'ils stipulent en leur propre nom. La foule peut sacrifier ses intérêts à ses émotions ; mais les représentants d'un peuple ne sont pas autorisés à lui imposer un tel sacrifice. La nature de leur mission les arrête. La violence d'un rassemblement populaire se combine en eux avec l'impassibilité d'un tribunal, et cette combinaison ne permet d'excès que celui de la rigueur. Ceux qu'on appelle traîtres dans une assemblée sont d'ordinaire ceux qui réclament en faveur des mesures indulgentes. Les hommes implacables, si quelquefois ils sont blâmés, ne sont jamais suspects.

Aristide disait aux Athéniens, rassemblés sur la place publique, que leur salut même serait trop chèrement acheté par une résolution injuste ou perfide. En professant cette doctrine, une assemblée craindrait que ses commettants, qui n'auraient reçu ni du raisonnement l'explication nécessaire, ni de l'éloquence l'impulsion généreuse, ne l'accusassent d'immoler l'intérêt public à l'intérêt privé.

Vainement compterait-on sur la force d'une majorité raisonnable, si cette majorité n'avait pas de garantie dans un pouvoir constitutionnel hors de l'assemblée. Une minorité bien unie, qui a l'avantage de l'attaque, qui effraye ou séduit, argumente ou menace tour à tour, domine tôt ou tard la majorité. La violence réunit les hommes, parce qu'elle les aveugle sur tout ce qui n'est pas leur but général. La modération les divise, parce qu'elle laisse leur esprit ouvert à toutes les considérations partielles.

L'assemblée constituante était composée des hommes les plus estimés, les plus éclairés de la France. Que de fois elle décréta des lois que sa propre raison réprouvait! Il n'existait pas dans l'assemblée législative cent hommes qui voulussent renverser le trône. Elle fut néanmoins, d'un bout à l'autre de sa triste et courte carrière, entraînée dans une direction inverse de ses volontés ou de ses désirs. Les trois quarts de la convention avaient en horreur les crimes qui avaient souillé les premiers jours de la république; et les auteurs de ces crimes, bien qu'en petit nombre dans son sein, ne tardèrent pas à la subjuguer.

Quiconque a parcouru les actes authentiques du parlement d'Angleterre, depuis 1640 jusqu'à sa dispersion par le colonel Pride, avant la mort de Charles Ier, doit être convaincu que les deux tiers de ses membres désiraient ardemment la paix que leurs votes repoussaient sans cesse, et regardaient comme funeste une guerre dont ils proclamaient chaque jour unanimement la nécessité.

Conclura-t-on de ces exemples qu'il ne faut pas d'assemblées représentatives? Mais alors le peuple n'aura plus d'organes, le gouvernement plus d'appui, le crédit public plus de garantie. La nation s'isolera de son chef; les individus s'isoleront de la nation, dont rien ne constatera l'existence. Ce sont les assemblées représentatives qui seules introduisent la vie dans le corps politique. Cette vie a sans doute ses dangers, et nous n'en avons pas affaibli l'image. Mais lorsque, pour s'en affranchir, les gouvernements veulent étouffer l'esprit

12.

national, et y suppléer par du mécanisme, ils apprennent à leurs dépens qu'il y a d'autres dangers contre lesquels l'esprit national est seul une défense, et que le mécanisme le mieux combiné ne peut conjurer.

Il faut donc que les assemblées représentatives subsistent libres, imposantes, animées; mais il faut que leurs écarts puissent être réprimés. Or, la force répressive doit être placée au dehors. Les règles qu'une assemblée s'impose par sa volonté propre sont illusoires et impuissantes. La même majorité, qui consent à s'enchaîner par des formes, brise à son gré ces formes et reprend le pouvoir après l'avoir abdiqué.

Le veto royal, nécessaire pour les lois de détail, est insuffisant contre la tendance générale. Il irrite l'assemblée hostile sans la désarmer. La dissolution de cette assemblée est le remède unique[1].

1. « On peut affirmer à coup sûr que toute assemblée unique, qu'elle soit constituante ou législative, mènera le pays à l'anarchie et à la révolution. Inutile de citer des exemples de cette vérité; il serait, je crois, impossible de citer l'exemple du contraire. Une Chambre unique, ce fut, selon moi, la grosse erreur de la révolution, la source de nos désordres et de nos misères. Ce qui a manqué à nos pères pour fonder la liberté, c'est une seconde Chambre qui maintînt la première, et qui fût maintenue par elle dans le respect de la Constitution et de la volonté nationale. Le pouvoir absolu a enivré et perdu nos législateurs. » M. Laboulaye, *Le Parti libéral*, p. 162.

L'éminent publiciste que nous venons de citer dit encore ailleurs :

« Qu'on le remette à un homme ou à une Assemblée, un pouvoir sans limites et sans responsabilité ne peut être qu'une forme de despotisme. Mais de tous ces régimes, le plus insupportable sera toujours le despotisme bâtard d'une Chambre unique, car du même coup il paralyse le gouvernement et asservit le peuple ; il favorise en même temps l'anarchie et la tyrannie. Si les constituants avaient eu la modestie de consulter l'histoire, ils y auraient trouvé l'exemple du Long-Parlement d'Angleterre et du Congrès de la Confédération américaine, deux assemblées périssant chacune par l'anarchie ; mais l'expérience ne disait rien aux disciples de Rousseau. Ils savaient tout sans avoir rien appris. »

Cette dissolution n'est point, comme on l'a dit, un outrage aux droits du peuple; c'est au contraire, quand les élections sont libres, un appel fait à ses droits en faveur de ses intérêts. Je dis, quand les élections sont libres; car, quand elles ne sont pas libres, il n'y a point de système représentatif.

Entre une assemblée qui s'obstinerait à ne faire aucune loi, à ne pourvoir à aucun besoin, et un gouvernement qui n'aurait pas le droit de la dissoudre, quel moyen d'administration resterait-il? Or, quand un tel moyen ne se trouve pas dans l'organisation politique, les événements le placent dans la force. La force vient toujours à l'appui de la nécessité. Sans la faculté de dissoudre les assemblées représentatives, leur inviolabilité sera toujours une chimère. Elles seront frappées dans leur existence, faute d'une possibilité de renouveler leurs éléments.

*
* *

La constitution de l'an VIII avait interdit la discussion publique dans les assemblées; la charte royale ne l'avait permise qu'avec beaucoup de restrictions, pour l'une des chambres, et avait entouré toutes les délibérations de l'autre d'un mystère qu'aucun motif raisonnable ne pouvait expliquer. Nous sommes revenus à des idées simples. Nous avons senti que l'on ne s'assemblait que dans l'espoir de s'entendre, que pour s'entendre il fallait parler, et que des mandataires n'étaient pas autorisés, sauf quelques exceptions rares et courtes, à disputer à leurs commettants le droit de savoir comment ils traitaient leurs intérêts.

Un article qui paraît d'abord minutieux, et qu'on a blâmé dans la constitution qui va nous régir, contribuera puissamment à ce que les discussions soient utiles. C'est celui qui défend les discours écrits. Il est plus réglementaire que constitutionnel, j'en conviens; mais l'abus de ces discours a eu tant d'influence, et a tellement dénaturé la marche de nos assemblées qu'il est heureux qu'on y porte enfin remède.

Ce n'est que lorsque les orateurs sont obligés de parler d'abondance, qu'une véritable discussion s'engage. Chacun frappé des raisonnements qu'il vient d'entendre est conduit naturellement à les examiner. Ces raisonnements font impression sur son esprit, même à son insu. Il ne peut les bannir de sa mémoire : les idées qu'il a rencontrées s'amalgament avec celles qu'il apporte, les modifient et lui suggèrent des réponses qui présentent les questions sous leurs divers points de vue.

Quand les orateurs se bornent à lire ce qu'ils ont écrit dans le silence de leur cabinet, ils ne discutent plus, ils amplifient ; ils n'écoutent point, car ce qu'ils entendraient ne doit rien changer à ce qu'ils vont dire; ils attendent que celui qu'ils doivent remplacer ait fini; ils n'examinent pas l'opinion qu'il défend, ils comptent le temps qu'il emploie, et qui leur paraît un retard. Alors il n'y a plus de discussion, chacun reproduit des objections déjà réfutées; chacun laisse de côté ce qu'il n'a pas prévu, tout ce qui dérangerait son plaidoyer terminé d'avance. Les orateurs se succèdent sans se rencontrer; s'ils se réfutent, c'est par hasard ; ils ressemblent à deux armées qui défileraient en sens opposé, l'une à côté de l'autre, s'apercevant à peine, évitan

même de se regarder, de peur de sortir de la route irré-
vocablement tracée.

Cet inconvénient d'une discussion qui se compose de
discours écrits n'est ni le seul, ni le plus à craindre ; il
en est un beaucoup plus grave.

Ce qui parmi nous menace le plus et le bon ordre et
la liberté, ce n'est pas l'exagération, ce n'est pas l'erreur, ce n'est pas l'ignorance, bien que toutes ces choses
ne nous manquent pas : c'est le besoin de faire effet. Ce
besoin, qui dégénère en une sorte de fureur, est d'autant plus dangereux qu'il n'a pas sa source dans la nature de l'homme, mais est une création sociale, fruit
tardif et factice d'une vieille civilisation et d'une capitale immense. En conséquence, il ne se modère pas lui-
même, comme toutes les passions naturelles qu'use leur
propre durée. Le sentiment ne l'arrête point, car il n'a
rien de commun avec le sentiment : la raison ne peut
rien contre lui, car il ne s'agit pas d'être convaincu,
mais de convaincre. La fatigue même ne le calme pas ;
car celui qui l'éprouve ne consulte pas ses propres sensations, mais observe celles qu'il produit sur d'autres.
Opinions, éloquence, émotions, tout est moyen, et
l'homme lui-même se métamorphose en un instrument
de sa propre vanité.

Dans une nation tellement disposée, il faut, le plus
qu'il est possible, enlever à la médiocrité l'espoir de
produire un effet quelconque, par des moyens à sa
portée : je dis un effet quelconque, car notre vanité est
humble, en même temps qu'elle est effrénée : elle aspire
à tout, et se contente de peu. A la voir exposer ses prétentions, on la dirait insatiable ; à la voir se repaître
des plus petits succès, on admire sa frugalité.

Appliquons ces vérités à notre sujet. Voulez-vous que
nos assemblées représentatives soient raisonnables ?

Imposez aux hommes qui veulent y briller la nécessité d'avoir du talent. Le grand nombre se réfugiera dans la raison, comme pis aller ; mais si vous ouvrez à ce grand nombre une carrière où chacun puisse faire quelques pas, personne ne voudra se refuser cet avantage. Chacun se donnera son jour d'éloquence et son heure de célébrité. Chacun, pouvant faire un discours écrit ou le commander, prétendra marquer son existence législative, et les assemblées deviendront des académies, avec cette différence, que les harangues académiques y décideront et du sort, et des propriétés, et même de la vie des citoyens.

Je me refuse à citer d'incroyables preuves de ce désir de faire effet aux époques les plus déplorables de notre révolution. J'ai vu des représentants chercher des sujets de discours, pour que leur nom ne fût pas étranger aux grands mouvements qui avaient eu lieu : le sujet trouvé, le discours écrit, le résultat leur était indifférent. En bannissant les discours écrits, nous créerons dans nos assemblées ce qui leur a toujours manqué, cette majorité silencieuse, qui, disciplinée, pour ainsi dire, par la supériorité des hommes de talent, est réduite à les écouter faute de pouvoir parler à leur place ; qui s'éclaire, parce qu'elle est condamnée à être modeste, et qui devient raisonnable en se taisant[1].

La présence des ministres dans les assemblées achè-

---

1. En Angleterre, l'usage parlementaire défend les discours écrits ; il est seulement permis de consulter des notes pour aider la mémoire. Ce n'est pas le seul emprunt qu'il serait désirable de faire au parlement anglais ; rien n'est plus sage que les mesures établies pour que les débats ne s'écartent point de la convenance et de la vérité. On peut consulter à ce sujet le savant traité de Thomas Erskine May : *A practical treatise of the Law, Privileges, Proceedings, and Usage of Parliament*, London, 1859, chap. XI.

(*Note de M. Laboulaye.*)

vera de donner aux discussions le caractère qu'elles doivent prendre. Les ministres discuteront eux-mêmes les décrets nécessaires à l'administration ; ils apporteront des connaissances de fait que l'exercice seul du gouvernement peut donner. L'opposition ne paraîtra pas une hostilité, la persistance ne dégénérera pas en obstination. Le gouvernement, cédant aux objections raisonnables, amendera les propositions sanctionnées, expliquera les rédactions obscures. L'autorité pourra, sans être compromise, rendre un juste hommage à la raison, et se défendre elle-même par les armes du raisonnement.

Toutefois nos assemblées n'atteindront le degré de perfection, dont le système représentatif est susceptible, que lorsque les ministres, au lieu d'y assister comme ministres, en seront membres eux-mêmes par l'élection nationale. C'était une grande erreur de nos constitutions précédentes, que cette incompatibilité établie entre le ministère et la représentation.

Lorsque les représentants du peuple ne peuvent jamais participer au pouvoir, il est à craindre qu'ils ne le regardent comme leur ennemi naturel. Si au contraire les ministres peuvent être pris dans le sein des assemblées, les ambitieux ne dirigeront leurs efforts que contre les hommes, et respecteront l'institution. Les attaques ne portant que sur les individus seront moins dangereuses pour l'ensemble. Nul ne voudra briser un instrument dont il pourra conquérir l'usage, et tel qui chercherait à diminuer la force du pouvoir exécutif, si cette force devait toujours lui rester étrangère, la ménagera, si elle peut devenir un jour sa propriété.

Nous en voyons l'exemple en Angleterre. Les ennemis du ministère contemplent dans son pouvoir leur force et leur autorité future ; l'opposition épargne les prérogatives du gouvernement comme son héritage, et respecte ses moyens à venir dans ses adversaires présents. C'est un grand vice, dans une constitution, que d'être placée entre les partis, de manière que l'un ne puisse arriver à l'autre qu'à travers la constitution. C'est cependant ce qui a lieu, lorsque le pouvoir exécutif, mis hors la portée des législateurs, est pour eux toujours un obstacle et jamais une espérance.

On ne peut se flatter d'exclure les factions d'une organisation politique, où l'on veut conserver les avantages de la liberté. Il faut donc travailler à rendre ces factions les plus innocentes qu'il est possible, et comme elles doivent quelquefois être victorieuses, il faut d'avance prévenir ou adoucir les inconvénients de leur victoire.

Quand les ministres sont membres des assemblées, ils sont plus facilement attaqués, s'ils sont coupables ; car sans qu'il soit besoin de les dénoncer, il suffit de leur répondre : ils se disculpent aussi plus facilement, s'ils sont innocents, puisqu'à chaque instant ils peuvent expliquer et motiver leur conduite.

En réunissant les individus, sans cesser de distinguer les pouvoirs, on constitue un gouvernement en harmonie, au lieu de créer deux camps sous les armes.

II

DES ÉLECTIONS ET DU SUFFRAGE POPULAIRE.

Les deux plus grands publicistes des temps modernes, Machiavel et Montesquieu, attestent l'un et l'autre l'admirable instinct du peuple pour choisir ses organes et ses défenseurs[1]. Mais, dans l'histoire des dix années qui viennent de s'écouler, quelques faits paraissent flétrir l'élection populaire; et, trompés par ces apparences, des écrivains qui se disent amis d'une sage liberté prétendent que le peuple est incapable de faire de bons choix, et que ses mandataires, pour première condition, doivent n'être pas nommés par lui.

Deux causes ont contribué en France à cette déviation de la pratique de toutes les nations libres et des principes de tous les temps. La première, c'est que l'élec-

1. Bien que les pages ci-dessus se rapportent à des régimes entièrement différents de celui auquel nous sommes soumis, nous avons cependant pensé qu'il était utile et intéressant de les reproduire, d'abord parce qu'elles font connaître les institutions de la république, de l'empire et des premières années de la restauration, ensuite parce qu'elles renferment des idées très-justes que les gouvernements et les électeurs du suffrage universel peuvent étudier avec grand profit.   (*Note de l'éditeur.*)

tion populaire, proprement dite, n'a jamais existé parmi nous.

Dès l'introduction de la représentation dans nos institutions politiques, l'on a redouté l'intervention du peuple, l'on a créé des assemblées électorales, et ces assemblées électorales ont dénaturé les effets de l'élection. Les gouvernements dans lesquels le peuple est de quelque chose seraient le triomphe de la médiocrité sans une sorte d'électricité morale, dont la nature a doué les hommes comme pour assurer la domination du génie. Plus les assemblées sont nombreuses, plus cette électricité est puissante ; et comme, lorsqu'il est question d'élire, il est utile qu'elle dirige les choix, les assemblées chargées de la nomination des représentants du peuple doivent être aussi nombreuses que cela est compatible avec le bon ordre. En Angleterre, les candidats, du haut d'une tribune, au milieu d'une place publique, ou d'une plaine couverte de peuple, haranguent les électeurs qui les environnent. Dans nos assemblées électorales, le nombre était restreint, les formes sévères, un silence rigoureux était prescrit. Aucune question ne se présentait qui pût remuer les âmes et subjuguer momentanément les prétentions individuelles et l'égoïsme de localité. Nul entraînement n'était possible. Or, les hommes vulgaires ne sont justes que lorsqu'ils sont entraînés ; ils ne sont entraînés que lorsque, réunis en foule, ils agissent et réagissent les uns sur les autres. Les assemblées électorales favorisaient, par leur organisation, l'envie et la nullité[1]. Sans doute on a toujours

1. Les collèges électoraux établis par Bonaparte avaient tous les inconvénients des anciennes assemblées électorales, et n'avaient pas même le faible avantage d'être émanés comme elles d'une source populaire. Ces assemblées, créées à l'instant où les nominations devaient avoir lieu, pouvaient être considérées comme représentant

vu siéger, dans nos législatures, des individus éclairés ;
mais il faut convenir néanmoins qu'il s'y est introduit
beaucoup d'hommes qui, n'ayant ni propriétés, ni facultés éminentes, n'auraient jamais obtenu, par un
mode d'élection vraiment populaire, les suffrages de la
nation. On n'attire les regards de plusieurs milliers de
citoyens que par une grande opulence ou par une réputation étendue. Quelques relations domestiques accapa-
rent une majorité dans une réunion de deux à trois cents.
Pour être nommé par le peuple, il faut avoir des partisans placés au-delà des alentours ordinaires, et par
conséquent un mérite positif. Pour être choisi par quelques électeurs, il suffit de n'avoir point d'ennemis. L'a-
vantage est tout entier pour les qualités négatives, et la
chance est même contre le talent. Aussi la représentation nationale, parmi nous, a-t-elle été souvent moins
avancée que l'opinion sur beaucoup d'objets.

Il faut d'ailleurs, pour que l'élection soit populaire,
qu'elle soit essentiellement libre. Or, à quelle époque
l'a-t-elle été durant la révolution ? Est-ce à la fin de
1791, lorsque la France était agitée par des passions de
tous genres ? Est-ce à la fin de 1792, après les massacres de septembre ! Est-ce en 1795, après la journée du
13 vendémiaire ? Est ce en 1799, après le 18 fructidor ?
Est-ce en l'an VII, lorsqu'un acte arbitraire avait frappé
de nullité l'exercice des droits du peuple, et que les citoyens de tous les partis refusaient de concourir à des

---

d'une manière plus ou moins exacte l'opinion de leurs commettants.
Cette opinion, au contraire, ne pouvait pénétrer dans les colléges
électoraux que lentement et partiellement. Elle n'y était jamais en
majorité ; et, quand elle devenait celle du collége, elle avait cessé
le plus souvent d'être celle du peuple. Je ne puis m'empêcher de
remarquer que je publiais ce blâme des colléges électoraux au moment où Bonaparte venait de les rétablir dans son acte additionnel,
dont on a voulu rejeter sur moi la responsabilité tout entière.

élections menacées du même sort[1]? Qui ne sent que
les premiers essais d'une institution peuvent être accom-
pagnés de troubles étrangers à l'institution même? Le
renversement de ce qui a existé, l'incertitude sur ce qui
existe, les passions qui s'agitent en sens opposés, toutes
ces choses sont d'ordinaire contemporaines des grands

---

1. On peut se demander aussi à quel moment, depuis l'an VII,
les élections ont été libres? à quel moment on est resté dans la vérité du gouvernement représentatif? On ne connaît que trop a quels
abus a donné lieu, sous la restauration et le gouvernement de juillet,
le régime censitaire; ces abus disparaissent-ils avec le suffrage universel? L'expérience que nous avons faite depuis vingt ans de ce
système nous permet à peine de l'espérer. Le gouvernement issu
du peuple a eu ses candidats comme le gouvernement monarchique;
l'opposition a eu les siens, et des deux côtés, il faut bien en convenir, au lieu d'éclairer le peuple, de lui rappeler ses devoirs tout
en lui parlant de ses droits, de le ramener au sentiment de sa dignité et de son indépendance, on s'est attaché à faire triompher, par
des moyens plus ou moins réguliers, des hommes de parti, des
ambitions personnelles, des dévouements serviles, et ce n'est pas
sans raison qu'on a pu écrire à propos des candidatures officielles :
« L'Empereur dit : Je n'ai à vous dire que ce que vous dit la
nation.
« Le ministre de l'intérieur dit : Je n'ai à vous dire que ce que
dit l'Empereur.
« Le préfet dit : Je n'ai à vous dire que ce que dit le ministre.
« Le candidat dit : Je n'ai à vous dire que ce que dit le préfet. »
Et ce n'est pas non plus sans raison qu'on a pu écrire à propos
des candidats qui n'étaient point ceux du gouvernement :
« L'opposition avait la main belle dans les grandes villes ; elle
exploitait l'ignorance et les passions tumultueuses de la multitude
ouvrière, bien entendu au profit seul des meneurs bourgeois, let-
trés et bacheliers, et, si adroitement fût-elle que depuis que la souveraineté du peuple est l'objet de tant et de si profonds hommages,
pas un membre de cette souveraineté, pas un homme du peuple n'a
pu venir se clouer et s'adapter sur le siége le plus modeste du parlement où se débattent et se reglent ses droits politiques et ses plus
chers intérêts. » Nul ne peut prévoir ce que le suffrage universel pro-
duira dans l'avenir, mais quand on voit combien il est facile aux
gouvernements comme aux gouvernés, à l'administration comme à
l'opposition la plus radicale, de s'emparer de l'esprit des masses et
de les faire tourner à leur gré, on peut s'attendre à toutes les sur-
prises.   (*Note de l'éditeur.*)

changements politiques chez les peuples avancés dans la civilisation, mais ne tiennent en rien aux principes ou à la nature de ce qu'on veut établir.

La seconde cause de nos défiances actuelles contre l'élection directe, c'est qu'aucune de nos constitutions n'avait assigné de bornes au pouvoir législatif. La souveraineté du peuple, absolue, illimitée, avait été transmise par la nation, ou du moins en son nom, comme c'est l'ordinaire, par ceux qui la dominaient, à des assemblées représentatives; il dut en résulter l'arbitraire le plus inouï. La constitution[1], qui, la première, mit un terme à ce despotisme, ne restreignait pas encore suffisamment le pouvoir législatif. Elle ne consacrait ni l'indispensable veto du pouvoir royal, ni la possibilité non moins indispensable de la dissolution des assemblées représentatives; elle ne garantissait pas même, comme certaines constitutions américaines[2], les droits les plus sacrés des individus, contre les empiétements des législateurs. Doit-on s'étonner que le pouvoir législatif ait continué de faire du mal? L'on s'en est pris à l'élection directe; c'était une méprise profonde. Il n'en fallait point accuser le mode de nomination des législateurs, mais la nature de leur autorité. La faute n'en était pas aux choix faits par les représentés, mais aux pouvoirs sans frein des représentants. Le mal n'aurait pas été moins grand, quand les mandataires de la nation se seraient nommés eux-mêmes, ou quand ils auraient été nommés par une corporation constituée quelconque. Ce mal tenait à ce que leur volonté, décorée du nom de loi, n'était contrebalancée, réprimée, arrêtée par rien. Quand

1. La constitution dite de l'an III.
2. Les membres de la législature de New-Jersey font serment de ne pas voter contre les élections périodiques, le jugement par jurés, la liberté de conscience, et celle de la presse.

l'autorité législative s'étend à tout, elle ne peut faire que du mal, de quelque manière qu'elle soit nommée.

Les faits ne prouvent donc rien contre l'élection directe. Comparons-lui maintenant les modes d'élection qu'on a prétendu lui substituer; et nous reviendrons aux raisonnements allégués contre elle pour justifier ces modes.

La constitution consulaire en a établi deux successivement.

Je ne parlerai qu'en passant du premier, je veux dire de l'institution des listes d'éligibles. Cette institution, repoussée par l'opinion dès son origine, n'a pas résisté longtemps à cette puissance, qui cède quelquefois momentanément aux baïonnettes, mais qui finit toujours par avoir les baïonnettes de son côté. L'on ne voit plus aujourd'hui une nation de trente millions d'hommes, livrée à cinq mille privilégiés de création soudaine, autorisés seuls à remplir toutes les fonctions éminentes de leur pays. Il faut en convenir, c'était une idée bizarre que d'ordonner au peuple, incapable, assurait-on, de faire des choix éclairés, même en consacrant à ces choix son attention la plus réfléchie; c'était, dis-je, une idée bizarre que d'ordonner à un peuple de tracer d'une main rapide une foule de noms, dont il ignorait le plus grand nombre, et de vouloir que, par cette nomenclature mécanique, sans rien accorder à ceux qu'il désignait, il déshéritât ceux qu'il oubliait ou qu'il ne connaissait pas [1].

---

1. D'après la constitution à laquelle l'auteur fait ici allusion, tout Français âgé de 21 ans concourait à la formation d'une *liste communale* de citoyens parmi lesquels le premier consul choisissait les fonctionnaires de l'arrondissement. Il désignait ensuite un électeur sur dix pour dresser une liste départementale sur laquelle étaient choisis les fonctionnaires du département; ces fonction-

Enfin, elle fut détruite, cette oligarchie, plus resserrée en nombre, plus dénuée d'éclat, que les aristocraties les plus abusives ; cette oligarchie, dont les membres n'avaient pour eux ni les grands souvenirs des nobles de la France ou de l'Espagne, ni les fonctions positives des pairs d'Angleterre, ni la considération des patriciens de Venise ou de la Suisse.

Le principe de la notabilité, qui, comme on le verra, n'a pas été abandonné jusqu'ici, reposait sur une erreur spécieuse. Il importe à la liberté, disait-on, que les hommes impopulaires n'arrivent pas aux places, et il importe à l'ordre que les factieux ne s'en emparent pas ; on avait, en conséquence, exposé les amis du gouvernement à se voir exclus par le peuple, et les amis du peuple à se voir écartés par le gouvernement. Mais ce n'est point un mal que le gouvernement donne sa confiance à des hommes impopulaires, quand ils sont intègres et scrupuleux, pourvu que la liberté soit d'ailleurs entourée de sauvegardes ; et ce n'est pas un mal non plus que le peuple puisse remettre ses intérêts aux caractères indépendants, lorsque la constitution est du reste solidement organisée. Ce ne sont pas les talents qu'il faut exclure, même quand on les croit dangereux ; ce sont les intérêts qu'il faut concilier, et les garanties qu'il faut rendre inviolables. Par la notabilité, sans doute, les Scipions, à Rome, n'auraient pas été du nombre des éligibles, ni les Gracques, de celui des élus ; mais qu'on ne pense pas que la paix y eût gagné ; les dissensions civiles n'avaient, pour première cause, ni la fierté des Scipions, ni la turbulence des Gracques, mais les intérêts opposés de deux classes ennemies, en l'absence de tout pouvoir

naires désignaient à leur tour un dixième d'entre eux, et ceux qui faisaient partie de ce dixième formaient une *liste nationale*, où le Sénat choisissait les députés.   (*Note de l'éditeur.*)

intermédiaire qui pût les calmer. Avec moins de talents ou d'éloquence, les champions des deux castes n'en auraient pas eu moins d'acharnement. .

Les partisans de la notabilité croyaient jeter une grande défaveur sur leurs adversaires, en les accusant de ne s'élever contre cette féodalité nouvelle que parce qu'ils craignaient de n'en pas être membres. Mais, quand nous admettrions pour un instant qu'un intérêt ignoble préside toujours aux réclamations des hommes, en faudrait-il moins respecter les réclamations fondées ? Les plébéiens, peut-être, ne luttaient contre les patriciens, qui traitaient leurs débiteurs comme des esclaves, que parce qu'ils n'étaient pas patriciens eux-mêmes. Les Ilotes se plaignaient probablement des Spartiates, parce qu'ils ne faisaient point partie de cette caste favorisée. Mais leurs plaintes en étaient-elles moins justes ? Et qui donc osera prétendre que les opprimés ne réclament que faute d'être au nombre des oppresseurs ! C'est calomnier la nature humaine, dont une partie nombreuse, et la plus excellente, s'indigne des abus, lors même qu'ils tournent à son avantage, et ne veut ni souffrir l'injustice, ni la partager.

Le mode substitué aux listes d'éligibles, et qui a subsisté jusqu'à présent, n'a en rien changé la base de l'élection [1]. C'est toujours un sénat qui nomme et une nation qui ne nomme pas.

Les collèges électoraux présentent des listes ; mais comment sont-ils organisés, ces collèges, et quelle liberté leur est laissée ?

Ils sont présidés par un homme dont la nomination

1. Au moment où j'écrivais (en 1814), la Chambre des députés, ou, pour mieux dire, l'Assemblée qui devint la Chambre des députés après la promulgation de la Charte, était composée d'hommes élus, sous Bonaparte, par le Sénat.

ne leur appartient pas[1], et qui a la police de leurs assemblées ; ils sont dirigés dans tous leurs actes par des
règlements émanés d'une volonté étrangère ; ils sont
choisis pour la vie, et néanmoins exposés à être dissous ;
ils sont obligés de recevoir un dixième environ d'intrus,
envoyés comme une garnison dans une place qu'on veut
contenir. Ces colléges offrent-ils la moindre trace d'une
origine nationale ? Permettent-ils la moindre espérance
de liberté dans leur action ? Quand on contemplait ces
deux cents hommes rassemblés dans une salle, et sur-
veillés par vingt délégués du maître, on croyait voir des
prisonniers gardés par des gendarmes, plutôt que des
électeurs procédant à la fonction la plus imposante et la
plus auguste.

Venons à la seconde partie de l'élection, ou plutôt à
l'élection même qui se fait par le sénat.

Pour en juger impartialement, je citerai les propres
paroles du défenseur le plus estimable de cette institution[2].

« Le peuple, dit-il, est absolument incapable d'ap-
« proprier aux diverses parties de l'établissement pu-
« blic les hommes dont le caractère et les talents con-
« viennent le mieux ; il ne doit faire directement aucun
« choix : les corps électoraux doivent être institués, non
« point à la base, mais au sommet de l'établissement ;
« les choix doivent partir, non d'en bas, où ils se font
« toujours nécessairement mal, mais d'en haut, où ils
« se feront nécessairement bien ; car les électeurs[3] au-

---

1. Je suis fâché de dire que cet inconvénient a encore lieu dans
notre loi sur les élections.

[Cet abus ne fut détruit qu'après 1830.] (*Note de M. Laboulaye.*)

2. Considérations sur la Constitution de l'an VIII, par M. le sé-
nateur Cabanis.

3. C'est-à-dire le Sénat, nommé par l'empereur.

(*Note de M. Laboulaye.*)

« ront toujours le plus grand intérêt au maintien de
« l'ordre et à celui de la liberté publique, à la stabilité
« des institutions et au progrès des idées, à la fixité des
« bons principes et à l'amélioration graduelle des lois
« de l'administration. Quand les nominations des fonc-
« tionnaires, pour désignation spéciale de fonctions, se
« font par le peuple, les choix sont en général essentiel-
« lement mauvais[1]. S'il s'agit de magistratures émi-
« nentes, les corps électoraux inférieurs choisissent
« eux-mêmes assez mal. Ce n'est plus alors que par une
« espèce de hasard que quelques hommes de mérite s'y
« trouvent de temps en temps appelés. Les nominations
« au corps législatif, par exemple, ne peuvent être con-
« venablement faites que par des hommes qui connais-
« sent bien l'objet ou le but général de toute législation,
« qui soient très au fait de l'état présent des affaires et
« des esprits, qui puissent, en parcourant de l'œil toutes
« les divisions de territoire, y désigner d'une main sûre
« l'élite des talents, des vertus et des lumières. Quand
« un peuple nomme ses mandataires principaux sans
« intermédiaire, et qu'il est nombreux et disséminé sur
« un vaste territoire, cette opération l'oblige inévita-
« blement à se diviser en sections : ces sections sont pla-
« cées à des distances qui ne leur permettent ni com-
« munication, ni accord réciproque. Il en résulte des
« choix sectionnaires. Il faut chercher l'unité des élec-
« tions dans l'unité du pouvoir électoral. »

---

1. Je ne puis m'empêcher de rapprocher de cette assertion le
sentiment de Machiavel et de Montesquieu, bien que je l'aie déjà
indiqué précédemment. Les hommes, dit le premier, quoique sujets
à se tromper sur le général, ne se trompent pas sur le particulier.
Le peuple est admirable, dit le second, pour choisir ceux à qui il
doit confier une partie de son autorité ; et tout le reste du paragraphe démontre que Montesquieu a en vue une désignation spéciale, une fonction déterminée.

Ces raisonnements reposent sur une idée très-exagé-
rée de l'intérêt général, du but général, de la législation
générale, de toutes les choses auxquelles cette épithète
s'applique. Qu'est-ce que l'intérêt général, sinon la transaction qui s'opère entre les intérêts particuliers? Qu'est-
ce que la représentation générale, sinon la représentation de tous les intérêts partiels qui doivent transiger
sur les objets qui leur sont communs? L'intérêt général
est distinct sans doute des intérêts particuliers, mais il
ne leur est point contraire. On parle toujours comme si
l'un gagnait à ce que les autres perdent; il n'est que le
résultat de ces intérêts combinés; il ne diffère d'eux que
comme un corps diffère de ses parties. Les intérêts individuels sont ce qui intéresse le plus les individus; les
intérêts sectionnaires ce qui intéresse le plus les sections : or, ce sont les individus, ce sont les sections qui
composent le corps politique; ce sont par conséquent
les intérêts de ces individus et de ces sections qui doivent être protégés: si on les protége tous, l'on retran-
chera, par cela même, de chacun ce qu'il contiendra de
nuisible aux autres; et de là seulement peut résulter le
véritable intérêt public. Cet intérêt public n'est autre
chose que les intérêts individuels, mis réciproquement
hors d'état de se nuire[1]. Cent députés, nommés par cent
sections d'un État, apportent dans le sein de l'assemblée
les intérêts particuliers, les préventions locales de leurs
commettants; cette base leur est utile : forcés de délibérer ensemble, ils s'aperçoivent bientôt des sacrifices respectifs qui sont indispensables; ils s'efforcent de diminuer

---

1. Cette idée si juste est une de celles que l'on comprend le moins
en France. On fait un intérêt général qui n'est que la mutilation ou
la destruction de tous les intérêts particuliers, et c'est à cette abstraction qu'on sacrifie toutes les forces vives du pays.

(Note de M. Laboulaye.)

l'étendue de ces sacrifices, et c'est l'un des grands avantages de leur mode de nomination. La nécessité finit toujours par les réunir dans une transaction commune ; et plus les choix ont été sectionnaires, plus la représentation atteint son but général. Si vous renversez la gradation naturelle, si vous placez le corps électoral au sommet de l'édifice, ceux qu'il nomme se trouvent appelés à prononcer sur un intérêt public dont ils ne connaissent pas les éléments ; vous les chargez de transiger pour des parties dont ils ignorent ou dont ils dédaignent les besoins. Il est bon que le représentant d'une section soit l'organe de cette section ; qu'il n'abandonne aucun de ses droits réels ou imaginaires qu'après les avoir défendus ; qu'il soit partial pour la section dont il est le mandataire, parce que, si chacun est partial pour ses commettants, la partialité de chacun, réunie et conciliée, aura les avantages de l'impartialité de tous.

Les assemblées, quelque sectionnaire que puisse être leur composition, n'ont que trop de penchant à contracter un esprit de corps qui les isole de la nation. Placés dans la capitale, loin de la portion du peuple qui les a nommés, les représentants perdent de vue les usages, les besoins, la manière d'être du département qu'ils représentent ; ils deviennent dédaigneux et prodigues de ces choses : que sera-ce si ces organes des besoins publics sont affranchis de toute responsabilité locale[1], mis pour jamais au-dessus des suffrages de leurs concitoyens, et choisis par un corps placé, comme on le veut, au sommet de l'édifice constitutionnel ?

Plus un État est grand, et l'autorité centrale forte, plus un corps électoral unique est inadmissible, et l'élection

---

1. L'on sent bien qu'ici, par le mot de responsabilité, je n'entends point une responsabilité légale, mais une responsabilité d'opinion.

directe indispensable. Une peuplade de cent mille hommes pourrait investir un sénat du droit de nommer ses députés ; des républiques fédératives le pourraient encore : leur administration intérieure ne courrait au moins pas de risques. Mais dans tout gouvernement qui tend à l'unité, priver les fractions de l'État d'interprètes nommés par elle, c'est créer des corporations délibérant dans le vague, et concluant de leur indifférence pour les intérêts particuliers à leur dévouement pour l'intérêt général.

Ce n'est pas le seul inconvénient de la nomination des mandataires du peuple par un sénat.

Ce mode détruit d'abord un des plus grands avantages du gouvernement représentatif, qui est d'établir des relations fréquentes entre les diverses classes de la société. Cet avantage ne peut résulter que de l'élection directe [1]. C'est cette élection qui nécessite, de la part des classes puissantes, des ménagements soutenus envers les classes inférieures. Elle force la richesse à dissimuler son arrogance, le pouvoir à modérer son action, en plaçant dans le suffrage de la partie la moins opulente des propriétaires une récompense pour la justice et pour la bonté, un châtiment contre l'oppression. Il ne faut pas renoncer légèrement à ce moyen journalier de bonheur et d'harmonie, ni dédaigner ce motif de bienfaisance qui peut d'abord n'être qu'un calcul, mais qui bientôt devient une vertu d'habitude [2].

1. Je dois observer que cette considération milite également avec force contre l'idée de confier l'élection aux plus imposés de chaque département.

2. On objectera, peut-être, qu'en accordant, comme je le fais plus loin, les droits politiques aux propriétaires seuls, je diminue cet avantage du système représentatif. Mais, 1° j'accorde ces droits politiques aux possesseurs de propriétés tellement modiques, qu'ils seront toujours, malgré leurs propriétés, dans une dépendance sinon

L'on se plaint de ce que les richesses se concentrent dans la capitale, et de ce que les campagnes sont épuisées par le tribut continuel qu'elles y portent et qui ne leur revient jamais. L'élection directe repousse les propriétaires vers les propriétés, dont sans elle ils s'éloignent. Lorsqu'ils n'ont que faire des suffrages du peuple, leur calcul se borne à retirer de leurs terres le produit le plus élevé. L'élection directe leur suggère un calcul plus noble, et bien plus utile à ceux qui vivent sous leur dépendance. Sans l'élection populaire, ils n'ont besoin que de crédit, et ce besoin les rassemble autour de l'autorité centrale. L'élection populaire leur donne le besoin de la popularité, et les reporte vers sa source, en fixant les racines de leur existence politique dans leurs possessions[1].

L'on a vanté quelquefois les bienfaits de la féodalité, qui retenait le seigneur au milieu de ses vassaux, et répartissait également l'opulence entre toutes les parties du territoire. L'élection populaire a le même effet désirable, sans entraîner les mêmes abus.

On parle sans cesse d'encourager, d'honorer l'agricul-

---

absolue, du moins relative, des classes opulentes. 2º Il n'y a pas entre les petits propriétaires et les non-propriétaires une ligne de démarcation telle, que le riche puisse se concilier les premiers en opprimant les seconds. Les non-propriétaires, les artisans dans les bourgs et les villages, les journaliers dans les hameaux, sont tous parents des propriétaires. Ils feraient cause commune contre l'oppresseur. Il est donc nécessaire de les ménager tous, pour obtenir les suffrages de ceux qui auront le droit de voter : et de la sorte, la propriété se trouvera respectée, et les égards dus à l'indigence acquerront une garantie.

1. Ce raisonnement n'aurait pas moins de force, si, dans une monarchie constitutionnelle, on confiait au roi le choix définitif entre les candidats présentés ; et il y aurait un autre danger dans ce mode qui avait été proposé au comité de constitution en 1814. Si le candidat choisi par le roi désapprouvait quelque mesure du gouvernement, il se trouverait placé entre un devoir moral et un devoir politique, entre la reconnaissance et l'intérêt public.

ture et le travail. L'on essaye des primes que distribue le caprice, des décorations que l'opinion conteste. Il serait plus simple de donner de l'importance aux classes agricoles; mais cette importance ne se crée point par des décrets. La base en doit être placée dans l'intérêt de toutes les espérances à la reconnaître, de toutes les ambitions à la ménager.

En second lieu, la nomination par le sénat aux fonctions représentatives tend à corrompre ou du moins à affaiblir le caractère des aspirants à ces fonctions éminentes.

Quelque défaveur que l'on jette sur la brigue, sur les efforts dont on a besoin pour captiver une multitude, ces choses ont des effets moins fâcheux que les tentatives détournées qui sont nécessaires pour se concilier un pétit nombre d'hommes en pouvoir.

« La brigue, dit Montesquieu, est dangereuse dans un « sénat, elle est dangereuse dans un corps de nobles; « elle ne l'est pas dans le peuple, dont la nature est « d'agir par passion [1]. »

Ce que l'on fait pour entraîner une réunion nombreuse doit paraître au grand jour, et la pudeur modère les actions publiques; mais, lorsqu'on s'incline devant quelques hommes que l'on implore isolément, on se prosterne à l'ombre, et les individus puissants ne sont que trop portés à jouir de l'humilité des prières et supplications obséquieuses.

Il y a des époques où l'on redoute tout ce qui ressemble à de l'énergie : c'est quand, les constitutions étant mal assises, la tyrannie veut s'établir, et que la servitude croit encore en profiter. Alors on vante la douceur, la souplesse, les talents occultes, les qualités privées; mais

1, *Esprit des Lois*, II, 2, 3.

ce sont des époques d'affaiblissement moral. Que les talents occultes se fassent connaître ; que les qualités privées trouvent leur récompense dans le bonheur domestique; que la souplesse et la douceur obtiennent les faveurs des grands : aux hommes qui commandent l'attention, qui attirent le respect, qui ont acquis des droits à l'estime, à la confiance, à la reconnaissance du peuple, appartiennent les choix de ce peuple; et ces hommes plus énergiques seront aussi plus modérés.

On se figure toujours la médiocrité comme paisible ; elle n'est paisible que lorsqu'elle est impuissante. Quand le hasard réunit beaucoup d'hommes médiocres et les investit de quelque force, leur médiocrité est plus agitée, plus envieuse, plus convulsive dans sa marche que le talent, même lorsque les passions l'égarent. Les lumières calment les passions, elles adoucissent l'égoïsme en rassurant la vanité.

Revenons-en donc à l'élection directe.

Témoin des désordres apparents qui agitent en Angleterre les élections contestées, j'ai vu combien le tableau de ces désordres est exagéré. J'ai vu sans doute des élections accompagnées de rixes, de clameurs, de disputes violentes ; mais le choix n'en portait pas moins sur des hommes distingués ou par leurs talents, ou par leur fortune : et, l'élection finie, tout rentrait dans la règle accoutumée. Les électeurs de la classe inférieure, naguère obstinés et turbulents, redevenaient laborieux, dociles, respectueux même. Satisfaits d'avoir exercé leurs droits, ils se pliaient d'autant plus facilement aux supériorités et aux conventions sociales, qu'ils avaient, en agissant de la sorte, la conscience de n'obéir qu'au calcul raisonnable de leur intérêt éclairé. Le lendemain d'une élection, il ne restait plus la moindre trace de l'agitation de la veille. Le peuple avait repris ses travaux, mais l'esprit public avait reçu l'ébranlement salutaire nécessaire pour le ranimer.

Que si l'on redoute le caractère français, plus impétueux, plus impatient du joug de la loi, je dirai que nous ne sommes tels que parce que nous n'avons pas contracté l'habitude de nous réprimer nous-mêmes. Il en est des élections comme de tout ce qui tient au bon ordre. Par des précautions inutiles, on cause le désordre, ou bien on l'accroît. En France, nos spectacles, nos fêtes sont hérissés de gardes et de baïonnettes ; on croirait que trois citoyens ne peuvent se rencontrer sans avoir besoin de deux soldats pour les séparer. En Angleterre, vingt mille hommes se rassemblent, pas un soldat ne paraît au milieu d'eux ; la sûreté de chacun est confiée à la raison et à l'intérêt de chacun ; et cette multitude, se sentant dépositaire de la tranquillité publique et particulière, veille avec scrupule sur ce dépôt.

L'élection populaire peut seule investir la représentation nationale d'une force véritable, et lui donner dans l'opinion des racines profondes. Le représentant nommé par tout autre mode ne trouve nulle part une voix qui reconnaisse la sienne ; aucune fraction du peuple ne lui tient compte de son courage, parce que toutes sont découragées par la longue filière, dans les détours de laquelle leur suffrage s'est dénaturé ou a disparu. La tyrannie invoque tour à tour les votes d'une prétendue représentation contre ce peuple, et le nom de ce peuple contre cette prétendue représentation. Ce vain simulacre ne sert jamais de barrière, mais sert d'apologie à tous les excès[1].

1. Je dois observer qu'on a objecté que l'élection populaire n'existait pas pleinement en Angleterre, parce qu'il y a des bourgs où les électeurs sont très-peu nombreux ; dans quelques-uns même il n'y a qu'un seul électeur : mais à côté de ces bourgs il y a des

comtés et des villes où le nombre des électeurs est immense : c'est
de là que proviennent la vie et le mouvement qu'imprime à l'esprit
public l'élection directe. Dira-t-on que les bourgs où les électeurs
sont peu nombreux servent de contre-poids nécessaire? mais ce
contre-poids se trouverait dans les conditions de propriété que j'ai
proposées, et qui sont plus fortes qu'en Angleterre pour les électeurs. Le reste se fera de lui-même. Qu'une constitution sage s'é-
tablisse : vous aurez bientôt de grands propriétaires que l'élection
par le peuple fixera chez eux. Beaucoup d'élections dépendront de
ces grands propriétaires, sinon par le droit, du moins par le fait.
C'est la tendance naturelle : mais il faut attendre ; il faut consacrer
de bons principes, et laisser les institutions se modifier. Ce qui se
fait par le temps n'est pas un abus ; mais créer des abus pour imiter
le temps n'est ni raisonnable ni possible.

[A propos de la note ci-dessus, M. Laboulaye fait remarquer que
les abus signalés par Benjamin Constant ont été corrigés en Angleterre par l'acte de Réforme de 1832.]

III

LES DÉPUTÉS NE DOIVENT PAS ÊTRE SALARIÉS.

Lorsqu'un salaire est attaché aux fonctions représentatives, ce salaire devient bientôt l'objet principal. Les candidats n'aperçoivent dans ces fonctions augustes que des occasions d'augmenter ou d'arranger leur fortune, des facilités de déplacement, des avantages d'économie. Les électeurs eux-mêmes se laissent entraîner à une sorte de pitié de coterie, qui les engage à favoriser l'époux qui veut se mettre en ménage, le père malaisé qui veut élever ses fils ou marier ses filles dans la capitale. Les créanciers nomment leurs débiteurs ; les riches, ceux de leurs parents qu'ils aiment mieux secourir aux dépens de l'État qu'à leurs propres frais. La nomination faite, il faut conserver ce qu'on a obtenu, et les moyens ressemblent au but. La spéculation s'achève par la flexibilité ou par le silence.

Payer les représentants du peuple, ce n'est pas leur donner un intérêt à exercer leurs fonctions avec scrupule, c'est seulement les intéresser à se conserver dans l'exercice de ces fonctions.

D'autres considérations me frappent.

Je n'aime pas les fortes conditions de propriété pour l'exercice des fonctions politiques. L'indépendance est toute relative : aussitôt qu'un homme a le nécessaire, il ne lui faut que de l'élévation dans l'âme pour se passer du superflu. Cependant il est désirable que les fonctions représentatives soient occupées, en général, par des hommes, sinon de la classe opulente, du moins dans l'aisance. Leur point de départ est plus avantageux, leur esprit plus libre, leur intelligence mieux préparée aux lumières. La pauvreté a ses préjugés comme l'ignorance. Or, si vos représentants ne reçoivent aucun salaire, vous placez la puissance dans la propriété, et vous laissez une chance équitable aux exceptions légitimes.

Combinez tellement vos institutions et vos lois, dit Aristote, que les emplois ne puissent être l'objet d'un calcul intéressé ; sans cela, la multitude, qui d'ailleurs est peu affectée de l'exclusion des places éminentes, parce qu'elle aime à vaquer à ses affaires, enviera les honneurs et le profit. Toutes les précautions sont d'accord, si les magistratures ne tentent pas l'avidité. Les pauvres préféreront des occupations lucratives à des fonctions difficiles et gratuites. Les riches occuperont les magistratures, parce qu'ils n'auront pas besoin d'indemnités[1].

Ces principes ne sont pas applicables à tous les emplois dans les États modernes ; il en est qui exigent une fortune au-dessus de toute fortune particulière : mais rien n'empêche qu'on ne les applique aux fonctions représentatives[2].

---

1. Aristote, *Politique*, liv. V, chap. vii.
2. Les Carthaginois avaient déjà fait cette distinction. Toutes les magistratures nommées par le peuple étaient exercées sans indemnité ; les autres étaient salariées.

Dans une constitution où les non-propriétaires ne posséderaient pas les droits politiques, l'absence de tout salaire pour les représentants de la nation me semble naturelle. N'est-ce pas une contradiction outrageante et ridicule, que de repousser le pauvre de la représentation nationale, comme si le riche seul devait le représenter, et de lui faire payer ses représentants comme si ces représentants étaient pauvres?

Enfin l'Angleterre a adopté ce système. Je sais qu'on a beaucoup déclamé contre la corruption de la chambre des communes. Comparez les effets de cette corruption prétendue avec la conduite de nos assemblées; le parlement anglais a bien plus souvent résisté à la couronne que nos assemblées à leurs tyrans.

La corruption qui naît de vues ambitieuses est bien moins funeste que celle qui résulte de calculs ignobles. L'ambition est compatible avec mille qualités généreuses : la probité, le courage, le désintéressement, l'indépendance; l'avarice ne saurait exister avec aucune de ces qualités. L'on ne peut écarter des emplois les hommes ambitieux; écartons-en du moins les hommes avides : par là nous diminuerons considérablement le nombre des concurrents, et ceux que nous éloignerons seront précisément les moins estimables.

Mais une condition est nécessaire pour que les fonctions représentatives puissent être gratuites; c'est qu'elles soient importantes. Personne ne voudrait exercer gratuitement des fonctions puériles par leur insignifiance, ou qui seraient honteuses, si elles cessaient d'être puériles; mais aussi, dans une pareille constitution, mieux vaudrait qu'il n'y eût point de fonctions représentatives.

IV

Je recommande de choisir des hommes indépendants? Mais à quel signe les reconnaitra-t-on?

Les indépendants sont ceux qui, depuis trente ans, ont voulu les mêmes choses ; ceux qui ont répété à tous les gouvernements les mêmes vérités, opposé à toutes les vexations, même quand elles portaient sur autrui, les mêmes résistances; qui n'ont adopté aucun symbole, pour offrir les principes en holocauste à ce symbole; qui, lorsqu'on proclamait la souveraineté du peuple, disaient au peuple que sa souveraineté était limitée par la justice; qui, lorsqu'on passait de la tyrannie orageuse de cette souveraineté au despotisme symétrique d'un individu, disaient à cet individu qu'il n'existait que par les lois; que les lois qu'il prenait pour des obstacles étaient ses sauvegardes, qu'en les renversant il sapait son trône. Les indépendants sont ceux qui, sous la république, ne s'écriaient pas : « nous aimons mieux la république que la liberté; » et qui, sous la royauté, ne prétendent point qu'il faut l'asseoir sur les débris de tous les droits et le mépris de toutes les garan-

ties. Les indépendants sont ceux qui aiment la monarchie constitutionnelle, parce qu'elle est constitutionnelle, et qui respectent la transmission de l'hérédité au
trône, parce que cette transmission met le repos des
peuples à l'abri de la lutte des factions, mais qui pensent que c'est pour le peuple que le trône existe, et
qu'on nuit également aux rois en foulant aux pieds les
droits des citoyens, et aux citoyens en essayant de renverser la puissance légale des rois. Les indépendants,
enfin, sont cette génération innombrable, élevée au
milieu de nos troubles, et qui, froissée dès sa jeunesse
dans ses intérêts et dans ses affections les plus chères
par l'arbitraire de tous les régimes, déteste l'arbitraire
sous toutes les dénominations, et démêle la fausseté de
tous les prétextes. Les indépendants sont tous ceux qui,
n'ayant ni la prétention d'arrêter, de dépouiller, de
bannir illégalement personne, ni celle d'être payés par
ceux qui arrêtent, qui dépouillent, qui bannissent, ne
veulent aucune loi qui les expose à être arrêtés, dépouillés, bannis illégalement.

C'est parmi ces hommes qu'il faut choisir ceux à qui
nous confierons nos destinées. Nous avons essayé assez
longtemps d'écarter, de fausser, d'ajourner les principes. A l'époque de l'établissement de chaque constitution nous avons été salués des mêmes phrases. Les dangers de l'État, l'urgence des circonstances, ont toujours
glacé de terreur nos législatures successives. Les constitutions suspendues ont été brisées et leurs éclats ont
frappé nos têtes. Essayons une fois d'hommes moins
timides, d'hommes qui croient que la liberté et que la
justice ont aussi quelque force, et qui osent penser qu'on
peut gouverner un peuple sans le priver de ses droits,
et exécuter une constitution sans la suspendre. Certes,
le résultat, quel qu'il soit, ne sera pas plus fâcheux que

l'expérience contraire. Si la tentative nous réussit mal, elle ne nous réussira pas plus mal que les autres, et à une élection prochaine, désabusés des hommes de principes, nous reviendrons aux hommes de circonstance. Ils ne manqueront pas à l'appel. Ils sont toujours là au service de qui les emploie, dès qu'il est question de mettre de côté les lois et les formes.

Mais une fois, au moins, prions-les de faire trève à leur zèle, et laissons la liberté exister, quand ce ne serait que pour nous convaincre qu'elle est impossible. Sans elle, nous avons fait vingt naufrages? Que peut-il arriver de pis avec elle? Et si par hasard elle n'est pas impossible, la découverte en vaudra la peine; car, et ceci mérite quelque attention, la jouissance de la liberté n'est pas importante uniquement pour ceux qui paraissent en profiter de la manière la plus immédiate.

V

ENTRETIEN D'UN ÉLECTEUR AVEC LUI-MÊME.

Je suis électeur, je ne l'étais pas il y a deux ans. Bonaparte m'avait enlevé ce droit en établissant ses colléges électoraux. Je ne concourais donc plus en rien aux choix de ceux qui prétendaient me représenter. Ces choix se faisaient en haut, sans que j'y eusse part. Mon industrie servait l'État; mais elle était favorisée ou gênée par des lois sur lesquelles on ne me consultait pas. Je payais les impôts; mais l'assiette, la nature, la répartition de ces impôts m'étaient étrangères. Nommés par des colléges électoraux qui m'étaient fermés, mes députés n'avaient nul lien avec moi. Ils ne me demandaient point mon suffrage. Je n'en avais point à donner.

Tout est changé. Je vais concourir au choix de mes députés. Les candidats sentent mon importance : ils me sollicitent : ils entrent en explication : ils recueillent mon vœu sur mes intérêts. Pour la première fois, depuis dix-sept ans, je suis quelque chose dans l'État.

Maintenant voyons ce que j'ai à faire :

Je n'ai guère le temps de lire. Je m'en tiens aux faits que j'ai vus et à mon expérience.

J'avais vingt-deux ans quand la révolution a commencé. J'ai vu alors qu'elle était causée par la dilapidation du trésor public, d'où vint le déficit. Je ne veux plus de révolution : celle qui a eu lieu m'a trop fait souffrir. Puisque c'est la dilapidation du trésor public qui l'a occasionnée, il faut, pour que nous n'en ayons jamais d'autres, que le trésor ne soit plus dilapidé. La Charte y a pourvu, en soumettant à la chambre des députés ce qu'on nomme le budget des ministres, c'est-à-dire le montant des dépenses qui leur sont permises. Si les ministres n'excèdent jamais leur budget, il n'y aura point de dilapidation, ni par conséquent de révolution à craindre, au moins pour cette cause. Les députés sont chargés de surveiller les ministres. C'est à eux à empêcher que ceux-ci n'excèdent leur budget. Ma première règle doit donc être de nommer des hommes qui exercent avec courage cette surveillance. Pour cela, il faut que ces hommes n'aient pas d'intérêts contraires.

Je me souviens à ce sujet que mon père, qui était plus riche que moi, parce que le *maximum* ne l'avait pas ruiné, avait un caissier qui dirigeait ses affaires. A la fin de l'année, il examinait ses comptes, ou quelquefois, faute de temps, il les faisait examiner par un autre. Un jour son caissier lui proposa de charger de cet examen un homme que le caissier employait et payait comme secrétaire. « Me croyez-vous fou, lui dit mon père? Prendrai-je pour apurer vos comptes votre obligé, votre salarié, votre dépendant? Ce serait comme si je vous prenais vous-même. »

Depuis que je suis électeur, j'applique cette réponse de mon père à l'élection de nos députés. Les ministres sont chargés de gérer les affaires de la nation : les députés, d'examiner la gestion des ministres. Si mon père, négociant, eût été fou de faire apurer les comptes de son caissier par un homme à lui, je serais fou, moi, citoyen, de faire examiner la gestion des ministres par des hommes à eux. Seconde règle : je ne nommerai pas les obligés ou les dépendants des ministres pour les surveiller.

J'ai connu un homme qui donnait à son intendant le cinq pour cent de la dépense de sa maison. Il chargea cet intendant de réduire sa dépense. L'intendant le promit et n'en fit rien, parce que chaque réduction aurait proportionnellement diminué son salaire. Je ne chargerai point du vote, et par conséquent de la réduction des impôts, ceux qui sont d'autant mieux payés que les impôts sont plus forts.

Je n'ai pas oublié que lorsque la révolution éclata, ce qu'on appelait les lettres de cachet et la Bastille avait monté les têtes : c'était une manière d'arrêter et de détenir les gens sans les juger. Cette manière d'agir a donc été encore une cause ou un prétexte de la révolution. On me dit qu'arrêter et détenir les gens sans les juger, c'est ce qu'on nomme la suspension de la liberté individuelle. Je ne nommerai point de partisans de cette suspension, parce que je ne veux pas que les têtes se montent.

Depuis 1792 jusqu'en 1814 inclusivement, j'ai vu bien des gouvernements s'établir sur ma tête. On m'a dit chaque fois qu'il fallait leur accorder tout ce qu'ils demandaient, pour arriver à un temps tranquille, où on leur reprendrait ce qu'on leur aurait accordé! On m'a répété cela surtout sous Bonaparte, et j'en ai été dupe. Je prenais pour des révolutionnaires tous ceux qui parlaient contre les mesures de l'autorité ; et quand MM. tels et tels, dans l'assemblée qui eut un instant la faculté de parler[1], nous prédisaient de grands mal-

1. Le tribunat.

heurs, si nous nous livrions pieds et poings liés, je les appelais des Jacobins. Je regardais, au contraire, comme des esprits sages ceux qui criaient : *Laissez faire, n'entravez pas, laissez la chose se consolider; vous aurez la paix et la tranquillité intérieure.* La chose s'est consolidée, et nous avons eu le système continental, et la guerre d'Autriche, et celle de Prusse, et celle d'Espagne, et celle de Russie, où j'ai perdu mon fils, et des insurrections, et des conspirations, et des châteaux forts. J'en conclus que ceux que j'ai crus m'ont attrapé. Je ne crois point qu'on veuille m'attraper, cependant je ne nommerai pas ceux qui me tiendront de beaux discours pour me persuader qu'il faut violer la Charte.

Je suis bon catholique. Je crois la religion nécessaire à la morale. J'aime que ma femme, mes enfants, ma servante, m'accompagnent à l'église. Mais j'ai à traiter, à cause de mon commerce, avec des gens de religion différente. Il m'importe que ces gens soient tranquilles et en sûreté : car ce n'est qu'alors qu'ils remplissent leurs engagements, qu'ils payent avec exactitude, et que les affaires qu'on fait avec eux sont actives et sans danger. Mon bisaïeul a été ruiné, parce que des huguenots qui étaient ses débiteurs se sont enfuis nuitamment de France, à cause des dragonnades : et il n'y a pas extrêmement longtemps qu'une lettre de change que j'avais tirée sur un négociant de Nîmes, l'ayant trouvé mort, m'a mis dans le plus grand embarras, en me revenant protestée. J'applaudis donc de tout mon cœur à l'article de la Charte qui a proclamé la liberté des cultes et garanti la sûreté de ceux qui les professent. Je tiens fort à ce que rien ne remette en doute cette liberté; car si, par des vexations directes ou indirectes, on jetait le désordre dans les affaires des protestants qui me doivent, ce ne serait pas eux, mais moi, qu'on ruinerait. Je nommerai donc pour députés des hommes bien décidés à maintenir cet article de la Charte.

On m'a beaucoup parlé depuis quelque temps d'une autre liberté, qu'on appelle celle de la presse et des journaux. Autrefois je ne m'y intéressais guère; mais il me revient à l'esprit que, sous Bonaparte, j'avais une affaire dans le Calvados. Un de mes correspondants m'avait indiqué, du mieux qu'il avait pu, qu'il y avait de l'agitation dans cette contrée. Pour être bien au fait, je consulte les journaux; et voilà que le *Journal de l'Empire* m'apprend que tout y est parfaitement tranquille. Je me mets en route à cheval, sur cette assurance. Je trouve près de Caen, en 1811, le peuple en rumeur, la gendarmerie tirant des coups de fusil à des insurgés, les insurgés répondant par des coups de pierres dont quelques-unes m'atteignent. Me voyant venir du côté de Paris, on me prend pour un agent de la police. Je m'enfuis; mais les gendarmes qui m'aperçoivent me prennent pour un des chefs des rebelles. Je passe vingt jours en prison : l'on me traduit devant une cour qui s'appelait alors *spéciale :* je suis néanmoins acquitté. Je reviens à Paris, et je lis dans mon journal que depuis un mois l'union la plus touchante règne dans le Calvados. Je conclus de ce fait que si les journaux avaient dit la vérité, je n'aurais pas entrepris ce malencontreux voyage. Tout bien pesé, je nommerai pour députés ceux qui veulent la liberté des journaux.

Je n'ai point acheté de biens nationaux; j'ai toujours réservé tous mes capitaux pour mon commerce. Mais, en 1813, un de mes oncles m'a laissé en mourant une créance de 20,000 francs sur l'acquéreur d'une abbaye : cette créance devait être remboursée fin de 1815; j'en ai demandé le remboursement; mon débiteur avait bonne volonté, mais il manquait de fonds; il a voulu vendre son domaine, personne n'a voulu l'acheter. Il a voulu emprunter sur ce domaine, personne n'a voulu lui prêter un sou. J'avais compté sur ce remboursement : j'ai été sur le point de faire faillite. Si les députés que nous avions alors n'avaient pas ébranlé, sans le vouloir, la confiance que la Charte doit inspirer pour les acquisitions nationales, rien de tout cela ne me serait arrivé : mon débiteur aurait trouvé à vendre sa terre, j'aurais été payé à l'échéance, et je n'aurais pas été obligé de céder à vil prix mes marchandises, et de fournir des effets à gros intérêts pour faire honneur à ma signature. Je ne nommerai députés que des hommes qui défendent l'inviolabilité des biens nationaux, parce que je ne veux pas que les acquéreurs de ces biens qui me doivent, ou qui pourront me devoir, soient hors d'état de me payer; et comme la valeur d'une propriété dépend de l'opinion aussi bien que de la loi, j'exigerai de mes députés qu'ils veillent à ce que la sanction religieuse donnée à ces biens ne leur soit pas retirée.

Ainsi donc :

1° Ordre dans les finances, afin que le désordre des finances ne produise pas une nouvelle révolution; et, pour maintenir cet ordre dans les finances, nomination de députés qui soient indépendants des ministres, et qui, ne recevant point de salaires, n'aient pas intérêt à l'augmentation des impôts, sur lesquels ces salaires sont assis.

2° Liberté des personnes, afin d'éviter le mécontentement que les citoyens éprouvent quand on les arrête et qu'on les retient sans les juger; et pour cela, nomination de députés qui ne votent pas contre la liberté des personnes.

3° Mise en activité de tous les articles de la Charte, parce que l'expérience m'a appris que, lorsqu'une constitution n'est pas observée, c'est comme s'il n'y en avait pas du tout, et qu'en les ajournant on n'arrive jamais qu'à les ajourner encore. Et, afin de mettre la Charte en activité, nomination de députés qui veuillent faire aller la constitution par elle-même.

4° Liberté des cultes, afin que je ne sois pas obligé, avant de vendre à terme, de demander de quelle religion est mon acheteur, et que je ne sois pas ruiné, si, parmi mes débiteurs, il se trouve quelque protestant persécuté; et, pour cela, nomination de députés qui s'opposent à toute réintroduction de l'intolérance.

5° Liberté de la presse et des journaux, afin que je sache ce qui se passe à dix lieues de Paris, et que je n'aille pas donner dans un guêpier, sur la foi de quelque journal menteur; et, pour cela, nomination de députés qui votent pour que les journaux disent ce qui est.

6° Protection des acquéreurs de biens nationaux, afin que je puisse recouvrer les créances que je pourrai avoir sur un ou deux des cinq à six millions d'acquéreurs de biens nationaux qui sont en France, et, pour cela, nomination de députés qui ne se permettent pas de menacer les acquéreurs de biens nationaux, ou de les insulter, ce qui est tout aussi mauvais; mais qui, au contraire, repoussent les mesures qui invalideraient leurs droits ou qui alarmeraient leurs consciences.

Voilà les premières règles, les règles générales que je me prescris, en participant aux élections.

Ce n'est pas tout: je suis électeur pour la France en général, mais je suis aussi électeur en particulier pour mon département et pour son chef-lieu. Je veux bien que mes députés sacrifient mon département à la France, quand c'est nécessaire; mais je veux qu'ils examinent bien cette nécessité. Je ne serais même pas fâché qu'ils n'y souscrivissent qu'avec répugnance. Les députés des

autres départements, étant toujours en majorité, sau-
ront bien rétablir l'équilibre. Or, je crois me souvenir
qu'à toutes les époques, Paris a été malheureux à cet
égard. Cela tient peut-être à ce que plusieurs des députés de Paris étaient toujours de grands fonctionnaires
publics, devant s'occuper de grandes questions et de
beaucoup de choses fort importantes; mais j'aurais
voulu quelques petits mots aussi de leur part sur nos
octrois, sur certains emprunts, et sur des impôts qui
nous intéressent.

Je me souviens qu'un d'entre eux fit un beau rapport
sur une loi, en 1815; je crois que c'était au mois d'octobre[1] (j'étais allé exprès pour l'entendre, quoique ce
fût un samedi, jour où j'ai beaucoup à faire); en l'écou-
tant je me disais : *Comme ce brave orateur défendra bien
nos intérêts, quand il s'agira du budget et des contributions indirectes !* et j'ai été tout chagrin, quand j'ai vu
qu'après avoir si bien parlé pour que ceux qui étaient
suspects fussent arrêtés, il ne disait pas une syllabe pour
que ceux qui n'étaient pas suspects ne payassent pas
trop. On me répliqua qu'il occupait une autre grande
place dans l'État, et qu'il était fatigué, parce qu'il avait
beaucoup travaillé dans cette autre place. Cette année-
ci, espérant qu'il aurait plus de temps, j'ai cru qu'il
allait se montrer pour nous, notre député, et je me
suis dérangé quatre fois pour aller l'entendre; je n'ai
pas eu ce bonheur. Voilà ce que c'est que d'avoir pour
députés de grands fonctionnaires. Les grands fonctionnaires ont beaucoup de bon; mais ils ont ce défaut, que,
pour mener les affaires publiques, ils doivent se faire
un parti, et, pour se faire un parti, ils sacrifient tant

---

1. Allusion à la loi du 29 octobre 1815 contre la liberté individuelle.   (*Note de M. Laboulaye.*)

qu'on veut leurs commettants[1]. Je me promets donc de nommer pour députés des hommes qui pensent à moi, qui parlent pour moi, qui ne laissent pas emprunter légèrement ce que je dois payer; qui empêchent qu'on ne taxe trop les objets que j'emploie, l'huile qui éclaire mes ouvriers, l'eau-de-vie ou le vin que je bois, et dont, en définitive, la cherté retombe sur moi. Je ne demande pas à mes députés de sacrifier le bien de l'Etat à mes intérêts; mais c'est bien le moins qu'ils tiennent compte de ces intérêts, et qu'ils ne se taisent pas quand on les attaque.

Voilà qui est bien. Je crois avoir récapitulé tout ce que j'ai à faire pour user utilement de mes droits. Mais il faut penser à l'exécution.

Le collége s'ouvre à huit heures. Les premiers arrivés forment le bureau provisoire, qui influera sur le bureau définitif. Il m'importe que les scrutateurs et le secrétaire soient des citoyens en qui j'aie confiance. Ce n'est pas que je me défie de personne, mais on est toujours bien aise de voir au bureau des hommes qu'on aime. J'irai donc, avant huit heures, au lieu d'assemblée. Les

---

1. La première édition dit : « Ils sacrifient Paris aux départements, afin que les députés des départements votent avec eux. » L'observation est juste; c'est chose reçue qu'on sacrifie la province à Paris ; si l'on examinait le budget de la ville à toutes les époques, on verrait que Paris supporte d'énormes charges qui profitent aux visiteurs étrangers ou à l'État beaucoup plus qu'aux Parisiens. Que d'embellissements stratégiques, que de fêtes politiques dont le bourgeois de Paris n'a nul besoin et qu'il paye néanmoins!

(*Note de M. Laboulaye.*)

Malgré les nombreux priviléges d'exemption que les rois de l'ancien régime avaient accordés à Paris, les habitants payaient beaucoup plus que ceux des autres villes du royaume. En 1784, la part contributive de chaque habitant était en moyenne de 64 liv. 5 d., soit plus du double de ce qu'elle était à Lyon, la ville la plus imposée du royaume après la capitale, et qui ne payait que 30 liv. Voir Necker, *Administration des finances*, t. I, p. 228 et suiv.

(*Note de l'éditeur.*)

journaux me disent de n'y pas manquer, parce que les facticux s'y rendront en foule. Je ne crois pas qu'il y ait tant de factieux, je sais que les journaux sont peu dignes de foi. Je suivrai pourtant ce conseil, parce qu'il est bon d'ailleurs.

Il paraît que la liste des éligibles ne sera remise qu'au président. C'est singulier et fâcheux, car nous ne la connaîtrons guère, et nous n'aurons pas le temps de la lire. On dit qu'on y suppléera par des listes abrégées sur le bureau, qui nous dispenseraient de cette lecture. Je ne veux me dispenser de rien : il me plaît de prendre de la peine, et je ne consulterai point les petites listes sur le bureau. Je m'assurerai d'avance que ceux que je veux nommer sont éligibles, et j'apporterai mon bulletin avec moi pour qu'il soit écrit bien lisiblement, avec toutes les désignations de chacun, sans quoi il serait nul et mes pas seraient perdus.

J'ai une autre raison d'apporter mon bulletin tout fait, c'est que nous serons cinq à six cents électeurs, et que le scrutin ne sera ouvert qu'environ six heures : or, s'il fallait que cinq à six cents personnes écrivissent chacune le nom de leurs candidats sur le bureau même, l'opération de s'asseoir, de prendre une plume et d'écrire ces noms, prendrait pour chaque votant plus d'une minute, et il faudrait neuf à dix heures pour être sûr de voter.

Avant que l'empire nous eût dépouillés de notre droit, par l'invention des colléges électoraux, j'avais été membre deux fois d'assemblées électorales. Tâchons de me rappeler les ruses qu'on a essayées pour me tromper.

Une fois, on m'a dit que le candidat que je voulais nommer était mort; une autre fois, qu'il avait fait banqueroute. Il se portait à merveille, il ne devait rien à personne, et il était plus riche que moi. J'en conclus qu'il faudra que je n'écoute pas les bruits qu'on fera courir dans l'assemblée même. Je mettrai tous mes soins à bien savoir les faits d'ici là; mais une fois décidé, je ne me laisserai plus ébranler. Si je me laissais ébranler, le moment du scrutin passerait, et quand je découvrirais qu'on m'a pris pour dupe, il serait trop tard. Je me souviens encore que nous étions deux cents électeurs, sur quatre à cinq cents, résolus à nommer un très-brave homme : un faux frère se glissa parmi nous, et nous dit, en nous montrant le plus grand chagrin, que les trois cents électeurs dont nous ne connaissions pas les intentions avaient donné leurs voix à un autre, et que nommer notre candidat serait peine perdue. Nous ne voulûmes pas perdre notre voix. Nous nous reportâmes sur celui que nous croyions élu, et qui valait bien moins que le nôtre. Au dépouillement du scrutin, il se trouva que celui que nous aurions préféré avait eu cent voix de l'autre côté, et que c'était nous qui lui avions ôté la majorité en l'abandonnant. Je ne prêterai l'oreille à aucun conte de ce genre. Je resterai fidèle à mes choix; j'aime mieux perdre ma voix en nommant celui que je veux, qu'en nommant celui que je ne veux pas.

Une autre fois on vint nous dire que, si nous nommions tel ou tel homme, nous offenserions le gouvernement : cela nous fit peur; nous en choisîmes un autre. Quatre jours après, le président de notre assemblée, ayant vu les ministres, vint nous dire qu'on aurait trouvé fort bonne la nomination que nous avions voulu faire. Je n'écouterai point ceux qui viendront me parler des prétendues intentions du gouvernement : il veut le bien, il veut donc que j'agisse suivant ma conscience.

Enfin, je n'ai pas oublié que la seconde fois que j'étais

électeur, l'assemblée fut convoquée le jour d'une fête à Romainville ; j'y avais alors une petite campagne ; ma femme m'engagea à l'y conduire au lieu d'aller voter. Beaucoup de mes amis et de mes confrères en firent autant pour leurs femmes. Il y avait un homme que nous désirions beaucoup voir élu, parce qu'il était modéré, et qu'il avait lutté, l'année précédente, contre le Directoire qui nous tourmentait ; mais l'élection eut lieu sans nous, et un commissaire du pouvoir exécutif, comme on l'appelait alors, fut choisi à sa place. Si, par hasard, l'élection a lieu un dimanche, ma femme dira ce qu'elle voudra, je n'irai pas à la campagne. Si nous avons de bons députés, nous aurons assez de jours de fêtes [1].

---

1. Dans la *préface* de l'édition de 1818, Benjamin Constant dit avec raison en rappelant les divers écrits qu'il avait publiés sur le système électoral : « Les maximes établies, comme devant diriger les électeurs dans leur choix, sont indépendantes de toutes circonstances. Il sera certain dans cent ans, comme aujourd'hui, qu'il ne faut pas charger ceux qui profitent des mesures arbitraires de réprimer les mesures arbitraires ; ceux qui s'enrichissent par les dépenses publiques, de limiter les dépenses publiques ; ceux qui sont payés par le produit des impôts, de diminuer la masse des impôts ; ceux qui doivent leur fortune et leur lustre aux prérogatives de l'autorité, de s'opposer à l'accroissement de l'autorité. »

QUATRIÈME PARTIE

I

DE LA LIBERTÉ INDIVIDUELLE.

Toutes les constitutions qui ont été données à la France garantissaient également la liberté individuelle, et, sous l'empire de ces constitutions, la liberté individuelle a été violée sans cesse. C'est qu'une simple déclaration ne suffit pas ; il faut des sauvegardes positives ; il faut des corps assez puissants pour employer en faveur des opprimés les moyens de défense que la loi écrite consacre. Notre constitution actuelle est la seule qui ait créé ces sauvegardes et investi d'assez de puissance les corps intermédiaires. La liberté de la presse placée au dessus de toute atteinte, grâce aux jugements par jurés ; la responsabilité des ministres, et surtout celle de leurs agents inférieurs ; enfin l'existence d'une représentation nombreuse et indépendante, tels sont les boulevards dont la liberté individuelle est aujourd'hui entourée. -

Cette liberté, en effet, est le but de toute association humaine ; sur elle s'appuie la morale publique et privée :

sur elle reposent les calculs de l'industrie ; sans elle, il n'y a pour les hommes ni paix, ni dignité, ni bonheur.

Donnez aux dépositaires de l'autorité exécutive la puissance d'attenter à la liberté individuelle, et vous anéantissez toutes les garanties, qui sont la condition première et le but unique de la réunion des hommes sous l'empire des lois.

·Vous voulez l'indépendance des tribunaux, des juges et des jurés. Mais si les membres des tribunaux, les jurés et les juges pouvaient être arrêtés arbitrairement, que deviendrait leur indépendance ? Or, qu'arriverait-il, si l'arbitraire était permis contre eux, non pour leur conduite publique, mais pour des causes secrètes ? L'autorité ministérielle, sans doute, ne leur dicterait pas ses arrêts, lorsqu'ils seraient assis sur leurs bancs, dans l'enceinte inviolable en apparence où la loi les aurait placés. Elle n'oserait pas même, s'ils obéissaient à leur conscience, en dépit de ses volontés, les arrêter ou les exiler comme jurés et comme juges. Mais elle les arrêterait, elle les exilerait, comme des individus suspects. Tout au plus attendrait-elle que le jugement, qui ferait leur crime à ses yeux, fût oublié, pour assigner quelque autre motif à la rigueur exercée contre eux. Ce ne seraient donc pas quelques citoyens obscurs que vous auriez livrés à l'arbitraire de la police [1] ; ce seraient tous

---

1. On remarquera l'insistance avec laquelle Benjamin Constant revient sur la question de l'arbitraire, et la vigueur toujours nouvelle avec laquelle il l'attaque. C'est qu'en effet, il le rencontre à chaque pas dans notre histoire, sous l'ancien régime aussi bien que sous la république. Un secret pressentiment semblait l'avertir que les générations qui viendraient après lui auraient encore à combattre cet ennemi redoutable ; nous-mêmes n'avons que trop appris dans ces dernières années de quel poids il pèse dans les destinées des peuples pour ne pas mettre en pleine lumière les arguments victorieux de l'illustre publiciste, lors même qu'il paraît se répéter.

(*Note de l'éditeur.*)

les tribunaux, tous les juges, tous les jurés, tous les accusés, par conséquent, que vous mettriez à sa merci.

Dans un pays où des ministres disposeraient sans jugement des arrestations et des exils, en vain semblerait-on, pour l'intérêt des lumières, accorder quelque latitude ou quelque sécurité à la presse. Si un écrivain, tout en se conformant aux lois, heurtait les opinions ou censurait les actes de l'autorité, on ne l'arrêterait pas, on ne l'exilerait pas comme écrivain ; on l'arrêterait, on l'exilerait comme un individu dangereux, sans en assigner la cause.

A quoi bon prolonger par des exemples le développement d'une vérité si manifeste ? Toutes les fonctions publiques, toutes les situations privées, seraient menacées également. L'importun créancier qui aurait pour débiteur un agent du pouvoir, le père intraitable qui lui refuserait la main de sa fille, l'époux incommode qui défendrait contre lui la sagesse de sa femme, le concurrent dont le mérite ou le surveillant dont la vigilance lui seraient des sujets d'alarme, ne se verraient point sans doute arrêtés ou exilés comme créanciers, comme pères, comme époux, comme surveillants ou comme rivaux. Mais l'autorité pouvant les arrêter, pouvant les exiler pour des raisons secrètes, où serait la garantie qu'elle n'inventerait pas ces raisons secrètes ? Que risquerait-elle ! Il serait admis qu'on ne peut lui en demander un compte légal ; et quant à l'explication que par prudence elle croirait peut-être devoir accorder à l'opinion, comme rien ne pourrait être approfondi ni vérifié, qui ne prévoit que la calomnie serait suffisante pour motiver la persécution[1] ?

Rien n'est à l'abri de l'arbitraire, quand une fois il

---

1. *De la responsabilité des ministres*, ch. xiv.

est toléré. Aucune institution ne lui échappe. Il les annule toutes dans leur base. Il trompe la société par des formes qu'il rend impuissantes. Toutes les promesses deviennent des parjures, toutes les garanties des piéges pour les malheureux qui s'y confient.

Lorsqu'on excuse l'arbitraire, ou qu'on veut pallier ses dangers, on raisonne toujours, comme si les citoyens n'avaient de rapports qu'avec le dépositaire suprême de l'autorité. Mais on en a d'inévitables et de plus directs avec tous les agents secondaires. Quand vous permettez l'exil, l'emprisonnement, ou toute vexation qu'aucune loi n'autorise , qu'aucun jugement n'a précédée, ce n'est pas sous le pouvoir du monarque que vous placez les citoyens, ce n'est pas même sous le pouvoir des ministres : c'est sous la verge de l'autorité la plus subalterne. Elle peut les atteindre par une mesure provisoire, et justifier cette mesure par un récit mensonger. Elle triomphe pourvu qu'elle trompe, et la faculté de tromper lui est assurée. Car, autant le prince et les ministres sont heureusement placés pour diriger les affaires générales et pour favoriser l'accroissement de la prospérité de l'État, de sa dignité, de sa richesse et de sa puissance, autant l'étendue même de ces fonctions importantes leur rend impossible l'examen détaillé des intérêts des individus; intérêts minutieux et imperceptibles, quand on les compare à l'ensemble , et non moins sacrés toutefois , puisqu'ils comprennent la vie, la liberté, la sécurité de l'innocence. Le soin de ces intérêts doit donc être remis à ceux qui peuvent s'en occuper, aux tribunaux, chargés exclusivement de la recherche des griefs, de la vérification des plaintes, de l'investigation des délits; aux tribunaux, qui ont le loisir, comme ils ont le devoir, de tout approfondir, de tout peser dans une balance exacte; aux tribunaux, dont telle est la mission spéciale, et qui seuls peuvent la remplir.

Je ne sépare point dans mes réflexions les exils d'avec les arrestations et les emprisonnements arbitraires. Car c'est à tort que l'on considère l'exil comme une peine plus douce. Nous sommes trompés par les traditions de l'ancienne monarchie. L'exil de quelques hommes distingués nous fait illusion. Notre mémoire nous retrace M. de Choiseul[1], environné des hommages d'amis généreux, et l'exil nous semble une pompe triomphale. Mais descendons dans des rangs plus obscurs, et transportons-nous à d'autres époques. Nous verrons dans ces rangs obscurs l'exil arrachant le père à ses enfants, l'époux à sa femme, le commerçant à ses entreprises, forçant les parents à interrompre l'éducation de leur famille ou à la confier à des mains mercenaires, séparant les amis de leurs amis, troublant le vieillard dans ses habitudes, l'homme industrieux dans ses spéculations, le talent dans ses travaux. Nous verrons l'exil uni à la pauvreté, le dénûment poursuivant la victime sur une terre inconnue, les premiers besoins à satisfaire, les moindres jouissances impossibles. Nous verrons l'exil uni à la défaveur, entourant ceux qu'il frappe de soupçons et de défiances, les précipitant dans une 'atmosphère de proscription, les livrant tour à tour à la froideur du premier étranger, à l'insolence du dernier agent. Nous verrons l'exil glaçant toutes les affections dans leur source, la fatigue enlevant à l'exilé l'ami qui le suivait, l'oubli lui disputant les autres amis dont le souvenir représentait à ses yeux sa patrie absente, l'égoïsme adoptant les accusations pour apologies de l'indifférence, et le proscrit

1. M. de Choiseul, ministre des affaires étrangères et de la guerre, de 1758 à 1770, exilé à Chanteloup en décembre 1770, mort en 1785.

délaissé s'efforçant en vain de retenir, au fond de son âme solitaire, quelque imparfait vestige de sa vie passée.

Le gouvernement actuel est le premier de tous les gouvernements de France qui ait renoncé formellement à cette prérogative terrible, dans la constitution qu'il a proposée[1].

L'absence du sentiment religieux favorise toutes les prétentions de la tyrannie. Si les destinées de l'espèce humaine sont livrées aux chances d'une fatalité matérielle et aveugle, est-il étonnant que souvent elles dépendent des plus ineptes, des plus féroces ou des plus vifs des humains? Si les récompenses de la vertu, les châtiments du crime ne sont que les illusions vaines d'imaginations faibles et timides, pourquoi nous plaindre lorsque le crime est récompensé, la vertu proscrite? Si la vie n'est au fond qu'une apparition bizarre, sans avenir comme sans passé, et tellement courte qu'on la croirait à peine réelle, à quoi bon s'immoler à des principes dont l'application est au moins éloignée? Mieux vaut profiter de chaque heure, incertain qu'on est de l'heure qui suit, s'enivrer de chaque plaisir, tandis que le plaisir est possible, et, fermant les yeux sur l'abîme inévitable, ramper et servir au lieu de combattre, se faire maître, si l'on peut, ou, la place étant prise, esclave; délateur pour n'être pas dénoncé, bourreau pour n'être pas victime.

*
* *

L'époque où le sentiment religieux disparaît de l'âme des hommes est toujours voisine de celle de leur asser-

---

1. Art. 61. Nul ne peut être poursuivi, arrêté, détenu ni exilé, que dans les cas prévus par la loi.

vissement. Des peuples religieux ont pu être esclaves, aucun peuple irréligieux n'est demeuré libre.

La liberté ne peut s'établir, ne peut se conserver que par le désintéressement, et toute morale étrangère au sentiment religieux ne saurait se fonder que sur le calcul. Pour défendre la liberté, on doit savoir immoler sa vie, et qu'y a-t-il de plus que la vie, pour qui ne voit au delà que le néant? Aussi, quand le despotisme se rencontre avec l'absence du sentiment religieux, l'espèce humaine se prosterne dans la poudre partout où la force se déploie. Les hommes qui se disent éclairés cherchent dans leur dédain pour tout ce qui tient aux idées religieuses un misérable dédommagement de leur esclavage. L'on dirait que la certitude qu'il n'existe pas d'autre monde leur est une consolation de leur opprobre dans celui-ci. L'esprit, le plus vil des instruments quand il est séparé de la conscience, l'esprit, fier encore de sa flexibilité misérable, vient se jouer avec élégance au milieu de la dégradation générale. On rit de son propre esclavage et de sa propre corruption sans être moins esclave, sans être moins corrompu ; et cette plaisanterie, sans discernement comme sans bornes, espèce de vertige d'une race abâtardie, est elle-même le symptôme ridicule d'une incurable dégénération.

L'on ne sait pas assez, malgré mille exemples, dans combien d'égarements la servitude plonge les humains, et que de douleurs elle leur impose. Il ne s'agit pas seulement des peines positives, des dangers, des humiliations, des spoliations et des supplices ; mais les facultés inoccupées, les nobles dons de la nature condamnés à languir stériles, à périr obscurs ; la pensée et le sentiment refoulés sur l'âme inactive qu'ils oppressent ; ce souffle de mort qui glace le monde intellectuel ; ce vaste linceul étendu par une main de fer sur la partie morale de toutes les éxistences qui ne sont pas dégradées : ce sont là les maux véritables, d'autant plus cruels qu'il faut les supporter en silence, et que les victimes ignorent, au milieu de l'univers muet et morne, s'il est des cœurs qui les plaignent, des esprits qui les comprennent et qui leur répondent[1].

1. Comparer avec ce chapitre le livre important et trop peu connu aujourd'hui du savant Daunou : *Essai sur les garanties individuelles*, Paris, 1819, 1 vol. in-8. — Laboulaye, *l'État et ses limites*, Paris, Charpentier, 1 vol. in-18. *Le Parti libéral et son avenir*, du même auteur. — Charles de Rémusat, *Politique libérale*, Paris, Lévy, 1 vol. in-8.

I]

DE LA LIBERTÉ RELIGIEUSE[1].

Nous en sommes enfin venus à la seule idée raisonnable relativement à la religion, celle de consacrer la
liberté des cultes sans restriction, sans privilége, sans
même obliger les individus, pourvu qu'ils observent des
formes extérieures purement légales, à déclarer leur
assentiment en faveur d'un culte en particulier. Nous
avons évité l'écueil de cette intolérance civile, qu'on a
voulu substituer à l'intolérance religieuse proprement
dite, aujourd'hui que le progrès des idées s'oppose à
cette dernière. A l'appui de cette nouvelle espèce d'into-

---

1. Nous engageons les lecteurs à comparer ce chapitre de Benjamin Constant avec la *Préface* que M. de Bonald a placée en tête
de la *Démonstration philosophique du principe constitutif des Socie-
tés*: chez Benjamin Constant le *sentiment religieux* aboutit à la tolérance ; chez M. de Bonald la *religion* renfermée dans l'église aboutit
à la compression. « Faite pour la société et société elle-même, dit
M. de Bonald, la religion chrétienne a dû en revêtir tous les caractères. L'idée de société renferme en elle le droit de juridiction, de
tribunal, de jugement, et par conséquent de mesures coactives et
répressives. *OEuvres complètes* de M. de Bonald, Paris, 1859,
gr. in-8. T. I, p. 35 et 36. On verra par la comparaison des deux
écrivains combien est profond l'abîme qui sépare, sur les questions
religieuses, les publicistes libéraux des philosophes catholiques.

(*Note de l'éditeur.*)

lérance, l'on a fréquemment cité Rousseau, qui chérissait toutes les théories de la liberté, et qui a fourni des
prétextes à toutes les prétentions de la tyrannie.

« Il y a, dit-il, une profession de foi purement civile,
« dont il appartient au souverain de fixer les articles,
« non pas précisément comme dogmes de religion, mais
« comme sentiments de sociabilité. Sans pouvoir obli-
« ger personne à croire à ces dogmes, il peut bannir de
« l'État quiconque ne les croit pas. Il peut le bannir,
« non comme impie, mais comme insociable[1]. » Qu'est-
ce que l'État, décidant des sentiments qu'il faut adopter?
Que m'importe que le souverain ne m'oblige pas à croire,
s'il me punit de ce que je ne crois pas? Que m'importe
qu'il ne me frappe pas comme impie, s'il me frappe
comme insociable? Que m'importe que l'autorité s'abs-
tienne des subtilités de la théologie, si elle se perd dans
une morale hypothétique, non moins subtile, non moins
étrangère à sa juridiction naturelle?

Je ne connais aucun système de servitude, qui ait
consacré des erreurs plus funestes que l'éternelle métaphysique du *Contrat social*.

L'intolérance civile est aussi dangereuse, plus absurde, et surtout plus injuste que l'intolérance religieuse. Elle est aussi dangereuse, puisqu'elle a les

---

1. Rousseau, *Contrat social*, liv. IV, chap. VIII. Il ajoute : *que
si quelqu'un, après avoir reconnu publiquement ces mêmes dogmes,
se conduit comme ne les croyant pas, qu'il soit puni de mort; il a
commis le plus grand des crimes, il a menti devant les lois.* Mais
celui qui a le malheur de ne pas croire ces dogmes ne peut avouer
ses doutes sans s'exposer au bannissement; et si ses affections le
retiennent, s'il a une famille, une femme, des enfants qu'il hésite à quitter pour se précipiter dans l'exil, n'est-ce pas vous, vous
seul qui le forcez à ce que vous appelez le plus grand des crimes, au
mensonge devant les lois? Je dirai, du reste, que, dans cette circonstance, ce mensonge me paraît loin d'être un crime. Quand de
prétendues lois n'exigent de nous la vérité que pour nous proscrire,
nous ne leur devons pas la vérité.

mêmes résultats sous un autre prétexte; elle est plus absurde, puisqu'elle n'est pas motivée sur la conviction; elle est plus injuste, puisque le mal qu'elle cause n'est pas pour elle un devoir, mais un calcul.

L'intolérance civile emprunte mille formes et se réfugie de poste en poste pour se dérober au raisonnement. Vaincue sur le principe, elle dispute sur l'application. On a vu des hommes, persécutés depuis près de trente siècles, dire au gouvernement qui les relevait de leur longue proscription, que s'il était nécessaire qu'il y eût dans un État plusieurs religions positives, il ne l'était pas moins d'empêcher que les sectes tolérées ne produisissent, en se subdivisant, de nouvelles sectes[1]. Mais chaque secte tolérée n'est-elle pas elle-même une subdivision d'une secte ancienne? A quel titre contesterait-elle aux générations futures les droits qu'elle a réclamés contre les générations passées?

L'on a prétendu qu'aucune des églises reconnues ne pouvait changer ses dogmes sans le consentement de l'autorité. Mais si par hasard ces dogmes venaient à être rejetés par la majorité de la communauté religieuse, l'autorité pourrait-elle l'astreindre à les professer? Or, en fait d'opinion, les droits de la majorité et ceux de la minorité sont les mêmes.

On conçoit l'intolérance, lorsqu'elle impose à tous une seule profession de foi; elle est au moins conséquente. Elle peut croire qu'elle retient les hommes dans le sanctuaire de la vérité; mais lorsque deux opinions sont permises, comme l'une des deux est nécessairement fausse, autoriser le gouvernement à forcer les individus de l'une et de l'autre à rester attachés a l'opinion de leur secte, ou les sectes à ne jamais changer d'opinion,

---

1. *Discours des Juifs au gouvernement français.*

c'est l'autoriser formellement à prêter son assistance à l'erreur.

La liberté complète et entière de tous les cultes est aussi favorable à la religion que conforme à la justice.

Si la religion avait toujours été parfaitement libre, elle n'aurait, je le pense, été jamais qu'un objet de respect et d'amour[1]. L'on ne concevrait guère le fanatisme bizarre qui rendrait la religion en elle-même un objet de haine ou de malveillance. Ce recours d'un être malheureux à un être juste, d'un être faible à un être bon, me semble ne devoir exciter, dans ceux mêmes qui le considèrent comme chimérique, que l'intérêt et la sympathie. Celui qui regarde comme des erreurs toutes les espérances de la religion doit être plus profondément ému que tout autre de ce concert universel de tous les êtres souffrants, de ces demandes de la douleur s'élançant vers un ciel d'airain, de tous les coins de la terre, pour rester sans réponse, et de l'illusion se-

---

1. Depuis le jour où Constantin a uni l'Église et l'État, c'est au nom de l'Évangile qu'on a étouffé les consciences, tué, exilé, persécuté des millions d'hommes. On a versé plus de sang au nom de la religion que de la politique. Si l'Église et l'État n'avaient pas mêlé leurs intérêts et leurs passions, si le prince n'avait pas prêté ses bourreaux au prêtre, la chrétienté aurait-elle jamais vu de pareils crimes? Ces violences, qui ont déshonoré et affaibli la religion, ont-elles au moins scellé l'union de l'Église et l'État: Non, cet antique mariage n'a été qu'une discorde perpétuelle. L'Église a mis les princes en tutelle; les princes, à leur tour, ont asservi l'Église; les papes ont déposé les empereurs, les rois ont chassé et emprisonné les évêques; depuis trois siècles il ne s'est point passé vingt ans en France sans que le clergé et l'État n'aient été en guerre. Le règne de Louis XIV, aussi bien que celui de Napoléon, est rempli de ces misérables querelles. Quand l'Église ne domine pas, elle crie à l'oppression; quand le prince trouve devant lui la conscience qui proteste, il crie à la révolte. Voilà ce que nous apprend une expérience de quinze siècles. Cette expérience est une condamnation. M. Laboulaye, *le Parti libéral*, p. 45.

courable qui prend pour une réponse le bruit confus de tant de prières, répétées au loin dans les airs.

Les causes de nos peines sont nombreuses. L'autorité peut nous proscrire, le mensonge nous calomnier ; les liens d'une société toute factice nous blessent ; la nature inflexible nous frappe dans ce que nous chérissons; la vieillesse s'avance vers nous, époque sombre et solennelle où les objets s'obscurcissent et semblent se retirer, et où je ne sais quoi de froid et de terne se répand sur tout ce qui nous entoure.

Contre tant de douleurs, nous cherchons partout des consolations, et toutes nos consolations durables sont religieuses. Lorsque les hommes nous persécutent, nous nous créons je ne sais quel recours par delà les hommes. Lorsque nous voyons s'évanouir nos espérances les plus chéries, la justice, la liberté, la patrie, nous nous flattons qu'il existe quelque part un être qui nous saura gré d'avoir été fidèles, malgré notre siècle, à la justice, à la liberté, à la patrie. Quand nous regrettons un objet aimé, nous jettons un pont sur l'abîme, et le traversons par la pensée. Enfin, quand la vie nous échappe, nous nous élançons vers une autre vie. Ainsi la religion est, de son essence, la compagne fidèle, l'ingénieuse et infatigable amie de l'infortuné.

Ce n'est pas tout. Consolatrice du malheur, la religion est, en même temps, de toutes nos émotions, la plus naturelle. Toutes nos sensations physiques, tous nos sentiments moraux, la font renaître dans nos cœurs à notre insu. Tout ce qui nous paraît sans bornes, et produit en nous la notion de l'immensité, la vue du ciel, le silence de la nuit, la vaste étendue des mers, tout ce qui nous conduit à l'attendrissement ou à l'enthousiasme, la conscience d'une action vertueuse, d'un généreux sacrifice, d'un danger bravé courageusement, de la douleur d'autrui secourue ou soulagée, tout ce qui soulève au fond de notre âme les éléments primitifs de notre nature, le mépris du vice, la haine de la tyrannie, nourrit le sentiment religieux.

Ce sentiment tient de près à toutes les passions nobles, délicates et profondes: comme toutes ces passions, il a quelque chose de mystérieux; car la raison commune ne peut expliquer aucune de ces passions d'une manière satisfaisante. L'amour, cette préférence exclusive pour un objet dont nous avions pu nous passer longtemps et auquel tant d'autres ressemblent, le besoin de la gloire, cette soif d'une célébrité qui doit se prolonger après nous, la jouissance que nous trouvons dans le dévouement, jouissance contraire à l'instinct habituel de notre égoïsme, la mélancolie, cette tristesse sans cause, au fond· de laquelle est un plaisir que nous ne saurions analyser, mille autres sensations qu'on ne peut décrire, et qui nous remplissent d'impressions vagues et d'émotions confuses, sont inexplicables pour la rigueur du raisonnement: elles ont toutes de l'affinité avec le sentiment religieux. Toutes ces choses sont favorables au développement de la morale : elles font sortir l'homme du cercle étroit de ses intérêts; elles rendent à l'âme cette élasticité, cette délicatesse, cette exaltation qu'étouffe l'habitude de la vie commune et des calculs qu'elle nécessite. L'amour est la plus mélangée de ces passions, parce qu'il a pour but une jouissance déterminée, que ce but est près de nous, et qu'il aboutit à l'égoïsme. Le sentiment religieux, par la raison contraire, est de toutes ces passions la plus pure. Il ne fuit point avec la jeunesse; il se fortifie quelquefois dans l'âge avancé, comme si le ciel nous l'avait donné pour consoler l'époque la plus dépouillée de notre vie.

Un homme de génie disait que la vue de l'Apollon du Belvédère ou d'un tableau de Raphaël le rendait meilleur. En effet, il y a dans la contemplation du beau, en tout genre, quelque chose qui nous détache de nous-mêmes, en nous faisant sentir que la perfection vaut mieux que nous, et qui par cette conviction, nous inspirant un désintéressement momentané, réveille en nous la puissance du sacrifice, qui est la source de toute vertu. Il y a dans l'émotion, quelle qu'en soit la cause, quelque chose qui fait circuler notre sang plus vite, qui nous procure une sorte de bien-être, qui double le sentiment de notre existence et de nos forces, et qui par la nous rend susceptible d'une générosité, d'un courage, d'une sympathie au-dessus de notre disposition habituelle. L'homme corrompu lui-même est meilleur lorsqu'il est ému, et aussi longtemps qu'il est ému.

Je ne veux point dire que l'absence du sentiment religieux prouve dans tout individu l'absence de morale. Il y a des hommes dont l'esprit est la partie principale, et ne peut céder qu'à une évidence complète. Ces hommes sont d'ordinaire livrés à des méditations profondes, et préservés de la plupart des tentations corruptrices par les jouissances de l'étude ou l'habitude de la pensée : ils sont capables par conséquent d'une moralité scrupuleuse ; mais dans la foule des hommes vulgaires, l'absence du sentiment religieux, ne tenant point à de pareilles causes, annonce le plus souvent, je le pense, un cœur aride, un esprit frivole, une âme absorbée dans des intérêts petits et ignobles, une grande stérilité d'imagination. J'excepte le cas où la persécution aurait irrité ces hommes. L'effet de la persécution est de révolter contre ce qu'elle commande, et il peut arriver alors que des hommes sensibles, mais fiers, indignés d'une religion qu'on leur impose, rejettent sans examen tout ce qui tient à la religion; mais cette exception, qui est de circonstance, ne change rien à la thèse générale.

Je n'aurais pas mauvaise opinion d'un homme éclairé, si on me le présentait comme étranger au sentiment religieux; mais un peuple, incapable de ce sentiment, me paraîtrait privé d'une faculté précieuse et déshérité par la nature. Si l'on m'accusait ici de ne pas définir d'une manière assez précise le sentiment religieux, je demanderais comment on définit avec précision cette partie vague et profonde de nos sensations morales, qui par sa nature même défie tous les efforts du langage. Comment définirez-vous l'impression d'une nuit obscure, d'une antique forêt, du vent qui gémit à travers des ruines ou sur des tombeaux, de l'océan qui se prolonge au delà des regards? Comment définirez-vous l'émotion que vous causent les chants d'Ossian, l'église de Saint-Pierre, la méditation de la mort, l'harmonie des sons ou celle des formes! Comment définirez-vous la rêverie, ce frémissement intérieur de l'âme, où viennent se rassembler et comme se perdre, dans une confusion mystérieuse, toutes les puissances des sens et de la pensée? Il y a de la religion au fond de toutes ces choses. Tout ce qui est beau, tout ce qui est intime, tout ce qui est noble, participe de la religion.

Elle est le centre commun où se réunissent, au-dessus de l'action du temps et de la portée du vice, toutes les idées de justice, d'amour, de liberté, de pitié, qui, dans ce monde d'un jour, composent la dignité de l'espèce humaine; elle est la tradition permanente de tout ce qui est beau, grand et bon à travers l'avilissement et l'iniquité des siècles, la voix éternelle qui répond à la vertu dans sa langue, l'appel du présent à l'avenir, de la terre au ciel, le recours solennel de tous les opprimés dans toutes les situations, la dernière espérance de l'innocence

qu'on immole et de la faiblesse que l'on foule aux
pieds.

D'où vient donc que cette alliée constante, cet appui
nécessaire, cette lueur unique au milieu des ténèbres
qui nous environnent, a, dans tous les siècles, été en
butte à des attaques fréquentes et acharnées? D'où vient
que la classe qui s'en est déclarée l'ennemie a presque
toujours été la plus éclairée, la plus indépendante et la
plus instruite? C'est qu'on a dénaturé la religion ; l'on a
poursuivi l'homme dans ce dernier asile, dans ce sanctuaire intime de son existence : la religion s'est trans-
formée entre les mains de l'autorité en institution menaçante. Après avoir créé la plupart et les plus poignantes
de nos douleurs, le pouvoir a prétendu commander à
l'homme jusque dans ses consolations. La religion dogmatique, puissance hostile et persécutrice, a voulu soumettre à son joug l'imagination dans ses conjectures, et
le cœur dans ses besoins. Elle est devenue un fléau plus
terrible que ceux qu'elle était destinée à faire oublier.

De là, dans tous les siècles où les hommes ont réclamé leur indépendance morale, cette résistance à la
religion, qui a paru dirigée contre la plus douce des
affections, et qui ne l'était en effet que contre la plus
oppressive des tyrannies. L'intolérance, en plaçant la
force du côté de la foi, a placé le courage du côté du
doute : la fureur des croyants a exalté la vanité des incrédules, et l'homme est arrivé de la sorte à se faire un
mérite d'un système qu'il eût naturellement dû considérer comme un malheur. La persécution provoque la résistance. L'autorité, menaçant une opinion quelle qu'elle
soit, excite à la manifestation de cette opinion tous les
esprits qui ont quelque valeur. Il y a dans l'homme un
principe de révolte contre toute contrainte intellectuelle.
Ce principe peut aller jusqu'à la fureur; il peut être

la cause de beaucoup de crimes ; mais il tient à tout ce qu'il y a de noble au fond de notre âme.

Je me suis senti souvent frappé de tristesse et d'étonnement en lisant le fameux *Système de la Nature*[1]. Ce long acharnement d'un vieillard à fermer devant lui tout avenir, cette inexplicable soif de la destruction, cette haine aveugle et presque féroce contre une idée douce et consolante, me paraissaient un bizarre délire ; mais je le concevais toutefois en me rappelant les dangers dont l'autorité entourait cet écrivain. De tout temps on a troublé la réflexion des hommes irréligieux : ils n'ont jamais eu le temps ou la liberté de considérer à loisir leur propre opinion ; elle a toujours été pour eux une propriété qu'on voulait leur ravir : ils ont songé moins à l'approfondir qu'à la justifier ou à la défendre. Mais laissez-les en paix : ils jetteront bientôt un triste regard sur le monde, qu'ils ont dépeuplé de l'intelligence et de la bonté suprême ; ils s'étonneront eux-mêmes de leur victoire : l'agitation de la lutte, la soif de reconquérir le droit d'examen, toutes ces causes d'exaltation ne les soutiendront plus ; leur imagination, naguère toute occupée du succès, se retournera désœuvrée et comme déserte sur elle-même ; ils verront l'homme seul sur une terre qui doit l'engloutir. L'univers est sans vie : des générations passagères, fortuites, isolées, y paraissent, souffrent, meurent ; nul lien n'existe entre ces généra-

---

1. Le *Système de la nature* est l'œuvre du baron d'Holbach, patron des Encyclopédistes. Ce livre, qui eut un moment de célébrité, a pour objet de prouver que « l'athéisme est le seul système qui « puisse conduire l'homme à la liberté, au bonheur et à la vertu. » Voltaire disait que la physique de l'auteur était absurde, sa logique fausse, et sa morale abominable. La postérité en a jugé comme Voltaire, et ce livre, que le parlement condamnait en 1770 à être brûlé par la main du bourreau, est aujourd'hui complétement oublié.   (*Note de M. Laboulaye.*)

tions, dont le partage est ici la douleur, plus loin le néant. Toute communication est rompue entre le passé, le présent et l'avenir : aucune voix ne se prolonge des races qui ne sont plus aux races vivantes, et la voix des races vivantes doit s'abîmer un jour dans le même silence éternel. Qui ne sent que, si l'incrédulité n'avait pas rencontré l'intolérance, ce qu'il y a de décourageant dans ce système aurait agi sur l'âme de ses sectateurs, de manière à les retenir au moins dans l'apathie et dans le silence?

Je le répète. Aussi longtemps que l'autorité laissera la religion parfaitement indépendante, nul n'aura intérêt d'attaquer la religion; la pensée même n'en viendra pas; mais si l'autorité prétend la défendre, si elle veut surtout s'en faire une alliée, l'indépendance intellectuelle ne tardera pas à l'attaquer.

De quelque manière qu'un gouvernement intervienne dans ce qui a rapport à la religion, il fait du mal.

Il fait du mal, lorsqu'il veut maintenir la religion contre l'esprit d'examen, car l'autorité ne peut agir sur la conviction; elle n'agit que sur l'intérêt. En n'accordant ses faveurs qu'aux hommes qui professent les opinions consacrées, que gagne-t-elle? d'écarter ceux qui avouent leur pensée, ceux qui par conséquent ont au moins de la franchise. Les autres, par un facile mensonge, savent éluder ses précautions; elles atteignent les hommes scrupuleux, elles sont sans force contre ceux qui sont ou deviennent corrompus.

Quelles sont d'ailleurs les ressources d'un gouvernement pour favoriser une opinion? Confiera-t-il exclusivement à ses sectateurs les fonctions importantes de l'Etat? mais les individus repoussés s'irriteront de la préférence. Fera-t-il écrire ou parler pour l'opinion qu'il protége? d'autres écriront ou parleront dans un

sens contraire. Restreindra-t-il la liberté des écrits, des
paroles, de l'éloquence, du raisonnement, de l'ironie
même ou de la déclamation? Le voilà dans une carrière
nouvelle : il ne s'occupe plus à favoriser ou à convaincre, mais à étouffer ou à punir; pense-t-il que ses
lois pourront saisir toutes les nuances et se graduer en
proportion? Ses mesures répressives seront-elles douces? on les bravera, elles ne feront qu'aigrir sans inti-
mider. Seront-elles sévères? le voilà persécuteur. Une
fois sur cette pente glissante et rapide, il cherche en
vain à s'arrêter.

Mais ses persécutions mêmes, quel succès pourrait-il
en espérer? Aucun roi, que je pense, ne fut entouré de
plus de prestiges que Louis XIV. L'honneur, la vanité,
la mode, la mode toute-puissante, s'étaient placés, sous
son règne, dans l'obéissance. Il prêtait à la religion
l'appui du trône et celui de son exemple. Il attachait le
salut de son âme au maintien des pratiques les plus
rigides, et il avait persuadé à ses courtisans que le salut
de l'âme du roi était d'une particulière importance.
Cependant, malgré sa sollicitude toujours croissante,
malgré l'austérité d'une vieille cour, malgré le souvenir de cinquante années de gloire, le doute se glissa
dans les esprits, même avant sa mort. Nous voyons,
dans les mémoires du temps, des lettres interceptées,
écrites par des flatteurs assidus de Louis XIV, et offen-
santes également, nous dit madame de Maintenon, à
Dieu et au roi. Le roi mourut. L'impulsion philosophique renversa toutes les digues; le raisonnement se
dédommagea de la contrainte qu'il avait impatiemment
supportée, et le résultat d'une longue compression fut
l'incrédulité poussée à l'excès.

L'autorité ne fait pas moins de mal et n'est pas
moins impuissante, lorsque, au milieu d'un siècle scep-

tique, elle veut rétablir la religion. La religion doit
se rétablir seule par le besoin que l'homme en a; et
quand on l'inquiète par des considérations étrangères,
on l'empêche de ressentir toute la force de ce besoin.
L'on dit, et je le pense, que la religion est dans la nature; il ne faut donc pas couvrir sa voix par celle de
l'autorité. L'intervention des gouvernements pour la
défense de la religion, quand l'opinion lui est défavorable, a cet inconvénient particulier, que la religion
est défendue par des hommes qui n'y croient pas. Les
gouvernants sont soumis, comme les gouvernés, à la
marche des idées humaines; lorsque le doute a pénétré
dans la partie éclairée d'une nation, il se fait jour dans
le gouvernement même. Or, dans tous les temps, les
opinions ou la vanité sont plus fortes que les intérêts.
C'est en vain que les dépositaires de l'autorité se disent
qu'il est de leur avantage de favoriser la religion; ils
peuvent déployer pour elle leur puissance, mais ils ne
sauraient s'astreindre à lui témoigner des égards. Ils
trouvent quelque jouissance à mettre le public dans la
confidence de leur arrière-pensée; ils craindraient de
paraître convaincus, de peur d'être pris pour des dupes.
Si leur première phrase est consacrée à commander la
crédulité, la seconde est destinée à reconquérir pour
eux les honneurs du doute, et l'on est mauvais mission-
naire, quand on veut se placer au-dessus de sa propre
profession de foi [1].

Alors s'établit cet axiome, qu'il faut une religion au
peuple, axiome qui flatte la vanité de ceux qui le répètent, parce qu'en le répétant, ils se séparent de ce peuple auquel il faut une religion.

---

1. On remarquait cette tendance bien évidemment dans les
hommes en place, dans plusieurs de ceux mêmes qui étaient à la
tête de l'Église, sous Louis XV et sous Louis XVI.

Cet axiome est faux par lui-même, en tant qu'il implique que la religion est plus nécessaire aux classes laborieuses de la société qu'aux classes oisives et opulentes. Si la religion est nécessaire, elle l'est également à tous les hommes et à tous les degrés d'instruction. Les crimes des classes pauvres et peu éclairées ont des caractères plus violents, plus terribles, mais plus faciles en même temps à découvrir et à réprimer. La loi les entoure, elle les saisit, elle les comprime aisément, parce que ces crimes la heurtent d'une manière directe. La corruption des classes supérieures se nuance, se diversifie, se dérobe aux lois positives, se joue de leur esprit en éludant leurs formes, leur oppose d'ailleurs le crédit, l'influence, le pouvoir.

Raisonnement bizarre! le pauvre ne peut rien : il est environné d'entraves ; il est garrotté par des liens de toute espèce; il n'a ni protecteurs ni soutiens; il peut commettre un crime isolé; mais tout s'arme contre lui dès qu'il est coupable; il ne trouve dans ses juges, tirés toujours d'une classe d'ennemis, aucun ménagement; dans ses relations, impuissantes comme lui, aucune chance d'impunité; sa conduite n'influe jamais sur le sort général de la société dont il fait partie, et c'est contre lui seul que vous voulez la garantie mystérieuse de la religion! Le riche, au contraire, est jugé par ses pairs, par ses alliés; par des hommes sur qui rejaillissent toujours plus ou moins les peines qu'ils lui infligent. La société lui prodigue ses secours; toutes les chances matérielles et morales sont pour lui, par l'effet seul de la richesse : il peut influer au loin, il peut bouleverser ou corrompre; et c'est cet être puissant et favorisé que vous voulez affranchir du joug qu'il vous semble indispensable de faire peser sur un être faible et désarmé !

Je dis tout ceci dans l'hypothèse ordinaire, que la religion est surtout précieuse, comme fortifiant les lois pénales; mais ce n'est pas mon opinion. Je place la religion plus haut; je ne la considère point comme le supplément de la potence et de la roue. Il y a une morale commune fondée sur le calcul, sur l'intérêt, sur la sûreté, et qui peut à la rigueur se passer de la religion. Elle peut s'en passer dans le riche, parce qu'il réfléchit; dans le pauvre, parce que la loi l'épouvante, et que d'ailleurs, ses occupations étant tracées d'avance, l'habitude d'un travail constant produit sur sa vie l'effet de la réflexion. Mais malheur au peuple qui n'a que cette morale commune! c'est pour créer une morale plus élevée que la religion me semble désirable : je l'invoque, non pour réprimer les crimes grossiers, mais pour ennoblir toutes les vertus.

Les défenseurs de la religion croient souvent faire merveille en la représentant surtout comme utile : que diraient-ils, si on leur démontrait qu'ils rendent le plus mauvais service à la religion?

De même qu'en cherchant dans toutes les beautés de la nature un but positif, un usage immédiat, une application à la vie habituelle, on flétrit tout le charme de ce magnifique ensemble; en prêtant sans cesse à la religion une utilité vulgaire, on la met dans la dépendance de cette utilité. Elle n'a plus qu'un rang secondaire, elle ne paraît plus qu'un moyen, et par là même elle est avilie.

L'axiome qu'il faut une religion au peuple est en outre tout ce qu'il y a de plus propre à détruire toute religion. Le peuple est averti, par un instinct assez sûr, de ce qui se passe sur sa tête. La cause de cet instinct est la même que celle de la pénétration des enfants, et de toutes les classes dépendantes. Leur intérêt les éclaire sur la pensée secrète de ceux qui disposent de leur destinée. On compte trop sur la bonhomie du peuple, lorsqu'on espère qu'il croira longtemps ce que ses chefs refusent de croire. Tout le fruit de leur artifice, c'est que le peuple, qui les voit incrédules, se détache de sa religion, sans savoir pourquoi. Ce que l'on gagne en prohibant l'examen, c'est d'empêcher le peuple d'être éclairé, mais non d'être impie. Il devient impie par imitation; il traite la religion de chose niaise et de duperie, et chacun la renvoie à ses inférieurs, qui, de leur côté, s'empressent de la repousser encore plus bas. Elle descend ainsi chaque jour plus dégradée; elle est moins menacée lorsqu'on l'attaque de toutes parts. Elle peut alors se réfugier au fond des âmes sensibles. La vanité ne craint pas de faire preuve de sottise et de déroger en la respectant.

Qui le croirait! l'autorité fait du mal, même lorsqu'elle veut soumettre à sa juridiction les principes de la tolérance; car elle impose à la tolérance des formes positives et fixes qui sont contraires à la nature. La tolérance n'est autre chose que la liberté de tous les cultes présents et futurs. L'empereur Joseph II voulut établir la tolérance, et libéral dans ses vues, il commença par faire dresser un vaste catalogue de toutes les opinions religieuses, professées par ses sujets. Je ne sais combien furent enregistrées, pour être admises au bénéfice de sa protection. Qu'arriva-t-il? un culte qu'on avait oublié vint à se montrer tout à coup, et Joseph II, prince tolérant, lui dit qu'il était venu trop tard. Les déistes de Bohême furent persécutés, vu leur date, et le monarque philosophe se mit à la fois en hostilité contre le Brabant qui réclamait la domination exclusive du catholicisme, et contre les malheureux Bohémiens, qui demandaient la liberté de leur opinion.

Cette tolérance limitée renferme une singulière erreur. L'imagination seule peut satisfaire aux besoins de l'imagination. Quand, dans un empire, vous auriez toléré vingt religions, vous n'auriez rien fait encore pour les sectateurs de la vingt et unième. Les gouvernements qui s'imaginent laisser aux gouvernés une latitude convenable, en leur permettant de choisir entre un nombre fixe de croyances religieuses, ressemblent à ce Français, qui, arrivé dans une ville d'Allemagne dont les habitants voulaient apprendre l'italien, leur donnait le choix entre le basque ou le bas-breton.

Cette multitude des sectes dont on s'épouvante est ce qu'il y a pour la religion de plus salutaire ; elle fait que la religion ne cesse pas d'être un sentiment pour devenir une simple forme, une habitude presque mécanique, qui se combine avec tous les vices, et quelquefois avec tous les crimes.

Quand la religion dégénère de la sorte, elle perd toute son influence sur la morale ; elle se loge, pour ainsi dire, dans une case des têtes humaines, où elle reste isolée de tout le reste de l'existence. Nous voyons en Italie la messe précéder le meurtre, la confession le suivre, la pénitence l'absoudre, et l'homme, ainsi délivré du remords, se préparer à des meurtres nouveaux.

Rien n'est plus simple. Pour empêcher la subdivision des sectes, il faut empêcher que l'homme ne réfléchisse sur sa religion ; il faut donc empêcher qu'il ne s'en occupe ; il faut la réduire à des symboles que l'on répète, à des pratiques que l'on observe. Tout devient extérieur ; tout doit se faire sans examen ; tout se fait bientôt par là même sans intérêt et sans attention.

Je ne sais quels peuples mogols, astreints par leur culte à des prières fréquentes, se sont persuadé que ce qu'il y avait d'agréable aux dieux, dans les prières, c'était que l'air, frappé par le mouvement des lèvres, leur prouvât sans cesse que l'homme s'occupait d'eux. En conséquence ces peuples ont inventé de petits moulins à prières, qui, agitant l'air d'une certaine façon, entretiennent perpétuellement le mouvement désiré; et pendant que ces moulins tournent, chacun, persuadé que les dieux sont satisfaits, vaque sans inquiétude à ses affaires ou à ses plaisirs. La religion, chez plus d'une nation européenne, m'a rappelé souvent les petits moulins des peuples mogols.

La multiplication des sectes a pour la morale un grand avantage. Toutes les sectes naissantes tendent à se distinguer de celles dont elles se séparent par une morale plus scrupuleuse, et souvent aussi la secte qui voit s'opérer dans son sein une scission nouvelle, animée d'une émulation recommandable, ne veut pas rester dans ce genre en arrière des novateurs. Ainsi l'apparition du protestantisme réforma les mœurs du clergé catholique. Si l'autorité ne se mêlait point de la religion les sectes se multiplieraient à l'infini; chaque congrégation nouvelle chercherait à prouver la bonté de sa doctrine, par la pureté de ses mœurs : chaque congrégation délaissée voudrait se défendre avec les mêmes armes. De là résulterait une heureuse lutte où l'on placerait le succès dans une moralité plus austère : les mœurs s'amélioreraient sans efforts, par une impulsion naturelle et une honorable rivalité. C'est ce que l'on peut remarquer en Amérique, et même en Écosse où la tolérance est loin d'être parfaite, mais où cependant le presbytérianisme s'est subdivisé en de nombreuses ramifications.

Jusqu'à présent la naissance des sectes, loin d'être accompagnée de ces effets salutaires, a presque tou-

jours été marquée par des troubles et par des malheurs.
C'est que l'autorité s'en est mêlée. A sa voix, par son
action indiscrète, les moindres dissemblances jusques
alors innocentes et même utiles sont devenues des germes de discorde.

Frédéric Guillaume, le père du grand Frédéric,
étonné de ne pas voir régner dans la religion de ses
sujets la même discipline que dans ses casernes, voulut un jour réunir les luthériens et les réformés : il
retrancha de leurs formules respectives ce qui occa-
sionnait leurs dissentiments et leur ordonna d'être
d'accord. Jusqu'alors ces deux sectes avaient vécu séparées, mais dans une intelligence parfaite. Condamnées
à l'union, elles commencèrent aussitôt une guerre
acharnée, s'attaquèrent entre elles, et résistèrent à l'autorité. A la mort de son père, Frédéric II monta sur le
trône; il laissa toutes les opinions libres; les deux
sectes se combattirent sans attirer ses regards; elles
parlèrent sans être écoutées : bientôt elles perdirent
l'espoir du succès et l'irritation de la crainte; elles se
turent, les différences subsistèrent, et les dissensions
furent apaisées.

En s'opposant à la multiplication des sectes, les gouvernements méconnaissent leurs propres intérêts. Quand
les sectes sont très-nombreuses dans un pays, elles se
contiennent mutuellement, et dispensent le souverain
de transiger avec aucune d'elles. Quand il n'y a qu'une
secte dominante, le pouvoir est obligé de recourir
à mille moyens pour n'avoir rien à en craindre. Quand
il n'y en a que deux ou trois, chacune étant assez formidable pour menacer les autres, il faut une surveillance,
une répression non interrompue. Singulier expédient!
vous voulez, dites-vous, maintenir la paix, et pour cet
effet vous empêchez les opinions de se subdiviser de

manière à partager les hommes en petites réunions
faibles ou imperceptibles, et vous constituez trois ou
quatre grands corps ennemis que vous mettez en présence, et qui, grâces aux soins que vous prenez de les
conserver nombreux et puissants, sont prêts à s'attaquer
au premier signal.

Telles sont les conséquences de l'intolérance religieuse : mais l'intolérance irréligieuse n'est pas moins
funeste.

L'autorité ne doit jamais proscrire une religion, même
quand elle la croit dangereuse. Qu'elle punisse les actions coupables qu'une religion fait commettre, non
comme actions religieuses, mais comme actions coupables : elle parviendra facilement à les réprimer. Si
elle les attaquait comme religieuses, elle en ferait un
devoir, et si elle voulait remonter jusqu'à l'opinion qui
en est la source, elle s'engagerait dans un labyrinthe
de vexations et d'iniquités, qui n'aurait plus de terme.
Le seul moyen d'affaiblir une opinion, c'est d'établir le
libre examen. Or, qui dit examen libre, dit éloignement
de toute espèce d'autorité, absence de toute intervention collective : l'examen est essentiellement individuel.

Pour que la persécution, qui naturellement révolte
les esprits et les rattache à la croyance persécutée, par-
vienne au contraire à détruire cette croyance, il faut
dépraver les âmes, et l'on ne porte pas seulement atteinte à la religion qu'on veut détruire, mais à tout sentiment de morale et de vertu. Pour persuader à un
homme de mépriser ou d'abandonner un de ses semblables, malheureux à cause d'une opinion, pour l'engager à quitter aujourd'hui la doctrine qu'il professait
hier, parce que tout à coup elle est menacée, il faut
étouffer en lui toute justice et toute fierté.

Borner, comme on l'a fait souvent parmi nous, les mesures de rigueur aux ministres d'une religion, c'est tracer une limite illusoire. Ces mesures atteignent bientôt tous ceux qui professent la même doctrine, et elles atteignent ensuite tous ceux qui plaignent le malheur des opprimés. « Qu'on ne me dise pas, disait « M. de Clermont-Tonnerre, en 1791, et l'événement « a doublement justifié sa prédiction, qu'on ne me dise « pas, qu'en poursuivant à outrance les prêtres qu'on « appelle réfractaires, on éteindra toute opposition; « j'espère le contraire, et je l'espère par estime pour « la nation française : car toute nation qui cède à la « force, en matière de conscience, est une nation telle- « ment vile, tellement corrompue, que l'on n'en peut « rien espérer ni en raison, ni en liberté [1]. »

La superstition n'est funeste que lorsqu'on la protége ou qu'on la menace : ne l'irritez pas par des injustices; ôtez-lui seulement tout moyen de nuire par des actions, elle deviendra d'abord une passion innocente, et s'éteindra bientôt, faute de pouvoir intéresser par ses souffrances, ou dominer par l'alliance de l'autorité.

Erreur ou vérité, la pensée de l'homme est sa propriété la plus sacrée; erreur ou vérité, les tyrans sont également coupables lorsqu'ils l'attaquent. Celui qui proscrit au nom de la philosophie la superstition spéculative, celui qui proscrit au nom de Dieu la raison indépendante, méritent également l'exécration des hommes de bien.

Qu'il me soit permis de citer encore, en finissant, M. de Clermont-Tonnerre. On ne l'accusera pas de principes exagérés. Bien qu'ami de la liberté, ou peut-

---

1. *Réflexions sur le fanatisme*, réimprimées dans les *OEuvres complètes* de Stanislas de Clermont-Tonnerre, Paris, an III, t. IV, page 98.

être parce qu'il était ami de la liberté, il fut presque toujours repoussé des deux partis dans l'assemblée constituante ; il est mort victime de sa modération [1] : son opinion, je pense, paraîtra de quelque poids. « La religion et l'État, disait-il, sont deux choses « parfaitement distinctes, parfaitement séparées, dont « la réunion ne peut que dénaturer l'une et l'autre. « L'homme a des relations avec son Créateur ; il se « fait ou il reçoit telles ou telles idées sur ces rela- « tions ; on appelle ce système d'idées : religion. La « religion de chacun est donc l'opinion que chacun a « de ses relations avec Dieu. L'opinion de chaque « homme étant libre, il peut prendre ou ne pas prendre « telle religion. L'opinion de la minorité ne peut jamais « être assujettie à celle de la majorité ; aucune opinion « ne peut donc être commandée par le pacte social. La « religion est de tous les temps, de tous les lieux, « de tous les gouvernements ; son sanctuaire est dans « la conscience de l'homme, et la conscience est la « seule faculté que l'homme ne puisse. jamais sacrifier « à une convention sociale. Le corps social ne doit « commander aucun culte ; il n'en doit repousser « aucun [2]. »

Mais de ce que l'autorité ne doit ni commander ni proscrire aucun culte, il n'en résulte point qu'elle ne doive pas les salarier ; et ici notre constitution est en-

---

1. Stanislas de Clermont-Tonnerre, deux fois président de l'assemblée constituante, fut un des hommes les plus sincèrement libéraux et les plus éclairés de son temps. Son *Analyse de la Constitution de* 1791, ses discours sur les massacres d'Avignon, attestent son courage aussi bien que son talent. Il fut massacré le matin du 10 août 1792 par la populace, qui l'accusait d'avoir des armes cachées dans sa maison. (*Note de M. Laboulaye.*)

2. *Opinion sur la propriété des biens du clergé*, novembre 1789, réimprimée dans les *OEuvres complètes*, t. II, p. 75.

core restée fidèle aux véritables principes. Il n'est pas bon de mettre dans l'homme la religion aux prises avec l'intérêt pécuniaire. Obliger le citoyen à payer directement celui qui est, en quelque sorte, son interprète auprès de Dieu qu'il adore, c'est lui offrir la chance d'un profit immédiat s'il renonce à sa croyance; c'est lui rendre onéreux des sentiments que les distractions du monde pour les uns, et ses travaux pour les autres, ne combattent déjà que trop. On a cru dire une chose philosophique, en affirmant qu'il valait mieux défricher un champ que payer un prêtre ou bâtir un temple; mais qu'est-ce que bâtir un temple, payer un prêtre, sinon reconnaître qu'il existe un être bon, juste et puissant, avec lequel on est bien aise d'être en communication? J'aime que l'État déclare, en salariant, je ne dis pas un clergé, mais les prêtres de toutes les communions qui sont un peu nombreuses, j'aime, dis-je, que l'État déclare ainsi que cette communication n'est pas interrompue, et que la terre n'a pas renié le ciel.

Les sectes naissantes n'ont pas besoin que la société se charge de l'entretien de leurs prêtres. Elles sont dans toute la ferveur d'une opinion qui commence et d'une conviction profonde. Mais dès qu'une secte est parvenue à réunir autour de ses autels un nombre un peu considérable de membres de l'association générale, cette association doit salarier la nouvelle église. En les salariant toutes, le fardeau devient égal pour tous, et au lieu d'être un privilége, c'est une charge commune et qui se répartit légalement.

Il en est de la religion comme des grandes routes : j'aime que l'État les entretienne, pourvu qu'il laisse à chacun le droit de préférer les sentiers.

III

DE LA LIBERTÉ DE LA PRESSE.

Tous les hommes éclairés semblent être convaincus qu'il faut accorder une liberté entière et l'exemption de toute censure aux ouvrages d'une certaine étendue. Leur composition exigeant du temps, leur achat, de l'aisance, leur lecture, de l'attention, ils ne sauraient produire ces effets populaires qu'on redoute, à cause de leur rapidité et de leur violence. Mais les *Pamphlets*, les *Brochures*, les *Journaux* surtout, se rédigent plus vite : on se les procure à moins de frais; ils sont d'un effet plus immédiat; on croit cet effet plus formidable. Je me propose de démontrer qu'il est de l'intérêt du gouvernement de laisser même aux écrits de cette nature une liberté complète : j'entends par ce mot la faculté accordée aux écrivains de faire imprimer leurs écrits sans aucune censure préalable[1]. Cette faculté

---

1. La censure préalable établie sous la Restauration était un legs de l'ancienne monarchie. Jusqu'en 1789, la pensée comme la croyance fut tenue dans un complet état de subordination. Tout en

n'exclut point la répression des délits dont la presse peut être l'instrument. Les lois doivent prononcer des peines contre la calomnie, la provocation à la révolte, en un mot, contre tous les abus qui peuvent résulter de la manifestation des opinions. Ces lois ne nuisent point à la liberté; elles la garantissent au contraire. Sans elles, aucune liberté ne peut exister.

J'avais envie de restreindre mes observations aux journaux seuls et de ne point parler des pamphlets; car la force des choses plaidera bientôt en faveur de ces derniers plus éloquemment que je ne pourrais le faire. On ne veut assurément pas renouveler un espionnage qui excéderait les pouvoirs, compromettrait la dignité, contrarierait les intentions équitables d'un gouvernement sage et éclairé. On veut encore moins faire succéder à cet espionnage des actes de rigueur, qui, disproportionnés aux délits, révolteraient tout sentiment de justice,

---

se montrant favorables aux progrès de l'instruction, et très-sensibles à la gloire de la littérature nationale, les rois ne favorisaient l'instruction et les lettres qu'à la condition expresse qu'elles seraient monarchiques et catholiques. Après avoir encouragé la propagation de l'imprimerie, les rois s'effrayèrent de ce nouvel instrument de propagande, et les édits de 1565, 1571, 1612, 1727, 1737, 1781, posèrent en principe que nul dans le royaume ne pouvait publier un livre sans en avoir obtenu l'autorisation et l'avoir fait examiner. Les écrivains, les imprimeurs et les libraires furent quelquefois assimilés aux plus grands criminels, et la déclaration du 16 avril 1757 édicta la peine de mort contre les imprimeurs qui publiaient des livres contraires à la religion, propres à émouvoir les esprits, à donner atteinte à l'autorité royale et à troubler l'ordre public. Les premières protestations contre le système de compression à outrance datent en France des premières années du seizième siècle et des écrivains protestants. Elles se reproduisent avec une extrême énergie au dix-huitième siècle, et se formulent dans les cahiers des États généraux, sous le nom nouveau de *Liberté de la presse*. Le clergé seul se montra hostile à cette liberté, les deux autres ordres la réclamèrent avec insistance. Voir *Cahiers des États généraux*, Paris, 1866, t. II, à la table au mot *Liberté de la presse*.

(Note de l'éditeur.)

et entoureraient d'un intérêt général les plus coupables comme les plus innocents. Il est également impossible, aujourd'hui que le système continental est détruit et que la France a cessé d'être une île inabordable aux autres peuples européens, d'empêcher que les brochures dont on interdirait l'impression en France n'y pénétrassent de l'étranger. La grande confraternité de la civilisation est rétablie; des voyageurs nombreux accourent déjà pour jouir de la liberté, de la sûreté, des avantages de tout genre qui nous sont rendus. Les arrêtera-t-on sur la frontière? Mettra-t-on sous le séquestre les livres qu'ils auront apportés pour leur usage? Sans ces précautions, toutes les autres seront inutiles. Les livres ainsi apportés seront à la disposition des amis du propriétaire et des amis de ses amis. Or, l'intérêt spéculera bientôt sur la curiosité générale. Des colporteurs de brochures interdites se glisseront en France sous le costume de voyageurs. Des communications secrètes s'établiront. Toutes les fois qu'une chance de gain se présente, l'industrie s'en empare, et, sous tout gouvernement qui n'est pas une tyrannie complète, l'industrie est invincible.

On se flatterait en vain de voir les brochures moins multipliées et moins répandues, parce qu'elles n'arriveraient que par occasion, et par là même à un plus petit nombre d'exemplaires et à plus de frais. Nous devrons sûrement bientôt aux mesures du gouvernement, et à la coopération de ces corps qui ont repris une noble et nécessaire indépendance, un accroissement d'aisance pour toutes les classes. Celle qui a l'habitude et le besoin de lire pourra consacrer une plus grande partie de son superflu à satisfaire sa curiosité. La prospérité même de la France tournera ainsi contre les mesures prohibitives, si l'on veut persister dans le système prohibitif.

A mesure que le gouvernement parviendra, par ses efforts soutenus, à réparer les maux de nos agitations prolongées, l'on se trouvera, pour la richesse individuelle, plus voisin de la situation où l'on était en 1788. Or, à cette époque, malgré la censure et toutes les surveillances, la France était inondée de brochures prohibées. Comment la même chose n'arriverait-elle pas aujourd'hui? Certainement les restrictions qu'on veut imposer à la liberté de la presse ne seront pas, après les promesses du monarque, plus sévères qu'elles ne l'étaient quand on proscrivait Bélisaire et qu'on décrétait l'abbé Raynal de prise de corps ; et si le gouvernement ancien, avec l'usage autorisé de l'arbitraire, n'a rien pu empêcher, notre gouvernement constitutionnel, scrupuleux observateur des engagements qu'il a contractés, n'atteindrait pas, avec des moyens cent fois plus restreints, un but que des moyens illimités n'ont jamais pu atteindre. On se tromperait également, si l'on espérait que les brochures illicites, étant imprimées dans l'étranger, n'arriveraient la plupart du temps en France, qu'après l'époque où elles auraient pu faire du mal. Il y aurait des imprimeries clandestines au sein de Paris même. Il y en avait jadis : elles n'ont cessé que sous le despotisme qui s'est exercé successivement au nom de tous et au nom d'un seul : sous une autorité limitée, elles renaîtront. Des peines modérées seront impuissantes, des peines excessives impossibles.

J'invoquerais avec confiance le témoignage de ceux qui, depuis deux mois, sont chargés de cette partie de l'administration, qu'on rend si épineuse, quand elle pourrait être si simple; je l'invoquerais, dis-je, avec confiance, si ces dépositaires de l'autorité pouvaient s'expliquer dans leur propre cause. Ils diraient tous, d'après leur expérience, qu'en fait de liberté de la presse, il faut permettre ou fusiller. Un gouvernement constitutionnel ne pourrait pas fusiller quand il le voudrait; il ne le voudrait pas, sans doute, quand il le pourrait; il vaut donc mieux permettre.

Il faut remarquer que les lois par lesquelles on veut prévenir ne sont dans le fond que des lois qui punissent. Vous défendez d'imprimer sans une censure préalable. Mais, si un écrivain veut braver votre défense, comment l'empêcherez-vous? Il faudra placer des gardes autour de toutes les imprimeries connues, et faire de plus des visites domiciliaires pour découvrir les imprimeries secrètes. C'est l'inquisition dans toute sa force. D'un autre côté, si vous n'adoptez pas cette mesure. vous ne prévenez plus, vous punissez. Seulement vous punissez un autre délit, celui qui consiste à imprimer sans permission ; au lieu que vous auriez puni le délit consistant à imprimer des choses condamnables. Mais l'écrit n'en aura pas moins été imprimé. Le grand argument qu'on allègue sans cesse est erroné. Il faut une censure, dit-on, car, s'il n'y a que des lois pénales, l'auteur pourra être puni, mais le mal aura été fait. Mais si l'écrivain ne se soumet pas à votre censure, s'il imprime clandestinement, il pourra bien être puni de cette infraction à votre loi, mais le mal aura aussi été fait. Vous aurez deux délits à punir au lieu d'un, mais vous n'aurez rien prévenu. Si vous croyez que les écrivains ne se mettront pas en peine du châtiment qui pourra les frapper pour le contenu de leurs écrits, comment croyez-vous qu'ils se mettront en peine du châtiment attaché au mode de publication?

Vous allez même contre votre but. Tel homme que le désir de faire connaître sa pensée entraîne à une première désobéissance, mais qui, s'il avait pu la manifester innocemment, n'aurait pas franchi les bornes légitimes, n'ayant maintenant plus rien à risquer, dépassera ces bornes pour donner à son écrit plus de vogue, et parce qu'il sera aigri ou troublé par le danger même qu'il affronte. L'écrivain qui s'est une fois résigné à braver la loi, en s'affranchissant de la censure, n'a aucun intérêt ultérieur à respecter cette loi dans ses autres dispositions. L'auteur qui écrit publiquement est toujours plus prudent que celui qui se cache. L'auteur résidant à Paris est plus réservé que celui qui se réfugie à Amsterdam ou à Neufchâtel.

Le gouvernement se convaincra donc, j'en suis sûr, de la nécessité de laisser une liberté entière aux brochures et aux pamphlets, sauf la responsabilité des auteurs et imprimeurs, parce qu'il verra que cette liberté est le seul moyen de nous préserver de la licence des libelles imprimés dans l'étranger ou sous une rubrique étrangère : et il accordera encore cette liberté, parce que la réflexion lui démontrera que toute censure, quelque indulgente ou légère qu'elle soit, ravit à l'autorité, ainsi qu'au peuple, un avantage important, surtout dans un pays où tout est à faire ou à modifier, et où les lois, pour être efficaces, doivent non-seulement être bonnes, mais conformes au vœu général.

C'est quand une loi est proposée, quand ses dispositions se discutent, que les ouvrages qui ont rapport à cette loi peuvent être utiles. Les pamphlets, en Angleterre, accompagnent chaque question politique jusque dans le sein du parlement[1]. Toute la partie pensante de la nation intervient de la sorte dans la question qui

---

1. Voyez à ce sujet l'excellente brochure que vient de publier un académicien, M. Suard, dont les écrits sont toujours remplis d'idées justes, et applicables, et dont la conduite, pendant sa longue et noble carrière, est un rare modèle de sagesse et d'élévation, de mesure et de dignité.

l'intéresse. Les représentants du peuple et le gouvernement voient à la fois et tous les côtés de chaque question présentés, et toutes les opinions attaquées et défendues. Ils apprennent non-seulement toute la vérité, mais, ce qui est aussi important que la vérité abstraite, ils apprennent comment la majorité qui écrit et qui parle considère la loi qu'ils vont faire, la mesure qu'ils vont adopter. Ils sont instruits de ce qui convient à la disposition générale; et l'accord des lois avec cette disposition compose leur perfection relative, souvent plus essentielle à atteindre que la perfection absolue. Or, la censure est au moins un retard. Ce retard vous enlève tous ces avantages. La loi se décrète, et les écrits qui auraient éclairé les législateurs deviennent inutiles : tandis qu'une semaine plus tôt ils auraient indiqué ce qu'il fallait faire, ils provoquent seulement la désapprobation contre ce qui est fait. Cette désapprobation paraît alors une chose dangereuse. On la considère comme un commencement de provocation à la désobéissance.

Aussi savez-vous ce qui arrive toujours, quand il y a une censure préalable? Avant qu'une loi ne soit faite, on suspend la publication des écrits qui lui seraient contraires, parce qu'il ne faut pas décréditer d'avance ce qu'on veut essayer. La suspension paraît un moyen simple et doux, une mesure passagère. Quand la loi est faite, on interdit la publication, parce qu'il ne faut pas écrire contre les lois.

Il faudrait ne point connaître la nature humaine pour ne pas prévoir que cet inconvénient se reproduira sans cesse. Je veux supposer tous les ministres toujours animés de l'amour du bien public : plus leur zèle sera vif et pur, plus ils désireront écarter ce qui pourrait nuire à l'établissement de ce qui leur semble bienfaisant, nécessaire, admirable.

Je ne suis pas sûr que, si l'on nous confiait, à nous autres défenseurs de la liberté de la presse, la publication des écrits dirigés contre elle, nous n'y apportassions assez de lenteur.

Comme je ne considère la question que dans l'intérêt du gouvernement, je ne parle point de la bizarrerie qu'il y aurait à fixer le nombre des pages qui doivent constituer un livre pour qu'il soit libre de paraître. Ce serait obliger l'homme qui n'a qu'une vérité à dire, à lui adjoindre un cortége de développements inutiles ou de divagations étrangères. Ce serait condamner celui qui a une idée neuve à produire, à la noyer dans un certain nombre d'idées communes. On ferait de la diffusion une sauvegarde, et du superflu une nécessité.

L'expérience et la force des choses décideront donc bientôt cette question à l'avantage de la liberté, qui est l'avantage du gouvernement lui-même. On organisera une responsabilité claire et suffisante contre les auteurs et les imprimeurs. On assurera au gouvernement les moyens de faire juger ceux qui auraient abusé du droit qui sera garanti à tous. On assurera aux individus les moyens de faire juger ceux qui les auront diffamés; mais tous les ouvrages, de quelque étendue qu'ils puissent être, jouiront des mêmes droits.

Une certitude pareille n'existe pas pour les journaux. D'une part, leur effet peut être représenté comme plus terrible encore que celui des livres et même des brochures. Ils agissent perpétuellement et à coups redoublés sur l'opinion. Leur action est universelle et simultanée. Ils sont transportés rapidement d'une extrémité du royaume à l'autre. Souvent ils composent la seule lecture de leurs abonnés. Le poison, s'ils en renferment, est sans antidote. D'un autre côté, leur répression est facile : les lieux où ils s'impriment sont connus officiel-

lement; les presses peuvent à chaque instant être brisées ou mises sous le scellé, les exemplaires saisis. Ils
sont de plus sous la main de l'autorité par le seul fait
de la distribution et de l'envoi journalier.

Toutefois, bien que le danger paraisse plus grand et
les précautions moins vexatoires, j'ose affirmer qu'en
tenant les journaux sous une autre dépendance que celle
qui résulte de la responsabilité légale à laquelle tout
écrit doit soumettre son auteur, le gouvernement se fait
un mal que le succès même de ses précautions aggrave.

Premièrement, en assujettissant les journaux à une
gêne particulière, le gouvernement se rend de fait, malgré lui, responsable de tout ce que disent les journaux.
C'est en vain qu'il proteste contre cette responsabilité :
elle existe moralement dans tous les esprits. Le gouvernement pouvant tout empêcher, on s'en prend à lui de
tout ce qu'il permet. Les journaux prennent une importance exagérée et nuisible. On les lit comme symptômes
de la volonté du maître, et comme on chercherait à étudier sa physionomie si l'on avait l'honneur d'être en sa
présence. Au premier mot, à l'insinuation la plus indi-
recte, toutes les inquiétudes s'éveillent. On croit voir
le gouvernement derrière le journaliste ; et quelque
erronée que soit la supposition, une ligne aventurée
par un simple écrivain semble une déclaration, ou, ce
qui est tout aussi fâcheux, un tâtonnement de l'autorité.

A cet inconvénient s'en joint un autre. Comme tout
ce que disent les journaux peut être attribué au gouvernement, chaque indiscrétion d'un journaliste oblige
l'autorité à des déclarations qui ressemblent à des désaveux. Des articles officiels répondent à des paragraphes
hasardés. Ainsi, par exemple, une ligne sur la Légion
d'honneur a nécessité une déclaration formelle. Parce
que les journaux sont subordonnés à une gêne particu-

lière, il a fallu une explication particulière. Une assertion pareille dans les journaux anglais n'aurait alarmé
aucun des ordres qui existent en Angleterre. C'est que
les journaux y sont libres et qu'aucune intervention de
la police ne rend le gouvernement solidaire de ce qu'ils
publient.

Il en est de même pour ce qui concerne les individus.
Quand les journaux ne sont pas libres, le gouvernement
pouvant empêcher qu'on ne dise du mal de personne,
ceux dont on dit le plus léger mal semblent être livrés
aux journalistes par l'autorité. Le public ignore si tel article a été ordonné ou toléré, et le blâme prend un caractère semi-officiel qui le rend plus douloureux aussi bien
que plus nuisible. Ceux qui en sont les objets en accusent
le gouvernement. Or, quelques précautions qu'entasse
l'autorité, tout ce qui ressemble à des attaques individuelles ne saurait être prévenu. Les précautions de ce
genre ne font, chez un peuple spirituel et malin, qu'inviter la dextérité à les surmonter. Si les journaux sont
sous l'influence de la police, déconcerter la police par
quelques phrases qu'elle ne saisit pas tout de suite sera
une preuve d'esprit. Or, qui est-ce qui se refuse parmi
nous à donner une preuve d'esprit, s'il n'y a pas peine
de mort?

Un gouvernement qui ne veut pas être tyrannique ne
doit pas tenter la vanité, en attachant un succès à
s'affranchir de sa dépendance.

La censure des journaux fait donc ce premier mal,
qu'elle donne plus d'influence à ce qu'ils peuvent dire
de faux et de déplacé. Elle nécessite dans l'administration un mouvement inquiet et minutieux qui n'est pas
conforme à sa dignité. Il faut, pour ainsi dire, que l'autorité coure après chaque paragraphe, pour l'invalider,
de peur qu'il ne semble sanctionné par elle. Si, dans un

pays, on ne pouvait parler sans la permission du gouvernement, chaque parole serait officielle, et chaque
fois qu'une imprudence échapperait à quelque interlo-
cuteur, il faudrait la contredire. Faites les journaux
libres, leurs assertions ne seront plus que de la causerie
individuelle : faites-les dépendants, on croira toujours
apercevoir dans cette causerie la préparation ou le
préambule de quelque mesure ou de quelque loi.

En même temps les journaux ont un autre inconvénient qu'on dirait ne pouvoir exister à côté de celui que
nous venons d'indiquer. Si tout ce qu'ils contiennent
d'équivoque et de fâcheux est un sujet d'alarme, ce
qu'ils contiennent d'utile, de raisonnable, de favorable
au gouvernement, paraît dicté et perd son effet.

Quand des raisonnements quelconques ne sont déve-
loppés que par dés journaux sous l'influence du gouvernement, c'est toujours comme si le gouvernement seul
parlait. On ne voit pas là de l'assentiment, mais des
répétitions commandées. Pour qu'un homme obtienne
de la confiance, quand il dit une chose, il faut qu'on lui
connaisse la faculté de dire le contraire, si le contraire
était sa pensée. L'unanimité inspire toujours une pré-
vention défavorable, et avec raison ; car il n'y a jamais eu,
sur des questions importantes et compliquées, d'unanimité sans servitude. En Angleterre, toutes les fois qu'un
traité de paix est publié, il y a des journalistes qui l'attaquent, qui peignent l'Angleterre comme trahie, comme
poussée à sa perte et sur le bord d'un abîme. Mais le
peuple, accoutumé à ces exagérations, ne s'en émeut pas :
il n'examine que le fond des choses, et comme d'autres
journalistes défendent la paix qu'on vient de conclure,
l'opinion se forme ; elle se calme par la discussion, au
lieu de s'aigrir par la contrainte, et la nation est d'autant
plus rassurée sur ses intérêts qu'elle les voit bien appro-

fondis, discutés, sous toutes leurs faces, et qu'on ne l'a pas condamnée à s'agiter au milieu d'objections que personne ne réfute, parce que personne n'a osé les proposer.

En second lieu, quand le gouvernement n'a que des défenseurs privilégiés, il n'a qu'un nombre limité de défenseurs, et le hasard peut faire qu'il n'ait pas choisi les plus habiles. Il y a d'ailleurs des hommes, et ces hommes ont bien autant de valeur que d'autres, il y a des hommes qui défendraient volontiers ce qui leur paraît bon, mais qui ne veulent pas s'engager à ne rien blâmer. Quand le droit d'écrire dans les journaux n'est accordé qu'à cette condition, ces hommes se taisent. Que le gouvernement ouvre la lice, ils y entreront pour tout ce qu'il fera de juste et de sage. S'il a des adversaires, il aura des soutiens. Ces soutiens-le serviront avec d'autant plus de zèle, qu'ils seront plus volontaires; avec d'autant plus de franchise, qu'ils seront plus désintéressés; et ils auront d'autant plus d'influence, qu'ils seront plus indépendants.

Mais cet avantage est inconciliable avec une censure quelle qu'elle soit. Car, dès que les journaux ne sont publiés qu'avec l'autorisation du gouvernement, il y a de l'inconvenance et du ridicule à ce que le gouvernement fasse écrire contre ses propres mesures. Si le blâme allégué contre elles paraît fondé, on se demande pourquoi le gouvernement les a prises, puisqu'il en connaissait d'avance les imperfections. Si les raisonnements sont faibles ou faux, on soupçonne l'autorité de les avoir affaiblis pour les réfuter.

Je passe à une troisième considération, beaucoup plus importante que toutes les précédentes. Mais je dois prier le lecteur de ne former aucun jugement, avant de m'avoir lu jusqu'au bout; car les premières lignes pourront lui suggérer des arguments plausibles en apparence, pour le système qui veut mettre les journaux sous l'empire de l'autorité. Ce n'est que lorsque j'aurai développé les résultats de ce système que ses inconvénients seront manifestes.

Il ne faut pas se le dissimuler, les journaux agissent aujourd'hui exclusivement sur l'opinion de la France. La grande majorité de la classe éclairée lit beaucoup moins qu'avant la révolution. Elle ne lit presque point d'ouvrage d'une certaine étendue. Pour réparer ses pertes, chacun soigne ses affaires : pour se reposer de ses affaires, chacun soigne ses plaisirs. L'égoïsme actif et l'égoïsme paresseux se divisent notre vie. Les journaux qui se présentent d'eux-mêmes, sans qu'on ait la peine de les chercher; qui séduisent un instant l'homme occupé, parce qu'ils sont courts, l'homme frivole, parce qu'ils n'exigent point d'attention; qui sollicitent le lecteur sans le contraindre, qui le captivent, précisément parce qu'ils n'ont pas la prétention de l'assujettir, enfin qui saisissent chacun avant qu'il soit absorbé ou fatigué par les intérêts de la journée, sont à peu près la seule lecture. Cette assertion, vraie pour Paris, l'est encore bien plus pour les départements. Les ouvrages dont les journaux ne rendent pas compte restent inconnus; ceux qu'ils condamnent sont rejetés.

Au premier coup d'œil, cette influence des journaux paraît inviter l'autorité à les tenir sous sa dépendance. Si rien ne circule que ce qu'ils insèrent, elle peut, en les subjuguant, empêcher la circulation de tout ce qui lui déplaît. On peut donc voir dans cette action de l'autorité un préservatif efficace.

Mais il en résulte que l'opinion de toute la France est le reflet de l'opinion de Paris.

Durant la révolution, Paris a tout fait, ou, pour parler plus exactement, tout s'est fait au nom de Paris, par des hommes souvent étrangers à cette capitale, et contre lesquels la majorité de ses habitants était déclarée, mais qui, toutefois, s'étant rendus maîtres du centre de l'empire, étaient forts du prestige que ce poste leur prêtait. De la sorte, à plus d'une reprise, et dans plus d'une journée, Paris a décidé des destinées de la France, soit en bien, soit en mal. Au 31 mai, Paris a semblé prendre le parti du comité de salut public, et le comité de salut public a établi sans obstacle son épouvantable tyrannie. Au 18 brumaire, Paris s'est soumis à Bonaparte, et Bonaparte a régné de Genève à Perpignan, et de Bruxelles à Toulon. Au 31 mars, Paris s'est déclaré contre Bonaparte, et Bonaparte est tombé. Tous les Français éclairés l'avaient prévu et l'avaient affirmé. Les étrangers seuls ne voulaient pas le croire, parce que nulle autre capitale n'exerce une influence aussi illimitée et aussi rapide. Durant toute la révolution, il a suffi d'un décret, revêtu n'importe de quelles signatures, pourvu qu'il émanât de Paris et qu'il fût constaté que Paris s'y conformait ; il a suffi, dis-je, d'un pareil décret, pour que l'obéissance, et ce qui est plus, le concours des Français fût immédiat et entier. Un état de choses qui enlève à trente millions d'hommes toute vie politique, toute activité spontanée, tout jugement propre, peut-il être désiré ou consacré en principe?

Nous ne voyons rien de pareil en Angleterre. Les agitations qui peuvent se faire sentir à Londres troublent sans doute sa tranquillité, mais ne sont nullement dangereuses pour la constitution même. Quand lord George Gordon, en 1780, souleva la populace, et, à la tête de plus de vingt mille factieux, remporta sur la force publique une victoire momentanée, on craignit pour la banque, pour la vie des ministres, pour cette partie de la prospérité anglaise qui tient aux établisse-

ments de la capitale; mais il ne vint dans la tête de personne que le gouvernement fût menacé. Le roi et le
parlement, à vingt milles de Londres, ou même, en supposant (ce qui n'était pas) qu'une portion du parlement
eût trempé dans la sédition, la portion saine de cette
assemblée avec le roi, se seraient retrouvés en pleine
sûreté.

D'où vient cette différence? De ce qu'une opinion
nationale indépendante du mouvement donné à la capitale existe en Angleterre d'un bout de l'île à l'autre, et
jusque dans le plus petit bourg des Hébrides. Or, quand
un gouvernement repose sur une opinion répandue
dans tout l'empire, et qu'aucune secousse partielle ne
peut ébranler, sa base est dans l'empire entier. Cette
base est large, et rien ne peut le mettre en péril. Mais,
quand l'opinion de tout l'empire est soumise à l'opinion
apparente de la capitale, ce gouvernement n'a sa base
que dans cette capitale. Il est, pour ainsi dire, sur une
pyramide, et la chute de la pyramide entraîne le renversement universel.

Certes, il n'est pas désirable pour une autorité qui ne
veut ni ne peut être tyrannique, pour une autorité qui
ne veut ni ne peut gouverner à coups de hache; il n'est
pas désirable, dis-je, pour une telle autorité, que toute
la force morale de trente millions d'hommes soit l'instrument aveugle d'une seule ville, dont les véritables
citoyens sont très-bien disposés, sans doute, mais où
viennent affluer de toutes parts tous les hommes sans
ressource, tous les audacieux, tous les mécontents, tous
ceux que leurs habitudes rendent immoraux, ou que
leur situation rend téméraires.

Il est donc essentiel pour le gouvernement qu'on
puisse créer dans toutes les parties de la France une
opinion juste, forte, indépendante de celle de Paris sans

lui être opposée, et qui, d'accord avec les véritables sentiments de ses habitants, ne se laisse jamais aveugler par une opinion factice. Cela est désirable pour Paris même.

Si une telle opinion eût existé en France, les Parisiens, au 31 mai, n'auraient été asservis que passagèrement, et bientôt leurs concitoyens des provinces les auraient délivrés.

Mais comment créer une opinion pareille? je l'ai déjà dit, les journaux seuls la créent. Les citoyens des départements ne sont assurément ni moins susceptibles de lumières, ni moins remplis de bonnes intentions que les Parisiens. Mais, pour que leurs lumières soient applicables, et que leurs bonnes intentions ne soient pas stériles, ils doivent connaître l'état des choses. Or, les journaux seuls le leur font connaître.

En Angleterre même, où les existences sont plus établies, et où, par conséquent, il y a plus de repos dans les esprits et plus de loisir individuel, ce sont les journaux qui ont fait naître et qui ont vivifié l'opinion nationale.

J'invoque, à ce sujet, l'autorité de Delolme. « Cette « extrême sûreté, dit-il, avec laquelle chacun peut com- « muniquer ses idées au public, et le grand intérêt que « chacun prend à tout ce qui tient au gouvernement, y « ont extraordinairement multiplié les journaux. Indé- « pendamment de ceux qui, se publiant au bout de « l'année, du mois ou de la semaine, font la récapitu- « lation de tout ce qui s'est dit ou fait d'intéressant « durant ces différentes périodes, il en est plusieurs « qui, paraissant journellement ou de deux jours l'un, « annoncent au public les opérations du gouvernement, « ainsi que les diverses causes importantes, soit au ci- « vil, soit au criminel. Dans le temps de la session du

« parlement, les votes ou résolutions journalières de la
« chambre des communes sont publiés avec autorisa-
« tion, et les discussions les plus intéressantes pronon-
« cées dans les deux chambres sont recueillies en notes
« et pareillement communiquées au public par la voie
« de l'impression. Enfin, il n'y a pas jusqu'aux anec-
« dotes particulières de la capitale et des provinces qui
« ne viennent encore grossir le volume, et les divers
« papiers circulent et se réimpriment dans les diffé-
« rentes villes, se distribuent même dans les campa-
« gnes, où tous, jusqu'aux laboureurs, les lisent avec
« empressement. Chaque particulier se voit tous les
« jours instruit de l'état de la nation, d'une extrémité
« à l'autre de la Grande-Bretagne ; et la communication
« est telle, que les trois royaumes semblent ne faire
« qu'une seule ville.

« Qu'on ne croie pas, continue-t-il, que je parle avec
« trop de magnificence de cet effet des papiers publics.
« Je sais que toutes les pièces qu'ils renferment ne sont
« pas des modèles de logique ou de bonne plaisanterie.
« Mais, d'un autre côté, il n'arrive jamais qu'un objet
« intéressant véritablement les lois, ou en général le
« bien de l'État, manque de réveiller quelque plume
« habile, qui, sous une forme ou sous une autre, pré-
« sente ses observations..... De là vient que, par la
« vivacité avec laquelle tout se communique, la nation
« forme, pour ainsi dire, un tout animé et plein de vie,
« dont aucune partie ne peut être touchée sans exciter
« une sensibilité universelle, et où la cause de chacun
« est réellement la cause de tous [1]. »

Mais, pour que les journaux produisent cet effet noble

---

1. Delolme, *Constitution d'Angleterre*, ch. XII. Paris, 1787,
t. II, p. 44.

et salutaire, il faut qu'ils soient libres. Quand ils ne le sont pas, ils empêchent bien l'opinion de se former, mais ils ne forment pas l'opinion. On lit leurs raisonnements avec dédain, et leurs récits avec défiance. On voit dans les premiers, non des arguments, mais des volontés ; on voit dans les seconds, non pas des faits, mais des intentions secrètes. On ne dit point, voici qui est vrai ou faux, juste ou erroné, on dit : voilà ce que le gouvernement pense, ou plutôt encore ce qu'il veut faire penser.

La liberté des journaux donnerait à la France une existence nouvelle ; elle l'identifierait avec sa constitution, son gouvernement et ses intérêts publics. Elle ferait naître une confiance qui n'a existé dans aucun temps. Elle établirait cette correspondance de pensées, de réflexions, de connaissances politiques, qui fait que Manchester, York, Liverpool, Darby, Birmingham, sont des foyers de lumières aussi bien que d'industrie. En disséminant ces lumières, elle empêcherait qu'une agitation passagère, au centre du royaume, ne devînt une calamité pour l'ensemble jusque dans ses parties les plus éloignées. L'indépendance des journaux, loin d'être dangereuse aux gouvernements justes et libres, leur prépare sur tous les points de leur territoire des défenseurs, fidèles parce qu'ils sont éclairés ; forts, parce qu'ils ont des opinions et des sentiments à eux.

Je prévois deux objections, l'une destinée à nous effrayer sur l'avenir, l'autre qui s'appuie sur l'exemple du passé.

Vous ouvrez, dira-t-on, une carrière immense à la diffamation, à la calomnie, à une persécution journalière, qui, pénétrant dans les relations les plus intimes, ou rappelant les faits les plus oubliés, devient, pour ceux qu'elle frappe ainsi sans relâche, un véritable supplice.

Je réponds d'abord avec Delolme : « Bien loin que la « liberté de la presse soit une chose funeste à la répu- « tation des particuliers, elle en est le plus sûr rem- « part. Lorsqu'il n'existe aucun moyen de communiquer « avec le public, chacun est exposé sans défense aux « coups secrets de la malignité et de l'envie. L'homme « en place perd son honneur, le négociant son crédit, « le particulier sa réputation de probité, sans connaître « ses ennemis ni leur marche. Mais lorsqu'il existe une « presse libre, l'homme innocent met tout de suite les « choses au grand jour, et confond tous ses accusateurs « à la fois par une sommation publique de prouver ce « qu'ils avancent[1]. »

Je réponds ensuite que la calomnie est un délit qui doit être puni par les lois, et ne peut être puni que par elles ; qu'imposer silence aux citoyens de peur qu'ils ne le commettent, c'est les empêcher de sortir, de peur qu'ils ne troublent la tranquillité des rues ou des grandes routes ; c'est les empêcher de parler de peur qu'ils n'injurient ; c'est violer un droit certain et incontestable pour prévenir un mal incertain et présumé[2].

1. Delolme, ch. XII, t. II, p. 46, à la note.
2. On a en général parmi nous une propension remarquable à jeter loin de soi tout ce qui entraîne le plus petit inconvénient, sans examiner si cette renonciation précipitée n'entraîne pas un inconvénient durable. Un jugement qui paraît défectueux est-il prononcé par des jurés ? on demande la suppression des jurés. Un libelle circule-t-il ? on demande la suppression de la liberté de la presse. Une proposition hasardée est-elle émise à la tribune ? On demande la suppression de toute discussion ou proposition publique. Il est certain que ce système bien exécuté atteindrait son but. S'il n'y avait pas de jurés, les jurés ne se tromperaient pas. S'il n'y avait pas de livres, il n'y aurait pas de libelles. S'il n'y avait pas de tribune, on ne serait plus exposé à s'égarer à la tribune. Mais on pourrait perfectionner encore cette théorie. Les tri-

Considérez de plus que, de tous les auteurs, les journalistes seront nécessairement les plus réservés sur la calomnie, si les lois sont bien faites, et si leur application est prompte et assurée. Les journaux ne peuvent pas s'imprimer clandestinement. Les propriétaires et les rédacteurs sont connus du gouvernement et du public. Ils offrent plus de prise à la responsabilité qu'aucune autre classe d'écrivains, car ils ne peuvent jamais se soustraire à l'action légale de l'autorité.

Voilà ma réponse pour ce qui constitue la calomnie et la diffamation proprement dites[1]. Quant aux attaques

bunaux, quelle que fût leur forme, ont parfois condamné des innocents; on pourrait supprimer les tribunaux. Les armées ont souvent commis de très-grands désordres, on pourrait supprimer les armées. La religion a causé la Saint-Barthélemy, on pourrait supprimer la religion. Chacune de ces suppressions nous délivrerait des inconvénients que la chose entraîne; il n'y a que deux difficultés : c'est que dans plusieurs cas la suppression est impossible, et que, dans ceux où elle est possible, la privation qui en résulte est un mal qui l'emporte sur le bien.

1. On regarde une loi précise contre la calomnie comme très-difficile à rédiger. Je crois que le problème peut se résoudre d'un mot. Les actions des particuliers n'appartiennent point au public. L'homme auquel les actions d'un autre ne nuisent pas n'a pas le droit de les publier. Ordonnez que tout homme qui insérera dans un journal, dans un pamphlet, dans un livre, le nom d'un individu, et racontera ses actions privées, quelles qu'elles soient, lors même qu'elles paraîtraient indifférentes, sera condamné à une amende, qui deviendra plus forte, en raison du dommage que l'individu nommé sera exposé à éprouver. Un journaliste ou un écrivain qui déroberait les livres de compte d'un banquier et les publierait, serait certainement coupable, et je crois que tout juge devrait le condamner. La vie privée d'un homme, d'une femme, d'une jeune fille leur appartiennent, et sont leur propriété particulière, comme les comptes d'un banquier sont sa propriété. Nul n'a le droit d'y toucher. On n'oblige un négociant à soumettre ses livres à des étrangers que lorsqu'il est en faillite. De même, on ne doit exposer au public la vie privée d'un individu que lorsqu'il a commis quelque faute qui rend l'examen de cette vie privée nécessaire. Tant qu'un homme n'est traduit devant aucun tribunal, ses secrets sont à lui, et quand il est traduit devant un tribunal, toutes

qui sont moins graves, il vaut mieux s'habituer aux intempéries de l'air que de vivre dans un souterrain. Quand les journaux sont libres comme en Angleterre, les citoyens s'aguerrissent. La moindre désapprobation,

les circonstances de sa vie qui sont étrangères à la cause pour laquelle il est en jugement sont encore à lui, et ne doivent pas être divulguées.

Étendez cette règle aux fonctionnaires publics, dans tout ce qui tient à leur existence privée. Les lois et les actes ministériels doivent, dans un pays libre, pouvoir être examinés sans réserve, mais les ministres comme individus doivent jouir des mêmes droits que tous les individus. Ainsi, lorsqu'une loi est proposée, liberté entière sur cette loi. Lorsqu'un acte qu'on peut soupçonner d'être arbitraire a été commis, liberté entière pour faire connaître cet acte : car un acte arbitraire ne nuit pas seulement à celui qui en est victime, il nuit à tous les citoyens qui peuvent être victimes à leur tour. Mais si dans l'examen de la loi, ou en faisant connaître l'acte arbitraire, l'écrivain cite des faits relatifs au ministre, et qui soient étrangers aux propositions qu'il appuie ou aux actes de son administration, qu'il soit puni pour cette mention seule, sans même que l'on examine si les faits sont faux ou s'ils sont injurieux.

Cette mesure, purement répressive, répond à la plupart des objections qu'on allègue contre la liberté de la presse. « Si ma femme ou ma fille sont calomniées, a-t-on dit, les ferai-je sortir de leur modeste obscurité, pour poursuivre le calomniateur devant un tribunal? Parlerai-je de leur honneur outragé, devant ce public léger et frivole qui rit toujours de ces sortes d'accusations, et qui répète sans cesse que les femmes les plus vertueuses sont celles qu'il ne connaît pas? Si je suis calomnié moi-même, irai-je me plaindre, pendant six mois, devant des juges qui ne me connaissent point, et courir le risque de perdre mon procès, après avoir perdu beaucoup de temps et dépensé beaucoup d'argent pour payer des avocats? Il est beaucoup de gens qui aimeront mieux supporter la calomnie que de poursuivre une procédure dispendieuse. On nous aura délivrés des censeurs pour nous renvoyer à des juges; nous aurons toujours affaire à des hommes dont les jugements sont incertains, et qui pourront, au gré de leurs passions, décider de notre réputation, de notre repos et du bonheur de notre vie. »

Rien de tout cela n'existera. Il n'y aura point de longueurs dans une procédure qui ne consistera que dans la vérification de l'identité, seule question soumise aux tribunaux, qui, l'identité constatée, n'auront qu'à appliquer la loi. Il n'y aura point d'examen de la vérité du fait. On ne descendra point dans l'intérieur des familles. Les citoyens n'auront point à craindre d'être désolés par des demi-

le moindre sarcasme ne leur font pas des blessures mortelles. Pour repousser des accusations odieuses, ils ont
les tribunaux; pour garantir leur amour-propre, ils ont
l'indifférence : celle du public d'abord, qui est très-
grande, beaucoup plus qu'ils ne le croient, et ensuite la
leur, qui leur vient par l'habitude. Ce n'est que quand
la publicité est gênée que chacun se montre d'autant
plus susceptible qu'il se croyait plus à l'abri La peau
devient si fine sous cette cuirasse, que le sang coule à la

preuves, par des insinuations, par des rapprochements perfides. Le
nom du plaignant se trouvant dans l'écrit même, servira de pièce
de conviction. L'auteur ou l'imprimeur étant connus, le tribunal
appliquera les peines immédiatement; et ces peines, infligées tout
de suite et rigoureusement exécutées, mettront bien vite un terme
à ce genre d'agression. Assurément, si l'on condamnait un journaliste à mille francs d'amende pour chaque nom propre inséré dans
son journal, de manière à mettre en scène un individu dans sa vie
privée, il ne renouvellerait guère un amusement aussi cher. Qu'on
empêche les délits futurs en punissant les délits passés : c'est le
châtiment d'un assassin qui nous garantit de l'assassinat.

On objecte la facilité de désigner les individus, sans les nommer,
ou par des initiales. Je distingue ces deux moyens.

Il est certain que le retranchement d'une ou de deux lettres
dans un nom propre est un ménagement dérisoire. Mettez des obstacles à cette manière de désigner, en soumettant l'auteur à la
même peine que s'il avait imprimé le nom en entier. Ce mode détourné de désignation ne peut jamais avoir un but légitime : il
n'est que la ressource de la malignité. La liberté de la presse ne
souffre en rien de la loi qui le punit.

Quant à la désignation des individus par périphrases, elle est
impossible à empêcher; mais elle fait beaucoup moins de mal que
les noms propres. C'est une malignité de coterie dont l'effet est
restreint et passager. Ce sont les noms propres qui laissent des
traces, qui plaisent à la haine, qui frappent la grande masse des
lecteurs.

Nous ne voulons point, par la liberté de la presse, ouvrir la carrière aux passions haineuses ou à la diffamation. Nous désirons
que la pensée soit libre et que les individus soient en repos. Le
moyen proposé atteint ce but. Les particuliers sont à l'abri. Le
public et ses écrivains y gagneront, parce qu'il y aura dans les
journaux des idées au lieu d'anecdotes, et des discussions sages au
lieu de faits inutiles et défigurés.

première égratignure faite par une main adroite au défaut de la cuirasse.

Je sais que maintenant on appelle cette irritabilité délicatesse, et qu'on veut transformer une faiblesse en
vertu. On nous dit que nous perdrons par la liberté de
la presse cette fleur de politesse et cette sensibilité ex-
quise qui nous distinguent. En lisant ces raisonnements,
je n'ai pu m'empêcher de me demander si, en réalité,
cette protection que la censure accorde à toutes les sus-
ceptibilités individuelles avait eu l'effet qu'on lui attribue. A plusieurs époques, certes, la liberté de la
presse et des journaux a été suffisamment restreinte.
Les hommes ainsi protégés ont-ils été plus purs, plus
délicats, plus irréprochables? Il me semble que les
mœurs et les vertus n'ont pas beaucoup gagné à ce
silence universel. De ce qu'on ne prononçait pas les
mots, il ne s'en est pas suivi que les choses aient moins
existé; et toutes ces femmes de César me paraissent ne
pas vouloir être soupçonnées pour être plus commodé-
ment coupables.

J'ajouterai que la véritable délicatesse consiste à ne
pas attaquer les hommes, en leur refusant la faculté de
répondre; et cette délicatesse, au moins, ce n'est pas
celle que l'asservissement des journaux nourrit et encourage. J'aime à reconnaître que, dans le moment actuel,
les dépositaires de l'autorité ont le mérite d'empêcher
que l'on n'attaque leurs ennemis. C'est un ménagement
qui leur fait honneur; mais ce n'est pas une garantie
durable, puisque ce ménagement est un pur effet de leur
volonté. A d'autres époques les journaux esclaves ont
servi d'artillerie contre les vaincus, et ce qu'on appelait
délicatesse aboutissait à ne pas se permettre un mot
contre le pouvoir.

Quand j'étais en Angleterre, je parcourais avec plaisir

les journaux qui attaquaient les ministres disgraciés, parce que je savais que d'autres journaux pouvaient les défendre. Je m'amusais des caricatures contre M. Fox renvoyé du ministère, parce que les amis de M. Fox faisaient des caricatures contre M. Pitt, premier ministre. Mais la gaieté contre les faibles me semble une triste gaieté. Mon âme se refuse à remarquer le ridicule, quand ceux qu'on raille sont désarmés, et je ne sais pas écouter l'accusation, quand l'accusé doit se taire. Cette habitude corrompt un peuple; elle détruit toute délicatesse réelle, et cette considération pourrait bien être un peu plus importante que la conservation intacte de ce qu'on appelle la fleur de la politesse et de la *tenue* française.

La seconde objection se tire des exemples de notre révolution. La liberté des journaux a existé, dit-on, à une époque célèbre, et le gouvernement d'alors, pour n'être pas renversé, a été contraint de recourir à la force. Il est difficile de réfuter cette objection sans réveiller des souvenirs que je voudrais ne pas agiter. Je dirai donc seulement qu'il est vrai que, durant quelques mois, la liberté des journaux a existé, mais qu'en même temps elle était toujours menacée; que le Directoire demandait des lois prohibitives; que les Conseils étaient sans cesse au moment de les décréter; qu'en conséquence, ces menaces, ces annonces de prohibitions, jetaient dans les esprits une inquiétude qui, en les troublant dans la jouissance, les excitait à l'abus. Ils attaquaient, pour se défendre, sachant qu'on se préparait à les attaquer.

Je dirai ensuite qu'à cette époque il existait beaucoup de lois injustes, beaucoup de lois vexatoires, beaucoup de restes de proscriptions, et que la liberté des journaux pouvait être redoutable pour un gouvernement qui croyait nécessaire de conserver ce triste héritage. En général, quand j'affirme que la liberté des journaux est utile au gouvernement, c'est en le supposant juste dans le principe, sincère dans ses intentions, et placé dans une situation où il n'ait pas à maintenir des mesures iniques de bannissement, d'exil, de déportation.

· D'ailleurs, l'exemple même, suivi jusqu'au bout, n'invite guère, ce me semble, à l'imitation. Le Directoire s'est alarmé de la liberté des journaux, il a employé la force pour l'étouffer, il y est parvenu ; mais qu'est-il résulté de son triomphe?

Dans toutes les réflexions que l'on vient de lire, je n'ai considéré ce sujet que sous le rapport de l'intérêt du gouvernement ; que n'aurais-je pas à dire si je traitais de l'intérêt de la liberté, de la sûreté individuelle? L'unique garantie des citoyens contre l'arbitraire, c'est la publicité ; et la publicité la plus facile et la plus régulière est celle que procurent les journaux. Des arrestations illégales, des exils non moins illégaux, peuvent avoir lieu, malgré la constitution la mieux rédigée, et contre l'intention du monarque. Qui les connaîtra, si la presse est comprimée? Le roi lui-même peut les ignorer. Or, si vous convenez qu'il est utile qu'on les connaisse, pourquoi mettez-vous un obstacle au moyen le plus sûr et le plus rapide de les dénoncer?

J'ai cru ces observations dignes de l'attention des hommes éclairés, dans un moment où l'opinion réclame également et des lois suffisantes et une liberté indispensable.

Jamais aucune époque n'offrit plus de chances pour le triomphe de la raison, jamais aucun peuple n'a manifesté un désir plus sincère et plus raisonnable de jouir en paix d'une constitution libre. J'ai donc pensé qu'il était utile de prouver que tous les genres de liberté tourneraient à l'avantage du gouvernement, s'il était loyal et juste.

Je ne me suis point laissé arrêter par une difficulté bizarre qu'on ne cesse d'opposer à ceux qui veulent appuyer leurs raisonnements des exemples que nous avons sous les yeux. J'ai cité l'Angleterre, faute de pouvoir citer un autre pays qui nous présentât des leçons pareilles[1]. Certes, je voudrais bien avoir pu varier mes citations, et avoir trouvé en Europe plusieurs pays à citer de même. J'ai cité l'Angleterre, malgré les hommes qui prétendent qu'il est indigne de nous d'imiter nos voisins, et d'être libres et heureux à leur manière.

Il me semble que nous n'avons pas eu assez à nous louer de l'originalité de nos tentatives pour redouter à ce point l'imitation, ou plutôt je dirai que n'ayant fait qu'imiter dans nos erreurs, tantôt de petites démocraties orageuses, sans égard aux différences des temps et

---

1. Dans la première édition de cet ouvrage, j'étais tombé dans une erreur grave, en indiquant l'Angleterre comme le seul pays où l'on eût joui de la liberté de la presse. J'avais oublié, je ne sais comment, la Suède, le Danemark, la Prusse, et tous les autres États protestants de l'Allemagne. En Suède, la liberté de la presse est illimitée; et dans cette liberté on a longtemps compris celle des journaux. Ce n'est que depuis peu d'années, depuis 1810, si je ne me trompe, que de légères restrictions ont été établies pour les feuilles périodiques, et ces restrictions n'ont point été l'effet des inconvénients que la liberté avait entraînés. Elles ont eu lieu dans un moment où la Suède n'avait pas encore rompu ses relations avec Bonaparte, et craignait de l'irriter. La liberté des journaux n'a jamais produit en Suède aucun désordre intérieur; elle n'a été limitée que pour complaire à l'homme tout-puissant que l'Europe entière était obligée de ménager. La guerre qui vient de se terminer a détourné l'attention du gouvernement de cet objet; il n'a pu songer à révoquer une loi qui s'exécute à peine; mais je tiens de la personne même qui a exercé cette censure avec une libéralité digne d'éloges, que l'une des premières opérations de la diète qui doit se réunir incessamment sera de l'abroger.

des lieux, tantôt un despotisme grossier, sans respect
pour la civilisation contemporaine, nous n'aurions pas
à rougir d'une imitation de plus qui concilierait nos
habitudes avec nos droits, nos souvenirs avec nos lumières, et tout ce que nous pouvons conserver du passé
avec les besoins invincibles et impérieux du présent,
besoins invincibles et impérieux, dis-je, car il est
manifeste pour tout homme qui ne veut pas se tromper ou tromper les autres, que ce que la nation voulait
en 1789, c'est-à-dire une liberté raisonnable, elle le
veut encore aujourd'hui; et je conclus de cette persistance, qui, malgré tant de malheurs, se reproduit depuis
vingt-cinq ans, chaque fois que l'opinion ressaisit la
faculté de se faire entendre, que la nation ne peut pas
cesser de vouloir cette liberté raisonnable et de la
chercher.

IV

DE LA LIBERTÉ INDUSTRIELLE.

La société, n'ayant d'autres droits sur les individus que de les empêcher de se nuire mutuellement, elle n'a de juridiction sur l'industrie qu'en supposant celle-ci nuisible. Mais l'industrie d'un individu ne peut nuire à ses semblables aussi longtemps que cet individu n'invoque pas, en faveur de son industrie et contre la leur, des secours d'une autre nature. La nature de l'industrie est de lutter contre une industrie rivale par une concurrence parfaitement libre, et par des efforts pour atteindre une supériorité intrinsèque. Tous les moyens d'espèce différente qu'elle tenterait d'employer ne seraient plus de l'industrie, mais de l'oppression ou de la fraude. La société aurait le droit et même l'obligation de la réprimer ; mais de ce droit que la société possède, il résulte qu'elle ne possède pas celui d'employer contre l'industrie de l'un, en faveur de celle de l'autre, les moyens qu'elle doit également interdire à tous.

L'action de l'autorité sur l'industrie peut se diviser en deux branches : les prohibitions et les encouragements.

Les priviléges ne doivent pas être séparés des prohibitions, parce que, nécessairement, ils les impliquent.

Or, qu'est-ce qu'un privilége en fait d'industrie ? C'est l'emploi de la force du corps social pour faire tourner, au profit de quelques hommes, les avantages que le but de la société est de garantir à l'universalité des membres : c'est ce que faisait l'Angleterre lorsque, avant l'union de l'Irlande à ce royaume, elle interdisait aux Irlandais presque tous les genres de commerce étranger ; c'est ce qu'elle fait aujourd'hui, lorsqu'elle défend à tous les Anglais de faire aux Indes un commerce indépendant de la compagnie qui s'est emparée de ce vaste monopole ; c'est ce que faisaient les bourgeois de Zurich avant la révolution de la Suisse, en forçant les habitants des campagnes à ne vendre qu'à eux seuls presque toutes leurs denrées et tous les objets qu'ils fabriquaient.

Il y a manifestement injustice en principe. Y a-t-il utilité dans l'application ? Si le privilége est le partage d'un petit nombre, il y a sans doute utilité pour ce petit nombre ; mais cette utilité est du genre de celle qui accompagne toute spoliation. Ce n'est pas celle qu'on se propose, ou du moins qu'on avoue se proposer. Y a-t-il utilité nationale ? Non, sans doute ; car, en premier lieu, c'est la grande majorité de la nation qui est exclue du bénéfice. Il y a donc perte sans compensation pour cette majorité. En second lieu, la branche d'industrie ou de commerce qui est l'objet du privilége est exploitée plus négligemment et d'une manière moins économique par des individus dont les gains sont assurés par l'effet seul du monopole, qu'elle ne le serait si la concurrence obligeait tous les rivaux à se surpasser à l'envi par l'activité et par l'adresse. Ainsi, la richesse nationale ne retire pas de cette industrie tout le parti qu'elle pour-

rait en tirer. Il y a donc perte relative pour la nation
tout entière. Enfin, les moyens dont l'autorité doit se
servir pour maintenir le privilége et pour repousser
de la concurrence les individus non privilégiés, sont
inévitablement oppressifs et vexatoires. Il y a donc encore, pour la nation tout entière, perte de liberté. Voilà
trois pertes réelles que ce genre de prohibition entraine,
et le dédommagement de ces pertes n'est réservé qu'à
une poignée de privilégiés.

Les prohibitions en fait d'industrie et de commerce
mettent, comme toutes les autres prohibitions, et plus
que toutes les autres, les individus en hostilité avec le
gouvernement. Elles forment une pépinière d'hommes
qui se préparent à tous les crimes, en s'accoutumant à
violer les lois, et une autre pépinière d'hommes qui se
familiarisent avec l'infamie, en vivant du malheur de
leurs semblables[1].

Non-seulement les prohibitions commerciales créent
des délits factices, mais elles invitent les hommes à commettre ces délits par le profit qu'elles attachent au succès de la fraude. C'est un inconvénient qu'elles ont de
plus que les autres lois prohibitives[2]. Elles tendent des
embûches à la classe indigente, à cette classe déjà entourée de trop de tentations irrésistibles, et dont on a
dit avec raison que toutes ses actions sont précipitées[3],
parce que le besoin la presse, que sa pauvreté la prive des
lumières, et que son obscurité l'affranchit de l'opinion.

1. L'état des contrebandiers arrêtés en France sous la monarchie était, année commune, de 10,700 individus, dont 2,300
hommes, 1,800 femmes et 6,600 enfants. Necker, *Administration
des finances*, II, 57. Le corps de brigade chargé de cette poursuite
était de plus de 2,300 hommes, et la dépense de 8 à 9 millions.
Ibid., 82.
2. Adam Smith, tome V, traduction de Garnier, p. 274 et suiv.
3. Necker. *Administration des finances*, II, 98.

Beaucoup de gens mettent moins d'importance à la liberté d'industrie qu'aux autres genres de liberté. Cependant, les restrictions qu'on y apporte entraînent des lois si cruelles que toutes les autres s'en ressentent[1]. Voyez en Portugal le privilége de la compagnie des vins occasionner d'abord des émeutes, nécessiter, par ces émeutes, des supplices barbares, décourager le commerce par le spectacle de ces supplices, et porter enfin, par une suite de contraintes et de cruautés, une foule de propriétaires à arracher eux-mêmes leurs vignes, et à détruire, dans leur désespoir, la source de leurs richesses, pour qu'elles ne servissent plus de prétexte à tous les genres de vexations. Voyez en Angleterre les rigueurs, les violences, les actes arbitraires que traîne à sa suite, pour se maintenir, le privilége exclusif de la compagnie des Indes. Ouvrez les statuts de cette nation, d'ailleurs humaine et libérale, vous y verrez la peine de mort prodiguée à des actions qu'il est impossible de considérer comme des crimes. Lorsqu'on parcourt l'histoire des établissements anglais dans l'Amérique septentrionale, on voit, pour ainsi dire, chaque privilége suivi de l'émigration des individus non privilégiés. Les colons fuyaient devant les restrictions commerciales, abandonnant les terres qu'ils achevaient à peine de défricher, pour retrouver la liberté dans les bois, et demandant à la nature sauvage une retraite contre les persécutions de l'état social.

Si le système prohibitif n'a pas anéanti toute l'industrie des nations qu'il vexe et qu'il tourmente, c'est,

---

1. Benjamin Constant fait ici allusion aux lois d'Élisabeth et de Charles II qui déclaraient entre autres l'exportation de la laine un crime capital. Nous n'avons pas besoin de dire que ces lois sont abrogées.

(*Note de l'éditeur.*)

comme le remarque Smith[1], parce que l'effort naturel de chaque individu, pour améliorer son sort, est un principe réparateur qui remédie à beaucoup d'égards aux mauvais effets de l'administration réglementaire, comme la force vitale lutte souvent avec succès dans l'organisation physique de l'homme contre les maladies qui résultent de ses passions, de son intempérance ou de son oisiveté.

Je ne puis poser que des principes : les détails m'entraîneraient trop loin. J'ajouterai, cependant, quelques mots sur deux espèces de prohibitions ou de priviléges, frappées de réprobation depuis trente années[2] et qu'on a prétendu ressusciter dans ces derniers temps. Je veux parler des jurandes, des maîtrises, des apprentissages, système non moins inique qu'absurde : inique, en ce qu'il ne permet pas à l'individu qui a besoin de travailler le travail qui, seul, le préserve du crime ; absurde, en ce que, sous le prétexte du perfectionnement des métiers, il met obstacle à la concurrence, le plus sûr moyen du perfectionnement de tous les métiers. L'in-

---

1. *Richesse des Nations*, liv. IV, chap. IX.

2. La réprobation remontait beaucoup plus haut et c'est une erreur de croire que les idées de liberté industrielle et commerciale ne datent que du dix-huitième siècle. On les trouve en germe dès 1358 dans une ordonnance de Charles V, qui déclare que les règlements corporatifs d'Étienne Boileau sont faits « plus en faveur de chacun métier que pour le bien commun. » Elles se propagent au seizième siècle et le mot de *liberté du commerce* est souvent répété dans les cahiers des états provinciaux ou généraux. Colbert propose à Louis XIV la suppression des brevets d'apprentissage. En 1766, le gouvernement présente au Parlement un édit portant suppression des jurandes ; mais il est forcé de le retirer, à cause de l'opposition qu'il soulève dans le Parlement et parmi les gens de métiers. En 1776, Turgot promulgue un nouvel édit d'abolition, mais cet édit est bientôt révoqué. Les jurandes sont rétablies en 1777, avec quelques modifications, et elles ne sont définitivement abolies que le 2 mai 1791, par l'Assemblée constituante.

(*Note de l'éditeur.*)

térêt des acheteurs est une bien plus sûre garantie
de la bonté des productions que des règlements arbitraires, qui, partant d'une autorité qui confond nécessairement tous les objets, ne distinguent point assez les
divers métiers, et prescrivent souvent un apprentissage
aussi long pour les plus aisés que pour les plus difficiles. Il est bizarre d'imaginer que le public est un mauvais juge des ouvriers qu'il emploie, et que le gouvernement, qui a tant d'autres affaires, saura mieux quelles
précautions il faut prendre pour apprécier leur mérite.
Il ne peut que s'en remettre à des hommes qui, formant
un corps dans l'État, ont un intérêt différent de la masse
du peuple, et qui, travaillant d'une part à diminuer le
nombre des producteurs, et de l'autre à faire hausser le
prix des productions, les rendent à la fois plus imparfaites et plus coûteuses. L'expérience a partout prononcé
contre l'utilité prétendue de cette manie réglementaire.
Les villes d'Angleterre où l'industrie est la plus active,
qui ont pris dans un temps très-court le plus grand accroissement, et où le travail a été porté au plus haut
degré de perfection, sont celles qui n'ont point de chartes[1] et où il n'existe aucune corporation[2].

1. Birmingham, Manchester. Voir l'ouvrage de M. Baert.
2. La plus sacrée et la plus inviolable de toutes les propriétés
de l'homme est celle de sa propre industrie, parce qu'elle est la
source originaire de toutes les autres propriétés. Le patrimoine du
pauvre est dans la force et l'adresse de ses mains ; et empêcher
d'employer cette force et cette adresse de la manière qu'il trouve
la plus convenable, tant qu'il ne porte de dommage à personne,
est une violation manifeste de cette propriété primitive. C'est une
usurpation criante sur la liberté légitime tant de l'ouvrier que de
ceux qui seraient disposés à lui donner du travail : c'est empêcher à la fois l'un de travailler comme il le juge à propos, et l'autre
de choisir qui bon lui semble. On peut en toute sûreté s'en fier à
la prudence de celui qui occupe un ouvrier, pour décider si cet
ouvrier mérite de l'emploi, puisqu'il y va de son intérêt. Cette sollicitude qu'affecte le législateur pour prévenir qu'on n'emploie des

Une vexation plus révoltante encore, parce qu'elle est plus directe et moins déguisée, c'est la fixation du prix des journées. Cette fixation, dit Smith, est le sacrifice de la majeure partie à la plus petite. Nous ajouterons que c'est le sacrifice de la partie indigente à la partie riche, de la partie laborieuse à la partie oisive, au moins comparativement, de la partie qui est déjà souffrante par les dures lois de la société à la partie que le sort et les institutions ont favorisée. On ne saurait se représenter, sans quelque pitié, cette lutte de la misère contre l'avarice, cette lutte où le pauvre, déjà pressé par ses besoins et ceux de sa famille, n'ayant d'espoir que dans son travail, et ne pouvant attendre un instant sans que sa vie même et la vie des siens ne soit menacée, rencontre le riche, non-seulement fort de son opulence et de la faculté qu'il a de réduire son adversaire, en lui refusant ce travail qui est son unique ressource, mais encore armé de lois vexatoires qui fixent les salaires, sans égard aux circonstances, à l'habileté, au zèle de l'ouvrier. Et qu'on ne croie pas cette fixation nécessaire pour réprimer les prétentions exorbitantes et le renchérissement des bras. La pauvreté est humble dans ses demandes. L'ouvrier n'a-t-il pas derrière lui la faim qui le presse, qui lui laisse à peine un instant pour discuter ses droits, et qui ne le dispose que trop à vendre son temps et ses forces au-dessous de leur valeur? La concurrence ne tient-elle pas le prix du travail au taux le plus bas qui

personnes incapables est évidemment aussi absurde qu'oppressive. Adam Smith. *Voyez* aussi Bentham, *Principes du Code civil*, partie III, ch. I.   (*Note de l'éditeur.*)

Turgot a dit de même dans le préambule de l'édit de 1776 : Dieu donnant à l'homme des besoins et lui rendant nécessaire la ressource du travail a fait du droit de travailler la propriété de tout homme, et cette propriété est la première, la plus sacrée et la plus imprescriptible de toutes.   (*Note de l'éditeur.*)

soit compatible avec la subsistance physique? Chez les Athéniens, comme parmi nous, le salaire d'un journalier était équivalent à la nourriture de quatre personnes. Pourquoi des règlements, lorsque la nature des choses fait la loi sans vexation ni violence?

La fixation du prix des journées, si funeste à l'individu, ne tourne point à l'avantage du public. Entre le public et l'ouvrier s'élève une classe impitoyable, celle des maîtres. Elle paye le moins et demande le plus qu'il lui est possible, profitant ainsi seule, tout à la fois, et des besoins de la classe laborieuse et des besoins de la classe aisée. Étrange complication des institutions sociales! Il existe une cause éternelle d'équilibre entre le prix et la valeur du travail, une cause qui agit sans contrainte de manière à ce que tous les calculs soient raisonnables et tous les intérêts contents. Cette cause est la concurrence; mais on la repousse. On met obstacle à la concurrence par des règlements injustes, et on veut rétablir l'équilibre par d'autres règlements non moins injustes, qu'il faut maintenir par les châtiments et par les rigueurs.

Le système des primes et des encouragements a moins d'inconvénients que celui des priviléges. Il me semble néanmoins dangereux sous plusieurs rapports.

Il est à craindre premièrement que l'autorité, lorsqu'elle s'est une fois arrogé le droit d'intervenir dans ce qui concerne l'industrie, ne fût-ce que par des encouragements, ne soit poussée bientôt, si ces encouragements ne suffisent pas, à recourir à des mesures de contrainte et de rigueur. L'autorité se résigne rarement à ne pas se venger du peu de succès de ses tentatives; elle court après son argent comme les joueurs. Mais au lieu que ceux-ci en appellent au hasard, l'autorité souvent en appelle à la force.

L'on peut redouter, en second lieu, que l'autorité, par des encouragements extraordinaires, ne détourne les capitaux de leur destination naturelle qui est toujours la plus profitable. Les capitaux se portent d'eux-mêmes vers les emplois qui offrent le plus à gagner. Pour les y attirer, il n'y a pas besoin d'encouragement: pour ceux où il y aurait à perdre, les encouragements seraient funestes. Toute industrie qui ne peut se maintenir indépendamment des secours de l'autorité finit par être ruineuse[1]. Le gouvernement paie alors les individus pour que ceux-ci travaillent à perte. En les payant de la sorte, il paraît les indemniser; mais comme l'indemnité ne se peut tirer que du produit des impôts, ce sont, en définitive, les individus qui en supportent le poids. Enfin, les encouragements de l'autorité portent une atteinte très-grave à la moralité des classes industrielles. La morale se compose de la suite naturelle des causes et des effets. Déranger cette suite, c'est nuire à la morale. Tout ce qui introduit le hasard parmi les hommes, les corrompt. Tout ce qui n'est pas l'effet direct, nécessaire, habituel d'une cause connue et prévue tient plus ou moins de la nature du hasard. Ce qui rend le travail la cause la plus efficace de moralité, c'est l'indépendance où l'homme laborieux se trouve des autres hommes, et la dépendance où il est de sa propre conduite et de l'ordre, de la suite, de la régularité qu'il met dans sa vie. Telle est la véritable cause de la moralité des classes occupées d'un travail uniforme et de l'immoralité si commune des mendiants et des joueurs. Ces derniers sont, de tous les hommes, les plus immoraux parce que ce sont eux qui, de tous les hommes, comptent le plus sur le hasard.

Les encouragements ou les secours du gouvernement

1. Adam Smith, liv. IV, chap. ıv.

pour l'industrie sont une espèce de jeu. Il est impossible
de supposer que l'autorité n'accorde jamais ces secours
ou ces encouragements à des hommes qui ne les méritent pas, ou n'en accorde jamais plus que les objets de
ces faveurs n'en méritent. Une seule erreur dans ce genre
fait des encouragements une loterie. Il suffit d'une seule
chance pour introduire le hasard dans tous les calculs,
et par conséquent pour les dénaturer : la probabilité de
la chance n'y fait rien, car, sur la probabilité, c'est
l'imagination qui décide. L'espoir même éloigné, même
incertain, de l'assistance de l'autorité jette dans la vie
et dans les calculs de l'homme laborieux un élément
tout à fait différent du reste de son existence. Sa situation change, ses intérêts se compliquent, son intérêt devient susceptible d'une sorte d'agiotage. Ce n'est plus ce
commerçant ou ce manufacturier paisible qui faisait dépendre sa prospérité de la sagesse de ses spéculations,
de la bonté de ses produits, de l'approbation de ses concitoyens, fondée sur la régularité de sa conduite, et sur
sa prudence reconnue : c'est un homme dont l'intérêt
immédiat, dont le désir présent est de s'attirer l'attention de l'autorité. La nature des choses avait, pour le
bien de l'espèce humaine, mis une barrière presque insurmontable entre la grande masse de la nation et les
dépositaires du pouvoir. Un petit nombre d'hommes
seulement était condamné à s'agiter dans la sphère de la
puissance, à spéculer sur la faveur, à s'enrichir par la
brigue. Le reste suivait tranquillement sa route, ne demandant au gouvernement que de lui garantir son repos
et l'exercice de ses facultés ; mais si l'autorité, peu contente de cette fonction salutaire, et se mettant, par des
libéralités ou des promesses, en présence de tous les individus, provoque des espérances et crée des passions
qui n'existaient pas, tout alors se trouve déplacé. Par

là, sans doute, se répand dans la classe industrielle une nouvelle activité; mais c'est une activité vicieuse, une activité qui s'occupe plutôt de l'effet qu'elle produit au dehors que de la solidité de ses propres entreprises, qui cherche l'éclat plus que le succès, parce que le succès, pour elle, peut résulter d'un éclat même trompeur; c'est une activité enfin qui rend la nation entière téméraire, inquiète, cupide, d'économe et de laborieuse qu'elle aurait été.

Et ne pensez pas qu'en substituant aux encouragements pécuniaires des motifs tirés de la vanité, vous fassiez moins de mal. Les gouvernements ne mettent que trop le charlatanisme parmi leurs moyens, et il leur est facile de croire que leur seule présence, comme celle du soleil, vivifie la nature. En conséquence, ils se montrent, ils parlent, ils sourient, et le travail, à leur avis, doit se tenir honoré pour des siècles; mais c'est encore sortir les classes laborieuses de leur carrière naturelle; c'est leur donner le besoin du crédit; c'est leur inspirer le désir d'échanger leurs relations commerciales contre des relations de souplesse et de clientèle. Elles prendront les vices des cours, sans prendre en même temps l'élégance qui voile du moins ces vices.

Les deux hypothèses les plus favorables au système des encouragements ou des secours de l'autorité sont assurément, l'une, l'établissement d'une branche d'industrie encore inconnue dans un pays, et qui exige de fortes avances; l'autre, l'assistance donnée à de certaines classes industrielles ou agricoles, lorsque des calamités imprévues ont considérablement diminué leurs ressources.

Je ne sais cependant si, même dans ces deux cas, à l'exception peut-être de quelques circonstances très-rares, pour lesquelles il est impossible de tracer des règles fixes, l'intervention du gouvernement n'est pas plus nuisible qu'avantageuse.

Dans le premier cas, nul doute que la nouvelle branche d'industrie, ainsi protégée, ne s'établisse plus tôt avec plus d'étendue; mais, reposant plus sur l'assistance du gouvernement que sur les calculs des particuliers, elle s'établira moins solidement. Ceux-ci, indemnisés d'avance des pertes qu'ils pourront faire, n'apporteront pas le même zèle et les mêmes soins que s'ils étaient abandonnés à leurs propres forces, et s'ils n'avaient de succès à attendre que ceux qu'ils pourraient mériter. Ils se flatteront, avec raison, que le gouvernement, en quelque sorte engagé par les premiers sacrifices qu'il aura consentis, viendra derechef à leur secours s'ils échouent, pour ne pas perdre le fruit de ces sacrifices, et cette arrière-pensée, d'une nature différente de celle qui doit servir d'aiguillon à l'industrie, nuira plus ou moins, et toujours d'une manière notable, à leur activité et à leurs efforts.

L'on imagine d'ailleurs, beaucoup trop facilement, dans les pays habitués aux secours factices de l'autorité, que telle ou telle entreprise est au-dessus des moyens individuels, et c'est une seconde cause de relâchement pour l'industrie particulière; elle attend que le gouvernement la provoque, parce qu'elle est accoutumée à recevoir l'impulsion première du gouvernement.

A peine en Angleterre une découverte est-elle connue, que des souscriptions nombreuses fournissent aux inventeurs tous les moyens de développement et d'application. Seulement, les souscripteurs apportent plus de scrupule dans l'examen des avantages promis, qu'un gouvernement n'en pourrait apporter, parce que l'intérêt de tous les individus qui entreprennent pour leur compte est de ne pas se laisser tromper, tandis que l'intérêt de la plupart de ceux qui spéculent sur le secours du gouvernement est de tromper le gouvernement. Le travail et le succès sont l'unique ressource des premiers. L'exagération ou la faveur sont pour les seconds une ressource beaucoup plus certaine et surtout plus rapide. Le système des encouragements est encore, sous ce rapport, un principe d'immoralité.

Il est possible, je ne le nie pas, que l'industrie des individus, privée de tout secours étranger, s'arrête quelquefois devant un obstacle; mais d'abord elle se tournera vers d'autres objets, et l'on peut compter, en second lieu, qu'elle rassemblera ses forces pour revenir tôt ou tard à la charge et surmonter la difficulté. Or, j'affirme que l'inconvénient partiel et momentané de cet ajournement ne sera pas comparable au désavantage général du désordre et de l'irrégularité que toute assistance artificielle introduit dans les idées et dans les calculs.

Des raisonnements, à peu près pareils, trouvent leur application dans la seconde hypothèse qui, au premier coup d'œil, paraît encore bien plus légitime et plus favorable. En venant au secours des classes industrielles ou agricoles, dont les ressources ont été diminuées par des calamités imprévues et inévitables, le gouvernement affaiblit d'abord en elles le sentiment qui donne le plus d'énergie et de moralité à l'homme, celui de se devoir tout à soi-même et de n'espérer qu'en ses propres forces; en second lieu, l'espoir de ces secours engage les classes souffrantes à exagérer leurs pertes, à cacher leurs ressources, et leur donne, de la sorte, un intérêt au mensonge. J'accorde que ces secours soient distribués avec prudence et parcimonie; mais l'effet qui n'en sera pas le même pour l'aisance des individus en sera le même pour leur moralité. L'autorité

ne leur en aura pas moins enseigné à compter sur les
autres au lieu de ne compter que sur eux-mêmes. Elle
trompera ensuite leurs espérances; mais leur activité
n'en aura pas été moins relâchée : leur véracité n'en
aura pas moins souffert une altération. S'ils n'obtiennent pas les secours du gouvernement, c'est qu'ils
n'auront pas su les solliciter avec une habileté suffisante.
Le gouvernement s'expose enfin à se voir déçu par des
agents infidèles. Il ne peut suivre dans tous les détails
l'exécution des mesures qu'il ordonne, et la ruse est
toujours plus habile que la surveillance. Frédéric le
Grand et Catherine II avaient adopté pour l'agriculture
et l'industrie le système des encouragements. Ils, visi-
taient fréquemment eux-mêmes les provinces qu'ils
s'imaginaient avoir secourues. On plaçait alors sur
leur passage des hommes bien vêtus et bien nourris,
preuves apparentes de l'aisance qui résultait de leurs
libéralités, mais rassemblés à cet effet par les distribu-
teurs de leurs grâces, tandis que les véritables habitants
de ces contrées gémissaient au fond de leurs cabanes
dans leur ancienne misère, ignorant jusqu'à l'intention
des souverains qui se croyaient leurs bienfaiteurs.

Dans les pays qui ont des constitutions libres, la
question des encouragements et des secours peut encore
être considérée sous un autre point de vue. Est-il salutaire que le gouvernement s'attache certaines classes de
gouvernés par des libéralités qui, fussent-elles sages
dans leur distribution, ont nécessairement de l'arbitraire dans leur nature? N'est-il pas à craindre que ces
classes, séduites par un gain immédiat et positif, ne
deviennent indifférentes à des violations de la liberté
individuelle ou de la justice? On pourrait alors les regarder comme achetées par l'autorité.

En lisant plusieurs écrivains, on serait tenté de croire

qu'il n'y a rien de plus stupide, de moins éclairé, de plus insouciant, que l'intérêt individuel. Ils nous disent gravement, tantôt que si le gouvernement n'encourage pas l'agriculture, tous les bras se tourneront vers les manufactures, et que les campagnes resteront en friche ; tantôt, que si le gouvernement n'encourage pas les manufactures, tous les bras resteront dans les campagnes, que le produit de la terre sera fort au-dessus des besoins, et que le pays languira sans commerce et sans industrie [1], comme s'il n'était pas clair, d'un côté, que l'agriculture sera toujours en raison des besoins d'un peuple, car il faut que les artisans et les manufacturiers aient de quoi se nourrir ; de l'autre, que les manufactures s'élèveront aussitôt que les produits de la terre seront en quantité suffisante, car l'intérêt individuel poussera les hommes à s'appliquer à des travaux plus lucratifs que la multiplication des denrées, dont la quantité réduirait le prix. Les gouvernements ne peuvent rien changer aux besoins physiques des hommes ; la multiplication et le taux des produits, de quelque espèce qu'ils soient, se conforment toujours aux demandes de ces produits. Il est absurde de croire qu'il ne suffit pas, pour rendre un genre de travail commun, qu'il soit utile à ceux qui s'y livrent. S'il y a plus de bras qu'il n'en faut pour mettre en valeur la fertilité du sol, les habitants tourneront naturellement leur activité vers d'autres branches d'industrie. Ils sentiront, sans que le gouvernement les en avertisse, que la concurrence, passant une certaine ligne, anéantit l'avantage du travail. L'intérêt particulier, sans être encouragé par l'autorité, sera suffisamment excité par ses propres calculs à chercher un genre d'occupation plus

1. Voir Filangieri et beaucoup d'autres.

profitable. Si la nature du terrain rend nécessaire un grand nombre de cultivateurs, les artisans et les manufacturiers ne se multiplieront pas, parce que le premier besoin d'un peuple étant de subsister, un peuple ne néglige jamais sa subsistance. D'ailleurs, l'état d'agriculteur étant plus nécessaire sera, par cela même, plus lucratif que tout autre. Lorsqu'il n'y a pas de privilége abusif qui intervertisse l'ordre naturel, l'avantage d'une profession se compose toujours de son utilité absolue et de sa rareté relative. Les productions tendent à se mettre au niveau des besoins, sans que l'autorité s'en mêle [1]. Quand un genre de production est rare, son prix s'élève. Le prix s'élevant, cette production, mieux payée, attire à elle l'industrie et les capitaux. Il en résulte que cette production devient plus commune. Cette production étant plus commune, son prix baisse; et, le prix baissant, une partie de l'industrie et des capitaux se tourne d'un autre côté. Alors la production, devenant plus rare, le prix se relève et l'industrie y revient, jusqu'à ce que la production et son prix aient atteint un équilibre parfait. Le véritable encouragement, pour tous les genres de travail, c'est le besoin qu'on en a. La liberté seule est suffisante pour les maintenir tous dans une salutaire et exacte proportion.

Ce qui trompe beaucoup d'écrivains, c'est qu'ils sont frappés de la langueur ou du malaise qu'éprouvent, sous des gouvernements arbitraires, les classes laborieuses de la nation. Ils ne remontent pas à la cause du mal, mais s'imaginent qu'on y pourrait remédier par une action directe de l'autorité en faveur des classes souffrantes. Ainsi, par exemple, pour l'agriculture, lors-

---

1. Voy. Adam Smith, liv. I, chap. vii; et Say, *Économie politique.*

que des institutions injustes et oppressives exposent les agriculteurs aux vexations des classes privilégiées, les campagnes sont bientôt en friche, parce qu'elles se dépeuplent. Les classes agricoles accourent, le plus qu'elles peuvent, dans les villes pour se dérober à la servitude et à l'humiliation. Alors des spéculateurs imbéciles conseillent des encouragements positifs et partiels pour les agriculteurs. Ils ne voient pas que tout se tient dans les sociétés humaines. La dépopulation des campagnes est le résultat d'une mauvaise organisation politique. Des secours à quelques individus ou tout autre palliatif artificiel et momentané n'y remédieront pas; il n'y aurait de ressource que dans la liberté et dans la justice. Pourquoi y recourt-on le plus tard que l'on peut?

Il faut, nous dit-on quelquefois, ennoblir l'agriculture, la relever, la rendre honorable; car c'est sur elle que repose la prospérité des nations. Des hommes assez éclairés ont développé cette idée. L'un des esprits les plus pénétrants, mais les plus bizarres du siècle dernier, le marquis de Mirabeau, n'a cessé de la répéter. D'autres en ont dit autant des manufactures; mais on n'ennoblit que par des distinctions, si tant est qu'on ennoblisse par des distinctions artificielles. Or, si le travail est utile, comme il sera profitable, il sera commun. Quelle distinction voulez-vous accorder à ce qui est commun? Le travail nécessaire est d'ailleurs toujours facile. Or, il ne dépend pas de l'autorité d'influer sur l'opinion, de manière à ce qu'elle attache un rare mérite à ce que tout le monde peut faire également bien.

De toutes les distinctions que les gouvernements confèrent, les seules vraiment imposantes sont celles qui annoncent du pouvoir, parce qu'elles sont réelles, et que le pouvoir qui s'en décore peut agir en mal ou en bien. Les distinctions fondées sur le mérite sont toujours contestées par l'opinion, parce que l'opinion se réserve à elle seule le droit de décider du mérite. Elle est forcée, malgré qu'elle en ait, de reconnaître le pouvoir; mais le mérite, elle peut le nier. C'est pour cela que le cordon bleu commandait le respect. Il constatait que celui qui le portait était un grand seigneur, et l'autorité peut très-bien juger que tel homme est un grand seigneur. Le cordon noir, au contraire, était ridicule. Il déclarait celui qui en était décoré, un littérateur, un artiste distingué. Or, l'autorité ne peut prononcer sur les littérateurs ou les artistes.

Les distinctions honorifiques pour les agriculteurs, pour les artisans, pour les manufacturiers, sont encore plus illusoires. Les cultivateurs, les artisans, les manufacturiers, veulent arriver à l'aisance ou à la richesse par le travail, et au repos par la garantie. Ils ne vous demandent point de vos distinctions artificielles, ou, s'ils y aspirent, c'est que vous avez faussé leur intelligence, c'est que vous avez rempli leurs têtes d'idées factices. Laissez-les jouir en paix du fruit de leurs peines, de l'égalité des droits, de la liberté d'action qui leur appartiennent. Vous les servirez bien mieux, en ne leur prodiguant ni faveurs, ni injustices, qu'en les vexant d'un côté, et en cherchant de l'autre à les distinguer [1].

---

1. Abstention de l'État et liberté complète, telle est, en matière d'agriculture, d'industrie et de commerce, la doctrine de Benjamin Constant. Chez lui cette doctrine est absolue, elle ne comporte aucune exception, et si elle peut donner lieu au point de vue des faits à diverses objections, elle est beaucoup plus simple, plus pratique, plus près de la vérité que tous les prétendus systèmes d'organisation du travail que nous avons vus se produire depuis cinquante ans. Ces systèmes ont échoué l'un après l'autre, qu'ils s'appellent saint

simonisme, fouriérisme, icarisme, mutualisme, etc. Car la réglementation du travail n'est autre chose que le despotisme, c'est-à-dire l'anéantissement de l'activité humaine dans ce qu'elle a de plus légitime et de plus moral. Aujourd'hui ce n'est plus l'état qui prétend à ce despotisme, ce sont les rêveurs, les ambitieux en quête de popularité. On flatte les classes laborieuses pour gagner leurs suffrages; on les abuse par de vaines promesses, par des systèmes irréalisables, et de sottise en sottise, on a conduit une foule d'honnêtes travailleurs jusqu'aux dernières limites de l'absurde en attendant qu'on les conduise à la misère.

Les ateliers égalitaires, où la rémunération est égale pour tous, quelle que soit la capacité de chacun.;

Le droit au travail, qui impose à l'État le devoir d'assurer à tous ses membres et en toutes circonstances une occupation en rapport avec leurs besoins ou leurs convoitises;

L'abolition du salariat;

La suppression des patrons;

La gratuité du crédit;

L'abolition du capital;

L'expropriation des grandes usines, avec ou sans indemnité, au profit des classes ouvrières;

Voilà l'essence des systèmes mis en avant par nos réformateurs modernes.

La guerre civile, les grèves, la ruine momentanée de quelques-unes de nos plus belles industries au profit de la concurrence étrangères, voilà les résultats de ces systèmes!

(Note de l'éditeur.)

V

DE LA LIBERTÉ DES ANCIENS COMPARÉE A CELLE DES MODERNES.

(DISCOURS PRONONCÉ A L'ATHÉNÉE DE PARIS.)

MESSIEURS,

Je me propose de vous soumettre quelques distinctions, encore assez neuves, entre deux genres de liberté, dont les différences sont restées jusqu'à ce jour inaperçues, ou du moins trop peu remarquées. L'une est la liberté dont l'exercice était si cher aux peuples anciens; l'autre, celle dont la jouissance est particulièrement précieuse aux nations modernes. Cette recherche sera intéressante, si je ne me trompe, sous un double rapport. Premièrement la confusion de ces deux espèces de libertés a été, parmi nous, durant des époques trop célèbres de notre révolution, la cause de beaucoup de maux. La France s'est vue fatiguée d'essais inutiles dont les auteurs, irrités par leur peu de succès, ont essayé de la contraindre à jouir du bien qu'elle ne voulait pas, et lui ont disputé le bien qu'elle voulait.

En second lieu, appelés par notre heureuse révolution (je l'appelle heureuse, malgré ses excès, parce que
je fixe mes regards sur ses résultats) à jouir des bienfaits d'un gouvernement représentatif, il est curieux et
utile de rechercher pourquoi ce gouvernement, le seul
à l'abri duquel nous puissions aujourd'hui trouver quelque liberté et quelque repos, a été presque entièrement
inconnu aux nations libres de l'antiquité.

Je sais que l'on a prétendu en démêler des traces chez
quelques peuples anciens, dans la république de Lacédémone, par exemple, et chez nos ancêtres les Gaulois;
mais c'est à tort.

Le gouvernement de Lacédémone était une aristocratie monacale, et nullement un gouvernement représentatif. La puissance des rois était limitée, mais elle
l'était par les Éphores, et non par des hommes investis
d'une mission semblable à celle que l'élection confère
de nos jours aux défenseurs de nos libertés. Les Éphores, sans doute, après avoir été institués par les rois,
furent nommés par le peuple. Mais ils n'étaient que
cinq. Leur autorité était religieuse autant que politique;
ils avaient part à l'administration même du gouvernement, c'est-à-dire au pouvoir exécutif; et par là, leur
prérogative comme celle de presque tous les magistrats
populaires dans les anciennes républiques, loin d'être
simplement une barrière contre la tyrannie, devenait
quelquefois elle-même une tyrannie insupportable.

Le régime des Gaulois, qui ressemblait assez à celui
qu'un certain parti voudrait nous rendre, était à la fois
théocratique et guerrier. Les prêtres jouissaient d'un
pouvoir sans bornes. La classe militaire, ou la noblesse,
possédait des priviléges bien insolents et bien oppressifs. Le peuple était sans droits et sans garantie.

A Rome, les tribuns avaient, jusqu'à un certain

point, une mission représentative. Ils étaient les organes de ces plébéiens que l'oligarchie, qui dans tous les siècles est la même, avait soumis, en renversant les rois, à un si dur esclavage. Le peuple exerçait toutefois directement une grande partie des droits politiques. Il s'assemblait pour voter les lois, pour juger les patriciens mis en accusation : il n'y avait donc que de faibles vestiges du système représentatif à Rome.

Ce système est une découverte des modernes, et vous verrez, Messieurs, que l'état de l'espèce humaine dans l'antiquité ne permettait pas à une institution de cette nature de s'y introduire ou de s'y établir. Les peuples anciens ne pouvaient ni en sentir la nécessité, ni en apprécier les avantages. Leur organisation sociale les conduisait à désirer une liberté toute différente de celle que ce système nous assure.

. C'est à vous démontrer cette vérité que la lecture de ce soir sera consacrée.

Demandez-vous d'abord, Messieurs, ce que de nos jours un Anglais, un Français, un habitant des États-Unis de l'Amérique, entendent par le mot de liberté?

C'est pour chacun le droit de n'être soumis qu'aux lois, de ne pouvoir être ni arrêté, ni détenu, ni mis à mort, ni maltraité d'aucune manière, par l'effet de la volonté arbitraire d'un ou de plusieurs individus. C'est pour chacun le droit de dire son opinion, de choisir son industrie et de l'exercer; de disposer de sa propriété, d'en abuser même; d'aller, de venir, sans en obtenir la permission, et sans rendre compte de ses motifs ou de ses démarches. C'est, pour chacun, le droit de se réunir à d'autres individus, soit pour conférer sur ses intérêts, soit pour professer le culte que lui et ses associés préfèrent, soit simplement pour remplir ses jours et ses heures d'une manière plus conforme à ses inclinations, à ses fantaisies. Enfin, c'est le droit, pour chacun, d'influer sur l'administration du gouvernement, soit par la nomination de tous ou de certains fonctionnaires, soit par des représentations, des pétitions, des demandes, que l'autorité est plus ou moins obligée de prendre en considération. Comparez maintenant à cette liberté celle des anciens.

Celle-ci consistait à exercer collectivement, mais directement, plusieurs parties de la souveraineté tout entière, à délibérer, sur la place publique, de la guerre et de la paix, à conclure avec les étrangers des traités d'alliance, à voter les lois, à prononcer les jugements, à examiner les comptes, les actes, la gestion des magistrats, à les faire comparaître devant tout le peuple, à les mettre en accusation, à les condamner ou à les absoudre; mais en même temps que c'était là ce que les anciens nommaient liberté, ils admettaient, comme compatible avec cette liberté collective, l'assujettissement complet de l'individu à l'autorité de l'ensemble. Vous ne trouverez chez eux presque aucune des jouissances que nous venons de voir faisant partie de la liberté chez les modernes. Toutes les actions privées sont soumises à une surveillance sévère. Rien n'est accordé à l'indépendance individuelle, ni sous le rapport des opinions, ni sous celui de l'industrie, ni surtout sous le rapport de la religion. La faculté de choisir son culte, faculté que nous regardons comme l'un de nos droits les plus précieux, aurait paru aux anciens un crime et un sacrilége. Dans les choses qui nous semblent les plus futiles, l'autorité du corps social s'interpose et gêne la volonté des individus. Terpandre ne peut chez les Spartiates ajouter une corde à sa lyre sans que les Éphores ne s'offensent. Dans les relations les plus domestiques, l'autorité intervient encore. Le jeune Lacé-

démonien ne peut visiter librement sa jeune épouse. A
Rome, les censeurs portent un œil scrutateur dans l'intérieur des familles. Les lois règlent les mœurs, et
comme les mœurs tiennent à tout, il n'y a rien que les
lois ne règlent.

— Ainsi chez les anciens, l'individu, souverain presque
habituellement dans les affaires publiques, est esclave
dans tous ses rapports privés. Comme citoyen, il décide
de la paix et de la guerre; comme particulier, il est cir-
conscrit, observé, réprimé dans tous ses mouvements;
comme portion du corps collectif, il interroge, destitue,
condamne, dépouille, exile, frappe de mort ses magistrats ou ses supérieurs, comme soumis au corps collectif, il peut à son tour être privé de son état, dépouillé
de ses dignités, banni, mis à mort, par la volonté discrétionnaire de l'ensemble dont il fait partie. Chez les
modernes, au contraire, l'individu, indépendant dans la
vie privée, n'est, même dans les Etats les plus libres,
souverain qu'en apparence. Sa souveraineté est restreinte, presque toujours suspendue; et si à des époques fixes, mais rares, durant lesquelles il est encore
entouré de précautions et d'entraves, il exerce cette souveraineté, ce n'est jamais que pour l'abdiquer.

Je dois ici, Messieurs, m'arrêter un instant pour prévenir une objection que l'on pourrait me faire. Il y a
dans l'antiquité une république où l'asservissement de
l'existence individuelle au corps collectif n'est pas aussi
complet que je viens de le décrire. Cette république est
la plus célèbre de toutes; vous devinez que je veux parler d'Athènes. J'y reviendrai plus tard, et en convenant
de la vérité du fait, je vous en exposerai la cause. Nous
verrons pourquoi, de tous les Etats anciens, Athènes est
celui qui a le plus ressemblé aux modernes. Partout
ailleurs la juridiction sociale était illimitée. Les anciens,

comme le dit Condorcet, n'avaient aucune notion des
droits individuels. Les hommes n'étaient, pour ainsi
dire, que des machines dont la loi réglait les ressorts et
dirigeait les rouages. Le même assujettissement caractérisait les beaux siècles de la république romaine ; l'individu s'était en quelque sorte perdu dans la nation, le
citoyen dans la cité.

Nous allons actuellement remonter à la source de
cette différence essentielle entre les anciens et nous.

Toutes les républiques anciennes étaient renfermées
dans des limites étroites. La plus peuplée, la plus puissante, la plus considérable d'entre elles n'était pas égale
en étendue au plus petit des États modernes. Par une
suite inévitable de leur peu d'étendue, l'esprit de ces
républiques était belliqueux ; chaque peuple froissait
continuellement ses voisins ou était froissé par eux.
Poussés ainsi par la nécessité les uns contre les autres, ils se combattaient ou se menaçaient sans cesse.
Ceux qui ne voulaient pas être conquérants ne pouvaient déposer les armes sous peine d'être conquis.
Tous achetaient leur sûreté, leur indépendance, leur
existence entière, au prix de la guerre. Elle était l'intérêt constant, l'occupation presque habituelle des États
libres de l'antiquité. Enfin, et par un résultat nécessaire
de cette manière d'être, tous ces États avaient des esclaves. Les professions mécaniques, et même, chez quelques nations, les professions industrielles étaient con-
fiées à des mains chargées de fers.

Le monde moderne nous offre un spectacle complète-
ment opposé. Les moindres États de nos jours sont in-
comparablement plus vastes que Sparte ou que Rome
durant cinq siècles. La division même de l'Europe en
plusieurs États est, grâce au progrès des lumières, plutôt apparente que réelle. Tandis que chaque peuple, au-

trefois, formait une famille isolée, ennemie née des
autres familles, une masse d'hommes existe maintenant
sous différents noms, et sous divers modes d'organisation sociale, mais homogène de sa nature. Elle est assez
forte pour n'avoir rien à craindre des hordes barbares.
Elle est assez éclairée pour que la guerre lui soit à
charge. Sa tendance uniforme est vers la paix.

Cette différence en amène une autre. La guerre est
antérieure au commerce; car la guerre et le commerce
ne sont que deux moyens différents d'atteindre le même
but : celui de posséder ce que l'on désire. Le commerce
n'est qu'un hommage rendu à la force du possesseur par
l'aspirant à la possession. C'est une tentative pour obtenir de gré à gré ce qu'on n'espère plus conquérir par la
violence. Un homme qui serait toujours le plus fort n'aurait jamais l'idée du commerce. C'est l'expérience qui,
en lui prouvant que la guerre, c'est-à-dire l'emploi de
sa force contre la force d'autrui, l'expose à diverses résistances et à divers échecs, le porte à recourir au commerce, c'est-à-dire à un moyen plus doux et plus sûr
d'engager l'intérêt d'un autre à consentir à ce qui convient à son intérêt. La guerre est l'impulsion, le commerce est le calcul. Mais par là même il doit venir une
époque où le commerce remplace la guerre. Nous sommes arrivés à cette époque.

Je ne veux pas dire qu'il n'y ait pas eu chez les
anciens des peuples commerçants, mais ces peuples faisaient en quelque sorte exception à la règle générale.
Les bornes d'une lecture ne me permettent pas de vous
indiquer tous les obstacles qui s'opposaient alors au
progrès du commerce; vous le connaissez d'ailleurs
aussi bien que moi; je n'en rapporterai qu'un seul.
L'ignorance de la boussole forçait les marins de l'antiquité à ne perdre les côtes de vue que le moins qu'il leur

était possible. Traverser les colonnes d'Hercule, c'est-à-dire passer le détroit de Gibraltar, était considéré comme l'entreprise la plus hardie. Les Phéniciens et les Carthaginois, les plus habiles des navigateurs, ne l'osèrent que fort tard, et leur exemple resta longtemps sans être imité. A Athènes dont nous parlerons bientôt, l'intérêt maritime était d'environ soixante pour cent, pendant que l'intérêt ordinaire n'était que de douze, tant l'idée d'une navigation lointaine impliquait celle du danger.

De plus, si je pouvais me livrer à une digression qui malheureusement serait trop longue, je vous montrerais, Messieurs, par le détail des mœurs, des habitudes, du mode de trafiquer des peuples commerçants de l'antiquité avec les autres peuples, que leur commerce même était, pour ainsi dire, imprégné de l'esprit de l'époque, de l'atmosphère de guerre et d'hostilité qui les entourait. Le commerce alors était un accident heureux : c'est aujourd'hui l'état ordinaire, le but unique, la tendance universelle, la vie véritable des nations. Elles veulent le repos; avec le repos, l'aisance; et comme source de l'aisance, l'industrie. La guerre est chaque jour un moyen plus inefficace de remplir leurs vœux. Ses chances n'offrent plus, ni aux individus, ni aux nations, des bénéfices qui égalent les résultats du travail paisible et des échanges réguliers. Chez les anciens, une guerre heureuse ajoutait en esclaves, en tributs, en terres partagées, à la richesse publique et particulière. Chez les modernes, une guerre heureuse coûte infailliblement plus qu'elle ne vaut [1].

Enfin, grâce au commerce, à la religion, aux progrès

1. Tout ceci est un extrait des premiers chapitres de l'*Esprit de Conquête*.

intellectuels et moraux de l'espèce humaine, il n'y a plus d'esclaves chez les nations européennes. Des hommes libres doivent exercer toutes les professions, pourvoir à tous les besoins de la société.

On pressent aisément, Messieurs, le résultat nécessaire de ces différences.

Premièrement, l'étendue d'un pays diminue d'autant l'importance politique qui échoit en partage à chaque individu. Le républicain le plus obscur de Rome et de Sparte était une puissance. Il n'en est pas de même du simple citoyen de la Grande-Bretagne ou des États-Unis. Son influence personnelle est un élément imperceptible de la volonté sociale qui imprime au gouvernement sa direction.

En second lieu, l'abolition de l'esclavage a enlevé à la population libre tout le loisir qui résultait pour elle de ce que des esclaves étaient chargés de la plupart des travaux. Sans la population esclave d'Athènes, vingt mille Athéniens n'auraient pas pu délibérer chaque jour sur la place publique.

Troisièmement, le commerce ne laisse pas, comme la guerre, dans la vie de l'homme, ces intervalles d'inactivité. L'exercice perpétuel des droits politiques, la discussion journalière des affaires d'État, les discussions, les conciliabules, tout le cortége et tout le mouvement des factions, agitations nécessaires, remplissage obligé, si j'ose employer ce terme, dans la vie des peuples libres de l'antiquité, qui auraient langui, sans cette ressource, sous le poids d'une inaction douloureuse, n'offriraient que trouble et que fatigue aux nations modernes, où chaque individu occupé de ses spéculations, de ses entreprises, des jouissances qu'il obtient ou qu'il espère, ne veut en être détourné que momentanément et le moins qu'il est possible.

Enfin le commerce inspire aux hommes un vif amour pour l'indépendance individuelle. Le commerce subvient à leurs besoins, satisfait à leurs désirs sans l'intervention de l'autorité. Cette intervention est presque toujours, et je ne sais pourquoi je dis presque, cette intervention est toujours un dérangement et une gêne. Toutes les fois que le pouvoir collectif veut se mêler des spéculations particulières, il vexe les spéculateurs. Toutes les fois que les gouvernements prétendent faire nos affaires, ils les font plus mal et plus dispendieusement que nous.

Je vous ai dit, Messieurs, que je vous parlerais d'Athènes, dont on pourrait opposer l'exemple à quelques-unes de mes assertions, et dont l'exemple, au contraire, va les confirmer toutes.

Athènes, comme je l'ai déjà reconnu, était de toutes les républiques grecques la plus commerçante ; aussi accordait-elle à ses citoyens infiniment plus de liberté individuelle que Rome et Sparte. Si je pouvais entrer dans des détails historiques, je vous ferais voir que le commerce avait fait disparaître de chez les Athéniens plusieurs des différences qui distinguent les peuples anciens des peuples modernes. L'esprit des commerçants d'Athènes était pareil à celui des commerçants de nos jours. Xénophon nous apprend que, durant la guerre du Péloponèse, ils sortaient leurs capitaux du continent de l'Attique, et les envoyaient dans les îles de l'Archipel. Le commerce avait créé chez eux la circulation. Nous remarquons dans Isocrate des traces de l'usage des lettres de change. Aussi, observez combien leurs mœurs ressemblent aux nôtres. Dans leurs relations avec les femmes, vous verrez (je cite encore Xénophon) les époux satisfaits quand la paix et une amitié décente règnent dans l'intérieur du ménage, tenir compte à l'épouse trop fragile de la tyrannie de la nature, fermer les yeux sur l'irrésistible pouvoir des passions, pardonner la première faiblesse et oublier la seconde. Dans leurs rapports avec les étrangers, on les verra prodiguer les droits de cité à quiconque, se transportant chez eux avec sa famille, établit un métier ou une fabrique; enfin on sera frappé de leur amour excessif pour l'indépendance individuelle. A Lacédémone, dit un philosophe, les citoyens accourent lorsqu'un magistrat les appelle; mais un Athénien serait au désespoir qu'on le crût dépendant d'un magistrat.

Cependant comme plusieurs des autres circonstances qui décidaient du caractère des nations anciennes existaient aussi à Athènes; comme il y avait une population esclave, et que le territoire était fort resserré, nous y trouvons des vestiges de la liberté propre aux anciens. Le peuple fait les lois, examine la conduite des magistrats, somme Périclès de rendre des comptes, condamne à mort tous les généraux qui avaient commandé au combat des Arginuses. En même temps l'ostracisme, arbitraire légal et vanté par tous les législateurs de l'époque, l'ostracisme, qui nous paraît et doit nous paraître une révoltante iniquité, prouve que l'individu était encore bien plus asservi à la suprématie du corps social à Athènes, qu'il ne l'est de nos jours dans aucun État libre de l'Europe.

Il résulte de ce que je viens d'exposer, que nous ne pouvons plus jouir de la liberté des anciens, qui se composait de la participation active et constante au pouvoir collectif. Notre liberté, à nous, doit se composer de la jouissance paisible de l'indépendance privée. La part que, dans l'antiquité, chacun prenait à la souveraineté nationale, n'était point, comme de nos jours, une supposition abstraite. La volonté de chacun avait une in-

fluence réelle; l'exercice de cette volonté était un plaisir
vif et répété. En conséquence, les anciens étaient disposés à faire beaucoup de sacrifices pour la conservation
de leurs droits politiques, et de leur part dans l'administration de l'Etat. Chacun, sentant avec orgueil tout
ce que valait son suffrage, trouvait dans cette conscience
de son importance personnelle un ample dédommagement.

Ce dédommagement n'existe plus aujourd'hui pour
nous. Perdu dans la multitude, l'individu n'aperçoit
presque jamais l'influence qu'il exerce. Jamais sa volonté ne s'empreint sur l'ensemble ; rien ne constate à
ses propres yeux sa coopération. L'exercice des droits
politiques ne nous offre donc plus qu'une partie des
jouissances que les anciens y trouvaient, et en même
temps les progrès de la civilisation, la tendance commerciale de l'époque, la communication des peuples
entre eux, ont multiplié et varié à l'infini les moyens de
bonheur particulier.

Il s'ensuit que nous devons être bien plus attachés
que les anciens à notre indépendance individuelle. Car
les anciens, lorsqu'ils sacrifiaient cette indépendance aux
droits politiques, sacrifiaient moins pour obténir plus ;
tandis qu'en faisant le même sacrifice, nous donnerions
plus pour obtenir moins.

Le but des anciens était le partage du pouvoir social
entre tous les citoyens d'une même patrie. C'était là ce
qu'ils nommaient liberté. Le but des modernes est la
sécurité dans les jouissances privées; et ils nomment
liberté les garanties accordées par les institutions à ces
jouissances.

J'ai dit en commençant que, faute d'avoir aperçu ces
différences, des hommes bien intentionnés, d'ailleurs,
avaient causé des maux infinis durant notre longue et

23.

orageuse révolution. A Dieu ne plaise que je leur adresse
des reproches trop sévères : leur erreur même était excusable. On ne saurait lire les belles pages de l'antiquité,
l'on ne se retrace point les actions de ces grands
hommes, sans ressentir je ne sais quelle émotion d'un
genre particulier, que ne fait éprouver rien de ce qui
est moderne. Les vieux éléments d'une nature, antérieure pour ainsi dire à la nôtre, semblent se réveiller
en nous à ces souvenirs. Il est difficile de ne pas regretter ces temps où les facultés de l'homme se développaient dans une direction tracée d'avance, mais dans
une carrière si vaste, tellement fortes de leur propre
force, et avec un tel sentiment d'énergie et de dignité ;
et lorsqu'on se livre à ces regrets, il est impossible de
ne pas vouloir imiter ce qu'on regrette.

Cette impression était profonde, surtout lorsque nous
vivions sous des gouvernements abusifs, qui, sans être
forts, étaient vexatoires, absurdes en principe, misérables en action ; gouvernements qui avaient pour ressort
l'arbitraire, pour but le rapetissement de l'espèce humaine, et que certains hommes osent nous vanter encore
aujourd'hui, comme si nous pouvions oublier jamais
que nous avons été témoins et victimes de leur obstination, de leur impuissance et de leur renversement. Le
but de nos réformateurs fut noble et généreux. Qui
d'entre nous n'a pas senti son cœur battre d'espérance
à l'entrée de la route qu'ils semblaient ouvrir? Et malheur encore à présent à qui n'éprouve pas le besoin de
déclarer que reconnaître quelques erreurs commises
par nos premiers guides, ce n'est pas flétrir leur mémoire, ni désavouer des opinions que les amis de l'humanité ont professées d'âge en âge!

Mais ces hommes avaient puisé plusieurs de leurs
théories dans les ouvrages de deux philosophes, qui ne

s'étaient pas doutés eux-mêmes des modifications apportées par deux mille ans aux dispositions du genre humain. J'examinerai peut-être une fois le système du plus illustre de ces philosophes, de J.-J. Rousseau, et je montrerai qu'en transportant dans nos temps modernes une étendue de pouvoir social, de souveraineté collective qui appartenait à d'autres siècles, ce génie sublime qu'animait l'amour le plus pur de la liberté a fourni néanmoins de funestes prétextes à plus d'un genre de tyrannie. Sans doute, en relevant ce que je considère comme une méprise importante à dévoiler, je serai circonspect dans ma réfutation et respectueux dans mon blâme. J'éviterai certes de me joindre aux détracteurs d'un grand homme. Quand le hasard fait qu'en apparence je me rencontre avec eux sur un seul point, je suis en défiance de moi-même; et pour me consoler de paraître un instant de leur avis, sur une question unique et partielle, j'ai besoin de désavouer et de flétrir autant qu'il est en moi ces prétendus auxiliaires.

Cependant l'intérêt de la vérité doit l'emporter sur des considérations que rendent si puissantes l'éclat d'un talent prodigieux et l'autorité d'une immense renommée. Ce n'est d'ailleurs point à Rousseau, comme on le verra, que l'on doit principalement attribuer l'erreur que je vais combattre : elle appartient bien plus à l'un de ses successeurs, moins éloquent, mais non moins austère, et mille fois plus exagéré. Ce dernier, l'abbé de Mably, peut être regardé comme le représentant du système qui, conformément aux maximes de la liberté antique, veut que les citoyens soient complétement assujettis pour que la nation soit souveraine, et que l'individu soit esclave pour que le peuple soit libre.

L'abbé de Mably, comme Rousseau et comme beaucoup d'autres, avait, d'après les anciens, pris l'autorité du corps social pour la liberté, et tous les moyens lui paraissaient bons pour étendre l'action de cette autorité sur cette partie récalcitrante de l'existence humaine, dont il déplorait l'indépendance. Le regret qu'il exprime partout dans ses ouvrages, c'est que la loi ne puisse atteindre que les actions. Il aurait voulu qu'elle atteignît les pensées, les impressions les plus passagères, qu'elle poursuivît l'homme sans relâche et sans lui laisser un asile où il pût échapper à son pouvoir. A peine apercevait-il, n'importe chez quel peuple, une mesure vexatoire, qu'il pensait avoir fait une découverte, et qu'il la proposait pour modèle; il détestait la liberté individuelle, comme on déteste un ennemi personnel; et dès qu'il rencontrait dans l'histoire une nation qui en était bien complétement privée, n'eut-elle point de liberté politique, il ne pouvait s'empêcher de l'admirer. Il s'extasiait sur les Égyptiens, parce que, disait-il, tout chez eux était réglé par la loi, jusqu'aux délassements, jusqu'aux besoins; tout pliait sous l'empire du législateur; tous les moments de la journée étaient remplis par quelque devoir. L'amour même était sujet à cette intervention respectée, et c'était la loi qui, tour à tour, ouvrait et fermait la couche nuptiale.

Sparte, qui réunissait des formes républicaines au même asservissement des individus, excitait dans l'esprit de ce philosophe un enthousiasme plus vif encore. Ce vaste couvent lui paraissait l'idéal d'une parfaite république. Il avait pour Athènes un profond mépris, et il aurait dit volontiers de cette nation, la première de la Grèce, ce qu'un académicien grand seigneur disait de l'Académie française : « Quel épouvantable despotisme! Tout le monde y fait ce qu'il veut. » Je dois ajouter que ce grand seigneur parlait de l'Académie telle qu'elle était il y a trente ans.

Montesquieu, doué d'un esprit plus observateur parce qu'il avait une tête moins ardente, n'est pas tombé tout à fait dans les mêmes erreurs. Il a été frappé des différences que j'ai rapportées, mais il n'en a pas démêlé la cause véritable. « Les politiques grecs, dit-il, qui vi-« vaient sous le gouvernement populaire, ne reconnais-« saient d'autre force que celle de la vertu. Ceux d'au-« jourd'hui ne nous parlent que de manufactures, de « commerce, de finances, de richesses et de luxe « même. » Il attribue cette différence à la république et à la monarchie; il faut l'attribuer à l'esprit opposé des temps anciens et des temps modernes. Citoyens des républiques, sujets des monarchies, tous veulent des jouissances, et nul ne peut, dans l'état actuel des sociétés, ne pas en vouloir. Le peuple le plus attaché de nos jours à sa liberté, avant l'affranchissement de la France, était aussi le peuple le plus attaché à toutes les jouissances de la vie; et il tenait à sa liberté, surtout parce qu'il y voyait la garantie des jouissances qu'il chérissait. Autrefois, là où il y avait liberté, l'on pouvait supporter les privations; maintenant partout où il y a privation, il faut l'esclavage pour qu'on s'y résigne. Il serait plus possible aujourd'hui de faire d'un peuple d'esclaves un peuple de Spartiates, que de former des Spartiates pour la liberté.

Les hommes qui se trouvèrent portés par le flot des événements à la tête de notre révolution étaient, par une suite nécessaire de l'éducation qu'ils avaient reçue, imbus des opinions antiques et devenues fausses, qu'avaient mises en honneur les philosophes dont j'ai parlé. La métaphysique de Rousseau, au milieu de laquelle paraissaient tout à coup, comme des éclairs, des vérités sublimes et des passages d'une éloquence entraînante; l'austérité de Mably, son intolérance, sa haine contre

toutes les passions humaines, son avidité de les asservir toutes, ses principes exagérés sur la compétence de
la loi, la différence de ce qu'il recommandait et de ce qui
avait existé, ses déclamations contre les richesses et
même contre la propriété, toutes ces choses devaient
charmer des hommes échauffés par une victoire récente,
et qui, conquérants de la puissance légale, étaient bien
aises d'étendre cette puissance sur tous les objets. C'était
pour eux une autorité précieuse que celle de deux écrivains, qui, désintéressés dans la question, et pronon-
çant anathème contre le despotisme des hommes, avaient
rédigé en axiomes le texte de la loi. Ils voulurent donc
exercer la force publique, comme ils avaient appris de
leurs guides qu'elle avait été jadis exercée dans les États
libres. Ils crurent que tout devait encore céder devant la
volonté collective, et que toutes les restrictions aux
droits individuels seraient amplement compensées par la
participation au pouvoir social.

Vous savez, Messieurs, ce qui en est résulté. Des institutions libres, appuyées sur la connaissance de l'esprit du siècle, auraient pu subsister. L'édifice renouvelé
des anciens s'est écroulé, malgré beaucoup d'efforts et
beaucoup d'actes héroïques qui ont droit à l'admiration.
C'est que le pouvoir social blessait en tous sens l'indépendance individuelle sans en détruire le besoin. La nation ne trouvait point qu'une part idéale à une souveraineté abstraite valût les sacrifices qu'on lui commandait. On lui répétait vainement avec Rousseau : les lois
de la liberté sont mille fois plus austères que n'est dur
le joug des tyrans. Elle ne voulait pas de ces lois austères, et, dans sa lassitude, elle croyait quelquefois que
le joug des tyrans serait préférable. L'expérience est
venue et l'a détrompée. Elle a vu que l'arbitraire des
hommes était pire encore que les plus mauvaises

lois. Mais les lois aussi doivent avoir leurs limites.

Si je suis parvenu, Messieurs, à vous faire partager l'opinion que, dans ma conviction, ces faits doivent produire, vous reconnaitrez avec moi la vérité des principes suivants :

L'indépendance individuelle est le premier des besoins modernes. En conséquence, il ne faut jamais en demander le sacrifice pour établir la liberté politique.

Il s'ensuit qu'aucune des institutions nombreuses et trop vantées qui, dans les républiques anciennes, gênaient la liberté individuelle, n'est admissible dans les temps modernes.

Cette vérité, Messieurs, semble d'abord superflue à établir. Plusieurs gouvernements de nos jours ne paraissent guère enclins à imiter les républiques de l'antiquité. Cependant, quelque peu de goût qu'ils aient pour les institutions républicaines, il y a de certains usages républicains pour lesquels ils éprouvent je ne sais quelle affection. Il est fâcheux que ce soient précisément ceux qui permettent de bannir, d'exiler, de dépouiller. Je me souviens qu'en 1802 on glissa, dans une loi sur les tribunaux spéciaux, un article qui introduisait en France l'ostracisme grec; et Dieu sait combien d'éloquents orateurs, pour faire admettre cet article, qui cependant fut retiré, nous parlèrent de la liberté d'Athènes, et de tous les sacrifices que les individus devaient faire pour conserver cette liberté ! De même, à une époque bien plus récente, lorsque des autorités craintives essayaient d'une main timide de diriger les élections à leur gré, un journal, qui n'est pourtant point entaché de républicanisme, proposa de faire revivre la censure romaine, pour écarter les candidats dangereux.

Je crois donc ne pas m'engager dans une digression inutile, si, pour appuyer mon assertion, je dis quelques mots de ces deux institutions si vantées.

L'ostracisme d'Athènes reposait sur l'hypothèse que la société a toute autorité sur ses membres. Dans cette hypothèse, il pouvait se justifier ; et dans un petit État, où l'influence d'un individu, fort de son crédit, de sa clientèle, de sa gloire, balançait souvent la puissance de la masse, l'ostracisme pouvait avoir une apparence d'utilité. Mais, parmi nous, les individus ont des droits que la société doit respecter, et l'influence individuelle est, comme je l'ai déjà observé, tellement perdue dans une multitude d'influences, égales ou supérieures, que toute vexation, motivée sur la nécessité de diminuer cette influence, est inutile et par conséquent injuste. Nul n'a le droit d'exiler un citoyen, s'il n'est pas condamné par un tribunal régulier, d'après une loi formelle qui attache la peine de l'exil à l'action dont il est coupable. Nul n'a le droit d'arracher le citoyen à sa patrie, le pro-priétaire à ses terres, le négociant à son commerce, l'époux à son épouse, le père à ses enfants, l'écrivain à ses méditations studieuses, le vieillard à ses habitudes. Tout exil politique est un attentat politique. Tout exil prononcé par une assemblée pour de prétendus motifs de salut public est un crime de cette assemblée contre le salut public, qui n'est jamais que dans le respect des lois, dans l'observance des formes, et dans le maintien des garanties.

La censure romaine supposait, comme l'ostracisme, un pouvoir discrétionnaire. Dans une république dont tous les citoyens, maintenus par la pauvreté dans une simplicité extrême de mœurs, habitaient la même ville, n'exerçaient aucune profession qui détournât leur atten-tion des affaires de l'État, et se trouvaient ainsi constam-ment spectateurs et juges de l'usage du pouvoir public, la censure pouvait d'une part avoir plus d'influence, et de l'autre, l'arbitraire des censeurs était contenu par une espèce de surveillance morale exercée contre eux. Mais aussitôt que l'étendue de la république, la complication des relations sociales, et les raffinements de la civilisation, eurent enlevé à cette institution ce qui lui servait à la fois de base et de limite, la censure dégénéra, même à Rome. Ce n'était donc pas la censure qui avait créé les bonnes mœurs; c'était la simplicité des mœurs qui constituait la puissance et l'efficacité de la censure.

En France, une institution aussi arbitraire que la censure serait à la fois inefficace et intolérable. Dans l'état présent de la société, les mœurs se composent de nuances fines, ondoyantes, insaisissables, qui se dénatureraient de mille manières, si l'on tentait de leur donner plus de précision. L'opinion seule peut les atteindre; elle seule peut les juger, parce qu'elle est de même nature. Elle se soulèverait contre toute autorité positive qui voudrait lui donner plus de précision. Si le gouvernement d'un peuple voulait, comme les censeurs de Rome, flétrir un citoyen par une décision discrétionnaire, la nation entière réclamerait contre cet arrêt en ne ratifiant pas les décisions de l'autorité.

Ce que je viens de dire de la transplantation de la censure dans les temps modernes s'applique à bien d'autres parties de l'organisation sociale, sur lesquelles on nous cite l'antiquité plus fréquemment encore, et avec bien plus d'emphase. Telle est l'éducation, par exemple. Que ne nous dit-on pas sur la nécessité de permettre que le gouvernement s'empare des générations naissantes pour les façonner à son gré, et de quelles citations érudites n'appuie-t-on pas cette théorie? Les Perses, les Égyptiens, et la Gaule, et la Grèce, et l'Italie viennent tour à tour figurer à nos regards! Eh! Messieurs, nous ne sommes ni des Perses, soumis à un despote, ni des

Égyptiens, subjugués par des prêtres, ni des Gaulois, pouvant être sacrifiés par leurs druides, ni enfin des Grecs et des Romains que leur part à l'autorité sociale consolait de l'asservissement privé. Nous sommes des modernes, qui voulons jouir, chacun, de nos droits; développer, chacun, nos facultés comme bon nous semble, sans nuire à autrui; veiller sur le développement de ces facultés dans les enfants que la nature confie à notre affection, d'autant plus éclairée qu'elle est plus vive, et n'ayant besoin de l'autorité que pour tenir d'elle les moyens généraux d'instruction qu'elle peut rassembler; comme les voyageurs acceptent d'elle les grands chemins, sans être dirigés par elle dans la route qu'ils veulent suivre. La religion aussi est exposée à ces souvenirs des autres siècles. De braves défenseurs de l'unité de doctrine nous citent les lois des anciens contre les dieux étrangers, et appuient les droits de l'Église catholique de l'exemple des Athéniens qui firent périr Socrate pour avoir ébranlé le polythéisme, et de celui d'Auguste, qui voulait qu'on restât fidèle au culte de ses pères, ce qui fit que, peu de temps après, on livra aux bêtes les premiers chrétiens.

Défions-nous, Messieurs, de cette admiration pour certaines réminiscences antiques. Puisque nous vivons dans les temps modernes, je veux la liberté convenable aux temps modernes; et puisque nous vivons sous des monarchies, je supplie humblement ces monarchies de ne pas emprunter aux républiques anciennes des moyens de nous opprimer.

La liberté individuelle, je le répète, voilà la véritable liberté moderne. La liberté politique en est la garantie; la liberté politique est par conséquent indispensable. Mais demander aux peuples de nos jours de sacrifier, comme ceux d'autrefois, la totalité de leur liberté individuelle à leur liberté politique, c'est le plus sûr moyen de les détacher de l'une ; et quand on y serait parvenu, on ne tarderait pas à leur ravir l'autre.

Vous voyez, Messieurs, que mes observations ne tendent nullement à diminuer le prix de la liberté politique. Je ne tire point des faits que j'ai remis sous vos yeux les conséquences que quelques hommes en tirent. De ce que les anciens ont été libres, et de ce que nous ne pouvons plus être libres comme les anciens, ils en concluent que nous sommes destinés à être esclaves. Ils voudraient constituer le nouvel état social avec un petit nombre d'éléments qu'ils disent seuls appropriés à la situation du monde actuel. Ces éléments sont des préjugés pour effrayer les hommes, de l'égoïsme pour les corrompre, de la frivolité pour les étourdir, des plaisirs grossiers pour les dégrader, du despotisme pour les conduire ; et, il le faut bien, des connaissances positives et des sciences exactes pour servir plus adroitement le despotisme. Il serait bizarre que tel fût le résultat de quarante siècles durant lesquels l'esprit humain a conquis plus de moyens moraux et physiques ; je ne le puis penser.

Je tire des différences qui nous distinguent de l'antiquité des conséquences tout opposées. Ce n'est point la garantie qu'il faut affaiblir, c'est la jouissance qu'il faut étendre. Ce n'est point à la liberté politique que je veux renoncer ; c'est la liberté civile que je réclame avec d'autres formes de liberté politique. Les gouvernements n'ont pas plus qu'autrefois le droit de s'arroger un pouvoir illégitime. Mais les gouvernements qui partent d'une source légitime ont de moins qu'autrefois le droit d'exercer sur les individus une suprématie arbitraire. Nous possédons encore aujourd'hui les droits que nous eûmes de tout temps, ces droits éternels à consentir les lois, à délibérer sur nos intérêts, à être partie intégrante du corps social dont nous sommes membres. Mais les gouvernements ont de nouveaux devoirs. Les progrès de la civilisation, les changements opérés par les siècles, commandent à l'autorité plus de respect pour les habitudes, pour les affections, pour l'indépendance des individus. Elle doit porter sur tous ces objets une main plus prudente et plus légère.

Cette réserve de l'autorité, qui est dans ses devoirs stricts, est également dans ses intérêts bien entendus ; car si la liberté qui convient aux modernes est différente de celle qui convenait aux anciens, le despotisme qui était possible chez les anciens n'est plus possible chez les modernes. De ce que nous sommes souvent plus distraits de la liberté politique qu'ils ne pouvaient l'être, et dans notre état ordinaire, moins passionnés pour elle, il peut s'ensuivre que nous négligions quelquefois trop, et toujours à tort, les garanties qu'elle nous assure ; mais en même temps, comme nous tenons beaucoup plus à la liberté individuelle que les anciens, nous la défendrons, si elle est attaquée, avec beaucoup plus d'adresse et de persistance ; et nous avons pour la défendre des moyens que les anciens n'avaient pas.

Le commerce rend l'action de l'arbitraire sur notre existence plus vexatoire qu'autrefois, parce que nos spéculations étant plus variées, l'arbitraire doit se multiplier pour les atteindre ; mais le commerce rend aussi l'action de l'arbitraire plus facile à éluder, parce qu'il change la nature de la propriété, qui devient, par ce changement, presque insaisissable.

Le commerce donne à la propriété une qualité nouvelle : la circulation ; sans circulation, la propriété n'est qu'un usufruit ; l'autorité peut toujours influer sur l'usufruit, car elle peut enlever la jouissance ; mais la circu-

lation met un obstacle invisible et invincible à cette action du pouvoir social.

Les effets du commerce s'étendent encore plus loin ;
non-seulement il affranchit les individus, mais en créant
le crédit, il rend l'autorité dépendante.

L'argent, dit un auteur français, est l'arme la plus
dangereuse du despotisme ; mais il est en même temps
son frein le plus puissant ; le crédit est soumis à l'opinion ; la force est inutile, l'argent se cache ou s'enfuit ;
toutes les opérations de l'État sont suspendues. Le crédit n'avait pas la même influence chez les anciens ; leurs
gouvernements étaient plus forts que les particuliers ;
les particuliers sont plus forts que les pouvoirs politiques
de nos jours ; la richesse est une puissance plus disponible
dans tous les instants, plus applicable à tous les intérêts, et par conséquent bien plus réelle et mieux obéie ;
le pouvoir menace, la richesse récompense ; on échappe
au pouvoir en le trompant ; pour obtenir les faveurs de
la richesse, il faut la servir ; celle-ci doit l'emporter.

Par une suite des mêmes causes, l'existence individuelle est moins englobée dans l'existence politique.
Les individus transplantent au loin leurs trésors ; ils
portent avec eux toutes les jouissances de la vie privée ;
le commerce a rapproché les nations, et leur a donné des
mœurs et des habitudes à peu près pareilles ; les chefs
peuvent être ennemis ; les peuples sont compatriotes.

Que le pouvoir s'y résigne donc ; il nous faut la liberté, et nous l'aurons ; mais comme la liberté qu'il
nous faut est différente de celle des anciens, il faut à
cette liberté une autre organisation que celle qui pourrait convenir à la liberté antique. Dans celle-ci, plus
l'homme consacrait de temps et de forces à l'exercice
de ses droits politiques, plus il se croyait libre ; dans
l'espèce de liberté dont nous sommes susceptibles, plus

l'exercice de nos droits politiques nous laissera de temps
pour nos intérêts privés, plus la liberté nous sera précieuse.

De là vient, Messieurs, la nécessité du système représentatif. Le système représentatif n'est autre chose
qu'une organisation à l'aide de laquelle une nation se
décharge sur quelques individus de ce qu'elle ne peut
ou ne veut pas faire elle-même. Les individus pauvres
font eux-mêmes leurs affaires; les hommes riches prennent des intendants. C'est l'histoire des nations anciennes et des nations modernes. Le système représentatif
est une procuration donnée à un certain nombre d'hommes par la masse du peuple, qui veut que ses intérêts
soient défendus, et qui néanmoins n'a pas le temps de
les défendre toujours lui-même. Mais, à moins d'être insensés, les hommes riches qui ont des intendants examinent, avec attention et sévérité, si ces intendants font
leur devoir, s'ils ne sont ni négligents, ni corruptibles,
ni incapables; et pour juger de la gestion de ces mandataires, les commettants qui ont de la prudence se mettent bien au fait des affaires dont ils leur confient l'administration. De même, les peuples, qui dans le but de
jouir de la liberté qui leur convient recourent au système représentatif, doivent exercer une surveillance active et constante sur leurs représentants, et se réserver
à des époques, qui ne soient pas séparées par de trop
longs intervalles, le droit de les écarter s'ils ont trompé
leurs vœux, et de révoquer les pouvoirs dont ils auraient
abusé.

Car, de ce que la liberté moderne diffère de la liberté
antique, il s'ensuit qu'elle est aussi menacée d'un danger
d'espèce différente.

Le danger de la liberté antique était qu'attentifs uniquement à s'assurer le partage du pouvoir social, les

hommes ne fissent trop bon marché des droits et des jouissances individuelles.

Le danger de la liberté moderne, c'est qu'absorbés dans la jouissance de notre indépendance privée, et dans la poursuite de nos intérêts particuliers, nous ne renoncions trop facilement à notre droit de partage dans le pouvoir politique.

Les dépositaires de l'autorité ne manquent pas de nous y exhorter. Ils sont si disposés à nous épargner toute espèce de peine, excepté celle d'obéir et de payer! Ils nous diront : « Quel est au fond le but de tous vos « efforts, le motif de vos travaux, l'objet de vos espé- « rances? N'est-ce pas le bonheur? Eh bien, ce bonheur, « laissez-nous faire, et nous vous le donnerons. » Non, Messieurs, ne laissons pas faire. Quelque touchant que soit un intérêt si tendre, prions l'autorité de rester dans ses limites. Qu'elle se borne à être juste; nous nous chargerons d'être heureux.

Pourrions-nous l'être par des jouissances, si ces jouissances étaient séparées des garanties? Où trouverions-nous ces garanties, si nous renoncions à la liberté politique? Y renoncer, Messieurs, serait une démence semblable à celle d'un homme qui, sous prétexte qu'il n'habite qu'au premier étage, prétendrait bâtir sur le sable un édifice sans fondement.

D'ailleurs, Messieurs, est-il donc si vrai que le bonheur de quelque genre qu'il puisse être soit le but unique de l'espèce humaine? En ce cas, notre carrière serait bien étroite, et notre destination bien peu relevée. Il n'est pas un de nous qui, s'il voulait descendre, restreindre ses facultés morales, rabaisser ses désirs, abjurer l'activité, la gloire, les émotions généreuses et profondes, ne pût s'abrutir et être heureux. Non, Messieurs, j'en atteste cette partie meilleure de notre nature, cette noble inquiétude qui nous poursuit et qui nous tourmente, cette ardeur d'étendre nos lumières et de développer nos facultés : ce n'est pas au bonheur seul, c'est au perfectionnement que notre destin nous appelle ; et la liberté politique est le plus puissant, le plus énergique moyen de perfectionnement que le ciel nous ait donné.

La liberté politique soumettant à tous les citoyens, sans exception, l'examen et l'étude de leurs intérêts les plus sacrés, agrandit leur esprit, anoblit leurs pensées, établit entre eux tous une sorte d'égalité intellectuelle qui fait la gloire et la puissance d'un peuple.

Aussi, voyez comme une nation grandit à la première institution qui lui rend l'exercice régulier de la liberté politique. Voyez nos concitoyens de toutes les classes, de toutes les professions, sortant de la sphère de leurs travaux habituels, et de leur industrie privée, se trouver soudain au niveau des fonctions importantes que la constitution leur confie, choisir avec discernement, résister avec énergie, déconcerter la ruse, braver la menace, résister noblement à la séduction. Voyez le patriotisme pur, profond et sincère triomphant dans nos villes et vivifiant jusqu'à nos hameaux, traversant nos ateliers, ranimant nos campagnes, pénétrant du sentiment de nos droits et de la nécessité des garanties l'esprit juste et droit du cultivateur utile et du négociant industrieux, qui, savants dans l'histoire des maux qu'ils ont subis, et non moins éclairés sur les remèdes qu'exigent ces maux, embrassent d'un regard la France entière, et, dispensateurs de la reconnaissance nationale, récompensent par leurs suffrages, après trente années, la fidélité aux principes, dans la personne du plus illustre des défenseurs de la liberté[1].

---

1. M. de Lafayette, nommé député par la Sarthe.

Loin donc, Messieurs, de renoncer à aucune des deux
espèces de libertés dont je vous ai parlé, il faut, je l'ai
démontré, apprendre à les combiner l'une avec l'autre.
Les institutions, comme le dit le célèbre auteur de l'histoire des républiques du moyen âge[1], doivent accomplir
les destinées de l'espèce humaine; elles atteignent d'autant mieux leur but qu'elles élèvent le plus grand nombre possible de citoyens à la plus haute dignité morale.

L'œuvre du législateur n'est point complète quand il
a seulement rendu le peuple tranquille. Lors même que
ce peuple est content, il reste encore beaucoup à faire.
Il faut que les institutions achèvent l'éducation morale
des citoyens. En respectant leurs droits individuels, en
ménageant leur indépendance, en ne troublant point
leurs occupations, elles doivent pourtant consacrer leur
influence sur la chose publique, les appeler à concourir
par leurs déterminations et par leurs suffrages à l'exercice du pouvoir, leur garantir un droit de contrôle et de
surveillance par la manifestation de leurs opinions, et
les formant de la sorte, par la pratique, à ces fonctions
élevées, leur donner à la fois et le désir et la faculté de
s'en acquitter[2].

1. M. de Sismondi.
2. Les idées exprimées ici par Benjamin Constant sont très-
justes au point de vue philosophique; mais par malheur elles sont
jusqu'à présent bien peu répandues en France. L'établissement du
suffrage universel, en donnant à la population la plus grande
somme de droits politiques qui ait jamais existé, a fait voir combien peu nous comprenons nos devoirs civiques : la grande majorité des électeurs est parfaitement indifférente ou quand elle ne
l'est pas, elle devient trop souvent la proie des partis extrêmes
ou des intrigants. Il y a dans les villes aussi bien que dans les
campagnes une masse d'électeurs auxquels on peut faire tout
croire; et l'on mène toute la France avec une dizaine de mots.
Ici, il suffit de dire d'un candidat : *c'est un rouge, il veut le*

partage des biens, pour que les trois quarts des voix lui soient enlevés. Là, il suffût de dire : *c'est un jésuite, c'est un blanc, il vous ramènera la dîme*. L'ignorance des faits les plus importants eux-mêmes est poussée si loin, qu'en 1873 nous avons vu, à quarante lieues de Paris, des individus notables d'un quartier industriel, dans une ville de vingt mille âmes, venir nous annoncer avec un profond sentiment de tristesse qu'une révolution venait d'éclater à Paris, qu'on avait voulu prendre l'Hôtel de ville et fusiller le général Trochu. Les bonnes gens venaient de lire un journal de 1871 qui leur était par hasard tombé sous la main; ils n'avaient point regardé la date; de là leur inquiétude au sujet des dangers qu'avait courus le général Trochu. D'autres dans la même ville, lors de la revue de l'armée allemande passée à Longchamps, se sont imaginé que Napoléon III était revenu à Paris, parce qu'ils avaient lu dans les journaux que l'*empereur* et le *prince impérial* assistaient à cette revue. Ils ne s'étaient pas douté le·moins du monde qu'il s'agissait de l'empereur d'Allemagne. Ceux-là étaient pourtant l'élite des électeurs du quartier, les abonnés des journaux de la localité.   (*Note de l'éditeur.*)

CINQUIÈME PARTIE

―――――

I

DE L'INVIOLABILITÉ DES PROPRIÉTÉS.

Plusieurs de ceux qui ont défendu la propriété, par des raisonnements abstraits, me semblent être tombés dans une erreur grave : ils ont représenté la propriété comme quelque chose de mystérieux, d'antérieur à la société, d'indépendant d'elle. Aucune de ces assertions n'est vraie. La propriété n'est point antérieure à la société, car sans l'association qui lui donne une garantie, elle ne serait que le droit du premier occupant, en d'autres mots, le droit de la force, c'est-à-dire un droit qui n'en est pas un. La propriété n'est point indépendante de la société, car un état social, à la vérité très-misérable, peut être conçu sans propriété, tandis qu'on ne peut imaginer de propriété sans état social [1].

1. Il y a une erreur dans cette doctrine ; Benjamin Constant confond le droit et la garantie. Il est vrai qu'en dehors de la société, la propriété est sans défense. En existe-t-elle moins pour cela? Robinson, dans son île, n'est-il pas le propriétaire légitime

La propriété existe de par la société; la société a trouvé que le meilleur moyen de faire jouir ses membres des biens communs à tous, ou disputés par tous avant son institution, était d'en concéder une partie à chacun, ou plutôt de maintenir chacun dans la partie qu'il se trouvait occuper, en lui en garantissant la jouissance, avec les changements que cette jouissance pourrait éprouver, soit par les chances multipliées du hasard, soit par les degrés inégaux de l'industrie.

La propriété n'est autre chose qu'une convention sociale; mais de ce que nous la reconnaissons pour telle, il ne s'en suit pas que nous l'envisagions comme moins sacrée, moins inviolable, moins nécessaire, que les écrivains qui adoptent un autre système. Quelques philosophes ont considéré son établissement comme un mal, son abolition comme possible; mais ils ont eu recours, pour appuyer leurs théories, à une foule de suppositions dont quelques-unes peuvent ne se réaliser jamais, et dont les moins chimériques sont reléguées à une époque qu'il ne nous est pas même permis de prévoir : non-seulement ils ont pris pour base un accroissement

---

du champ qu'il a semé, de la vigne qu'il a plantée? Quand il repousse le sauvage qui le pille, n'a-t-il pas le droit pour lui? La propriété n'est donc pas une création sociale, elle n'existe pas de *par la société ;* tout au contraire, on pourrait soutenir que la société n'existe que pour garantir la propriété. La propriété, c'est l'homme qui l'a créée, par l'exercice de ses facultés ; la propriété, c'est l'homme agrandi. Faire de la propriété *une convention sociale,* c'est justifier par avance le communisme, qui n'est qu'une distribution sociale du sol et du capital, faite au nom de l'intérêt général prétendu.   (*Note de M. Laboulaye.*)

L'opinion si juste, formulée par M. Laboulaye dans la note ci-dessus, est de tout point conforme à celle du plus profond penseur de l'antiquité. Voir *la Politique d'Aristote,* liv. II, ch. I. — On la retrouve au seizième siècle dans la *République* de Bodin, liv. I, ch. VIII. Bodin fait de la propriété l'un des fondements de l'État, et la déclare inviolable par elle-même.   (*Note de l'éditeur.*)

de lumières auquel l'homme arrivera peut-être, mais
sur lequel il serait absurde de fonder nos institutions
présentes; mais ils ont établi, comme démontrée, une
diminution du travail actuellement requis pour la subsistance de l'espèce humaine, telle que cette diminution
dépasse toute invention même soupçonnée. Certainement chacune de nos découvertes en mécanique, qui
remplacent par des instruments et des machines la force
physique de l'homme, est une conquête pour la pensée,
et, d'après les lois de la nature, ces conquêtes devenant
plus faciles à mesure qu'elles se multiplient, doivent
se succéder avec une vitesse accélérée; mais il y a loin
encore de ce que nous avons fait, et même de ce que
nous pouvons imaginer en ce genre, à une exemption
totale de travail manuel; néanmoins cette exemption
serait indispensable pour rendre possible l'abolition de
la propriété, à moins qu'on ne voulût, comme quelques-
uns de ces écrivains le demandent, répartir ce travail -
également entre tous les membres de l'association; mais
cette répartition, si elle n'était pas une rêverie, irait
contre son but même, enlèverait à la pensée le loisir qui
doit la rendre forte et profonde, à l'industrie la persévé-
rance qui la porte à la perfection, à toutes les classes
les avantages de l'habitude, de l'unité du but et de la
centralisation des forces. Sans propriété, l'espèce humaine resterait stationnaire et dans le degré le plus
brut et le plus sauvage de son existence. Chacun chargé
de pourvoir seul à tous ses besoins partagerait ses forces pour y subvenir, et, courbé sous le poids de ces soins
multipliés, n'avancerait jamais d'un pas. L'abolition de
la propriété serait destructive de la division du travail,
base du perfectionnement de tous les arts et de toutes
les sciences. La faculté progressive, espoir favori des
écrivains que je combats, périrait faute de temps et

d'indépendance, et l'égalité grossière et forcée qu'ils nous recommandent mettrait un obstacle invincible à l'établissement graduel de l'égalité véritable, celle du bonheur et des lumières.

La propriété, en sa qualité de convention sociale, est de la compétence et sous la juridiction de la société. La société possède sur elle des droits qu'elle n'a point sur la liberté, la vie et les opinions de ses membres.

Mais la propriété se lie intimement à d'autres parties de l'existence humaine, dont les unes ne sont pas du tout soumises à la juridiction collective, et dont les autres ne sont soumises à cette juridiction que d'une manière limitée. La société doit en conséquence restreindre son action sur la propriété, parce qu'elle ne pourrait l'exercer dans toute son étendue sans porter atteinte à des objets qui ne lui sont pas subordonnés.

L'arbitraire sur la propriété est bientôt suivi de l'arbitraire sur les personnes : premièrement, parce que l'arbitraire est contagieux; en second lieu, parce que la violation de la propriété provoque nécessairement la résistance. L'autorité sévit alors contre l'opprimé qui résiste; et, parce qu'elle a voulu lui ravir son bien, elle est conduite à porter atteinte à sa liberté.

Je ne traiterai pas dans ce chapitre des confiscations illégales et autres attentats politiques contre la propriété[1]. L'on ne peut considérer ces violences comme des

---

1. Le système de confiscation, largement appliqué sous l'ancienne monarchie, a été aboli par la charte de 1814. Pour justifier cette coutume juridique qui faisait peser sur les enfants le châtiment de leurs pères on invoquait le dogme de la transmission du péché originel. Bossuet, qui manque rarement d'appeler la théologie au secours du despotisme, dit à ce sujet dans le chap. IV du *Traité de la connaissance de Dieu:* « Je ne sais quoi est imprimé dans le cœur de l'homme pour me faire connaître une justice qui punit les pères criminels sur leurs enfants comme étant une portion de leur être. »

(*Note de l'éditeur.*)

pratiques usitées par les gouvernements réguliers; elles
sont de la nature de toutes les {mesures arbitraires;
elles n'en sont qu'une partie inséparable; le mépris
pour la fortune des hommes suit de près le mépris pour
leur sûreté et pour leur vie.

J'observerai seulement que, par des mesures pareilles,
les gouvernements gagnent bien moins qu'ils ne perdent.
« Les rois, dit Louis XIV dans ses Mémoires, sont sei-
« gneurs absolus et ont naturellement la disposition
« pleine et libre de tous les biens de leurs sujets. » Mais
quand les rois se regardent comme seigneurs absolus de
tout ce que possèdent leurs sujets, les sujets enfouissent
ce qu'ils possèdent ou le dissipent : s'ils l'enfouissent,
c'est autant de perdu pour l'agriculture, pour le commerce, pour l'industrie, pour tous les genres de prospérité; s'ils le prodiguent pour des jouissances frivoles,
grossières et improductives, c'est encore autant de détourné des emplois utiles et des spéculations reproduc-
trices. Sans la sécurité, l'économie devient duperie, et
la modération imprudence. Lorsque tout peut être enlevé, il faut conquérir le plus qu'il est possible, parce
que l'on a plus de chances de soustraire quelque chose
à la spoliation. Lorsque tout peut être enlevé, il faut
dépenser le plus qu'il est possible, parce que tout ce
qu'on dépense est autant d'arraché à l'arbitraire.
Louis XIV croyait dire une chose bien favorable à la
richesse des rois; il disait une chose qui devait ruiner
les rois, en ruinant les peuples.

Il y a d'autres espèces de spoliations moins directes
dont je crois utile de parler avec un peu plus d'étendue.
Les gouvernements se les permettent pour diminuer
leurs dettes ou accroître leurs ressources, tantôt sous le
prétexte de la nécessité, quelquefois sous celui de la justice, toujours en alléguant l'intérêt de l'État : car de

même que les apôtres zélés de la souveraineté du peuple pensent que la liberté publique gagne aux entraves mises à la liberté individuelle, beaucoup de financiers de nos jours semblent croire que l'État s'enrichit de la ruine des individus.

Les atteintes indirectes à la propriété, qui vont faire le sujet des observations suivantes, se divisent en deux classes.

Je mets dans la première les banqueroutes partielles ou totales, la réduction des dettes nationales, soit en capitaux, soit en intérêts, le payement de ces dettes en effets d'une valeur inférieure à leur valeur nominale, l'altération des monnaies, les retenues, etc. Je comprends dans la seconde les actes d'autorité contre les hommes qui ont traité avec les gouvernements, pour leur fournir les objets nécessaires à leurs entreprises militaires ou civiles, les lois ou mesures rétroactives contre les enrichis, les chambres ardentes, l'annulation des contrats, des concessions, des ventes faites par l'État à des particuliers.

Quelques écrivains ont considéré l'établissement des dettes publiques comme une cause de prospérité; je suis d'une tout autre opinion. Les dettes publiques ont créé une propriété d'espèce nouvelle qui n'attache point son possesseur au sol, comme la propriété foncière, qui n'exige ni travail assidu, ni spéculations difficiles, comme la propriété industrielle, enfin qui ne suppose point des talents distingués, comme la propriété que nous avons nommée intellectuelle. Le créancier de l'État n'est intéressé à la prospérité de son pays que comme tout créancier l'est à la richesse de son débiteur. Pourvu que ce dernier le paye, il est satisfait; et les négociations qui ont pour but d'assurer son payement, lui semblent toujours suffisamment bonnes, quelque dispendieuses

qu'elles puissent être. La faculté qu'il a d'aliéner sa
créance le rend indifférent à la chance probable, mais
éloignée, de la ruine nationale. Il n'y a pas un coin de
terre, pas une manufacture, pas une source de productions, dont il ne contemple l'appauvrissement avec insouciance, aussi longtemps qu'il y a d'autres ressources
qui subviennent à l'acquittement de ses revenus [1].

La propriété dans les fonds publics est d'une nature
essentiellement égoïste et solitaire, et qui devient facilement hostile, parce qu'elle n'existe qu'aux dépens des
autres. Par un effet remarquable de l'organisation compliquée des sociétés modernes, tandis que l'intérêt naturel de toute nation est que les impôts soient réduits à
la somme la moins élevée qu'il est possible, la création
d'une dette publique fait que l'intérêt d'une partie de
chaque nation est l'accroissement des impôts [2].

Mais quels que soient les effets fâcheux des dettes publiques, c'est un mal devenu inévitable pour les grands
États. Ceux qui subviennent habituellement aux dépenses nationales par des impôts, sont presque toujours
forcés d'anticiper, et leurs anticipations forment une
dette : ils sont de plus, à la première circonstance
extraordinaire, obligés d'emprunter. Quant à ceux qui
ont adopté le système des emprunts préférablement à
celui des impôts, et qui n'établissent de contributions que
pour faire face aux intérêts de leurs emprunts (tel est
à peu près de nos jours le système de l'Angleterre), une
dette publique est inséparable de leur existence. Ainsi
recommander aux États modernes de renoncer aux ressources que le crédit leur offre, serait une vaine tentative.

1. Smith, *Richesse des Nations*, t. V, p. 3.
2. Necker, *Administration des Finances*, t. II, p. 378-379.

Or, dès qu'une dette nationale existe, il n'y a qu'un moyen d'en adoucir les effets nuisibles, c'est de la respecter scrupuleusement. On lui donne de la sorte une stabilité qui l'assimile, autant que le permet sa nature, aux autres genres de propriété.

La mauvaise foi ne peut jamais être un remède à rien. En ne payant pas les dettes publiques, l'on ajouterait aux conséquences immorales d'une propriété qui donne à ses possesseurs des intérêts différents de ceux de la nation dont ils font partie, les conséquences plus funestes encore de l'incertitude et de l'arbitraire. L'arbitraire et l'incertitude sont les premières causes de ce qu'on a nommé l'agiotage. Il ne se développe jamais avec plus de force et d'activité que lorsque l'État viole ses engagements : tous les citoyens sont réduits alors à chercher dans le hasard des spéculations quelques dédommagements aux pertes que l'autorité leur fait éprouver.

Toute distinction entre les créanciers, toute inquisition dans les transactions des individus, toute recherche de la route que les effets publics ont suivie, et des mains qu'ils ont traversées jusqu'à leur échéance, est une banqueroute. Un État contracte des dettes et donne en payement ses effets aux hommes auxquels il doit de l'argent. Ces hommes sont forcés de vendre les effets qu'il leur a donnés. Sous quel prétexte partirait-il de cette vente pour contester la valeur de ces effets ? Plus il contestera leur valeur, plus ils perdront. Il s'appuiera sur cette dépréciation nouvelle pour ne les recevoir qu'à un prix encore plus bas. Cette double progression réagissant sur elle-même réduira bientôt le crédit au néant et les particuliers à la ruine. Le créancier originaire a pu faire de son titre ce qu'il a voulu. S'il a vendu sa créance, la faute n'en est pas à lui que le besoin y a forcé, mais à l'État qui ne le payait qu'en effets qu'il s'est vu réduit à vendre. S'il a vendu sa créance à vil prix, la faute n'en est pas à l'acheteur qui l'a acquise avec des chances défavorables : la faute en est encore à l'État qui a créé ces chances défavorables, car la créance vendue ne serait pas tombée à vil prix si l'État n'avait pas inspiré la défiance.

En établissant qu'un effet baisse de valeur en passant dans la seconde main à des conditions quelconques, que le gouvernement doit ignorer, puisqu'elles sont des stipulations libres et indépendantes, on fait de la circulation qu'on a regardée toujours comme un moyen de richesse une cause d'appauvrissement. Comment justifier cette politique, qui refuse à ses créanciers ce qu'elle leur doit et décrédite ce qu'elle leur donne? De quel front les tribunaux condamnent-ils le débiteur, créancier lui-même d'une autorité banqueroutière? Eh quoi ! traîné dans un cachot, dépouillé de ce qui m'appartenait, parce que je n'ai pu satisfaire aux dettes que j'ai contractées sur la foi publique, je passerai devant la tribune d'où sont émanées les lois spoliatrices : d'un côté siégera le pouvoir qui me dépouille, de l'autre les juges qui me punissent d'avoir été dépouillé.

Tout payement nominal est une banqueroute. Toute émission d'un papier qui ne peut être à volonté converti en numéraire est, dit un auteur français recommandable, une spoliation [1]. Que ceux qui la commettent soient armés du pouvoir public ne change rien à la nature de l'acte. L'autorité qui paye un citoyen en valeurs supposées le force à des payements semblables. Pour ne pas flétrir ses opérations et les rendre impossibles, elle est obligée de légitimer toutes les opérations pareilles. En

---

1. J.-B. Say, *Traité d'Economie politique*, t. II, p. 5. Appliquez ceci à la valeur actuelle des billets de banque en Angleterre et réfléchissez.

créant la nécessité pour quelques-uns, elle fournit à tous l'excuse. L'égoïsme bien plus subtil, plus adroit, plus prompt, plus diversifié que l'autorité, s'élance au signal donné. Il déconcerte toutes les précautions par la rapidité, la complication, la variété de ses fraudes. Quand la corruption peut se justifier par la nécessité, elle n'a plus de bornes. Si l'État veut mettre une différence entre ses transactions et les transactions des individus, l'injustice n'en est que plus scandaleuse.

Les créanciers d'une nation ne sont qu'une partie de cette nation. Quand on met des impôts pour acquitter les intérêts de la dette publique, c'est sur la nation entière qu'on la fait peser : car les créanciers de l'État comme contribuables payent leur part de ces impôts. En réduisant la dette, on la rejette sur les créanciers seuls. C'est donc conclure de ce qu'un poids est trop fort pour être supporté par tout un peuple, qu'il sera supporté plus facilement par le quart, ou par le huitième de ce peuple.

Toute réduction forcée est une banqueroute. On a traité avec des individus d'après des conditions que l'on a librement offertes ; ils ont rempli ces conditions ; ils ont livré leurs capitaux ; ils les ont retirés des branches d'industrie qui leur promettaient des bénéfices : on leur doit tout ce qu'on leur a promis ; l'accomplissement de ces promesses est l'indemnité légitime des sacrifices qu'ils ont faits, des risques qu'ils ont courus. Que si un ministre regrette d'avoir proposé des conditions onéreuses, la faute en est à lui, et nullement à ceux qui n'ont fait que les accepter. La faute en est doublement à lui ; car ce qui a surtout rendu ses conditions onéreuses, ce sont ses infidélités antérieures ; s'il avait inspiré une confiance entière, il aurait obtenu de meilleures conditions.

Si l'on réduit la dette d'un quart, qui empêche de la réduire d'un tiers, des neuf dixièmes, ou de la totalité ? Quelle garantie peut-on donner à ses créanciers, ou se donner à soi-même ? Le premier pas en tout genre rend le second plus facile. Si des principes sévères avaient astreint l'autorité à l'accomplissement de ses promesses, elle aurait cherché des ressources dans l'ordre et l'économie. Mais elle a essayé celles de la fraude, elle a admis qu'elles étaient à son usage : elles la dispensent de tout travail, de toute privation, de tout effort. Elle y reviendra sans cesse, car elle n'a plus pour se retenir la conscience de l'intégrité.

Tel est l'aveuglement qui suit l'abandon de la justice, qu'on a quelquefois imaginé qu'en réduisant les dettes par un acte d'autorité, on ranimerait le crédit qui semblait déchoir. On est parti d'un principe qu'on avait mal compris et qu'on a mal appliqué. L'on a pensé que moins on devrait, plus on inspirerait de confiance, parce qu'on serait plus en état de payer ses dettes ; mais on a confondu l'effet d'une libération légitime et celui d'une banqueroute. Il ne suffit pas qu'un débiteur puisse satisfaire à ses engagements, il faut encore qu'il le veuille, ou qu'on ait les moyens de l'y forcer. Or, un gouvernement qui profite de son autorité pour annuler une partie de sa dette prouve qu'il n'a pas la volonté de payer. Ses créanciers n'ont pas la faculté de l'y contraindre : qu'importent donc ses ressources ?

Il n'en est pas d'une dette publique comme des denrées de première nécessité : moins il y a de ces denrées, plus elles ont de valeur. C'est qu'elles ont une valeur intrinsèque, et que leur valeur relative s'accroît par leur rareté. La valeur d'une dette au contraire ne dépend que de la fidélité du débiteur. Ébranlez la fidélité, la valeur est détruite. L'on a beau réduire la dette à la moitié, au quart, au huitième, ce qui reste de cette dette n'en est que plus décrédité. Personne n'a besoin ni envie d'une dette que l'on ne paye pas. Quand il s'agit des particuliers, la puissance de remplir leurs engagements est la condition principale, parce que la loi est plus forte qu'eux. Mais quand il est question des gouvernements, la condition principale est la volonté[1].

Il est un autre genre de banqueroutes, sur lequel plusieurs gouvernements semblent se faire encore moins de scrupules. Engagés, soit par ambition, soit par imprudence, soit aussi par nécessité, dans des entreprises dispendieuses, ils contractent avec des commerçants pour les objets nécessaires à ces entreprises. Leurs traités sont désavantageux, cela doit être : les intérêts d'un gouvernement ne peuvent jamais être défendus avec autant de zèle que les intérêts des particuliers ; c'est la destinée commune à toutes les transactions sur lesquelles les parties ne peuvent pas veiller elles-mêmes, et c'est

---

1. Ce que dit ici Benjamin Constant au sujet de la dette publique est la voix même de la justice et de la vérité ; mais ces larges maximes n'ont été que trop souvent méconnues chez nous. A dater de Mazarin, les banqueroutes se succèdent périodiquement sous le nom de *visa*, de *réduction*, de *remboursement*. Les réductions sont continuelles sous Louis XIII ; des titres de rente sur l'Hôtel de ville de Paris, qui, en 1614, donnaient 1,000 liv. de revenus n'en donnaient plus que 400 en 1644. En 1716, les rentes viagères sur les tailles, créées pendant les dernières années de Louis XIV, soht réduites d'un quart lorsqu'elles ont été achetées moitié en argent, moitié en billets d'État, et de moitié lorsqu'elles ont été achetées intégralement avec ces mêmes billets, ce qui produit sur une somme de 6,699,589 liv. d'intérêt, une diminution de 3,483,793 liv. Mazarin, Colbert lui-même, le Régent, l'abbé Terray, usèrent sans aucun scrupule de ces tristes expédients, et c'est en s'élevant comme eux au-dessus de tous les droits, que depuis 1813 quelques ministres des finances ont *consolidé* la dette par des conversions qui ne sont en définitive que des banqueroutes partielles, car la conversion ne peut être établie qu'à la condition qu'elle sera faite avec offre de remboursement au pair, de la part de l'État débiteur.

. (*Note de l'éditeur.*)

une destinée inévitable ; alors l'autorité prend en haine des hommes qui n'ont fait que profiter du bénéfice inhérent à leur situation, elle encourage contre eux les déclamations et les calomnies, elle annule ses marchés, elle retarde ou refuse les payements qu'elle a promis ; elle prend des mesures générales qui, pour atteindre quelques suspects, enveloppent sans examen toute une classe. Pour pallier cette iniquité,–l'on a soin de représenter ces mesures comme frappant exclusivement ceux qui sont à la tête des entreprises dont on leur enlève le salaire : on excite contre quelques noms odieux ou flétris l'animadversion du peuple; mais les hommes que l'on dépouille, ne sont pas isolés ; ils n'ont pas tout fait par eux-mêmes ; ils ont employé des artisans, des manufacturiers qui leur ont fourni des valeurs réelles; c'est sur ces derniers que retombe la spoliation que l'on semble n'exercer que contre les autres, et ce même peuple qui, toujours crédule, applaudit à la destruction de quelques fortunes, dont l'énormité prétendue l'irrite, ne calcule pas que toutes ces fortunes, reposant sur des travaux dont il avait été l'instrument, tendaient à refluer jusqu'à lui, tandis que leur destruction lui dérobe à lui-même le prix de ses propres travaux.

Les gouvernements ont toujours un besoin plus ou moins grand d'hommes qui traitent avec eux. Un gouvernement ne peut acheter au comptant, comme un particulier ; il faut ou qu'il paye d'avance, ce qui est impraticable, ou qu'on lui fournisse à crédit les objets dont il a besoin : s'il maltraite et avilit ceux qui les lui livrent, qu'arrive-t-il? Les hommes honnêtes se retirent, ne voulant pas faire un métier honteux; des hommes dégradés se présentent seuls : ils évaluent le prix de leur honte, et prévoyant de plus qu'on les paiera mal, ils se paient par leurs propres mains. Un gouvernement

est trop lent, trop entravé, trop embarrassé dans ses
mouvements, pour suivre les calculs déliés et les manœuvres rapides de l'intérêt individuel. Quand il veut
lutter de corruption avec les particuliers, celle de ces
derniers est toujours la plus habile. La seule politique
de la force, c'est la loyauté.

Le premier effet d'une défaveur jetée sur un genre de
commerce, c'est d'en écarter tous les commerçants que
l'avidité ne séduit pas. Le premier effet d'un système
d'arbitraire, c'est d'inspirer à tous les hommes intègres
le désir de ne pas rencontrer cet arbitraire, et d'éviter
les transactions qui pourraient les mettre en rapport
avec cette terrible puissance[1].

Les économies fondées sur la violation de la foi publique ont trouvé dans tous les pays leur châtiment infaillible dans les transactions qui les ont suivies. L'intérêt
de l'iniquité, malgré ses réductions arbitraires et ses
lois violentes, s'est payé toujours au centuple de ce
qu'aurait coûté la fidélité.

J'aurais dû, peut-être, mettre au nombre des atteintes
portées à la propriété l'établissement de tout impôt
inutile ou excessif. Tout ce qui excède les besoins réels,
dit un écrivain, dont on ne contestera pas l'autorité sur
cette matière[2], cesse d'être légitime. Il n'y a d'autre différence entre les usurpations particulières et celles de
l'autorité, sinon que l'injustice des unes tient à des idées
simples, et que chacun peut aisément concevoir, tandis
que les autres étant liées à des combinaisons compliquées, personne ne peut en juger autrement que par
conjecture.

---

1. Voir sur les résultats des révocations et annulations de traités, l'excellent ouvrage sur le *Revenu public*, par M. Ganilh, t. I,
p. 303.
2. Necker, *Administ. des finances*, t. I, p. 2.

Tout impôt inutile est une atteinte contre la propriété, d'autant plus odieuse, qu'elle s'exécute avec toute la solennité de la la loi, d'autant plus révoltante que c'est le riche qui l'exerce contre le pauvre, l'autorité en armes contre l'individu désarmé.

Tout impôt, de quelque espèce qu'il soit, a toujours une influence plus ou moins fâcheuse[1] : c'est un mal nécessaire; mais comme tous les maux nécessaires, il faut le rendre le moins grand qu'il est possible. Plus on laisse de moyens à la disposition de l'industrie des particuliers, plus un État prospère. L'impôt, par cela seul qu'il enlève une portion quelconque de ces moyens à cette industrie, est infailliblement nuisible.

Rousseau, qui en finances n'avait aucune lumière, a répété avec beaucoup d'autres que dans les pays monarchiques il fallait consommer par le luxe du prince l'excès du superflu des sujets, parce qu'il valait mieux que cet excédant fut absorbé par le gouvernement que dissipé par les particuliers[2]. On reconnaît dans cette doctrine un mélange absurde de préjugés monarchiques et d'idées républicaines. Le luxe du prince, loin de décourager celui des individus, lui sert d'encouragement et d'exemple. Il ne faut pas croire qu'en les dépouillant, il les réforme. Il peut les précipiter dans la misère, mais il ne peut les retenir dans la simplicité. Seulement la misère des uns se combine avec le luxe de l'autre, et c'est de toutes les combinaisons la plus déplorable.

L'excès des impôts conduit à la subversion de la justice, à la détérioration de la morale, à la destruction de la liberté individuelle. Ni l'autorité qui enlève aux

---

1. Voir Smith, liv. V, pour l'application de cette vérité générale à chaque impôt en particulier.

2. *Contrat social,* t. III, p. 8.

classes laborieuses leur subsistance péniblement acquise, ni ces classes opprimées qui voient cette subsistance arrachée de leurs mains, pour enrichir des maîtres avides, ne peuvent rester fidèles aux lois de l'équité, dans cette lutte de la faiblesse contre la violence, de la pauvreté contre l'avarice, du dénûment contre la spoliation.

Et l'on se tromperait en supposant que l'inconvénient des impôts excessifs se borne à la misère et aux privations du peuple. Il en résulte un autre mal non moins grand, que l'on ne paraît pas jusqu'à présent avoir suffisamment remarqué.

La possession d'une très-grande fortune inspire même aux particuliers des désirs, des caprices, des fantaisies désordonnées qu'ils n'auraient pas conçues dans une situation plus restreinte. Il en est de même des hommes au pouvoir. Ce qui a suggéré aux ministères anglais, depuis cinquante ans, des prétentions si exagérées et si insolentes, c'est la trop grande facilité qu'ils ont trouvée à se procurer d'immenses trésors par des taxes énormes. Le superflu de l'opulence enivre, comme le superflu de la force, parce que l'opulence est une force, et de toutes la plus réelle; de là des plans, des ambitions, des projets, qu'un ministère qui n'aurait possédé que le nécessaire n'eût jamais formés. Ainsi, le peuple n'est pas misérable seulement parce qu'il paye au delà de ses moyens, mais il est misérable encore par l'usage que l'on fait de ce qu'il paye. Ses sacrifices tournent contre lui. Il ne paye plus des impôts pour avoir la paix assurée par un bon système de défense. Il en paye pour avoir la guerre, parce que l'autorité, fière de ses trésors, veut les dépenser glorieusement. Le peuple paye, non pour que le bon ordre soit maintenu dans l'intérieur, mais pour que des favoris enrichis de ses dépouilles troublent au contraire l'ordre public par des vexations impunies. De la sorte, une nation achète, par ses priva-tions, les malheurs et les dangers; et dans cet état de choses, le gouvernement se corrompt par sa richesse, et le peuple par sa pauvreté[1].

1. Rien n'est plus juste et plus vrai que ces réflexions. Si Louis XIV a si tristement abusé de la guerre, c'est qu'il pouvait abuser impunément des impôts et des emprunts; si Louis XV prélevait pour les dépenses d'une seule année quatre-vingt millions sur un budget de cinq cents millions, c'est qu'il pouvait comme son prédécesseur lever sur ses sujets, de sa pleine et entière autorité, les taxes les plus arbitraires. Des prodigalités folles à la cour, une misère affreuse dans les campagnes qui tournaient, comme le dit Saint-Simon, en un vaste hôpital de mourants et de désespérés, voilà le spectacle que présente la France aux dix-septième et dix-huitième siècles. L'expérience du passé nous a-t-elle rendus plus sages? Ménageons-nous avec plus de prudence et de discernement que nos aïeux les ressources contributives du pays? La révolution nous a donné l'égalité proportionnelle; mais nous a-t-elle donné l'économie et la prévoyance de l'avenir? Il est permis d'en douter. Qu'on ajoute au budget de l'État les charges communales et dépar-tementales, et l'on sera effrayé de voir quelle part de la fortune publique absorbe l'administration. Cette grave question, qui devrait attirer toute la sollicitude des représentants du pays, est cependant l'une de celles sur lesquelles ils passent le plus rapidement.

(Note de l'éditeur.)

II

DE L'ORGANISATION DE LA FORCE ARMÉE.

Il existe dans tous les pays, et surtout dans les grands États modernes, une force qui n'est pas un pouvoir constitutionnel, mais qui en est un terrible par le fait, c'est la force armée.

En traitant la question difficile de son organisation, l'on se sent arrêté d'abord par mille souvenirs de gloire qui nous entourent et nous éblouissent, par mille sentiments de reconnaissance qui nous entraînent et nous subjuguent. Certes, en rappelant contre la puissance militaire une défiance que tous les législateurs ont conçue, en démontrant que l'état présent de l'Europe ajoute aux dangers qui ont existé de tout temps, en faisant voir combien il est difficile que des armées, quels que soient leurs éléments primitifs, ne contractent pas involontairement un esprit distinct de celui du peuple, nous ne voulons pas faire injure à ceux qui ont si glorieusement défendu l'indépendance nationale, à ceux qui par tant d'exploits immortels ont fondé la liberté française. Lorsque des ennemis osent attaquer un peuple jusque sur son territoire, les citoyens deviennent soldats pour les repousser. Ils étaient citoyens, ils étaient les premiers des citoyens, ceux qui ont affranchi nos frontières de l'étranger qui les profanait, ceux qui ont renversé dans la poudre les rois qui nous avaient provoqués. Cette gloire qu'ils ont acquise, ils vont la couronner encore par une gloire nouvelle. Une agression plus injuste que celle qu'ils ont châtiée il y a vingt ans, les appelle à de nouveaux efforts et à de nouveaux triomphes.

Mais des circonstances extraordinaires n'ont nul rapport avec l'organisation habituelle de la force armée, et c'est d'un état stable et régulier que nous avons à parler.

Nous commencerons par rejeter ces plans chimériques de dissolution de toute armée permanente, plans que nous ont offerts plusieurs fois dans leurs écrits des rêveurs philanthropes[1]. Lors même que ce projet serait exécutable, il ne serait pas exécuté. Or, nous n'écrivons

1. La suppression des armées permanentes a été l'un des thèmes favoris de la démocratie dite radicale-socialiste ; les candidats à la députation peuvaient s'exercer agréablement sur ce sujet, et flatter doucement leurs électeurs en leur faisant entrevoir la suppression du service militaire ; mais un esprit aussi net et aussi précis que Benjamin Constant ne pouvait se rallier à cette utopie. La raison, les intérêts matériels, le sentiment religieux, tout proteste sans doute contre la barbarie de la guerre ; mais ce n'est ni la raison ni le sentiment religieux qui mènent les peuples, et tout en réprouvant les jeux sanglants de la force et du hasard, comme disait M. Guizot, on reste convaincu, quand on s'en tient à la réalité, qu'il est des moments dans la vie des peuples où le recours à la force s'impose avec l'inexorable rigueur de la fatalité. Or, du moment où les armées permanentes ne sont point supprimées chez tous les peuples, il y aurait imprudence extrême à les supprimer au milieu de voisins possédant des troupes régulières : car l'histoire de tous les peuples est là pour montrer que les levées en masse, avant de pouvoir lutter avec avantage contre les troupes, ont besoin de faire un apprentissage ; la guerre de 1870 ne l'a que trop prouvé.

(*Note de l'éditeur.*)

pas pour développer de vaines théories, mais pour établir, s'il se peut, quelques vérités pratiques. Nous proposons donc pour première base que la situation du monde moderne, les relations des peuples entre eux, la nature actuelle des choses, en un mot, nécessitent pour tous les gouvernements et toutes les nations des troupes soldées et perpétuellement sur pied.

Faute d'avoir ainsi posé la question, l'auteur de l'*Esprit des lois* ne la résout point. Il dit d'abord [1] qu'il faut que l'armée soit peuple et qu'elle ait le même esprit que le peuple, et pour lui donner cet esprit, il propose que ceux qu'on emploie dans l'armée aient assez de bien pour répondre de leur conduite, et ne soient enrôlés que pour un an, deux conditions impossibles parmi nous. Que s'il y a un corps de troupes permanent, il veut que la puissance législative le puisse dissoudre à son gré. Mais ce corps de troupes, revêtu qu'il sera de toute la force matérielle de l'État, pliera-t-il sans murmure devant une autorité morale? Montesquieu établit fort bien ce qui devrait être, mais il ne donne aucun moyen pour que cela soit.

Si la liberté depuis cent ans s'est maintenue en Angleterre, c'est qu'aucune force militaire n'est nécessaire dans l'intérieur; et cette circonstance particulière à une île rend son exemple inapplicable au continent. L'Assemblée constituante s'est débattue contre cette difficulté presque insoluble. Elle a senti que remettre au roi la disposition de deux cent mille hommes assermentés à l'obéissance, et soumis à des chefs nommés par lui, serait mettre en danger toute constitution. Elle a en conséquence tellement relâché les liens de la discipline, qu'une armée, formée d'après ces principes, eût

---

1. *Esprit des Lois*, t. XI, p. 6.

été bien moins une force militaire qu'un rassemblement anarchique. Nos premiers revers, l'impossibilité que des Français soient longtemps vaincus, la nécessité de soutenir une lutte inouïe dans les fastes de l'histoire, ont réparé les erreurs de l'Assemblée constituante ; mais la force armée est redevenue plus redoutable que jamais.

Une armée de citoyens n'est possible que lorsqu'une nation est renfermée dans d'étroites limites. Alors les soldats de cette nation peuvent être obéissants, et cependant raisonner l'obéissance. Placés au sein de leur pays natal, dans leurs foyers, entre des gouvernants et des gouvernés qu'ils connaissent, leur intelligence entre pour quelque chose dans leur soumission ; mais un vaste empire rend cette hypothèse absolument chimérique. Un vaste empire nécessite dans les soldats une subordination qui en fait des agents passifs et irréfléchis. Aussitôt qu'ils sont déplacés, ils perdent toutes les données antérieures qui pouvaient éclairer leur jugement. Dès qu'une armée se trouve en présence d'inconnus, de quelques éléments qu'elle se compose, elle n'est qu'une force qui peut indifféremment servir ou détruire. Envoyez aux Pyrénées l'habitant du Jura, et celui du Var dans les Vosges, ces hommes, soumis à la discipline qui les isole des naturels du pays, ne verront que leurs chefs, ne connaîtront qu'eux. Citoyens dans le lieu de leur naissance, ils seront des soldats partout ailleurs.

En conséquence, les employer dans l'intérieur d'un pays, c'est exposer ce pays à tous les inconvénients dont une grande force militaire menace la liberté, et c'est ce qui a perdu tant de peuples libres.

Leurs gouvernements ont appliqué au maintien de l'ordre intérieur des principes qui ne conviennent qu'à la défense extérieure. Ramenant dans leur patrie des soldats vainqueurs, auxquels, avec raison, ils avaient hors du territoire commandé l'obéissance passive, ils ont continué à leur commander cette obéissance contre leurs concitoyens. La question était pourtant toute différente. Pourquoi des soldats qui marchent contre une armée ennemie, sont-ils dispensés de tout raisonnement? C'est que la couleur seule des drapeaux de cette armée prouve avec évidence ses desseins hostiles, et que cette évidence supplée à tout examen. Mais lorsqu'il s'agit des citoyens, cette évidence n'existe pas : l'absence du raisonnement prend alors un tout autre caractère. Il y a de certaines armes dont le droit des gens interdit l'usage, même aux nations qui se font la guerre; ce que ces armes prohibées sont entre les peuples, la force militaire doit l'être entre les gouvernants et les gouvernés; un moyen qui peut asservir toute une nation est trop dangereux pour être employé contre les crimes des individus.

La force armée a trois objets différents.

Le premier, c'est de repousser les étrangers. N'est-il pas naturel de placer les troupes destinées à atteindre ce but le plus près de ces étrangers qu'il est possible, c'est-à-dire sur les frontières? Nous n'avons nul besoin de défense contre l'ennemi là où l'ennemi n'est pas.

Le second objet de la force armée, c'est de réprimer les délits privés, commis dans l'intérieur. La force destinée à réprimer ces délits doit être absolument différente de l'armée de ligne. Les Américains l'ont senti. Pas un soldat ne paraît sur leur vaste territoire pour le maintien de l'ordre public; tout citoyen doit assistance au magistrat dans l'exercice de ses fonctions; mais cette obligation a l'inconvénient d'imposer aux citoyens des devoirs odieux. Dans nos cités populeuses, avec nos relations multipliées, l'activité de notre vie, nos affaires, nos occupations et nos plaisirs, l'exécution d'une loi pareille serait vexatoire ou plutôt impossible; chaque jour cent citoyens seraient arrêtés, pour avoir refusé leur concours à l'arrestation d'un seul : il faut donc que des hommes salariés se chargent volontairement de ces tristes fonctions. C'est un malheur sans doute que de créer une classe d'hommes pour les vouer exclusivement à la poursuite de leurs semblables; mais ce mal est moins grand que de flétrir l'âme de tous les membres de la société, en les forçant à prêter leur assistance à des mesures dont ils ne peuvent apprécier la justice.

Voici donc déjà deux classes de force armée. L'une sera composée de soldats proprement dits, stationnaires sur les frontières, et qui assureront la défense extérieure; elle sera distribuée en différents corps, soumise à des chefs sans relations entre eux, et placée de manière à pouvoir être réunie sous un seul en cas d'attaque. L'autre partie de la force armée sera destinée au maintien de la police. Cette seconde classe de la force armée n'aura pas les dangers d'un grand établissement militaire : elle sera disséminée sur toute l'étendue du territoire; car elle ne pourrait être réunie sur un point sans laisser sur tous les autres les criminels impunis. Cette troupe saura elle-même quelle est sa destination. Accoutumée à poursuivre plutôt qu'à combattre, à surveiller plutôt qu'à conquérir, n'ayant jamais goûté l'ivresse de la victoire, le nom de ses chefs ne l'entraînera point au delà de ses devoirs, et toutes les autorités de l'État seront sacrées pour elle.

Le troisième objet de la force armée, c'est de comprimer les troubles, les séditions. La troupe destinée à réprimer les délits ordinaires ne suffit pas. Mais pourquoi recourir à l'armée de ligne? N'avons-nous pas la garde nationale, composée de propriétaires et de citoyens? J'aurais bien mauvaise opinion de la moralité ou du bonheur d'un peuple, si une telle garde nationale se montrait favorable à des rebelles, ou si elle répugnait à les ramener à l'obéissance légitime.

Remarquez que le motif qui rend nécessaire une troupe spéciale contre les délits privés ne subsiste pas quand il s'agit de crimes publics. Ce qui est douloureux dans la répression du crime, ce n'est pas l'attaque, le combat, le péril : c'est l'espionnage, la poursuite, la nécessité d'être dix contre un, d'arrêter, de saisir, même des coupables, quand ils sont sans armes. Mais contre des désordres plus graves, des rébellions, des attroupements, les citoyens qui aimeront la constitution de leur pays, et tous l'aimeront, puisque leurs propriétés et leurs libertés seront garanties par elle, s'empresseront d'offrir leur secours.

Dira-t-on que la diminution qui résulterait, pour la force militaire, de ne la placer que sur les frontières, encouragerait les peuples voisins à nous attaquer? Cette diminution, qu'il ne faudrait certainement pas exagérer, laisserait toujours un centre d'armée, autour duquel les gardes nationales, déjà exercées, se rallieraient contre une agression; et si vos institutions sont libres, ne doutez pas de leur zèle. Des citoyens ne sont pas lents à défendre leur patrie, quand ils en ont une; ils accourent pour le maintien de leur indépendance au dehors, lorsqu'au dedans ils possèdent la liberté.

Tels sont, ce me semble, les principes qui doivent présider à l'organisation de la force armée dans un État constitutionnel.

III

.

DU POUVOIR MUNICIPAL ET D'UN NOUVEAU GENRE DE FÉDÉRALISME.

La direction des affaires de tous appartient à tous, c'est-à-dire aux représentants et aux délégués de tous. Ce qui n'intéresse qu'une fraction doit être décidé par cette fraction ; ce qui n'a de rapport qu'avec l'individu ne doit être soumis qu'à l'individu. L'on ne saurait trop répéter que la volonté générale n'est pas plus respectable que la volonté particulière, dès qu'elle sort de sa sphère.

Supposez une nation d'un million d'individus, répartis dans un nombre quelconque de communes. Dans chaque commune, chaque individu aura des intérêts qui ne regarderont que lui, et qui, par conséquent, ne devront pas être soumis à la juridiction de la commune. Il en aura d'autres qui intéresseront les autres habitants de la commune, et ces intérêts seront de la compétence communale. Ces communes à leur tour auront des intérêts qui ne regarderont que leur intérieur, et d'autres

qui s'étendront à un arrondissement. Les premiers
seront du ressort purement communal, les seconds du
ressort de l'arrondissement et ainsi de suite, jusqu'aux
intérêts généraux, communs à chacun des individus
formant le million qui compose la peuplade. Il est évident que ce n'est que sur les intérêts de ce dernier
genre que la peuplade entière ou ses représentants ont
une juridiction légitime; et que s'ils s'immiscent dans les
intérêts d'arrondissement, de commune ou d'individu,
ils excèdent leur compétence. Il en serait de même
de l'arrondissement qui s'immiscerait dans les intérêts
particuliers d'une commune, ou de la commune qui
attenterait à l'intérêt purement individuel de l'un de ses
membres.

L'autorité nationale, l'autorité d'arrondissement, l'autorité communale, doivent rester chacune dans leur
sphère, et ceci nous conduit à établir une vérité que
nous regardons comme fondamentale. L'on a considéré
jusqu'à présent le pouvoir local comme une branche
dépendante du pouvoir exécutif : au contraire, il ne
doit jamais l'entraver, mais il ne doit point en dépendre.

Si l'on confie aux mêmes mains les intérêts des fractions et ceux de l'État, ou si l'on fait des dépositaires
de ces premiers intérêts les agents des dépositaires des
seconds, il en résultera des inconvénients de plusieurs
genres, et les inconvénients mêmes qui auraient l'air
de s'exclure coexisteront. Souvent l'exécution des lois
sera entravée, parce que les exécuteurs de ces lois,
étant en même temps les dépositaires des intérêts de
leurs administrés, voudront ménager les intérêts qu'ils
seront chargés de défendre, aux dépens des lois qu'ils
seront chargés de faire exécuter. Souvent aussi, les intérêts des administrés seront froissés, parce que les admi-

nistrateurs voudront plaire à une autorité supérieure :
et d'ordinaire, ces deux maux auront lieu simultanément. Les lois générales seront mal exécutées, et les
intérêts partiels mal ménagés. Quiconque a réfléchi
sur l'organisation du pouvoir municipal, dans les diverses constitutions que nous avons eues, a dû se convaincre qu'il a fallu toujours effort de la part du pouvoir
exécutif pour faire exécuter les lois, et qu'il a toujours
existé une opposition sourde ou du moins une résistance d'inertie dans le pouvoir municipal. Cette pres-
sion constante de la part du premier de ces pouvoirs,
cette opposition sourde de la part du second, étaient
des causes de dissolution toujours imminentes. On se
ressouvient encore des plaintes du pouvoir exécutif,
sous la constitution de 1791, sur ce que le pouvoir municipal était en hostilité permanente contre lui; et sous
la constitution de l'an III, sur ce que l'administration
locale était dans un état de stagnation et de nullité.
C'est que dans la première de ces constitutions, il n'existait point dans les administrations locales d'agents
réellement soumis au pouvoir exécutif, et que dans la
seconde ces administrations étaient dans une telle dépendance, qu'il en résultait l'apathie et le décourage-
ment.

Aussi longtemps que vous ferez des membres du pouvoir municipal des agents subordonnés au pouvoir exécutif, il faudra donner à ce dernier le droit de destitution, de sorte que votre pouvoir municipal ne sera
qu'un vain fantôme. Si vous le faites nommer par le
peuple, cette nomination ne servira qu'à lui prêter l'apparence d'une mission populaire, qui le mettra en hostilité avec l'autorité supérieure, et lui imposera des
devoirs qu'il n'aura pas la possibilité de remplir. Le
peuple n'aura nommé ses administrateurs que pour voir

27

annuler ses choix, et pour être blessé sans cesse par l'exercice d'une force étrangère, qui, sous le prétexte de l'intérêt général, se mêlera des intérêts particuliers qui devraient être le plus indépendants d'elle.

L'obligation de motiver les destitutions n'est pour le pouvoir exécutif qu'une formalité dérisoire. Nul n'étant juge de ses motifs, cette obligation l'engage seulement à décrier ceux qu'il destitue.

Le pouvoir municipal doit occuper, dans l'administration, la place des juges de paix dans l'ordre judiciaire. Il n'est un pouvoir que relativement aux administrés, ou plutôt c'est leur fondé de pouvoir pour les affaires qui ne regardent qu'eux.

Que si l'on objecte que les administrés ne voudront pas obéir au pouvoir municipal, parce qu'il ne sera entouré que de peu de forces, je répondrai qu'ils lui obéiront, parce que ce sera leur intérêt. Des hommes rapprochés les uns des autres ont intérêt à ne pas se nuire, à ne pas s'aliéner leurs affections réciproques, et par conséquent à observer les règles domestiques, et pour ainsi dire de famille, qu'ils se sont imposées. Enfin, si la désobéissance des citoyens portait sur des objets d'ordre public, le pouvoir exécutif interviendrait, comme veillant au maintien de l'ordre; mais il interviendrait avec des agents directs et distincts des administrateurs municipaux.

Au reste, l'on suppose trop gratuitement que les hommes ont du penchant à la résistance. Leur disposition naturelle est d'obéir, quand on ne les vexe ni ne les irrite. Au commencement de la révolution d'Amérique, depuis le mois de septembre 1774 jusqu'au mois de mai 1775, le congrès n'était qu'une députation de législateurs de différentes provinces, et n'avait d'autre autorité que celle qu'on lui accordait volontairement.

Il ne décrétait, ne promulguait point de lois. Il se contentait d'émettre des recommandations aux assemblées provinciales, qui étaient libres de ne pas s'y conformer. Rien de sa part n'était coercitif. Il fut néanmoins plus cordialement obéi qu'aucun gouvernement de l'Europe. Je ne cite pas ce fait comme modèle, mais comme exemple.

Je n'hésite pas à le dire : il faut introduire dans notre administration intérieure beaucoup de fédéralisme, mais un fédéralisme différent de celui qu'on a connu jusqu'ici.

L'on a nommé fédéralisme une association de gouvernements qui avaient conservé leur indépendance mutuelle, et ne tenaient ensemble que par des liens politiques extérieurs. Cette institution est singulièrement vicieuse. Les États fédérés réclament d'une part sur les individus ou les portions de leur territoire une juridiction qu'ils ne devraient point avoir, et de l'autre ils prétendent conserver à l'égard du pouvoir central une indépendance qui ne doit pas exister. Ainsi le fédéralisme est compatible, tantôt avec le despotisme dans l'intérieur, et tantôt à l'extérieur avec l'anarchie.

La constitution intérieure d'un État et ses relations extérieures sont intimement liées. Il est absurde de vouloir les séparer, et de soumettre les secondes à la suprématie du lien fédéral, en laissant à la première une indépendance complète. Un individu prêt à entrer en société avec d'autres individus, a le droit, l'intérêt et le devoir de prendre des informations sur leur vie privée, parce que de leur vie privée dépend l'exécution de leurs engagements à son égard. De même une société qui veut se réunir avec une autre société, a le droit, le devoir et l'intérêt de s'informer de sa constitution intérieure. Il doit même s'établir entre elles une influence réci-

proque sur cette constitution intérieure, parce que des
principes de leurs constitutions peut dépendre l'exécution de leurs engagements respectifs, la sûreté du pays,
par exemple, en cas d'invasion; chaque société partielle, chaque fraction doit en conséquence être dans
une dépendance plus ou moins grande, même pour ses
arrangements intérieurs, de l'association générale. Mais
en même temps il faut que les arrangements intérieurs
des fractions particulières, dès qu'ils n'ont aucune influence sur l'association générale, restent dans une indépendance parfaite, et comme dans l'existence individuelle, la portion qui ne menace en rien l'intérêt social
doit demeurer libre, de même tout ce qui ne nuit pas à
l'ensemble dans l'existence des fractions doit jouir de
la même liberté.

Tel est le fédéralisme qu'il me semble utile et possible d'établir parmi nous. Si nous n'y réussissons pas,
nous n'aurons jamais un patriotisme paisible et durable.
Le patriotisme qui naît des localités est, aujourd'hui
surtout, le seul véritable. On retrouve partout les jouissances de la vie sociale ; il n'y a que les habitudes et les
souvenirs qu'on ne retrouve pas. Il faut donc attacher
les hommes aux lieux qui leur présentent des souvenirs
et des habitudes, et pour atteindre ce but, il faut leur
accorder, dans leurs domiciles, au sein de leurs communes, dans leurs arrondissements, autant d'importance
politique qu'on peut le faire sans blesser le lien
général.

La nature favoriserait les gouvernements dans cette
tendance, s'ils n'y résistaient pas. Le patriotisme de
localité renaît comme de ses cendres, dès que la main .
du pouvoir allége un instant son action. Les magistrats
des plus petites communes se plaisent à les embellir. Ils
en entretiennent avec soin les monuments antiques. Il y

a presque dans chaque village un érudit, qui aime à raconter ses rustiques annales, et qu'on écoute avec respect. Les habitants trouvent du plaisir à tout ce qui leur donne l'apparence, même trompeuse, d'être constitués en corps de nation, et réunis par des liens particuliers. On sent que, s'ils n'étaient arrêtés dans le développement de cette inclination innocente et bienfaisante, il se formerait bientôt en eux une sorte d'honneur communal, pour ainsi dire, d'honneur de ville, d'honneur de province qui serait à la fois une jouissance et une vertu. L'attachement aux coutumes locales tient à tous les sentiments désintéressés, nobles et pieux. C'est une politique déplorable que celle qui en fait de la rébellion. Qu'arrive-t-il aussi? que dans les États où l'on détruit ainsi toute vie partielle, un petit État se forme au centre; dans la capitale s'agglomèrent tous les intérêts; là vont s'agiter toutes les ambitions. Le reste est immobile. Les individus, perdus dans un isolement contre nature, étrangers au lieu de leur naissance, sans contact avec le passé, ne vivant que dans un présent rapide, et jetés comme des atomes sur une plaine immense et nivelée, se détachent d'une patrie qu'ils n'aperçoivent nulle part, et dont l'ensemble leur devient indifférent, parce que leur affection ne peut se reposer sur aucune de ses parties[1].

1. C'est avec un vif plaisir que je me trouve d'accord sur ce point avec un de mes collègues et de mes amis les plus intimes, dont les lumières sont aussi étendues que son caractère est estimable, M. Degérando. On craint, dit-il, dans des lettres manuscrites qu'il a bien voulu me communiquer, on craint ce qu'on appelle l'esprit de localité. Nous avons aussi nos craintes : nous craignons ce qui est vague, indéfini à force d'être général. Nous ne croyons point, comme les scolastiques, *à la réalité des universaux* en eux-mêmes. Nous ne pensons pas qu'il y ait dans un État d'autres intérêts réels que les intérêts locaux, réunis lorsqu'ils sont les mêmes, balancés lorsqu'ils sont divers, mais connus et

sentis dans tous les cas... Les liens particuliers fortifient le lien général, au lieu de l'affaiblir. Dans la gradation des sentiments et des idées, on tient d'abord à sa famille, puis à sa cité, puis à sa province, puis à l'Etat. Brisez les intermédiaires, vous n'aurez pas raccourci la chaîne, vous l'aurez détruite. Le soldat porte dans son cœur l'honneur de sa compagnie, de son bataillon, de son régiment, et c'est ainsi qu'il concourt à la gloire de l'armée entière. Multipliez, multipliez les faisceaux qui unissent les hommes. Personnifiez la patrie sur tous les points, dans vos institutions locales, comme dans autant de miroirs fidèles.

IV

DES GARANTIES JUDICIAIRES [1].

Durant presque toute la révolution, les tribunaux, les juges, les jugements, rien n'a été libre. Les divers partis se sont emparés, tour à tour, des instruments et des formes de la loi. Le courage des guerriers les plus intrépides eût à peine suffi à nos magistrats, pour prononcer leurs arrêts suivant leur conscience. Ce courage qui fait braver la mort dans une bataille, est plus facile que la profession publique d'une opinion indépendante, au milieu des menaces des tyrans ou des factieux. Un juge amovible ou révocable est plus dangereux qu'un juge qui a acheté son emploi. Avoir acheté sa place est

1. Comparez avec ce chapitre les commentaires de Voltaire sur le livre de Beccaria : *Des délits et des peines.* Ces commentaires sont l'un des plus beaux manifestes de justice et d'humanité qui aient été écrits dans aucune langue ; tous les abus de la vieille législation y sont signalés, toutes les réformes juridiques accomplies depuis la fin du dix-huitième siècle y sont indiquées avec une merveilleuse intuition de l'avenir ; ils placent Voltaire au premier rang de nos jurisconsultes, et nous ne lui rendons point, sous ce rapport, l'éclatante justice qui lui est due. (*Note de l'éditeur.*)

une chose moins corruptrice qu'avoir toujours à redouter de la perdre [1]. Je suppose d'ailleurs établies et consacrées l'institution des jurés, la publicité des procédures et l'existence de lois sévères contre les juges prévaricateurs. Mais ces précautions prises, que le pouvoir judiciaire soit dans une indépendance parfaite, que toute autorité s'interdise jusqu'aux insinuations contre lui. Rien n'est plus propre à dépraver l'opinion et la morale publique, que ces déclamations perpétuelles, répétées parmi nous dans tous les sens, à diverses époques, contre des hommes qui devaient être inviolables, ou qui devaient être jugés.

Que, dans une monarchie constitutionnelle, la nomination des juges doive appartenir au prince, est une vérité évidente. Dans un pareil gouvernement, il faut donner au pouvoir royal toute l'influence et même toute la popularité que la liberté comporte. Le peuple peut se tromper fréquemment dans l'élection des juges. Les erreurs du pouvoir royal sont nécessairement plus rares. Il n'a aucun intérêt à en commettre; il en a un pressant à s'en préserver, puisque les juges sont inamovibles, et qu'il ne s'agit pas de commissions temporaires.

Pour achever de garantir l'indépendance des juges, peut-être faudra-t-il un jour accroître leurs appoin-

---

1. On s'est fortement élevé, dit Benjamin Constant, contre la vénalité des charges. C'était un abus, mais cet abus avait un avantage que l'ordre judiciaire qui l'a remplacé nous a fait regretter souvent. La vénalité sous l'ancienne monarchie rendait, en effet, les juges indépendants du pouvoir, mais il s'en faut de beaucoup que cette indépendance ait été absolue. Les rois trouvaient souvent moyen de faire fléchir les juges par des retranchements de gages, ou des réductions d'épices. A partir de Henri III, les charges de judicature tout en restant inamovibles deviennent héréditaires, et la magistrature française, pour obtenir à la fois la confirmation de l'inamovibilité et l'hérédité, fut taxée, en 1580, à l'énorme somme de 140 millions. (*Note de l'éditeur.*)

tements. Règle générale : attachez aux fonctions publiques des salaires qui entourent de considération ceux qui les occupent, ou rendez-les tout à fait gratuites. Les représentants du peuple, qui sont en évidence et qui peuvent espérer la gloire, n'ont pas besoin d'être payés : mais les fonctions de juges ne sont pas de nature à être exercées gratuitement, et toute fonction qui a besoin d'un salaire est méprisée, si ce salaire est très-modique. Diminuez le nombre des juges; assignez-leur des arrondissements qu'ils parcourent, et donnez-leur des appointements considérables.

L'inamovibilité des juges ne suffirait pas pour entourer l'innocence des sauvegardes qu'elle a le droit de réclamer, si à ces juges inamovibles on ne joignait l'institution des jurés, cette institution si calomniée, et pourtant si bienfaisante, malgré les imperfections dont on n'a pu encore l'affranchir entièrement.

Je sais qu'on attaque parmi nous l'institution des jurés par des raisonnements tirés du défaut de zèle, de l'ignorance, de l'insouciance, de la frivolité françaises. Ce n'est pas l'institution, c'est la nation qu'on accuse. Mais qui ne voit qu'une institution peut, dans ses premiers temps, paraître peu convenable à une nation, en raison du peu d'habitude, et devenir convenable et salutaire, si elle est bonne intrinsèquement, parce que la nation acquiert, par l'institution même, la capacité qu'elle n'avait pas ? Je répugnerai toujours à croire une nation insouciante sur le premier de ses intérêts, sur l'administration de la justice et sur la garantie à donner à l'innocence accusée.

Les Français, dit un adversaire du juré, celui de tous peut-être dont l'ouvrage a produit contre cette institution l'impression la plus profonde[1], *les Français n'auront*

---

1. M. Gach, président d'un tribunal de première instance dans le département du Lot.

jamais l'instruction ni la fermeté nécessaire pour que le juré remplisse son but. Telle est notre indifférence pour tout ce qui a rapport à l'administration publique, tel est l'empire de l'égoïsme et de l'intérêt particulier, la tiédeur, la nullité de l'esprit public, que la loi qui établit ce mode de procédure ne peut être exécutée. Mais ce qu'il faut, c'est avoir un esprit public qui surmonte cette tiédeur et cet égoïsme. Croit-on qu'un esprit semblable existerait chez les Anglais, sans l'ensemble de leurs institutions politiques? Dans un pays où l'institution des jurés a sans cesse été suspendue, la liberté des tribunaux violée, les accusés traduits devant des commissions, cet esprit ne peut naître : on s'en prend à l'institution des jurés ; c'est aux atteintes qu'on lui a portées qu'il faudrait s'en prendre.

Le juré, dit-on, *ne pourra pas, comme l'esprit de l'institution l'exige, séparer sa conviction intime d'avec les pièces, les témoignages, les indices ; choses qui ne sont pas nécessaires, quand la conviction existe, et qui sont insuffisantes, quand la conviction n'existe pas.* Mais il n'y a aucun motif de séparer ces choses ; au contraire, elles sont les éléments de la conviction. L'esprit de l'institution veut seulement que le juré ne soit pas astreint à prononcer d'après un calcul numérique, mais d'après l'impression que l'ensemble des pièces, témoignages ou indices aura produite sur lui. Or, les lumières du simple bon sens suffisent pour qu'un juré sache et puisse déclarer si, après avoir entendu les témoins, pris lecture des pièces, comparé les indices, il est convaincu ou non.

Si les jurés, continue l'auteur que je cite, *trouvent une loi trop sévère, ils absoudront l'accusé, et déclareront le fait non constant, contre leur conscience ;* et il suppose le cas où un homme serait accusé d'avoir donné asile à son frère, et aurait par cette action encouru la peine de mort. Cet exemple, selon moi, loin de militer contre l'institution du juré, en fait le plus grand éloge ; il prouve que cette institution met obstacle à l'exécution des lois contraires à l'humanité, à la justice et à la morale. On est homme avant d'être juré : par conséquent, loin de blâmer le juré qui, dans ce cas, manquerait à son devoir de juré, je le louerais de remplir son devoir d'homme, et de courir, par tous les moyens qui seraient en son pouvoir, au secours d'un accusé, prêt à être puni d'une action qui, loin d'être un crime, est une vertu. Cet exemple ne prouve point qu'il ne faille pas de jurés ; il prouve qu'il ne faut pas de lois qui prononcent peine de mort contre celui qui donne asile à son frère.

Mais alors, poursuit-on, *quand les peines seront exces-sives ou paraîtront telles au juré, il prononcera contre sa conviction.* Je réponds que le juré, comme citoyen et comme propriétaire, a intérêt à ne pas laisser impunis les attentats qui menacent la sûreté, la propriété ou la vie de tous les membres du corps social ; cet intérêt l'emportera sur une pitié passagère : l'Angleterre nous en offre une démonstration peut-être affligeante. Des peines rigoureuses sont appliquées à des délits qui certainement ne les méritent pas ; et les jurés ne s'écartent point de leur conviction, même en plaignant ceux que leur déclaration livre au supplice[1]. Il y a dans l'homme un certain respect pour la loi écrite ; il lui faut des motifs très-puissants pour la surmonter. Quand ces motifs existent, c'est la faute des lois. Si les peines paraissent excessives aux jurés, c'est qu'elles le seront ; car, encore,

---

1. J'ai vu des jurés, en Angleterre, déclarer coupable une jeune fille, pour avoir volé de la mousseline de la valeur de treize schellings. Ils savaient que leur déclaration emportait contre elle la peine de mort.

une fois, ils n'ont aucun intérêt à les trouver telles. Dans les cas extrêmes, c'est-à-dire, quand les jurés seront placés entre un sentiment irrésistible de justice et d'humanité, et la lettre de la loi, j'oserai le dire, ce n'est pas un mal qu'ils s'en écartent; il ne faut pas qu'il existe une loi qui révolte l'humanité du commun des hommes, tellement que des jurés, pris dans le sein d'une nation, ne puissent se déterminer à concourir à l'application de cette loi ; et l'institution des juges permanents, que l'habitude réconcilierait avec cette loi barbare, loin d'être un avantage, serait un fléau.

Les jurés, dit-on, *manqueront à leur devoir, tantôt par peur, tantôt par pitié :* si c'est par peur, ce sera la faute de la police, trop négligente, qui ne les mettra pas à l'abri des vengeances individuelles ; si c'est par pitié, ce sera la faute de la loi trop rigoureuse.

L'insouciance, l'indifférence, la frivolité françaises, sont le résultat d'institutions défectueuses, et l'on allègue l'effet pour perpétuer la cause. Aucun peuple ne reste indifférent à ses intérêts, quand on lui permet de s'en occuper : lorsqu'il leur est indifférent, c'est qu'on l'en a repoussé. L'institution du juré est sous ce rapport d'autant plus nécessaire au peuple français, qu'il en paraît momentanément plus incapable : il y trouvera non-seulement les avantages particuliers de l'institution, mais l'avantage général et plus important de refaire son éducation morale.

A l'inamovibilité des juges et à la sainteté des jurés il faut réunir encore le maintien constant et scrupuleux des formes judiciaires.

Par une étrange pétition de principe, l'on a sans cesse, durant la révolution, déclaré convaincus d'avance les hommes qu'on allait juger.

Les formes sont une sauvegarde : l'abréviation des

formes est la diminution ou la perte de cette sauvegarde.
L'abréviation des formes est donc une peine. Que si nous
infligeons cette peine à un accusé, c'est donc que son
crime est démontré d'avance. Mais si son crime est
démontré, à quoi bon un tribunal, quel qu'il soit? Si
son crime n'est pas démontré, de quel droit le placez-
vous dans une classe particulière et proscrite, et le pri-
vez-vous, sur un simple soupçon, du bénéfice commun
à tous les membres de l'état social?

Cette absurdité n'est pas la seule. Les formes sont
nécessaires ou sont inutiles à la conviction : si elles sont
inutiles, pourquoi les conservez-vous dans les procès
ordinaires? si elles sont nécessaires, pourquoi les re-
tranchez-vous dans les procès les plus importants?
Lorsqu'il s'agit d'une faute légère, et que l'accusé n'est
menacé ni dans sa vie, ni dans son honneur, l'on instruit
sa cause de la manière la plus solennelle; mais lorsqu'il
est question de quelque forfait épouvantable, et par conséquent de l'infamie et de la mort, l'on supprime d'un
mot toutes les précautions tutélaires, l'on ferme le Code
des lois, l'on abrége les formalités, comme si l'on pensait que plus une accusation est grave, plus il est superflu de l'examiner!

Ce sont des brigands, dites-vous, des assassins, des
conspirateurs, auxquels seuls nous enlevons le bénéfice
des formes; mais avant de les reconnaitre pour tels, ne
faut-il pas constater les faits? Or, les formes sont les
moyens de constater les faits. S'il en existe de meilleurs
ou de plus courts, qu'on les prenne; mais qu'on les
prenne alors pour toutes les causes. Pourquoi y aurait-
il une classe de faits, sur laquelle on observerait des lenteurs superflues, ou bien une autre classe, sur laquelle
on déciderait avec une précipitation dangereuse? Le dilemme est clair. Si la précipitation n'est pas dangereuse

les lenteurs sont superflues; si les lenteurs ne sont pas superflues, la précipitation est dangereuse. Ne dirait-on pas qu'on peut distinguer à des signes extérieurs et infaillibles, avant le jugement, les hommes innocents et les hommes coupables, ceux qui doivent jouir de la prérogative des formes, et ceux qui doivent en être privés? C'est parce que ces signes n'existent pas, que les formes sont indispensables; c'est parce que les formes ont paru l'unique moyen pour discerner l'innocent du coupable, que tous les peuples libres et humains en ont réclamé l'institution. Quelqu'imparfaites que soient les formes, elles ont une faculté protectrice qu'on ne leur ravit qu'en les détruisant; elles sont les ennemies nées, les adversaires inflexibles de la tyrannie, populaire ou autre. Aussi longtemps qu'elles subsistent, les tribunaux opposent à l'arbitraire une résistance plus ou moins généreuse, mais qui sert à le contenir. Sous Charles Iᵉʳ, les tribunaux anglais acquittèrent, malgré les menaces de la cour, plusieurs amis de la liberté; sous Cromwell, bien que dominés par le protecteur, ils renvoyèrent souvent absous des citoyens accusés d'attachement à la monarchie; sous Jacques II, Jefferies fut obligé de fouler aux pieds les formes, et de violer l'indépendance des juges mêmes de sa création, pour assurer les nombreux supplices des victimes de sa fureur. Il y a dans les formes quelque chose d'imposant et de précis, qui force les juges à se respecter eux-mêmes, et à suivre une marche équitable et régulière. L'affreuse loi qui, sous Robespierre, déclara les preuves superflues, et supprima les défenseurs, est un hommage rendu aux formes [1]. Cette loi démontre que les formes, modifiées, mutilées, torturées en tout sens, par le génie des factions, gênaient en-

---

1. *Loi des suspects,* du 17 septembre 1793.

core des hommes choisis soigneusement entre tout le peuple, comme les plus affranchis de tout scrupule de conscience et de tout respect pour l'opinion.

Enfin, je considère le droit de grâce comme une dernière protection accordée à l'innocence.

L'on a opposé à ce droit un de ces dilemmes tranchants qui semblent simplifier les questions, parce qu'ils les faussent. Si la loi est juste, a-t-on dit, nul ne doit avoir le droit d'en empêcher l'exécution : si la loi est injuste, il faut la changer. Il ne manque à ce raisonnement qu'une condition, c'est qu'il y ait une loi pour chaque fait.

Plus une loi est générale, plus elle s'éloigne des actions particulières sur lesquelles néanmoins elle est destinée à prononcer. Une loi ne peut être parfaitement juste que pour une seule circonstance : dès qu'elle s'applique à deux circonstances, que distingue la différence la plus légère, elle est plus ou moins injuste dans l'un des deux cas. Les faits se nuancent à l'infini ; les lois ne peuvent suivre toutes ces nuances. Le dilemme que nous avons apporté est donc erroné. La loi peut être juste comme loi générale, c'est-à-dire il peut être juste d'attribuer telle peine à telle action ; et cependant la loi peut n'être pas juste dans son application à tel fait particulier ; c'est-à-dire telle action, matériellement la même que celle que la loi avait en vue, peut en différer d'une manière réelle, bien qu'indéfinissable légalement. Le droit de faire grâce n'est autre chose que la conciliation de la loi générale avec l'équité particulière [1].

---

1. Voir le chapitre intitulé : *de la justice en France et de l'égalité devant la loi*, dans le livre de M. Laboulaye, *le Parti libéral*, p. 225 et suiv.

V

DE LA PEINE DE MORT ET DE LA DÉTENTION[1].

DE LA PEINE DE MORT.

La peine de mort, même réduite à la simple privation de la vie, a été l'objet des réclamations de plusieurs philosophes estimables. Ils ont contesté à la société le droit d'infliger cette peine, qui leur semblait excéder sa juridiction. Mais ils n'ont pas considéré que tous les raisonnements qu'ils employaient s'appliquaient à toutes les autres peines un peu rigoureuses. Si la loi devait s'abstenir de mettre un terme à la vie des coupables, elle devrait s'abstenir de tout ce qui peut l'abréger. Or, la détention, les travaux forcés, la déportation, l'exil même, toutes les souffrances, soit physiques, soit morales, accélèrent la fin de l'existence qu'elles atteignent.

1. Sur la peine de mort, voir : Beccaria, *Des délits et des peines*, ch. xvi. Commentaires de Voltaire sur ce chapitre. — Rœderer, *Considérations sur la peine de mort, Journal d'économie politique*, nº 28. — De Bonald, *OEuvres complètes*, t. I, p. 390, 391 ; t. II, p. 27 ; — De Cormenin, *OEuvres complètes*, t. III, p. 1 et suiv. — Les divers écrits que nous indiquons ici résument, soit au point de vue du maintien de la peine de mort, soit au point de vue de l'abolition, ce qui a été dit de plus important.

(*Note de l'éditeur.*)

Les châtiments qu'on a voulu substituer à la peine de mort ne sont, pour la plupart, que cette même peine infligée en détail, et presque toujours d'une manière plus lente et plus douloureuse.

La peine de mort est de plus la seule qui n'ait pas l'inconvénient de vouer une foule d'hommes à des fonctions odieuses et avilissantes. J'aime mieux quelques bourreaux que beaucoup de geôliers. J'aime mieux qu'un petit nombre d'agents déplorables d'une sévérité nécessaire, rejetés avec horreur par la société, se consacrent à l'affreux métier d'exécuter quelques criminels, que si une multitude se condamnait, pour un misérable salaire, à veiller sur les coupables et à se rendre l'instrument perpétuel de leur malheur prolongé.

Mais, en admettant la peine de mort, ai-je besoin de dire que je ne l'admets que pour des cas très-rares? Notre Code actuel la prodigue avec une profusion scandaleuse.

Les attentats simples contre la propriété; l'intention seule du crime, de quelque nature que ce crime puisse être; les délits politiques, s'ils n'ont pas fait répandre le sang, ne doivent jamais attirer cette peine.

Quand on considère l'état de misère ou de privation perpétuelle auquel, dans toutes les sociétés humaines, une classe nombreuse et déshéritée est toujours réduite; quand on se représente dans combien de circonstances le travail même n'offre à cette classe qu'une ressource ou illusoire ou insuffisante; quand on réfléchit que d'ordinaire cette ressource lui manque alors qu'elle en a le plus besoin, et que, plus il y a d'indigents à qui le travail serait nécessaire, plus il leur est difficile d'obtenir ce travail, qui seul les préserverait de la mort ou du crime; quand on se peint ces malheureux, environnés de leurs familles, sans abri, sans nourriture et sans vé-

tements; et qu'en descendant au fond de son propre
cœur, on se demande ce qu'on éprouverait à leur place,
repoussé par la dureté, blessé par l'insolence, l'on devient moins impitoyable pour des délits qui ne suppo-
sent pas, comme l'homicide, l'oubli des sentiments naturels. Le meurtre est la violation des lois de la nature ;
les attentats contre la propriété sont la violation d'une
convention sociale. Cette convention sévère doit être
observée. La loi doit s'armer pour la maintenir : mais
elle ne doit pas, dédaigneuse de toutes les gradations du
crime, frapper de la peine réservée à celui qui s'est
montré sans pitié le malheureux qu'a peut-être égaré
la pitié même pour les êtres souffrants qui l'entourent.

L'intention du crime, assimilée par notre Code à
l'exécution, en diffère sous ce rapport essentiel, qu'il
est dans la nature de l'homme de reculer devant l'action
longtemps après qu'il s'est familiarisé avec la pensée.
Pour nous en convaincre, écartons un instant la notion
du crime, et retraçons-nous ce que sûrement chacun de
nous a éprouvé, lorsque, forcé par les circonstances, il
avait formé une résolution qui pouvait causer autour de
lui une grande douleur. Que de fois, après s'être affermi
dans ses projets par le raisonnement, par le calcul, par
le sentiment d'une nécessité vraie ou supposée, il a senti
ses forces l'abandonner à l'aspect de celui qu'il aurait
affligé, ou à la vue des larmes que faisaient couler ses
premières paroles ! Que de liaisons dont la durée tient à
cette seule cause ! Combien souvent l'égoisme ou la prudence, qui, solitaires, se croient invincibles, fléchissent
devant la présence ! Ce qui se passe en nous, quand il
s'agit de causer de la douleur, a lieu dans les âmes plus
grossières et dans les classes moins éclairées, quand il
est question d'un crime positif. Qui peut affirmer que
l'homme qui, tourmenté de besoins ou égaré par quelque

passion, a médité l'assassinat, ne laissera pas échapper
le fer en approchant de sa victime? La loi qui confond
l'intention avec l'action est une loi essentiellement injuste. Le législateur ne réussit point à la concilier avec
la justice, en ajoutant que l'intention ne sera punissable
que lorsque le crime n'aura dû sa non-exécution qu'à
des circonstances indépendantes de la volonté du criminel. Rien ne constate que, si ces circonstances ne
s'étaient pas présentées, sa volonté n'aurait pas eu le
même résultat. L'homme qui se prépare à commettre
un crime éprouve toujours un degré de trouble, un
pressentiment de remords, dont l'effet n'est pas calcu-
lable. Le bras levé sur celui qu'il va frapper, il peut abjurer encore un projet qui le révolte contre lui-même.
Ne pas reconnaître cette possibilité jusqu'au dernier
moment, c'est calomnier la nature humaine. N'en pas
tenir compte, c'est fouler aux pieds l'équité.

Les délits politiques, séparés de l'homicide et de la
rébellion à force ouverte, me semblent aussi ne pas devoir entraîner la peine de mort. Je crois premièrement
que, dans un pays où l'opinion serait assez opposée au
gouvernement pour que les conspirations y fussent dangereuses, les lois les plus sévères ne parviendraient pas
à soustraire le gouvernement au sort qui atteint toute
autorité contre laquelle l'opinion se déclare. Un parti
qui n'est redoutable que par son chef n'est pas redoutable avec ce chef même. On s'exagère beaucoup l'influence des individus; elle est bien moins puissante
qu'on ne le pense, surtout dans notre siècle. Les individus ne sont que les représentants de l'opinion; quand
ils veulent marcher sans elle, leur pouvoir s'écroule.
Si, au contraire, l'opinion existe, vous aurez beau tuer
quelques-uns de ses représentants, elle en trouvera
d'autres : la rigueur ne fera que l'irriter. L'on a dit que

dans les dissensions civiles il n'y avait que les morts
qui ne revinssent pas. L'axiome est faux; ils reviennent
appuyer les vivants qui les remplacent, de toute la force
de leur mémoire et du ressentiment de ce qu'ils ont
souffert. En second lieu, quand il y a des conspirations,
c'est que l'organisation politique d'un pays où ces conspirations s'ourdissent est défectueuse; il n'en faut pas
moins réprimer ces conspirations : mais la société ne
doit déployer contre des crimes dont ses propres vices
sont la cause que la sévérité indispensable; il est déjà
suffisamment fâcheux qu'elle soit forcée de frapper des
hommes qui, si elle eût été mieux organisée, ne seraient
pas devenus coupables.

Enfin la peine de mort doit être réservée pour les criminels incorrigibles. Or, les délits politiques tiennent à
l'opinion, à des préjugés, à des principes, à une manière de voir, en un mot, qui peut se concilier avec les
affections les plus douces et les plus hautes vertus.
L'exil est la peine naturelle, celle que motive le genre
même de la faute, celle qui, en éloignant le coupable
des circonstances qui l'ont rendu tel, le replacent en
quelque sorte dans un état d'innocence, et lui rendent
la faculté d'y rester.

Le meurtre avec préméditation, l'empoisonnement,
l'incendie, tout ce qui annonce l'absence de cette sympathie qui est la base des associations humaines et la
qualité première de l'homme en société, tels sont les
crimes qui seuls méritent la mort; l'autorité peut frapper
l'assassin, mais elle le frappe par respect pour la vie
des hommes; et ce respect, dont elle punit l'oubli avec
tant de rigueur, elle doit le professer elle-même.

DE LA DÉTENTION.

La détention est, de toutes les peines, celle qui se présente le plus naturellement à l'esprit et qui semble la plus simple. Elle est nécessaire avant le jugement, comme mesure de sûreté. Elle a l'avantage de mettre la société à l'abri des attentats des coupables qui ont déjà violé ses lois; car on sent bien que je ne parle ici que des détentions légales, et non des détentions arbitraires. Enfin, les détenus, séparés du reste des citoyens, sont entourés d'une espèce de nuage qui les dérobe aux regards et bientôt à la pitié.

Il en résulte que la détention est, de toutes les peines, celle dont l'abus est le plus fréquent et le plus facile. Son apparente douceur est un danger de plus. Quand vous lisez dans la sentence d'un tribunal que tel coupable est condamné à cinq ans de prison, vous représentez-vous combien de supplices différents cette condamnation renferme? Non. Vous imaginez simplement un homme retenu dans une chambre et n'ayant pas la faculté d'en sortir. Que diriez-vous si la sentence portait : Non-seulement tel homme sera, durant cinq années, arraché à sa famille, privé de toutes les jouissances de la vie, et mis hors d'état de pourvoir à son existence future, qui, par l'interruption qu'il rencontre dans sa carrière, de quelque nature qu'elle soit, sera plus déplorable peut-être quand vous le rendrez à la liberté, qu'elle ne l'était le premier jour qui a vu commencer sa peine : mais, de plus, il sera soumis à un régime essentiellement arbitraire, quelques précautions que les lois aient prises : il subira le caprice et l'insolence de ces hommes grossiers qui, par le choix spontané de leur vocation sévère, ont prouvé d'avance combien ils étaient peu capables de pitié. Ces hommes pourront le gêner dans toutes ses actions, mettre à prix les plus faibles adoucissements dont sa destinée sera susceptible, lui infliger une à une mille souffrances physiques qui, considérées en détail, ne sauraient motiver l'intervention de l'autorité la plus équitable, mais qui, réunies, forment de la vie un tourment continuel. Ils spéculeront sur sa nourriture, sur ses vêtements, sur l'espace et la salubrité du cachot qui le renferme. Ils pourront troubler le repos qu'il cherche, lui envier même le silence, insulter à ses douleurs ; car lui seul entendra leurs paroles outrageantes ou féroces. Ils seront investis à son égard d'une dictature ténébreuse, dont nul ne sera témoin, sur l'excès de laquelle on n'écoutera qu'eux, et qu'ils justifieront par la ponctualité du devoir et la nécessité de la vigilance. Tel est néanmoins le sens de ces mots : *cinq ans de prison.* Si l'on se retrace maintenant ce qu'est malheureusement la nature humaine ; si l'on réfléchit à la disposition que nous avons tous à abuser du pouvoir le plus restreint ; si l'on songe que le meilleur d'entre nous est changé subitement quand on lui confie une autorité discrétionnaire, que le seul frein du despotisme est la publicité, et qu'au sein des prisons tout se passe dans le secret et dans l'ombre, je ne connais pas d'imagination qui ne doive s'épouvanter. Il m'est arrivé quelquefois, dans la solitude, de me représenter tout à coup combien, tandis que je jouissais paisiblement de ma liberté, il y avait sur la surface du globe, dans les pays les plus civilisés comme dans les plus barbares, d'hommes condamnés à ce supplice lent et terrible ; et j'étais effrayé de la somme de douleur qui semblait se presser autour de moi, et me

reprocher mes distractions et mon impitoyable insouciance.

Cependant la détention sera toujours la peine la plus
commune, et puisqu'il est juste de réserver la mort
pour un très-petit nombre de crimes, il est impossible,
dans plusieurs circonstances, de ne pas lui substituer
la prison.

Mais il est des règles que les sociétés politiques
doivent s'imposer, et qu'elles ne sauraient enfreindre
sans se rendre coupables elles-mêmes en punissant les
coupables.

Point de détentions solitaires. L'isolement complet
conduit à la démence : l'expérience l'a prouvé. Or,
vous n'avez pas le droit de condamner l'homme à la
dégradation, au bouleversement, à la destruction de ses
facultés morales.

Point de séparation prolongée entre le détenu et sa
famille. Par cette séparation contre nature, vous ne punissez pas seulement le crime, vous punissez encore
l'innocence. Les enfants à qui vous enviez le triste bonheur de consoler un père, la femme que vous bannissez
de la prison de son époux, souffrent d'autant plus que
leurs sentiments sont plus profonds et plus dévoués. Ils
souffrent plus, en proportion de ce qu'ils valent mieux
Leur peine est donc doublement injuste. Vous devez
respecter les affections naturelles ; quels que soient les
objets qui les inspirent, elles sont sacrées ; elles sont
au-dessus de toutes vos lois.

Je dirais volontiers : point de détentions perpétuelles ;
mais je craindrais, en posant ce principe, de rendre plus
fréquente la peine de mort. L'avenir est incertain : les
ressentiments les plus justes s'adoucissent. Le pouvoir
même n'est pas éternellement implacable ; il s'apaise en
se rassurant. Laissez-lui l'idée qu'il peut se mettre pour

toujours à l'abri du coupable qu'il effraye. Quand ses
terreurs seront dissipées, il mitigera peut-être le châtiment. Je conserverais donc la détention perpétuelle
comme offrant une chance vraisemblable à la clémence
de l'autorité.

Enfin, de quelque manière que la détention soit admise
et organisée dans notre Code, une précaution est à
prendre, qui, jusqu'à présent, a été négligée par tous les
peuples, et dont la nécessité est évidente. L'on a senti
souvent, j'en conviens, qu'on ne pouvait abandonner
les détenus à la discrétion de leurs geôliers, et qu'il
fallait soumettre ceux-ci à une surveillance répressive.
Mais on a confié cette surveillance à des agents du gouvernement. C'est rendre cette mesure illusoire ; c'est la
travestir en espèce d'ironie cruelle. Le gouvernement,
qui est la partie publique sur la poursuite et la dénonciation de laquelle ces prisonniers ont été condamnés,
ne saurait être chargé de protéger les individus qu'il a
frappés. Un pouvoir indépendant du gouvernement peut
seul exercer efficacement cette fonction tutélaire. Je
voudrais que nos électeurs, dépositaires des droits du
peuple, en même temps qu'ils éliraient nos représentants, nommassent dans chaque département, sous un
titre qui rappelât combien cette mission serait auguste,
des surveillants des prisons. Ils constateraient que
ceux dont la détention est légitime n'éprouvent aucune
rigueur superflue, aucune aggravation arbitraire d'une
destinée déjà déplorable, et ils rendraient compte aux
chambres, dans un rapport qui serait mis sous les yeux
de la nation entière, par le moyen de la presse, des résultats de leur vérification périodique et solennelle.

SIXIÈME PARTIE

I

DE LA TERREUR ET DE SES EFFETS[1].

Je veux réfuter, si je le puis, une doctrine qui commence à se répandre : doctrine que je crois fausse en elle-même et dangereuse dans ses conséquences[2]?

Voici l'abrégé de cette doctrine, ses diverses parties

1. Les trois opuscules réunis dans cette sixième et dernière partie : *des effets de la terreur,* — *des réactions politiques,* — *de l'esprit de conquête,* forment un ensemble complet qu'on peut appeler la vérification, par les faits, des théories de Benjamin Constant. La terreur, les réactions politiques et l'esprit de conquête ont été les fléaux de la période qui s'étend de 1792 à 1815, les écueils où sont venus se briser et se dépopulariser les gouvernements. Ils ont eu leur source dans l'arbitraire, le mépris de la justice et des droits individuels, c'est-à-dire dans la violation des principes que Benjamin Constant n'a jamais cessé de défendre, et qui peuvent seuls assurer le bien-être des peuples et la stabilité des gouvernements. Nous ne pouvions donc mieux faire que de terminer ce volume par ces divers écrits où l'autorité de la pensée est confirmée par l'autorité de l'histoire. *(Note de l'éditeur.)*

2. Benjamin Constant fait ici allusion au pamphlet intitulé : *Des Causes de la révolution et de ses résultats,* par Adrien de Lezay. Ce pamphlet avait été publié en 1797, dans le *Journal d'économie politique,* de Rœderer. *(Note de l'éditeur.)*

semblent se combattre, mais la contradiction n'est qu'apparente.

« Ceux qui fondèrent la république française ne sa-
« vaient pas ce qu'ils fondaient. C'étaient pour la plu-
« part des hommes perdus de crimes, qui avaient ouï
« dire que dans les républiques les plus factieux étaient
« les plus en crédit. En fondant la république ils néces-
« sitèrent la terreur. Il fallait que l'État pérît ou que
« le gouvernement devînt atroce. Ce fut la terreur qui
« consolida la république. Elle rétablit l'obéissance au
« dedans et la discipline au dehors. Elle passa des
« armées républicaines dans les armées ennemies. Elle
« gagna jusqu'aux souverains, et valut à la France des
« traités honorables avec la moitié de l'Europe. Les
« succès mêmes qui n'eurent lieu qu'après la terreur
« furent néanmoins l'effet de l'impression qu'elle avait
« produite. Elle détruisit les usages et les habitudes
« qui auraient lutté contre les institutions nouvelles.
« Pour ne pas succomber à la violence des moyens em-
« ployés contre elle par les ennemis, il en fallait d'aussi
« violents ; il en fallait de plus violents pour les dé-
« truire. Consolidée par la terreur, la république au-
« jourd'hui est une excellente institution : il faut
« l'adopter. Rome fut de même fondée par des bri-
« gands, et cette Rome devint la maîtresse du
« monde[1]. »

1. *Des causes de la révolution*, pages 27, 34, 35, 37, 45, 65
et 66.
Les idées exprimées dans le passage ci-dessus ont encore chez
nous de trop nombreux adhérents. Une certaine école historique a
tenté de réhabiliter la Terreur à l'aide des sophismes que Benjamin Constant réfute avec une si haute raison; mais ces tristes et
honteuses apologies de l'assassinat politique ont révolté les consciences, et depuis quelques années de très-estimables livres ont été
publiés pour réduire à leur juste valeur les déclamations de ce jacobinisme rétrospectif qui est encore aujourd'hui l'ennemi le plus

C'est ce système que je vais essayer de réfuter ; et
d'abord j'observerai qu'il ne faut pas le confondre avec
la doctrine d'indulgence et d'oubli pour les excès révolutionnaires, qui seule peut affermir la paix intérieure
de la république. L'on ne m'accusera pas d'être opposé
à cette doctrine. C'est jusqu'à présent une accusation
contraire qu'on a tenté d'accréditer contre moi. Mais
cette doctrine ne porte que sur les hommes ; le système
que je combats porte sur les principes. Il est bon, sans
doute, de jeter un voile sur le passé, mais si des erreurs
ou même des crimes peuvent être dans le passé, un
système n'y peut jamais être ; des axiomes ne sont d'aucun temps ; ils sont toujours applicables ; ils existent
dans le présent, ils menacent dans l'avenir. Prouver
qu'il faut pardonner aux hommes qu'a égarés le boule-

redoutable de la vraie liberté. M. Edgard Quinet, dans l'ouvrage
intitulé la *Révolution*, soutient exactement la même thèse que Benjamin Constant, comme on peut le voir dans le tome II, liv. XVII,
aux chapitres intitulés : *Causes de la terreur;* — *que la liberté est
condamnée à être humaine;* — *Morale des terroristes;* — *Comment
la terreur démoralisait la révolution.* A côté du livre de M. Quinet,
nous indiquerons dans le même ordre d'idées : *Le tribunal révolutionnaire*, de M. Emile Campardon. Ce livre curieux constate que
du 10 mars 1793 au 31 mai 1795, *deux mille sept cent quatre-
vingt-onze* exécutions à mort ont eu lieu à Paris en vertu des arrêts
du tribunal révolutionnaire ; — *La Terreur*, par M. Mortimer
Ternaux ; — *Paris en 1794 et 1795, Histoire de la rue, des clubs
et de la famine*, par M. Dauban ; — *La Démagogie en 1793*, par le
même ; — *Le couvent des Carmes et le séminaire de Saint-Sulpice
pendant la terreur*, par M. Alexandre Sorel ; — *Histoire des Girondins et des massacres de septembre*, par M. Granier de Cassagnac,
ouvrage important sur lequel nous revenons plus loin.
  Si de l'histoire de Paris on passe à l'histoire des villes, on
trouve encore, à tout instant les plus douloureuses révélations sur
ce déluge de sang où la France a failli s'engloutir. Espérons pour
l'honneur de notre pays que, grace à la lumière qui se fait chaque
jour sur cette affreuse époque, il en sera désormais de la terreur
comme de la Saint-Barthélemy et de la révocation de l'édit de
Nantes, et que pas une voix ne s'élèvera pour défendre les bourreaux.   (*Note de l'éditeur.*)

versement révolutionnaire, est une tentative très-utile, et j'ai devancé mes adversaires dans cette route. Mais prétendre que ces égarements, en eux-mêmes, étaient une chose salutaire, indispensable, leur attribuer tout le bien qui s'est opéré dans le même temps, est, de toutes les théories, la plus funeste.

La terreur, réduite en système et justifiée sous cette forme, est beaucoup plus horrible que la violence féroce et brutale des terroristes, en cela que, partout où ce système existera, les mêmes crimes se renouvelleront ; au lieu que les terroristes peuvent fort bien exister, sans que la terreur se renouvelle. Ses principes consacrés seront éternellement dangereux. Ils tendent à égarer les plus sages, à pervertir les plus humains. L'établissement d'un gouvernement révolutionnaire ferait sortir du milieu de la nation la plus douce en apparence, des monstres tels que nous en avons vus ; la loi du 22 prairial créerait des juges bourreaux parmi les peuples les moins féroces. Il est un degré d'arbitraire qui suffit pour renverser les têtes, corrompre les cœurs, dénaturer toutes les affections. Les hommes, ou les corps, revêtus de pouvoirs sans bornes, deviennent ivres de ces pouvoirs. Il ne faut jamais supposer que, dans aucune circonstance, une puissance illimitée puisse être admissible ; et dans la réalité jamais elle n'est nécessaire.

Mais si les principes de la terreur sont immuables, et doivent en conséquence être éternellement réprouvés, ses sectaires, étant hommes, et en cette qualité mobiles, peuvent être influencés, ramenés, comprimés: C'est donc l'indulgence pour les hommes qu'il faut inspirer, et l'horreur pour les principes. Par quel étrange renversement fait-on tout à coup précisément le contraire ? On poursuit une race, jadis fanatique et furieuse, mais pas-

sagère, passionnée, remuable, qui chaque jour diminue
en nombre, et dont la désastreuse puissance a dès
longtemps été terrassée par ceux mêmes qu'aujourd'hui
l'esprit de parti voudrait flétrir de ce nom : et l'on fait
l'apologie d'un système, destructeur de sa nature, et
contre lequel il n'y a rien à espérer, même des bienfaits
du temps ! N'est-on donc implacable que pour les individus? Si jamais de nouveaux terroristes, en quelque
sens que ce fût, si les partisans d'une terreur royale, la
seule, aujourd'hui, qui nous menace, se saisissaient de
l'autorité, ils pourraient nous étaler les sophismes que
l'on entasse, nous énumérer, d'après des auteurs célèbres, tous les heureux résultats de la terreur, et appuyer cette affreuse théorie sur les ouvrages mêmes de
ceux qui s'en montraient naguère les plus ardents
ennemis.

Je me propose de prouver que la terreur n'a pas été
nécessaire au salut de la république ; que la république
a été sauvée malgré la terreur ; la terreur a créé la plupart des obstacles dont on lui attribue le renversement ;
que ceux qu'elle n'a pas créés auraient été surmontés
d'une manière plus facile et plus durable, par un
régime juste et légitime ; en un mot, que la terreur n'a
fait que du mal, et que c'est elle qui a légué à la république actuelle tous les dangers qui, aujourd'hui
encore, la menacent de toutes parts. « Cette démonstra-
« tion n'est pas superflue. Nous ne manquons pas
« d'hommes qui, aujourd'hui encore, admirent, sinon
« le but, au moins l'énergie de Robespierre et de Marat.
« Ils voudraient que la monarchie, s'emparant d'une
« énergie semblable, frappât comme eux ceux qu'elle
« soupçonne. Prouvons donc à la monarchie que la
« terreur n'a pas servi, mais perdu le gouvernement
« républicain. »

29.

Lorsqu'on fait l'apologie de la terreur (et n'est-ce pas faire son apologie que prétendre que, sans elle, la révolution aurait manqué), l'on tombe dans un abus de mots. On confond la terreur avec les mesures qui ont existé à côté de la terreur. On ne considère pas que, dans les gouvernements les plus tyranniques, il y a une partie légale, répressive et coercitive, qui leur est commune avec les gouvernements les plus équitables, par une raison bien simple, c'est que cette partie est la base de l'existence de tout gouvernement.

Ainsi, l'on dit que ce fut la terreur qui fit marcher aux frontières, que ce fut la terreur qui rétablit la discipline dans les armées, qui frappa d'épouvante les conspirateurs, qui abattit toutes les factions.

Tout cela est faux. Les hommes qui opérèrent toutes ces choses étaient, en effet, les mêmes hommes qui disposaient de la terreur ; mais ce ne fut pas par la terreur qu'ils les opérèrent. Il y eut, dans l'exercice de leur autorité, deux parties : la partie gouvernante et la partie atroce, ou la terreur. C'est à l'une qu'il faut attribuer leurs succès ; à l'autre, leurs dévastations et leurs crimes.

Comme, en même temps qu'ils opprimaient et dévastaient le pays, il leur fallait, pour leur existence, gouverner, la terreur et le gouvernement coexistèrent ; et de là la méprise qui fit prendre, tour à tour, le gouvernement pour la terreur, et la terreur pour le gouvernement.

Que si l'on dit que la terreur aida le gouvernement, et que l'effroi qu'inspira l'autorité par sa partie atroce redoubla la soumission à la partie légitime, on dit une chose évidente et commune. Mais il n'en résulte pas que ce redoublement d'effroi fut nécessaire, et que le gouvernement n'eut pas eu, par la justice, les moyens suffisants pour forcer l'obéissance.

Sans doute, lorsqu'un juge condamne à la fois un innocent et un coupable, la terreur s'empare de tous les coupables, comme de tous les innocents. Mais la punition du coupable aurait rempli, de ce but, tout ce qui était nécessaire. Les coupables auraient également tremblé, quand le crime seul eût été frappé. Lorsqu'on voit, à la fois, une atrocité et une justice, il faut se garder de faire de ces deux choses un monstrueux ensemble. Il ne faut pas sur cette confusion déplorable se bâtir un système d'indifférence pour les moyens ; il ne faut pas attribuer sans discernement tous les effets à toutes les causes, et prodiguer au hasard son admiration à ce qui est atroce, et son horreur à ce qui est légal.

. Séparons donc, dans l'histoire de l'époque révolutionnaire, ce qui appartient au gouvernement et les mesures qu'il eut droit de prendre, d'avec les crimes qu'il a commis et qu'il n'avait pas le droit de commettre.

Le gouvernement (je ne le considère pas ici sous le rapport de son origine, mais simplement en sa qualité de gouvernement), le gouvernement avait le droit d'envoyer les citoyens repousser les ennemis. Ce droit appartient à tous les gouvernements ; ils l'ont dans les pays monarchiques, ils l'ont dans les pays républicains ; ils l'ont en Suisse aussi bien qu'en Russie, et comme la gravité d'un délit résulte des conséquences qu'il peut avoir, le gouvernement avait encore le droit d'attacher la peine la plus sévère au refus de partir pour les frontières, à la désertion, à la fuite des soldats. Mais ce n'est pas là ce que fit la terreur. Elle envoya des Saint-Just, des Lebas, dévaster des armées obéissantes et courageuses ; elle abolit toutes les formes, même militaires ; elle revêtit ses instruments de pouvoirs illimités ; elle remit le sort des individus à leur caprice, et le sort de la guerre à leur frénésie. Ces horreurs ne servirent de rien à la république. Lors même que Saint-Just n'eut pas fait périr des milliers d'innocents à l'armée du Rhin, l'armée eût-elle moins bien combattu? Ne flétrissons pas nos triomphes dans leur source, et songeons qu'on ne peut attribuer ni à des fureurs proconsulaires, ni à des échafauds permanents, les victoires d'Arcole et de Rivoli.

Le gouvernement avait le droit de scruter sévèrement la conduite de ses généraux, ou victorieux, ou vaincus, et de faire juger sans indulgence les traîtres ou les lâches. Mais ce n'est pas là ce que fit la terreur. Elle livra ceux qu'elle soupçonnait ou qu'elle haïssait à des bourreaux et versa le sang de guerriers irréprochables. Ces meurtres n'étaient d'aucune nécessité, puisqu'il faut examiner la nécessité des meurtres. Ils cessèrent, et pas un général républicain ne s'est depuis rendu coupable de faiblesse ou de trahison.

Le gouvernement avait le droit de surveiller, de poursuivre, de traduire devant les tribunaux ceux qui conspiraient contre la république; mais la terreur créa des tribunaux sans appel, sans formes, et assassina sans jugement soixante victimes par jour. On a prétendu que ces atrocités ne furent pas sans fruit, et que la mort ne choisissant pas, tout tremblait . Oui, tout tremblait sans doute, mais il eut suffi que tous les coupables tremblassent, et le supplice de vieillards octogénaires, de jeunes filles de quinze ans, d'accusés non interrogés, ne pouvait être nécessaire pour effrayer les conspirateurs.

Le gouvernement avait le droit d'appeler tous les citoyens à contribuer aux besoins de l'État, et la loi l'eut armé d'une sévérité inflexible pour les y forcer. Mais la terreur livra la répartition et le produit des sacrifices particuliers à des agents arbitraires et rapaces. Elle n'obtint par le crime que ce que la loi aurait assuré à la justice; et le crime l'ayant forcé d'employer des instruments infidèles et avides, le seul effet de la terreur fut de rendre les sacrifices plus désastreux aux individus et moins utiles à la république.

Le gouvernement avait le droit, dans un péril pressant, d'interdire aux citoyens d'abandonner la patrie; mais la terreur attribua ce délit aux hommes qui ne l'avaient pas commis. Elle força les citoyens à fuir, pour les punir de leur fuite, et multipliant ainsi les fausses accusations, elle prépara pour le gouvernement qui l'a remplacé un labyrinthe inextricable. Elle rendit les listes douteuses, les ruses faciles, les exceptions nécessaires, la pitié universelle; et dans cette occasion, comme dans toutes, la terreur, en dirigeant la loi contre des innocents, fournit aux vrais coupables des moyens contre la loi.

Le gouvernement avait le droit de punir les prêtres agitateurs. Mais la terreur proscrivit, assassina, voulut anéantir tous les prêtres; elle créa de nouveau une classe pour la massacrer; et tandis que la justice eut paralysé le fanatisme, la terreur, en le poursuivant, en le combattant par l'injustice et la cruauté, en a fait un objet sacré aux yeux de quelques-uns, respectable aux yeux d'un grand nombre, intéressant aux yeux de tous.

Je ne pousserai pas plus loin cet examen des effets de la terreur. J'en conclus qu'elle n'a fait que du mal et n'a produit aucun bien. A côté de la terreur a existé ce qui était nécessaire à tout gouvernement, mais ce qui aurait existé sans la terreur, et ce que la terreur a corrompu et empoisonné en s'y mêlant.

Ce qui trompe sur ses effets, c'est qu'on lui fait un mérite du dévouement des républicains. Tandis que des tyrans ravageaient leur patrie, ils persistaient à la servir et à mourir pour elle! Menacés de l'assassinat, ils n'en marchaient pas moins à la victoire.

Ce qui trompe encore, c'est qu'on admire la terreur d'avoir renversé les obstacles qu'elle-même avait créés. Mais, ce dont on l'admire, on devrait l'en accuser.

En effet, le crime nécessite le crime. La férocité du comité de salut public ayant soulevé tous les esprits, tous s'égarèrent dans ce soulèvement, et la terreur fut nécessaire pour les comprimer. Mais, avec la justice, le soulèvement n'eût pas existé, si l'on n'eût pas eu besoin, pour prévenir de grands dangers, de recourir à d'affreux remèdes.

La terreur causa la révolte de Lyon, l'insurrection départementale, la guerre de la Vendée; et pour soumettre Lyon, pour dissiper la coalition des départements, pour étouffer la Vendée, il fallut la terreur.

Mais, sans la terreur, Lyon ne se fût pas insurgé, les départements ne se seraient pas réunis, la Vendée n'eût pas proclamé Louis XVII.

Encore la concession que je viens de faire est-elle inexacte. La terreur a dévasté la Vendée; mais ce n'est qu'après la terreur que la justice l'a pacifiée.

« Un autre effet de la terreur, nous dit-on, fut de « détruire les anciennes habitudes, et de donner aux « nouvelles coutumes autant de force que l'habitude « eût pu le faire. Dix-huit mois de terreur suffirent « pour enlever au peuple des usages de plusieurs siècles, « et pour lui en donner que plusieurs siècles auraient « eu peine à établir. Sa violence en fit un peuple « neuf [1]. »

---

1. *Des causes de la Révolution*, p. 44.

Rien de plus évidemment faux. La terreur a lié des souvenirs affreux à tout ce qui tient à la république. Elle a mêlé une idée de moralité aux pratiques les plus puériles, aux formes les plus futiles de la monarchie.

C'est à la terreur qu'il faut attribuer le dépérissement de l'esprit public, le fanatisme qui se soulève contre tout principe de liberté, l'opprobre répandu sur tous les républicains, sur les hommes les plus éclairés et les plus purs. Les ennemis de la république s'emparent habilement de la réaction que la terreur a causée. C'est de la mémoire de Robespierre que l'on se sert pour insulter aux mânes de Condorcet et pour assassiner Sieyès[1]. C'est à cet horrible abus de la force qu'il faut attribuer « encore aujourd'hui la répugnance de quelques hommes « honnêtes pour tous les principes qui ne conduisent pas « au repos et au silence sous le despotisme. »

C'est la frénésie de 1794 qui fait abjurer, par des hommes faibles ou aigris, les lumières de 1789.

« Le despotisme de la terreur, ajoute-t-on, devait « préparer les voies à une constitution libre, et il n'est « pas douteux que s'il ne l'avait précédée, elle n'eût « jamais pu s'établir[2]. »

Ce régime abominable n'a point, comme on l'a dit, préparé le peuple à la liberté. Mais il l'a rendu indifférent, peut-être impropre à la liberté. Il a courbé les têtes, mais il a dégradé les esprits et flétri les cœurs.

La terreur, pendant son règne, a servi les amis de l'anarchie, et le souvenir de la terreur sert aujourd'hui les amis du despotisme.

Elle a accoutumé le peuple à entendre proférer les

---

1. La tentative d'assassinat dirigée contre Sieyès eut pour auteur un ancien moine Augustin, l'abbé Ponse. Elle eut lieu en avril 1797.   (*Note de l'éditeur.*)

2. *Des causes de la Révolution*, p. 44.

noms les plus saints, pour motiver les actes les plus exécrables. Elle a confondu toutes les notions, façonné les esprits à l'arbitraire, inspiré le mépris des formes, préparé les violences et les forfaits en tous sens. Elle a frappé de réprobation, aux yeux du vulgaire, toutes les idées qu'embrassaient autrefois avec enthousiasme les âmes généreuses, et que suivaient, par imitation, les âmes communes.

La terreur a fourni à la malveillance une arme infaillible contre tous les actes les plus justes du gouvernement. Elle a flétri d'une ressemblance trompeuse et funeste la sévérité la plus légitime. L'homme le plus coupable, lorsqu'il réclame contre l'autorité, l'accuse de terreur, et, à ce titre, il est assuré de réveiller toutes les passions, et d'armer en sa faveur tous les souvenirs.

Le mal qu'a fait la terreur deviendrait irréparable, si l'on parvenait à consacrer ce principe, qu'elle, est nécessaire *vers le milieu* de toute révolution qui a pour but la liberté.

Cette idée qui ferait rougir les Français d'une liberté acquise à ce prix découragerait les nations qui ne sont pas encore libres, et produirait un effet non moins funeste sur les peuples nouvellement affranchis. Elle leur persuaderait que, pour affermir leur liberté, il faut des crimes et des excès. Tous les scélérats que la France repousse et que les amis de la république sont les premiers à détester pourraient, avec ces raisonnements spécieux, égarer nos voisins encore novices, leur peindre nos triomphes comme le fruit des attentats dont nous fûmes victimes[1], et prêcher la terreur comme une

---

1. Parmi ces attentats l'un des plus hideux fut le massacre de septembre. Ce massacre a été de notre temps l'objet de recherches consciencieuses, et contrairement à l'opinion émise par MM. Thiers, Mignet, Lamartine, Michelet et Louis Blanc, qui voyaient dans ce

crise, compagne inévitable, et *renfort nécessaire* de toute révolution.

Il est doux de venger la liberté de cette imputation injuste et flétrissante. La terreur n'a été ni une suite nécessaire de la liberté, ni un *renfort* nécessaire à la révolution. Elle a été une suite de la perfidie des ennemis intérieurs, de la coalition des ennemis étrangers, de l'ambition de quelques scélérats, de l'égarement de beaucoup d'insensés. Elle a dévoré et les ennemis dont l'imprudence l'avait fait naitre, et les instruments dont la frénésie la servait, et les chefs qui prétendaient la diriger. Les républicains [1] jamais ne furent que ses vic-

---

premier acte du drame de la terreur le résultat d'une explosion populaire produite à Paris, le 2 septembre 1792, par la nouvelle de l'entrée des Prussiens à Verdun, M. Granier de Cassagnac a prouvé que ce grand crime n'a point été l'effet du hasard, mais que le gouvernement de fait issu de la révolution du 10 août l'a organisé, réglé, exécuté et payé par voie administrative. Les pièces citées ne laissent aucun doute à cet égard. A ces pièces sont jointes pour la première fois les liste complètes des victimes : elles donnent les chiffres suivants :

L'Abbaye	216
Les Carmes	116
Saint-Firmin	76
La Conciergerie	378
Le Châtelet	223
Bicêtre	170
La Salpêtrière	35
Les Bernardins	73
L'Hôtel de la Force	171
Les prisonniers d'Orléans	53
Les prisonniers de Versailles	21
Soit	1,532

1,532 personnes égorgées du 2 au 17 septembre.

Voir : *Histoire des Girondins et des massacres de septembre, d'après des documents officiels et inédits,* par M. Granier de Cassagnac. Paris, 1860, 2 vol. in-8.

(*Note de l'éditeur.*)

1. Pour Benjamin Constant, les vrais, les seuls républicains, sont toujours les Girondins.   (*Note de M. Laboulaye.*)

times. Ils la combattirent au moment où ils la virent
s'élever. Ils appelèrent à leur secours tous ceux que des
motifs pressants, l'intérêt de leur repos, de leur fortune,
de leur vie, auraient dû engager à se réunir à eux.
D'absurdes ressentiments, un timide égoïsme, un désir
stupide d'être vengé de ses vainqueurs, même par ses
assassins, empêchèrent cette réunion. Les républicains
furent abandonnés; ils succombèrent. Mais leur chute
fait leur apologie; leur mort répond à ces vils calom-
niateurs, ou à ces hommes aigris, qui représentent les
premiers ennemis de Robespierre comme ses complices,
les martyrs de l'ordre social comme ses destructeurs.
Relisez ces discours, où vainement ils vous invoquaient
à l'appui des lois. Retracez-vous cette lutte inégale et
courageuse, qu'ils soutinrent longtemps, seuls, sans
défense, au milieu de vous, spectateurs alors immobiles,
aujourd'hui leurs accusateurs.

La terreur commença par leur défaite, et s'affermit
sur leurs tombeaux. Vous cherchez vainement à en reculer l'époque. Des désordres particuliers, des calamités
affreuses, mais momentanées, mais illégales, ne consti-
tuent point la terreur. Elle n'existe que lorsque le crime
est le système du gouvernement, et non lorsqu'il en est
l'ennemi; lorsque le gouvernement l'ordonne, et non
lorsqu'il le combat; lorsqu'il organise la fureur des scélérats, non lorsqu'il invoque le secours des hommes de
bien.

La terreur s'établit en France, après la chute des premiers républicains, après la fuite, l'emprisonnement et
la proscription de leurs amis.

Il ne faut donc pas confondre la république avec la
terreur, les républicains avec leurs bourreaux. Il ne
faut pas surtout faire l'apologie du crime et la satire de
la vertu. Puisqu'enfin vous voulez adopter la république,

il ne faut pas déshonorer ceux qui l'ont fondée, ni proscrire ceux qui la défendent.

Vous citez la république de Rome. Mais vous vous trompez sur les faits. La *monarchie* romaine fut fondée par des brigands, et la monarchie romaine ne subjugua pas le quart de l'Italie. La *république* romaine fut fondée par les plus austères et les plus vertueux des hommes[1]; et certes après l'expulsion des Tarquins, il n'y avait pas, je le pense, un citoyen dans Rome qui osât flétrir la mémoire de Junius Brutus[2].

Vous tous, anciens amis de la liberté, indécis aujourd'hui, retenus par des considérations, des engagements,

1. Parvenu à l'époque de l'expulsion des Tarquins, Tite-Live observe que c'est une grande marque de la protection des dieux, et un grand bonheur pour Rome, qu'elle ne fût pas constituée en république au moment de sa fondation, mais seulement deux cent quarante ans après, lorsque les premiers habitants, qui n'étaient que des brigands indisciplinés et incapables de liberté, eurent fait place à une génération plus policée dans ses mœurs, plus élevée dans ses sentiments, et plus morale dans ses principes.

2. Il y a dans les institutions politiques une partie qui, si l'on me permet une expression très-inexacte sous beaucoup de rapports, mais qui fera sentir mon idée, tient, pour ainsi dire, *du dogme*, et qu'il est nécessaire, pour l'affermissement de ces institutions, de présenter au peuple comme un objet de respect. Les événements et les hommes auxquels une institution doit son origine sont dans ce cas. L'odieux qu'on verse sur eux retombe inévitablement sur l'institution. Il se peut que, lorsque le temps aura séparé les haines des faits, le ressentiment des souvenirs, et les choses des individus, l'opprobre des uns ne retombe pas sur les autres. Alors, insulter à la mémoire des républicains ne sera plus qu'une injustice. Mais aujourd'hui, dans une révolution dont nous sommes contemporains, déshonorer les chefs de cette révolution, c'est déshonorer la révolution même. Apprécier la république, en détestant ses fondateurs, est une opération beaucoup trop abstraite pour les hommes ordinaires. Il faut au moins que cette république ait pour elle l'habitude et les intérêts individuels qui se groupent autour des gouvernements qui existent, avant qu'elle puisse se soutenir seule, et résister aux préventions qu'on veut inspirer contre ses auteurs. Il est impossible que le peuple ne retourne pas d'impulsion vers la royauté, si on lui représente la république comme établie par des

des souvenirs ou des craintes, vous voyez mal votre situation. Vous mettez une sorte d'orgueil à vous aveugler. Vous vous déguisez l'impulsion rétrograde que vous avez favorisée et qui déjà vous menace. Vous vous flattez de la modérer en la favorisant encore. Vous croyez désarmer l'aristocratie par des éloges, tandis que les républicains ne vous demandent que la justice. Vous caressez des hommes qui, malgré leur besoin de vous, vous prodiguent le reproche et vous annoncent l'insulte, et vous en repoussez qui vous ont montré de la défiance, mais que vous pourriez rassurer.

Les aristocrates diffèrent de vous par les principes ; ils ne sont réunis à vous que par des haines individuelles ; ils vous aident à détruire ce que vous voulez détruire ; mais ce que vous voudrez conserver, ils le détruiront.

Les républicains sont séparés de vous par ces haines individuelles qui rapprochent de vous les aristocrates ; mais si vos intentions sont telles que vous le dites (et qui n'aimerait à le croire ?), les républicains sont unis à vous d'intérêts et de principes. Ils veulent vous empêcher de détruire ; ils vous aideront à conserver.

Vous êtes aux yeux des aristocrates des hommes criminels. Aux yeux des républicains, vous n'êtes que des hommes douteux. Les aristocrates pourront tout au plus agréer vos services, sans oublier vos torts ; rien ne vous lavera d'avoir commencé cette révolution qu'ils abhorrent ; vous ne réparerez jamais qu'une petite partie des maux qu'ils vous attribuent ; et en rendant inutile

---

brigands et consolidée par des crimes ; je ne connais pas de moyen plus sûr de contre-révolution que de déchirer Condorcet et Vergniaud, de peindre le 10 août comme un attentat, et de représenter ensuite le 31 mai, et les horreurs qui le suivirent, comme un résultat nécessaire du renversement de la monarchie.

ce que vous avez fait pour la liberté, vous n'effacerez point ce qu'ils vous accusent d'avoir fait pour l'anarchie.

Rassurés sur vos intentions, les républicains vous recevront avec reconnaissance, comme d'utiles et honorables alliés. Tout ce que vous avez fait pour la liberté est un mérite à leurs yeux.

Les aristocrates vous reprochent des actions. Ces actions, vous ne pouvez ni les nier, ni les effacer. Vos intentions seules sont suspectes aux républicains, et vous pouvez facilement prouver que vous n'en eûtes jamais de blâmables, ou que vous les avez abjurées.

Entre les aristocrates et vous, vous avez besoin de pardon. Entre les républicains et vous, il n'est besoin que de confiance.

Et ne dites pas que la confiance est difficile à établir, que les républicains sont défiants, exclusifs, intraitables; la vérité est toute-puissante, et j'en appelle à vous-mêmes : ne sentez-vous pas ce que vous n'avez pas fait, et ce que vous pouvez faire pour la mériter ?

Mais, il ne faut pas vous le déguiser : ce n'est pas en protestant de votre attachement pour les institutions, et de votre haine pour les hommes : ce n'est pas en protégeant tout ce qui menace la république, en vous servant contre la liberté des armes que la liberté vous donne : ce n'est pas en applaudissant à des écrivains audacieusement ou insidieusement contre-révolutionnaires : ce n'est pas en encourageant toutes les calomnies que l'on verse sur des hommes qui, pendant deux ans, ont gémi sous la tyrannie, qui l'ont combattue, qui l'ont renversée, et qui depuis sa chute ont, de toute leur puissance, servi la liberté : ce n'est pas ainsi que vous prouverez votre franchise. On n'aime pas les institutions dont on persécute ou dont on insulte les auteurs.

30.

Honorez avec nous les fondateurs de la république[1] ;
ne profanez point les tombeaux de ceux que les tyrans
immolèrent ; rendez justice à ceux qui ont échappé aux
fureurs des décemvirs, à ceux qui renversèrent leur affreux empire, à ceux qui, au milieu des orages, vous
donnèrent une constitution cent fois plus sage que celle
de 1791[2], conçue et rédigée dans le calme ; à ceux qui,
trouvant les étrangers à trente lieues de Paris, ont conclu la paix à trente lieues de Vienne.

**

Les erreurs des hommes qui exercent l'autorité, n'importe à quel titre, ne sauraient être innocentes comme

---

1. Dira-t-on que la république fut proposée par Collot-d'Herbois ? C'est une misérable chicane. Ceux que l'on comprend sous le
nom de fondateurs de la république sont les hommes qui, les premiers, disséminèrent en France les idées républicaines, qui, en
1791, avouèrent hautement leur attachement à cette forme d'institution, qui, pendant tout le cours de l'assemblée législative, s'é-
levèrent contre la perfide inertie de la cour, et renversèrent la
constitution monarchique pour sauver la liberté. Il est aussi absurde
de regarder les sicaires de Collot-d'Herbois et de Robespierre
comme les fondateurs de la république, qu'il le serait d'attribuer
l'insurrection du 14 juillet 1789 aux hommes qui massacrèrent
Flesselles et de Launay. Les pillards qui suivent une armée victorieuse n'en composent pas l'état-major ; et si, par hasard, ils par-
venaient à en assassiner les généraux, pour se livrer ensuite aux
plus horribles excès, on pourrait bien dire qu'ils se sont emparés
de la victoire pour la déshonorer, mais non pas qu'ils l'ont rem-
portée. C'est aux noms des Vergniaud, des Condorcet, qu'il faut
rattacher l'établissement de la république ; et mépris éternel à qui
ne respecte pas ces noms chers aux lumières, illustres par le courage, et sacrés par le malheur.

2. La Constitution de l'an III.

celles des individus. La force est toujours derrière ces
erreurs, prête à leur consacrer ses moyens terribles.

Les partisans de la liberté antique devinrent furieux
de ce que les modernes ne voulaient pas être libres, suivant leur méthode. Ils redoublèrent de vexations, le
peuple redoubla de résistance, et les crimes succédèrent
aux erreurs.

« Pour la tyrannie, dit Machiavel, il faut tout changer. » On peut dire aussi que pour tout changer il faut
la tyrannie. Nos législateurs le sentirent, et ils procla-
mèrent que le despotisme était indispensable pour fonder la liberté.

Il y a des axiomes qui paraissent clairs, parce qu'ils
sont courts. Les hommes rusés les jettent, comme pâture,
à la foule; les sots s'en emparent, parce qu'ils leur épar-
gnent la peine de réfléchir, et ils les répètent pour se
donner l'air de les comprendre. Des propositions dont
l'absurdité nous étonne, quand elles sont analysées, se
glissent ainsi dans mille têtes, sont redites par mille
bouches, et l'on est réduit sans cesse à démontrer l'évidence.

De ce nombre est l'axiome que nous venons de citer :
il a fait retentir dix ans les tribunes françaises : que si-
gnifie-t-il néanmoins ? La liberté n'est d'un prix inesti-
mable que parce qu'elle donne à notre esprit de la justesse, à notre caractère de la force, à notre âme de
l'élévation. Mais ces bienfaits ne tiennent-ils pas à ce
que la liberté existe ? Si, pour l'introduire, vous avez
recours au despotisme, qu'établissez-vous ? de vaines
formes. Le fonds vous échappera toujours.

Que faut-il dire à une nation pour qu'elle se pénètre
des avantages de la liberté ? Vous étiez opprimés par
une minorité privilégiée; le grand nombre était immolé
à l'ambition de quelques-uns; des lois inégales ap-

puyaient le fort contre le faible ; vous n'aviez que des jouissances précaires, qu'à chaque instant l'arbitraire menaçait de vous enlever ; vous ne contribuiez ni à la confection de vos lois, ni à l'élection de vos magistrats ; tous ces abus vont disparaître, tous vos droits vous seront rendus.

Mais ceux qui prétendent fonder la liberté par le despotisme, que peuvent-ils dire ? Aucun privilége ne pèsera sur les citoyens, mais tous les jours les hommes suspects seront frappés sans être entendus ; la vertu sera la première ou la seule distinction, mais les plus persécuteurs et les plus violents se créeront un patriciat de tyrannie maintenu par la terreur ; les lois protégeront les propriétés, mais l'expropriation sera le partage des individus ou des classes soupçonnées ; le peuple élira ses magistrats, mais, s'il ne les élit dans le sens prescrit d'avance, ses choix seront déclarés nuls ; les opinions seront libres, mais toute opinion contraire, non-seulement au système général, mais aux moindres mesures de circonstance, sera punie comme un attentat.

Tel fut le langage, telle fut la pratique des réformateurs de la France, durant de longues années.

Ils remportèrent des victoires apparentes, mais ces victoires étaient contraires à l'esprit de l'institution qu'ils voulaient établir ; et comme elles ne persuadaient point les vaincus, elles ne rassuraient point les vainqueurs. Pour former les hommes à la liberté, on les entourait de l'effroi des supplices ; on rappelait avec exagération les tentatives qu'une autorité détruite s'était permises contre la pensée, et l'asservissement de la pensée était le caractère distinctif de la nouvelle autorité ; on déclamait contre les gouvernements tyranniques, et l'on organisait le plus tyrannique des gouvernements

On ajournait la liberté, disait-on, jusqu'à ce que les factions se fussent calmées, mais les factions ne se calment que lorsque la liberté n'est plus ajournée. Les mesures violentes, adoptées comme dictature en attendant l'esprit public, l'empêchent de naître; on s'agite dans un cercle vicieux; on marque une époque qu'on est certain de ne pas atteindre, car les moyens choisis pour l'atteindre ne lui permettent pas d'arriver. La force rend de plus en plus la force nécessaire; la colère s'accroît par la colère; les lois se forgent comme des armes; les codes deviennent des déclarations de guerre; et les amis aveugles de la liberté, qui ont cru l'imposer par le despotisme, soulèvent contre eux toutes les âmes libres, et n'ont pour appuis que les plus vils flatteurs du pouvoir.

Au premier rang des ennemis que nos démagogues avaient à combattre, se trouvaient les classes qui avaient profité de l'organisation sociale abattue, et dont les priviléges, abusifs peut-être, avaient été pourtant des moyens de loisir, de perfectionnement et de lumières. Une grande indépendance de fortune est une garantie contre plusieurs genres de bassesses et de vices. La certitude de se voir respecté est un préservatif contre cette vanité inquiète et ombrageuse qui partout aperçoit l'insulte ou suppose le dédain; passion implacable, qui se venge par le mal qu'elle fait de la douleur qu'elle éprouve. L'usage des formes douces et l'habitude des nuances ingénieuses donnent à l'âme une susceptibilité délicate, à l'esprit une rapide flexibilité.

Il fallait profiter de ces qualités précieuses; il fallait entourer l'esprit chevaleresque de barrières qu'il ne pût franchir, mais lui laisser un noble élan dans la carrière que la nature rend commune à tous. Les Grecs épargnaient les captifs qui récitaient des vers d'Euripide. La moindre lumière, le moindre germe de la pensée, le moindre sentiment doux, la moindre forme élégante doivent être soigneusement protégés. Ce sont autant d'éléments indispensables au bonheur social; il faut les sauver de l'orage : il le faut, et pour l'intérêt de la justice, et pour celui de la liberté; car toutes ces choses aboutissent à la liberté, par des routes plus ou moins directes. .

- Nos réformateurs fanatiques confondirent les époques, pour rallumer et entretenir les haines. Comme on était remonté aux Francs et aux Goths pour consacrer des distinctions oppressives, ils remontèrent aux Francs et aux Goths pour trouver des prétextes d'oppression en sens inverse. La vanité avait cherché des titres d'honneur dans les archives et dans les chroniques; une vanité plus âpre et plus vindicative puisa dans les chroniques et dans les archives des actes d'accusation. On ne voulut ni tenir compte des temps, ni distinguer les nuances, ni rassurer les appréhensions, ni pardonner aux prétentions passagères, ni laisser de vains murmures s'éteindre, de puériles menaces s'évaporer; on enregistra les engagements de l'amour-propre; on ajouta aux distinctions qu'on voulait abolir une distinction nouvelle, la persécution; et en accompagnant leur abolition de rigueurs injustes, on leur ménagea l'espoir assuré de ressusciter avec la justice.

Dans toutes les luttes violentes, les intérêts accourent sur les pas des opinions exaltées, comme les oiseaux de proie suivent les armées prêtes à combattre. La haine, la vengeance, la cupidité, l'ingratitude, parodièrent effrontément les plus nobles exemples, parce qu'on en avait recommandé maladroitement l'imitation. L'ami perfide, le débiteur infidèle, le délateur obscur, le juge prévaricateur, trouvèrent leur apologie écrite d'avance

dans la langue convenue. Le patriotisme devint l'excuse
banale préparée pour tous les délits. Les grands sacrifices, les actes de dévoûment, les victoires remportées
sur les penchants naturels par le républicanisme austère
de l'antiquité, servirent de prétexte au déchaînement
effréné des passions égoïstes. Parce que, jadis, des pères
inexorables, mais justes, avaient condamné leurs fils
coupables, leurs modernes copistes livrèrent aux bourreaux leurs ennemis innocents. La vie la plus obscure,
l'existence la plus immobile, le nom le plus ignoré, furent d'impuissantes sauvegardes. L'inaction parut un
crime, les affections domestiques un oubli de la patrie,
le bonheur un désir suspect. La foule, corrompue à la
fois par le péril et par l'exemple, répétait en tremblant
le symbole commandé, et s'épouvantait du bruit de sa
propre voix. Chacun faisait nombre et s'effrayait du
nombre qu'il contribuait à augmenter. Ainsi se répan-
dit sur la France cet inexplicable vertige qu'on a nommé
le règne de la terreur. Qui peut être surpris de ce que
le peuple s'est détourné du but vers lequel on voulait le
conduire par une semblable route[1].

1. Soixante ans ont passé sur cet arrêt; le temps n'a fait qu'en
confirmer la justice. En dépit des historiens et des sophistes, la
France a gardé une horreur instinctive pour la terreur, et cette
horreur s'étend jusqu'au nom même de république. On l'a vu en
1848; il a suffi de ce triste souvenir, et de quelques imitations
plus puériles que coupables, pour que la république, reçue avec
défiance, fût abandonnée sans regret. Éternelle leçon de l'histoire!
Tel est l'effet de la violence. Son succès, qui dure peu, déprave et
effraye pour longtemps les peuples qu'elle a momentanément asservis. Pour dissiper le trouble que laisse après soi le triomphe de
l'injustice, il faut une renaissance morale; il faut qu'une critique,
étrangère à toutes les passions, supérieure à tous les partis, fasse
la part du bien et du mal dans le passé; il faut que l'opinion, enfin éclairée, flétrisse le crime et relève la vertu. Qu'elle vienne
donc, cette critique vengeresse qu'inaugurait Benjamin Constant?
Depuis trente ans, au lieu de nous présenter la liberté comme une
vierge sainte, sœur de la justice et de la religion, on veut nous faire

Non-seulement les extrêmes se touchent, mais ils se suivent. Une exagération produit toujours l'exagération contraire. Lorsque de certaines idées se sont associées à de certains mots, l'on a beau démontrer que cette association est abusive, ces mots reproduits rappellent long-temps les mêmes idées. C'est au nom de la liberté qu'on nous a donné des prisons, des échafauds, des vexations innombrables : ce nom, signal de mille mesures odieuses et tyranniques, a dû réveiller la haine et l'effroi.

adorer je ne sais quelle courtisane, armée d'une pique, coiffée du bonnet rouge, et qui n'a pour autels que des cadavres et des ruines. Si nous voulons que la France revienne au culte de la vraie liberté, il faut briser ce masque qui, sous un nom sacré, cachait en 1793 le triple despotisme de la cruauté, de la peur et de l'envie.

(Note de M. Laboulaye.)

II

DES RÉACTIONS POLITIQUES.

I

Pour que les institutions d'un peuple soient stables, elles doivent être au niveau de ses idées. Alors il n'y a jamais de révolutions proprement dites. Il peut y avoir des chocs, des renversements individuels, des hommes détrônés par d'autres hommes, des partis terrassés par d'autres partis; mais tant que les idées et les institutions sont de niveau, les institutions subsistent.

Lorsque l'accord entre les institutions et les idées se trouve détruit, les révolutions sont inévitables. Elles tendent à rétablir cet accord. Ce n'est pas toujours le but des révolutionnaires, mais c'est toujours la tendance des révolutions.

Lorsqu'une révolution remplit cet objet du premier coup, et s'arrête à ce terme, sans aller au-delà, elle ne produit point de réaction, parce qu'elle n'est qu'un passage, et que le moment de l'arrivée est aussi celui du repos. Ainsi, les révolutions de Suisse, de Hollande, d'Amérique, n'ont été suivies d'aucune réaction.

Mais, lorsqu'une révolution dépasse ce terme, c'est-à-dire lorsqu'elle établit des institutions qui sont par delà les idées régnantes, ou qu'elle en détruit qui leur sont conformes, elle produit inévitablement des réactions, parce que le niveau n'existant plus, les institutions ne se soutiennent que par une succession d'efforts, et que du moment où ces efforts cessent, tout se relâche et rétrograde.

La révolution d'Angleterre, qui avait été faite contre le papisme, ayant dépassé ce terme, en abolissant la royauté, une réaction violente eut lieu, et il fallut, vingt-huit ans après, une révolution nouvelle pour empêcher le papisme d'être rétabli. La révolution de France, qui a été faite contre les priviléges, ayant de même dépassé son terme, en attaquant la propriété, une réaction terrible se fait sentir, et il faudra, non pas, j'espère, une révolution nouvelle, mais de grandes précautions et un soin extrême pour s'opposer à la renaissance des priviléges.

Lorsqu'une révolution, portée ainsi hors de ses bornes, s'arrête, on la remet d'abord dans ses bornes. Mais on ne se contente pas de l'y replacer. L'on recule d'autant plus que l'on avait trop avancé. La modération finit, et les réactions commencent.

Il y a deux sortes de réactions : celles qui s'exercent sur les hommes, et celles qui ont pour objet les idées.

Je n'appelle pas réaction la juste punition des coupables, ni le retour aux idées saines ; ces choses appartiennent l'une à la loi, l'autre à la raison. Ce qui, au contraire, distingue essentiellement les réactions, c'est l'arbitraire à la place de la loi, la passion à la place du raisonnement : au lieu de juger les hommes, on les proscrit ; au lieu d'examiner les idées, on les rejette.

Les réactions contre les hommes perpétuent les révolutions ; car elles perpétuent l'oppression, qui en est le germe. Les réactions contre les idées rendent les révolutions infructueuses, car elles rappellent les abus. Les premières dévastent la génération qui les éprouve, les secondes pèsent sur toutes les générations. Les premières frappent de mort les individus, les secondes frappent de stupeur l'espèce entière.

Pour empêcher la succession des malheurs, il faut comprimer les unes ; pour retirer, s'il est possible, quelque fruit des malheurs qu'on n'a pu prévenir, il faut amortir les autres.

Les réactions contre les hommes, effets de l'action précédente, sont des causes de réactions futures. Le parti qui fut opprimé opprime à son tour ; celui qui se voit illégalement victime de la fureur qu'il a méritée s'efforce de ressaisir le pouvoir ; et lorsque son triomphe arrive, il a deux raisons d'excès au lieu d'une : sa disposition naturelle, qui lui fit commettre ses premiers crimes, et son ressentiment des crimes qui furent la suite et le châtiment des siens.

De la sorte, les causes de malheur s'entassent, tous les freins se brisent, tous les partis deviennent également coupables, toutes les bornes sont franchies ; les forfaits sont punis par des forfaits ; le sentiment de l'innocence, ce sentiment qui fait du passé le garant de l'avenir, n'existe plus nulle part, et toute une génération pervertie par l'arbitraire est poussée loin des lois par tous les motifs : par la crainte et par la vengeance, par la fureur et par le remords.

La vengeance est étrangement aveugle[1] ; elle pardonne

---

1. Si l'on se rappelle la réaction qui suivit le 1er prairial an III, on ne trouvera que trop de faits qui viennent à l'appui des réflexions qu'on va lire.

aux hommes mêmes dont les forfaits l'ont soulevée, pourvu qu'ils la dirigent contre les instruments de leurs crimes. Ces hommes se mettent à la tête des réactions que leurs propres attentats ont provoquées, et ils les rendent plus épouvantables.

Les hommes sensibles ne sauraient être féroces; le regret adoucit la fureur : il y a dans le souvenir de ce qu'on aima une sorte de mélancolie qui s'étend sur toutes les impressions.

Mais ces hommes atroces et lâches, avides d'acheter par le sang le pardon du sang qu'ils ont répandu, ne mettent point de bornes à leurs excès. Leur motif n'est pas la douleur, mais la crainte; leur barbarie n'est point entraînement, mais calcul ; ils ne massacrent point parce qu'ils souffrent, mais parce qu'ils tremblent, et comme leurs terreurs sont sans terme, leurs crimes n'en sauraient avoir.

Si cette multitude passionnée qui, en France, a coopéré aux réactions, eût pu s'arrêter un instant pour contempler ses chefs, elle aurait frémi. Elle aurait vu qu'elle suivait, contre des instruments exécrables, des meneurs plus exécrables encore. Ces guides l'entraînaient vers la férocité, pour se dérober à la justice. Dans l'espoir de faire oublier leur complicité, ils excitaient à l'assassinat de leurs complices. Il rendaient la vengeance nationale illégale et atroce, pour marcher devant elle et pour lui échapper.

Ces exemples doivent inspirer une horreur profonde pour toutes les réactions de ce genre. Elles atteignent quelques criminels, mais elles éternisent le règne du crime; elles assurent l'impunité aux plus dépravés des coupables, à ceux qui sont prêts toujours à le devenir dans tous les sens.

Les réactions contre les idées sont moins sanglantes,

mais non moins funestes. Par elles les maux individuels deviennent sans fruit, et les calamités générales sans compensation. Après que de 'grands malheurs ont renversé de nombreux préjugés, elles ramènent ces préjugés sans réparer ces malheurs, et rétablissent les abus sans relever les ruines; elles rendent à l'homme ses fers, mais des fers ensanglantés.

II

Les devoirs du gouvernement sont très-différents dans ces deux espèces de réactions.

Contre celles qui ont pour objet les hommes, il n'y a qu'un moyen : c'est la justice. Il faut qu'il s'empare des réactions pour ne pas être entraîné par elles. La succession des forfaits peut devenir éternelle, si l'on ne se hâte d'en arrêter le cours.

Mais en remplissant ce devoir, le gouvernement doit se garder d'un écueil dangereux : c'est le mépris des formes et l'appel des opprimés contre les oppresseurs. Il doit contenir les premiers en même temps qu'il les venge.

Un gouvernement faible fait tout le contraire ; il craint de sévir, et souffre qu'on massacre. Par une déplorable timidité, tout en désirant que les scélérats périssent, il veut que le danger de la sévérité ne tombe pas sur lui. Dans l'aveuglement qui accompagne la crainte, l'exagération de son impuissance lui paraît un moyen de sûreté. Il dit à qui lui demande une juste vengeance : Nous ne pouvons punir des forfaits que nous détestons ; c'est dire :

Vengez-vous. Il dit à qui réclame contre des cruautés illégales : Nous ne pouvons vous dérober à une fureur dont nous gémissons ; c'est dire : Défendez-vous. C'est ordonner la guerre civile ; c'est forcer l'innocence au crime, le crime à la résistance, tous les citoyens au meurtre; c'est proclamer l'empire de la violence, et se rendre responsable de tous les délits qui se commettent. Malheur au gouvernement qui, restant neutre entre les attentats anciens et les attentats nouveaux, ne se sert de son pouvoir que pour se maintenir dans cette neutralité honteuse, et tandis qu'il devrait régir, ne songe qu'à exister !

Il se trompe même dans cette lâche espérance. C'est à tort qu'il croit se faire un parti, en accordant l'impunité à ceux auxquels il refuse la justice. Ces hommes s'irritent de ce qu'il les force à devoir au crime ce que les lois leur avaient promis. Souffrir l'illégalité, tolérer l'arbitraire, n'assure pas même la reconnaissance de qui profite de cette faiblesse.

Le gouvernement réunit ainsi contre lui toutes les haines : celle du coupable qu'il abandonne à un châtiment illégitime : celle de l'innocent, qu'il rend coupable. Il perd le mérite de la sévérité sans en éviter l'odieux.

Lorsque la justice est remplacée par un mouvement populaire, les plus exagérés, les moins scrupuleux, les plus féroces, se mettent à la tête de ce mouvement. Des hommes de sang s'emparent de l'indignation qui s'élève contre les hommes de sang, et après avoir agi contre les individus au mépris des lois, ils tournent leurs armes contre les lois mêmes.

Impassible, mais fort, le gouvernement doit tout faire par sa propre force, n'appeler à son secours aucune force étrangère, tenir dans l'immobilité le parti qu'il secourt, comme le parti qu'il frappe, et sévir également contre l'homme qui veut devancer la vengeance de la loi et contre celui qui l'a méritée.

Mais il faut pour cela qu'il renonce aux flatteries enivrantes. L'impassibilité n'excite pas l'enthousiasme. On ne viendra pas le féliciter comme lorsqu'il manque à ses devoirs. Les passions déchaînées ne porteront pas à ses pieds l'hommage tumultueux d'une reconnaissance effrénée. Tout le monde criait : gloire à la Convention, lorsque, cédant à l'entraînement de la réaction, elle laissait remplacer les maux qu'elle avait faits par des maux qu'elle aurait dû prévenir. Personne ne criera : gloire au Directoire, si, en châtiant les crimes passés, il n'en tolère point en sens inverse.

C'est par une erreur dont la révolution est la cause que le gouvernement s'est persuadé qu'il devait avoir un parti pour lui. Toutes les factions cherchent à accréditer cette erreur. Chacune d'elles aspire à devenir centre, et prétend faire signe au gouvernement de l'entourer.

Cette prétention leur suggère les raisonnements les plus bizarres. Comme elles sentent bien que la majorité dont elles se vantent ne peut jamais être qu'ondoyante et passagère, elles se gardent de distinguer cette majorité d'un jour de la majorité durable. Il faudrait, pour les satisfaire, que le gouvernement fût toujours en observation pour découvrir, et toujours en marche pour rattraper cette majorité fugitive. « Le gouvernement ne « doit s'arrêter, disent-elles, que lorsqu'il est au centre « de ses vrais intérêts ; lorsqu'il n'y est pas, il doit s'y « replacer, et seulement alors il se fixe, parce que là « seulement convergent tous les rayons de la circonfé- « rence. »

Cette métaphysique figurée, qui réunit à l'obscurité de l'abstraction le vague de la métaphore, sert admirablement à confondre toutes les idées, et à remplacer des notions précises par d'indéfinissables images.

Qui ne croirait, d'après ces principes, que le centre des intérêts du gouvernement est un point tellement marqué, tellement évident, tellement perceptible à tous les yeux, qu'au moment où le gouvernement s'y placera, il s'élèvera un cri unanime d'assentiment et d'approbation? Et qui ne voit au contraire que, surtout à la fin d'une révolution, tous les intérêts ayant été froissés, les anciens intérêts subsistant encore, les intérêts nouveaux forts de leur jeunesse, chacun voudra faire de son intérêt le centre du gouvernement; et que celui-ci, ballotté par tous ces intérêts successifs et opposés, n'acquerra ni stabilité, ni dignité, ni confiance?

Il faut qu'immobile il laisse s'agiter, se briser à ses pieds, tous les intérêts particuliers, tous les intérêts de classe, que son immobilité les force à l'entourer, à s'arranger, chacun de la manière la plus tolérable, et à concourir, quelquefois malgré eux, au rétablissement du calme et à l'organisation du nouveau pacte social. Lorsqu'on veut rallier autour d'un étendard une armée dispersée, porte-t-on cet étendard çà et là dans la plaine, le présentant à chaque fuyard, le plantant au milieu de chaque groupe, l'en arrachant aussitôt pour le faire flotter ailleurs? Ne le place-t-on pas plutôt sur quelque éminence, vers laquelle tous les yeux se tournent, tous les pas se dirigent, de sorte que la multitude, voyant enfin le point fixe, soit, pour ainsi dire, volontairement entraînée à se rassembler autour?

Il faut que ce qui est passionné, personnel et transitoire, se rattache et se soumette à ce qui est abstrait, impassible et immuable. Il faut que le gouvernement repousse cette réminiscence révolutionnaire qui lui fait

rechercher une autre approbation que celle de la loi. Il
doit trouver son éloge là où sont écrits ses devoirs, dans
la constitution qui est toujours la même, et non dans
les applaudissements passagers des opinions versatiles.

III

Si, dans les réactions contre les hommes, le gouvernement a surtout besoin de fermeté, dans les réactions
contre les idées, il a besoin surtout de réserve. Dans les
unes, il faut qu'il agisse; dans les autres, qu'il main-
tienne. Dans les premières, il importe qu'il fasse tout ce
que la loi ordonne; dans les secondes, qu'il ne fasse
rien de ce que la loi ne commande pas.

Les réactions contre les idées portent sur des institutions ou sur des opinions. Or, les institutions ne demandent que du temps, les opinions que de la liberté.

Entre les individus et les individus, le gouvernement
doit mettre une force répressive; entre les individus et
les institutions, une force conservatrice; entre les individus et les opinions, il n'en doit mettre aucune.

Lorsque vous avez établi une institution, ne vous irritez pas de ce qu'on la désapprouve. Ne cherchez pas à
empêcher qu'on ne déclame contre elle : n'exigez la soumission que d'après les formes et devant la loi. Ignorez
l'opposition ; supposez l'obéissance ; maintenez l'institution : avec la loi, les formes et le temps, l'institution
triomphera.

Lorsque vous avez, je ne dirai pas établi une opinion,

Dieu vous préserve d'en établir, mais renversé la puissance de quelque opinion qui fut jadis un dogme, ne vous effrayez pas de ce qu'on la regrette; ne prohibez pas l'expression de ces regrets; n'allez pas lui décerner les honneurs de l'intolérance : feignez d'ignorer son existence même; opposez à son importance votre oubli; laissez à qui le voudra le soin de la combattre; il se présentera des combattants, n'en doutez pas, lorsque l'odieux du pouvoir ne rejaillira plus sur la cause. Ne comprimez que les actions, et bientôt l'opinion, examinée, appréciée, jugée, subira le sort de toutes les opinions que la persécution n'anoblit pas, et descendra pour jamais de sa dignité de dogme.

La justice prescrit au gouvernement cette conduite; la prudence encore la lui prescrit.

Les réactions contre les hommes n'ont qu'un but : la vengeance, et qu'un moyen : la violation de la loi; le gouvernement n'a donc à prévenir que des délits précisés d'avance. Mais les réactions contre les idées sont variées à l'infini, et les moyens sont plus variés encore. Si le gouvernement veut être actif, au lieu d'être simplement préservateur, il se condamne à un travail sans fin ; il faut qu'il agisse contre des nuances : il se dégrade par tant de mouvements pour des objets presque imperceptibles. Ses efforts, renouvelés sans cesse, paraissent puérils : vacillant dans son système, il est arbitraire dans ses actes : il devient injuste, parce qu'il est incertain; il est trompé, parce qu'il est injuste.

IV

Rien ne mérite moins de confiance que ce que l'on nomme faussement les gages donnés à une opinion, quand ces gages consistent dans le sacrifice, offert à cette opinion, des principes de la justice et de la morale. A toutes les époques décisives de la révolution, l'on a cru faire merveille en confiant la garde du gouvernement qu'on établissait aux hommes qui, dans leur zèle envers ce gouvernement, avaient commis pour le servir des actes violents, criminels, sanguinaires. Qu'est-il arrivé? Qu'aussitôt que le danger s'est manifesté, ces hommes ont songé bien moins à conserver le dépôt remis entre leurs mains, qu'à faire oublier, par des actes en sens inverse, leurs crimes passés. Que l'on nous permette une expression triviale : on a dit souvent que les défenseurs d'un régime quelconque étaient ceux qui seraient pendus si le régime était détruit. Consultez les faits, vous verrez que la peur d'être pendus devient l'idée fixe de ces hommes; au lieu de demeurer fidèles au régime qui les sauverait, ils mendient le pardon du régime qui les menace; ils achètent leur grâce par la perfidie ; ils expient leur férocité par la trahison.

La conscience, la morale, l'équité : voilà les seules garanties que les hommes puissent donner. Le régicide n'est point une preuve de dévouement à la république ; la servilité envers le despotisme n'en est point un de fidélité au despote qu'on flatte, sauf à le fouler aux pieds s'il tombe, pour s'excuser de l'avoir flatté ; l'assassinat des républicains ne garantit point l'attachement à la monarchie ; le crime est toujours au service de la force[1].

1. Nous n'avons pas besoin de faire remarquer quelle douloureuse confirmation les idées de Benjamin Constant ont reçue des événements dont nous avons été témoins dans les deux *années terribles*, 1870-1871. Les bandits de la commune ont incendié et assassiné pour donner une preuve de républicanisme, comme les Verdets de 1815 assassinaient pour témoigner de leur attachement à la royauté. On dirait que chez nous les révolutions ne savent que réveiller la férocité native qui semble inhérente à notre espèce, et qui, momentanément contenue dans les époques de calme, se donne libre carrière à la moindre effervescence politique.

(*Note de l'éditeur.*)

III

DE L'ESPRIT DE CONQUÊTE.

1813.

Des vertus compatibles avec la guerre, à certaines époques de l'état social.

Plusieurs écrivains, entraînés par l'amour de l'humanité dans de louables exagérations, n'ont envisagé la guerre que sous ses côtés funestes. Je reconnais volontiers ses avantages.

Il n'est pas vrai que la guerre soit toujours un mal[1]. A de certaines époques de l'espèce humaine, elle est dans la nature de l'homme. Elle favorise alors le déve-

---

1. Dans la belle étude qu'il a consacrée à Benjamin Constant, dans la *Revue nationale*, M. Laboulaye dit en parlant de l'*Esprit de conquête* que de tous les écrits politiques de l'auteur, c'est le plus célèbre, et que la date seule n'en explique pas le succès. Écrit à Hanovre en 1813, l'*Esprit de conquête* s'attaque au système impérial ; mais il ne faut pas croire que ce soit une de ces philippiques où l'invective fait une partie même de l'éloquence. C'était d'un traité de politique, commencé en 1805, et achevé depuis longtemps que Benjamin Constant avait tiré cet écrit de circonstance, ce qui en explique le sérieux et la gravité. Les principes qu'il y développe n'ont rien perdu de leur force. (*Note de l'éditeur.*)

loppement de ses plus belles et de ses plus grandes facultés. Elle lui ouvre un trésor de précieuses jouissances. Elle le forme à la grandeur d'âme, à l'adresse, au sang-froid, au courage, au mépris de la mort, sans lequel il ne peut jamais se répondre qu'il ne commettra pas toutes les lâchetés et bientôt tous les crimes. La guerre lui enseigne des dévouements héroïques, et lui fait contracter des amitiés sublimes. Elle l'unit de liens plus étroits, d'une part à sa patrie, et de l'autre à ses compagnons d'armes. Elle fait succéder à de nobles entreprises de nobles loisirs. Mais tous ces avantages de la guerre tiennent à une condition indispensable, c'est qu'elle soit le résultat naturel de la situation et de l'esprit national des peuples.

Car je ne parle point ici d'une nation attaquée, et qui défend son indépendance. Nul doute que cette nation ne puisse réunir à l'ardeur guerrière les plus hautes vertus : ou plutôt cette ardeur guerrière est elle-même de toutes les vertus la plus haute. Mais il ne s'agit pas alors de la guerre proprement dite, il s'agit de la défense légitime, c'est-à-dire du patriotisme, de l'amour de la justice, de toutes les affections nobles et sacrées.

Un peuple qui, sans être appelé à la défense de ses foyers, est porté par sa situation ou son caractère national à des expéditions belliqueuses et à des conquêtes, peut encore allier à l'esprit guerrier la simplicité des mœurs, le dédain pour le luxe, la générosité, la loyauté, la fidélité aux engagements, le respect pour l'ennemi courageux, la pitié même, et les ménagements pour l'ennemi subjugué. Nous voyons dans l'Histoire ancienne et dans les Annales du moyen âge, ces qualités briller chez plusieurs nations, dont la guerre faisait l'occupation presque habituelle.

Mais la situation présente des peuples européens per-

met-elle d'espérer cet amalgame ? L'amour de la guerre
est-il dans leur caractère national ? Résulte-t-il de leurs
circonstances ?

Si ces deux questions doivent se résoudre négative-
ment, il s'ensuivra que, pour porter de nos jours les
nations à la guerre et aux conquêtes, il faudra bouleverser leur situation, ce qui ne se fait jamais sans leur
infliger beaucoup de malheurs, et dénaturer leur caractère, ce qui ne se fait jamais sans leur donner beaucoup
de vices.

Du caractère des nations modernes relativement à la guerre.

Les peuples guerriers de l'antiquité devaient pour la
plupart à leur situation leur esprit belliqueux. Divisés
en petites peuplades, ils se disputaient à main armée
un territoire resserré. Poussés par la nécessité les uns
contre les autres, ils se combattaient ou se menaçaient
sans cesse. Ceux qui ne voulaient pas être conquérants
ne pouvaient néanmoins déposer le glaive sous peine
d'être conquis. Tous achetaient leur sûreté, leur indépendance, leur existence entière au prix de la guerre.

Le monde de nos jours est précisément, sous ce rapport, l'opposé du monde ancien.

Tandis que chaque peuple, autrefois, formait une
famille isolée, ennemie née des autres familles, une
masse d'hommes existe maintenant, sous différents noms
et sous divers modes d'organisation sociale, mais homogène par sa nature. Elle est assez forte pour n'avoir rien

à craindre des hordes encore barbares. Elle est assez civilisée pour que la guerre lui soit à charge. Sa tendance uniforme est vers la paix. La tradition belliqueuse, héritage de temps reculés, et surtout les erreurs des gouvernements, retardent les effets de cette tendance; mais elle fait chaque jour un progrès de plus. Les chefs des peuples lui rendent hommage ; car ils évitent d'avouer ouvertement l'amour des conquêtes, ou l'espoir d'une gloire acquise uniquement par les armes. Le fils de Philippe n'oserait plus proposer à ses sujets l'envahissement de l'univers ; et le discours de Pyrrhus à Cynéas semblerait aujourd'hui le comble de l'insolence ou de la folie.

Un gouvernement qui parlerait de la gloire militaire, comme but, méconnaîtrait ou mépriserait l'esprit des nations et celui de l'époque. Il se tromperait d'un millier d'années ; et lors même qu'il réussirait d'abord, il serait curieux de voir qui gagnerait cette étrange gageure, de notre siècle ou de ce gouvernement.

Nous sommes arrivés à l'époque du commerce, époque qui doit nécessairement remplacer celle de la guerre, comme celle de la guerre a dû nécessairement la précéder.

La guerre et le commerce ne sont que deux moyens différents d'arriver au même but: celui de posséder ce que l'on désire. Le commerce n'est autre chose qu'un hommage rendu à la force du possesseur par l'aspirant à la possession. C'est une tentative pour obtenir de gré à gré ce qu'on n'espère plus conquérir par la violence. Un homme qui serait toujours le plus fort n'aurait jamais l'idée du commerce. C'est l'expérience qui, en lui prouvant que la guerre, c'est-à-dire l'emploi de sa force contre la force d'autrui, est exposée à diverses résistances et à divers échecs, le porte à recourir au commerce, c'est-à-dire à un moyen plus doux et plus sûr d'engager l'intérêt des autres à consentir à ce qui convient à son intérêt.

La guerre est donc antérieure au commerce. L'une est l'impulsion sauvage, l'autre le calcul civilisé. Il est clair que plus la tendance commerciale domine, plus la tendance guerrière doit s'affaiblir.

Le but unique des nations modernes, c'est le repos, avec le repos, l'aisance, et comme source de l'aisance, l'industrie. La guerre est chaque jour un moyen plus inefficace d'atteindre ce but. Ses chances n'offrent plus, ni aux individus, ni aux nations, des bénéfices qui égalent les résultats du travail paisible et des échanges réguliers. Chez les anciens, une guerre heureuse ajoutait, en esclaves, en tributs, en terres partagées, à la richesse publique et particulière. Chez les modernes, une guerre heureuse coûte infailliblement plus qu'elle ne rapporte.

La république romaine, sans commerce, sans lettres, sans arts, n'ayant pour occupation intérieure que l'agriculture, restreinte à un sol trop peu étendu pour ses habitants, entourée de peuples barbares, et toujours menacée ou menaçante, suivait sa destinée en se livrant à des entreprises militaires non interrompues. Un gouvernement qui, de nos jours, voudrait imiter la république romaine, aurait ceci de différent, qu'agissant en opposition avec son peuple, il rendrait ses instruments tout aussi malheureux que ses victimes ; un peuple ainsi gouverné serait la république romaine, moins la liberté, moins le mouvement national, qui facilite tous les sacrifices, moins l'espoir qu'avait chaque individu du partage des terres, moins, en un mot, toutes les circonstances qui embellissaient aux yeux des Romains ce genre de vie hasardeux et agité.

Le commerce a modifié jusqu'à la nature de la guerre. Les nations mercantiles étaient autrefois toujours subjuguées par les peuples guerriers. Elles leur résistent aujourd'hui avec avantage. Elles ont des auxiliaires au sein de ces peuples mêmes. Les ramifications infinies et compliquées du commerce ont placé l'intérêt des sociétés hors des limites de leur territoire : et l'esprit du siècle l'emporte sur l'esprit étroit et hostile qu'on voudrait parer du nom de patriotisme.

Carthage, luttant avec Rome dans l'antiquité, devait succomber : elle avait contre elle la force des choses. Mais si la lutte s'établissait maintenant entre Rome et Carthage, Carthage aurait pour elle les vœux de l'univers. Elle aurait pour alliés les mœurs actuelles et le génie du monde.

La situation des peuples modernes les empêche donc d'être belliqueux par caractère : et des raisons de détail, mais toujours tirées des progrès de l'espèce humaine, et par conséquent de la différence des époques, viennent se joindre aux causes générales.

La nouvelle manière de combattre, le changement des armes, l'artillerie, ont dépouillé la vie militaire de ce qu'elle avait de plus attrayant. Il n'y a plus de lutte contre le péril ; il n'y a que de la fatalité. Le courage doit s'empreindre de résignation ou se composer d'insouciance. On ne goûte plus de cette jouissance de volonté, d'action, de développement des forces physiques et des facultés morales, qui faisait aimer aux héros anciens, aux chevaliers du moyen âge, les combats corps à corps.

La guerre a donc perdu son charme, comme son utilité. L'homme n'est plus entraîné à s'y livrer, ni par intérêt, ni par passion.

De l'esprit de conquête dans l'État actuel de l'Europe.

Un gouvernement qui voudrait aujourd'hui pousser à la guerre et aux conquêtes un peuple européen commettrait donc un grossier et funeste anachronisme. Il travaillerait à donner à sa nation une impulsion contraire à la nature. Aucun des motifs qui portaient les hommes d'autrefois à braver tant de périls, à supporter tant de fatigues, n'existant pour les hommes de nos jours, il faudrait leur offrir d'autres motifs, tirés de l'état actuel de la civilisation. Il faudrait les animer au combat par ce même amour des jouissances, qui, laissé à lui-même, ne les disposerait qu'à la paix. Notre siècle, qui apprécie tout par l'utilité, et qui, lorsqu'on veut le sortir de cette sphère, oppose l'ironie à l'enthousiasme réel ou factice, ne consentirait pas à se repaître d'une gloire stérile, qu'il n'est plus dans nos habitudes de préférer à toutes les autres. A la place de cette gloire, il faudrait mettre le plaisir ; à la place du triomphe, le pillage. L'on frémira, si l'on réfléchit à ce que serait l'esprit militaire, appuyé sur ces seuls motifs.

Certes, dans le tableau que je vais tracer, il est loin de moi de vouloir faire injure à ces héros, qui, se plaçant avec délices entre la patrie et les périls, ont, dans tous les pays, protégé l'indépendance des peuples ; à ces héros qui ont si glorieusement défendu notre belle France. Je ne crains pas d'être mal compris par eux. Il en est plus d'un dont l'âme, correspondant à la mienne, partage tous mes sentiments, et qui, retrouvant dans c e lignes son opinion secrète, verra dans leur auteur son organe.

D'une race militaire n'agissant que par intérêt.

Les peuples guerriers, que nous avons connus jusqu'ici, étaient tous animés par des motifs plus nobles que les profits réels et positifs de la guerre. La religion se mêlait à l'impulsion belliqueuse des uns; l'orageuse liberté dont jouissaient les autres leur donnait une activité surabondante qu'ils avaient besoin d'exercer au dehors. Ils associaient à l'idée de la victoire celle d'une renommée prolongée bien au-delà de leur existence sur la terre, et combattaient ainsi, non pour l'assouvissement d'une soif ignoble de jouissances présentes et matérielles, mais par un espoir en quelque sorte idéal, et qui exaltait l'imagination, comme tout ce qui se perd dans l'avenir et le vague.

Il est si vrai que, même chez les nations qui nous semblent le plus exclusivement occupées de pillage et de rapines, l'acquisition des richesses n'était pas le but principal, que nous voyons les héros scandinaves faire brûler sur leurs bûchers tous les trésors conquis durant leur vie, pour forcer les générations qui les remplaçaient à conquérir, par de nouveaux exploits, de nouveaux trésors. La richesse leur était donc précieuse comme témoignage éclatant des victoires remportées, plutôt que comme signe représentatif et moyen de jouissances.

Mais si une race purement militaire se formait actuellement, comme son ardeur ne reposerait sur aucune conviction, sur aucun sentiment, sur aucune pensée : comme toutes les causes d'exaltation qui, jadis, annoblissaient le carnage même, lui seraient étrangères, elle n'aurait d'aliment ou de mobile que la plus étroite et la plus âpre personnalité. Elle prendrait la férocité de l'esprit guerrier, mais elle conserverait le calcul commercial. Ces Vandales ressuscités n'auraient point cette ignorance du luxe, cette simplicité de mœurs, ce dédain de toute action basse, qui pouvaient caractériser leurs grossiers prédécesseurs. Ils réuniraient à la brutalité de la barbarie les raffinements de la mollesse, aux excès de la violence les ruses de l'avidité.

Des hommes à qui l'on aurait dit bien formellement qu'ils ne se battent que pour piller, des hommes dont on aurait réduit toutes les idées belliqueuses à ce résultat clair et arithmétique, seraient bien différents des guerriers de l'antiquité.

Quatre cent mille égoïstes, bien exercés, bien armés, sauraient que leur destination est de donner ou de recevoir la mort. Ils auraient supputé qu'il valait mieux se résigner à cette destination que s'y dérober, parce que la tyrannie qui les y condamne est plus forte qu'eux. Ils auraient, pour se consoler, tourné leurs regards vers la récompense qui leur est promise : la dépouille de ceux contre lesquels on les mène. Ils marcheraient, en conséquence, avec la résolution de tirer de leurs propres forces le meilleur parti qu'il leur serait possible. Ils n'auraient ni pitié pour les vaincus, ni respect pour les faibles, parce que les vaincus étant, pour leur malheur, propriétaires de quelque chose, ne paraîtraient à ces vainqueurs qu'un obstacle entre eux et le but proposé. Le calcul aurait tué dans leur âme toutes les émotions naturelles, excepté celles qui naissent de la

sensualité. Ils seraient encore émus à la vue d'une
femme ; ils ne le seraient pas à la vue d'un vieillard ou
d'un enfant. Ce qu'ils auraient de connaissances pratiques leur servirait à mieux rédiger leurs arrêts de massacre ou de spoliation. L'habitude des formes légales
donnerait à leurs injustices l'impassibilité de la loi.
L'habitude des formes sociales répandrait sur leurs
cruautés un vernis d'insouciance et de légèreté qu'ils
croiraient de l'élégance. Ils parcourraient ainsi le
monde, tournant les progrès de la civilisation contre
elle-même, tout entiers à leur intérêt, prenant le meurtre pour moyen, la débauche pour passe-temps, la dérision pour gaîté, le pillage pour but, séparés par un
abîme moral du reste de l'espèce humaine, et n'étant
unis entre eux que comme les animaux féroces qui se
jettent rassemblés sur les troupeaux.

Tels ils seraient dans leurs succès ; que seraient-ils
dans leurs revers?

Comme ils n'auraient eu qu'un but à atteindre, et non
pas une cause à défendre, le but manqué, aucune conscience ne les soutiendrait. Ils ne se rattacheraient à
aucune opinion ; ils ne tiendraient l'un à l'autre que
par une nécessité physique, dont chacun même chercherait à s'affranchir.

Il faut aux hommes, pour qu'ils s'associent réciproquement à leurs destinées, autre chose que l'intérêt. Il
leur faut une opinion ; il leur faut de la morale. L'intérêt tend à les isoler, parce qu'il offre à chacun la chance
d'être seul plus heureux ou plus habile.

L'égoïsme qui, dans la prospérité, aurait rendu ces
conquérants de la terre impitoyables pour leurs ennemis, les rendrait, dans l'adversité, indifférents, infidèles
à leurs frères d'armes. Cet esprit pénétrerait dans tous
les rangs, depuis le plus élevé jusqu'au plus obscur.

Chacun verrait, dans son camarade à l'agonie, un dédommagement au pillage devenu impossible contre
l'étranger; le malade dépouillerait le mourant; le
fuyard dépouillerait le malade. L'infirme et le blessé
paraîtraient à l'officier chargé de leur sort un poids importun dont il se débarrasserait à tout prix, et quand le
général aurait précipité son armée dans quelque situation sans remède, il ne se croirait tenu à rien envers
les infortunés qu'il aurait conduits dans le gouffre; il ne
resterait point avec eux pour les sauver. La désertion lui
semblerait un mode tout simple d'échapper aux revers
ou de réparer les fautes. Qu'importe qu'il les ait gui-
dés, qu'ils se soient reposés sur sa parole, qu'ils lui
aient confié leur vie, qu'ils l'aient défendu jusqu'au
dernier moment, de leurs mains mourantes? Instruments inutiles, ne faut-il pas qu'ils soient brisés?

Sans doute ces conséquences de l'esprit militaire,
fondé sur des motifs purement intéressés, ne pourraient
se manifester dans leur terrible étendue chez aucun
peuple moderne, à moins que le système conquérant ne
se prolongeât durant plusieurs générations. Grâces au
ciel, les Français, malgré tous les efforts de leur chef,
sont restés et resteront toujours loin du terme vers
lequel il les entraîne. Les vertus paisibles, que notre
civilisation nourrit et développe, luttent encore victo-
rieusement contre la corruption et les vices que la fureur des conquêtes appelle, et qui lui sont nécessaires.
Nos armées donnent des preuves d'humanité comme de
bravoure, et se concilient souvent l'affection des peuples qu'aujourd'hui, par la faute d'un seul homme, elles
sont réduites à repousser, tandis qu'autrefois elles
étaient forcées à les vaincre. Mais c'est l'esprit national,
c'est l'esprit du siècle qui résiste au gouvernement. Si
ce gouvernement subsiste, les vertus qui survivront

aux efforts de l'autorité seront une sorte d'indiscipline.
L'intérêt étant le mot d'ordre, tout sentiment désintéressé tiendra de l'insubordination, et plus ce régime
terrible se prolongera, plus ces vertus s'affaibliront et
deviendront rares.

Autre cause de détérioration pour la classe militaire, dans le système de conquête.

On a remarqué souvent que les joueurs étaient les
plus immoraux des hommes. C'est qu'ils risquent chaque jour tout ce qu'ils possèdent; il n'y a pour eux nul
avenir assuré; ils vivent et s'agitent sous l'empire du
hasard.

Dans le système de conquête, le soldat devient un
joueur, avec cette différence que son enjeu c'est sa vie.
Mais cet enjeu ne peut être retiré. Il l'expose sans
cesse et sans terme à une chance qui doit tôt ou tard
être contraire. Il n'y a donc pas non plus d'avenir pour
lui. Le hasard est aussi son maître aveugle et impitoyable.

Or, la morale a besoin du temps. C'est là qu'elle place
ses dédommagements et ses récompenses. Pour celui
qui vit de minute en minute, ou de bataille en bataille,
le temps n'existe pas. Les dédommagements de l'avenir
deviennent chimériques. Le plaisir du moment a seul
quelque certitude : et pour me servir d'une expression
qui devient ici doublement convenable, chaque jouissance est autant de gagné sur l'ennemi. Qui ne sent que

l'habitude de cette loterie de plaisir et de mort est nécessairement corruptrice?

Observez la différence qui existe toujours entre la
défense légitime et le système des conquêtes. Cette différence se reproduira souvent encore. Le soldat qui
combat pour sa patrie ne fait que traverser le danger.
Il a pour perspective ultérieure le repos, la liberté, la
gloire. Il a donc un avenir : et sa moralité, loin de se
dépraver, s'ennoblit et s'exalte. Mais l'instrument d'un
conquérant insatiable voit, après une guerre, une autre
guerre, après un pays dévasté, un autre pays à dévaster de même, c'est-à-dire après le hasard, le hasard
encore.

Influence de cet esprit militaire sur l'état intérieur des peuples.

Il ne suffit pas d'envisager l'influence du système de
conquête, dans son action sur l'armée et dans les rapports qu'il établit entre elle et les étrangers. Il faut le
considérer encore dans ceux qui en résultent entre l'armée et les citoyens.

Un esprit de corps exclusif et hostile s'empare toujours
des associations qui ont un autre but que le reste des
hommes. Malgré la douceur et la pureté du christianisme,
souvent les confédérations de ses prêtres ont formé
dans l'État des États à part. Partout les hommes réunis
en corps d'armée se séparent de la nation. Ils contractent pour l'emploi de la force, dont ils sont dépositaires,
une sorte de respect. Leurs mœurs et leurs idées devien-

nent subversives de ces principes d'ordre et de liberté pacifique et régulière, que tous les gouvernements ont l'intérêt, comme le devoir, de consacrer.

Il n'est donc pas indifférent de créer dans un pays, par un système de guerres prolongées ou renouvelées sans cesse, une masse nombreuse, imbue exclusivement de l'esprit militaire. Car cet inconvénient ne peut se restreindre dans de certaines limites, qui en rendent l'importance moins sensible. L'armée, distincte du peuple par son esprit, se confond avec lui dans l'administration des affaires.

Un gouvernement conquérant est plus intéressé qu'un autre à récompenser par du pouvoir et par des honneurs ses instruments immédiats. Il ne saurait les tenir dans un camp retranché. Il faut qu'il les décore au contraire des pompes et des dignités civiles.

Mais ces guerriers déposeront-ils avec le fer qui les couvre l'esprit dont les a pénétrés dès leur enfance l'habitude des périls? Revêtiront-ils, avec la toge, la vénération pour les lois, les ménagements pour les formes protectrices, ces divinités des associations humaines? La classe désarmée leur paraît un ignoble vulgaire; les lois, des subtilités inutiles; les formes, d'insupportables lenteurs. Ils estiment par dessus tout, dans les transactions, comme dans les faits guerriers, la rapidité des évolutions. L'unanimité leur semble nécessaire dans les opinions, comme le même uniforme dans les troupes. L'opposition leur est un désordre, le raisonnement une révolte, les tribunaux, des conseils de guerre, les juges, des soldats qui ont leur consigne, les accusés, des ennemis, les jugements, des batailles.

Ceci n'est point une exagération fantastique. N'avons-nous pas vu, durant ces vingt dernières années, s'introduire dans presque toute l'Europe une justice militaire, dont le premier principe était d'abréger les formes, comme si toute abréviation des formes n'était pas le plus révoltant sophisme? Car si les formes sont inutiles, tous les tribunaux doivent les bannir; si elles sont nécessaires, tous doivent les respecter; et certes, plus l'accusation est grave, moins l'examen est superflu. N'avons-nous pas vu siéger sans cesse, parmi les juges, des hommes dont le vêtement seul annonçait qu'ils étaient voués à l'obéissance, et ne pouvaient en conséquence être des juges indépendants?

Nos neveux ne croiront pas, s'ils ont quelque sentiment de la dignité humaine, qu'il fut un temps où des hommes, illustrés sans doute par d'immortels exploits, mais nourris sous la tente, et ignorants de la vie civile, interrogeaient des prévenus qu'ils étaient incapables de comprendre, condamnaient sans appel des citoyens qu'ils n'avaient pas le droit de juger. Nos neveux ne croiront pas, s'ils ne sont le plus avili des peuples, qu'on ait fait comparaître devant des tribunaux militaires, des législateurs, des écrivains, des accusés de délits politiques, donnant ainsi, par une dérision féroce, pour juge à l'opinion et à la pensée, le courage sans lumière et la soumission sans intelligence. Ils ne croiront pas non plus qu'on ait imposé à des guerriers revenant de la victoire, couverts de lauriers que rien n'avait flétris, l'horrible tâche de se transformer en bourreaux, de poursuivre, de saisir, d'égorger des citoyens, dont les noms, comme les crimes, leur étaient inconnus. Non, tel ne fut jamais, s'écrieront-ils, le prix des exploits, la pompe triomphale! Non, ce n'est pas ainsi que les défenseurs de la France reparaissaient dans leur patrie, et saluaient le sol natal!

La faute, certes, n'en était pas à ces défenseurs. Mille fois je les ai vus gémir de leur triste obéissance. J'aime à le répéter : leurs vertus résistent, plus que la nature humaine ne permet de l'espérer, à l'influence du système guerrier et à l'action d'un gouvernement qui veut les corrompre. Ce gouvernement seul est coupable, et nos armées ont seules le mérite de tout le mal qu'elles ne font pas.

Autre inconvénient de la formation d'un tel esprit militaire.

Enfin, par une triste réaction, cette portion du peuple que le gouvernement aurait forcée à contracter l'esprit militaire, contraindrait à son tour le gouvernement de persister dans le système pour lequel il aurait pris tant de soin de la former.

Une armée nombreuse, fière de ses succès, accoutumée au pillage, n'est pas un instrument qu'il soit aisé de manier. Nous ne parlons pas seulement des dangers dont il menace les peuples qui ont des constitutions populaires. L'histoire est trop pleine d'exemples qu'il est superflu de citer.

Tantôt les soldats d'une république illustrée par six siècles de victoires, entourés de monuments élevés à la liberté par vingt générations de héros, foulant aux pieds la cendre des Cincinnatus et des Camille, marchent sous les ordres de César, pour profaner les tombeaux de leurs ancêtres, et pour asservir la ville éternelle. Tantôt les légions anglaises s'élancent avec Cromwell sur un parlement qui luttait encore contre les fers qu'on lui destinait, et les crimes dont on voulait le rendre l'organe, et livrent à l'usurpateur hypocrite, d'une part le roi, de l'autre la république.

Mais les gouvernements absolus n'ont pas moins à craindre de cette force toujours menaçante. Si elle est terrible contre les étrangers et contre le peuple au nom de son chef, elle peut devenir à chaque instant terrible à ce chef même. Ainsi ces formidables colosses, que des nations barbares plaçaient en tête de leurs armées pour les diriger sur leurs ennemis, reculaient tout à coup, frappés d'épouvante ou saisis de fureur, et méconnaissant la voix de leurs maitres, écrasaient ou dispersaient les bataillons qui attendaient d'eux leur salut et leur triomphe.

Il faut donc occuper cette armée, inquiète dans son désœuvrement redoutable : il faut la tenir éloignée; il faut lui trouver des adversaires. Le système guerrier, indépendamment des guerres présentes, contient le germe des guerres futures : et le souverain qui est entré dans cette route, entrainé qu'il est par la fatalité qu'il a évoquée, ne peut redevenir pacifique à aucune époque.

Action d'un gouvernement conquérant sur la masse de la nation.

J'ai montré, ce me semble, qu'un gouvernement, livré à l'esprit d'envahissement et de conquête, devrait corrompre une portion du peuple, pour qu'elle le servit activement dans ses entreprises. Je vais prouver actuellement que, tandis qu'il dépraverait cette portion choisie, il faudrait qu'il agît sur le reste de la nation dont il réclamerait l'obéissance passive et les sacrifices, de manière à troubler sa raison, à fausser son jugement, à bouleverser toutes ses idées.

Quand un peuple est naturellement belliqueux, l'autorité qui le domine n'a pas besoin de le tromper pour l'entraîner à la guerre. Attila montrait du doigt à ses Huns la partie du monde sur laquelle ils devaient fondre, et ils y couraient, parce qu'Attila n'était que l'organe et le représentant de leur impulsion. Mais de nos jours, la guerre ne procurant aux peuples aucun avantage, et n'étant pour eux qu'une source de privations et de souffrances, l'apologie du système des conquêtes ne pourrait reposer que sur le sophisme et l'imposture.

Tout en s'abandonnant à ses projets gigantesques, le gouvernement n'oserait dire à sa nation : Marchons à la conquête du monde. Elle lui répondrait d'une voix unanime : Nous ne voulons pas la conquête du monde.

Mais il parlerait de l'indépendance nationale, de l'honneur national, de l'arrondissement des frontières, des intérêts commerciaux, des précautions dictées par la prévoyance ; que sais-je encore ? car il est inépuisable, le vocabulaire de l'hypocrisie et de l'injustice.

Il parlerait de l'indépendance nationale, comme si l'indépendance d'une nation était compromise, parce que d'autres nations sont indépendantes.

Il parlerait de l'honneur national, comme si l'honneur national était blessé, parce que d'autres nations conservent leur honneur.

Il alléguerait la nécessité de l'arrondissement des frontières, comme si cette doctrine, une fois admise, ne bannissait pas de la terre tout repos et toute équité. Car c'est toujours en dehors qu'un gouvernement veut arrondir ses frontières. Aucun n'a sacrifié, que l'on sache, une portion de son territoire pour donner au reste une plus grande régularité géométrique. Ainsi l'arrondissement des frontières est un système dont la base se détruit par elle-même, dont les éléments se combattent, et dont l'exécution, ne reposant que sur la spoliation des plus faibles, rend illégitime la possession des plus forts.

Ce gouvernement invoquerait les intérêts du commerce, comme si c'était servir le commerce que dépeupler un pays de sa jeunesse la plus florissante, arracher les bras les plus nécessaires à l'agriculture, aux manufactures, à l'industrie, élever entre les autres peuples et soi des barrières arrosées de sang. Le commerce s'appuie sur la bonne intelligence des nations entre elles; il ne se soutient que par la justice; il se fonde sur l'égalité; il prospère dans le repos; et ce serait pour l'intérêt du commerce qu'un gouvernement rallumerait sans cesse des guerres acharnées, qu'il appellerait sur la tête de son peuple une haine universelle, qu'il marcherait d'injustice en injustice, qu'il ébranlerait chaque jour le crédit par des violences, qu'il ne voudrait point tolérer d'égaux.

Sous le prétexte des précautions dictées par la prévoyance, ce gouvernement attaquerait ses voisins les plus paisibles, ses plus humbles alliés, en leur supposant des projets hostiles, et comme devançant des agressions méditées. Si les malheureux objets de ses calomnies étaient facilement subjugués, il se vanterait de les avoir prévenus : s'ils avaient le temps et la force de lui résister, vous le voyez, s'écrierait-il, ils voulaient la guerre, puisqu'ils se défendent[1]. ·

1. L'on avait inventé, durant la révolution française, un prétexte de guerre inconnu jusqu'alors, celui de délivrer les peuples du joug

Que l'on ne croie pas que cette conduite fut le résultat accidentel d'une perversité particulière : elle serait le résultat nécessaire de la position. Toute autorité qui voudrait entreprendre aujourd'hui des conquêtes étendues, serait condamnée à cette série de prétextes vains et de scandaleux mensonges. Elle serait coupable assurément, et nous ne chercherons pas à diminuer son crime; mais ce crime ne consisterait point dans les moyens employés : il consisterait dans le choix volontaire de la situation qui commande de pareils moyens.

L'autorité aurait donc à faire, sur les facultés intellectuelles de la masse de ses sujets, le même travail que sur les qualités morales de la portion militaire. Elle devrait s'efforcer de bannir toute logique de l'esprit des uns, comme elle aurait tâché d'étouffer toute humanité dans le cœur des autres : tous les mots perdraient leur sens; celui de modération présagerait la violence; celui de justice annoncerait l'iniquité. Le droit des nations deviendrait un code d'expropriation et de barbarie : toutes les notions que les lumières de plusieurs siècles ont introduites dans les relations des sociétés, comme dans celles des individus, en seraient de nouveau repoussées. Le genre humain reculerait vers ces temps

---

de leurs gouvernements, qu'on supposait illégitimes et tyranniques. Avec ce prétexte on a porté la mort chez des hommes, dont les uns vivaient tranquilles sous des institutions adoucies par le temps et l'habitude, et dont les autres jouissaient, depuis plusieurs siècles, de tous les bienfaits de la liberté : époque à jamais honteuse où l'on vit un gouvernement perfide graver des mots sacrés sur des étendards coupables, troubler la paix, violer l'indépendance, détruire la prospérité de ses voisins innocents, en ajoutant au scandale de l'Europe par des protestations mensongères de respect pour les droits des hommes, et de zèle pour l'humanité! La pire des conquêtes, c'est l'hypocrite, dit Machiavel, comme s'il avait prédit notre histoire.

de dévastation qui nous semblaient l'opprobre de l'histoire. L'hypocrisie seule en ferait la différence ; et cette hypocrisie serait d'autant plus corruptrice que personne n'y croirait. Car les mensonges de l'autorité ne sont pas seulement funestes quand ils égarent et trompent les peuples : ils ne le sont pas moins quand ils ne les trompent pas.

- Des sujets qui soupçonnent leurs maîtres de duplicité et de perfidie se forment à la perfidie et à la duplicité : celui qui entend nommer le chef qui le gouverne, un grand politique, parce que chaque ligne qu'il publie est une imposture, veut être à son tour un grand politique, dans une sphère plus subalterne ; la vérité lui semble niaiserie, la fraude habileté. Il ne mentait jadis que par intérêt : il mentira désormais par intérêt et par amour-propre. Il aura la fatuité de la fourberie ; et si cette contagion gagne un peuple essentiellement imitateur, un peuple où chacun craigne par-dessus tout de passer pour dupe, la morale privée tardera-t-elle à être engloutie dans le naufrage de la morale publique ?

Des moyens de contrainte nécessaires pour suppléer à l'efficacité du mensonge.

Supposons que néanmoins quelques débris de raisons surnagent, ce sera, sous d'autres rapports, un malheur, de plus.

Il faudra que la contrainte supplée à l'insuffisance du sophisme. Chacun cherchant à se dérober à l'obligation de verser son sang dans des expéditions dont on n'aura pu lui prouver l'utilité, il faudra que l'autorité soudoie une foule avide destinée à briser l'opposition générale. On verra l'espionnage et la délation, ces éternelles ressources de la force, quand elle a créé des devoirs et des délits factices, encouragées et récompensées; des sbires lâchés, comme des dogues féroces, dans les cités et dans les campagnes, pour poursuivre et pour enchaîner des fugitifs, innocents aux yeux de la morale et de la nature; une classe se préparant à tous les crimes, en s'accoutumant à violer les lois; une autre classe se familiarisant avec l'infamie, en vivant du malheur de ses semblables; les pères punis pour les fautes des enfants; l'intérêt des enfants séparé ainsi de celui des pères; les familles n'ayant que le choix de se réunir pour la résistance, ou de se diviser pour la trahison; l'amour paternel transformé en attentat, la tendresse filiale traitée de révolte; et toutes ces vexations auront lieu, non pour une défense légitime, mais pour l'acquisition de pays éloignés, dont la possession n'ajoute rien à la prospérité nationale, à moins qu'on n'appelle prospérité nationale le vain renom de quelques hommes et leur funeste célébrité.

Soyons justes pourtant. On offre des consolations à ces victimes, destinées à combattre et à périr aux extrémités de la terre. Regardez-les : elles chancellent en suivant leurs guides. On les a plongées dans un état d'ivresse qui leur inspire une gaîté grossière et forcée. Les airs sont frappés de leurs clameurs bruyantes : les hameaux retentissent de leurs chants licencieux. Cette ivresse, ces clameurs, cette licence, qui le croirait? c'est le chef-d'œuvre de leurs magistrats.

Étrange renversement produit, dans l'action de l'autorité, par le système des conquêtes! Durant vingt années, vous avez recommandé à ces mêmes hommes la sobriété,

DE L'ESPRIT DE CONQUÈTE.   395

l'attachement à leurs familles, l'assiduité dans leurs travaux; mais il faut envahir le monde ! On les saisit, on les entraine, on les excite au mépris des vertus qu'on leur avait longtemps inculquées. On les étourdit par l'intempérance, on les ranime par la débauche : c'est ce qu'on appelle raviver l'esprit public.

Autres inconvénients du système guerrier pour les lumières et la classe instruite.

Nous n'avons pas encore achevé l'énumération qui nous occupe. Les maux que nous avons décrits, quelque terribles qu'ils nous paraissent, ne pèseraient pas seuls sur la nation misérable ; d'autres s'y joindraient, moins frappants peut-être à leur origine, mais plus irréparables, puisqu'ils flétriraient dans leur germe les espérances de l'avenir.

A certaines périodes de la vie, les interruptions à l'exercice des facultés intellectuelles ne se réparent pas. Les habitudes hasardeuses, insouciantes et grossières de l'état guerrier, la rupture soudaine de toutes les relations domestiques, une dépendance mécanique quand l'ennemi n'est pas en présence, une indépendance complète sous le rapport des mœurs, à l'âge où les passions sont dans leur fermentation la plus active, ce ne sont pas là des choses indifférentes pour la morale ou pour les lumières. Condamner, sans une nécessité absolue, à l'habitation des camps ou des casernes les jeunes rejetons de la classe éclairée, dans laquelle résident, comme un dépôt précieux, l'instruction, la délicatesse, la justesse des idées, et cette tradition de douceur, de noblesse et

d'élégance qui seule nous distingue des barbares, c'est
faire à la nation tout entière un mal que ne compensent
ni ses vains succès, ni la terreur qu'elle inspire, terreur
qui n'est pour elle d'aucun avantage.

Vouer au métier de soldat le fils du commerçant, de
l'artiste, du magistrat, le jeune homme qui se consacre
aux lettres, aux sciences, à l'exercice de quelque industrie difficile et compliquée : c'est lui dérober tout
le fruit de son éducation antérieure. Cette éducation
même se ressentira de la perspective d'une interruption
inévitable.

Si les rêves brillants de la gloire militaire enivrent
l'imagination de la jeunesse, elle dédaignera des études
paisibles, des occupations sédentaires, un travail d'attention, contraire à ses goûts et à la mobilité de ses facultés naissantes. Si c'est avec douleur qu'elle se voit arrachée à ses foyers, si elle calcule combien le sacrifice
de plusieurs années apportera de retard à ses progrès,
elle désespérera d'elle-même; elle ne voudra pas se con-
sumer en efforts dont une main de fer lui déroberait le
fruit. Elle se dira que, puisque l'autorité lui dispute le
temps nécessaire à son perfectionnement intellectuel, il
est inutile de lutter contre la force. Ainsi la nation tom-
bera dans une dégradation morale, et dans une ignorance
toujours croissante. Elle s'abrutira au milieu des victoires, et, sous ses lauriers mêmes, elle sera poursuivie
du sentiment qu'elle suit une fausse route, et qu'elle
manque sa destination [1].

Tous nos raisonnements, sans doute, ne sont applicables que lorsqu'il s'agit de guerres inutiles et gratuites.

---

1. Il y avait, en France, sous la monarchie, soixante mille
hommes de milice. L'engagement était de six ans. Ainsi le sort
tombait chaque année sur dix mille hommes. M. Necker appelle la
milice une effrayante loterie. Qu'aurait-il dit de la conscription?

Aucune considération ne peut entrer en balance avec la nécessité de repousser un agresseur. Alors toutes les classes doivent accourir, puisque toutes sont également menacées. Mais leur motif n'étant pas un ignoble pillage, elles ne se corrompent point. Leur zèle s'appuyant sur la conviction, la contrainte devient superflue. L'interruption qu'éprouvent les occupations sociales, motivée qu'elle est sur les obligations les plus saintes et les intérêts les plus chers, n'a pas les mêmes effets que des interruptions arbitraires. Le peuple en voit le terme ; il s'y soumet avec joie, comme à un moyen de rentrer dans un état de repos ; et quand il y rentre, c'est avec une jeunesse nouvelle, avec des facultés ennoblies, avec le sentiment d'une force utilement et dignement employée.

Mais autre chose est défendre sa patrie, autre chose attaquer des peuples qui ont aussi une patrie à défendre. L'esprit de conquête cherche à confondre ces deux idées. Certains gouvernements, quand ils envoient leurs légions d'un pôle à l'autre, parlent encore de la défense de leurs foyers ; on dirait qu'ils appellent leurs foyers tous les endroits où ils ont mis le feu.

Point de vue sous lequel une nation conquérante envisagerait aujourd'hui ses propres succès.

Passons maintenant aux résultats extérieurs du système des conquêtes.

Il est probable que la même disposition des modernes, qui leur fait préférer la paix à la guerre, donnerait dans l'origine de grands avantages au peuple fo rcépar son gouvernement à devenir agresseur. Des nations, absorbées dans leurs jouissances, seraient lentes à résister : elles abandonneraient une portion de leurs droits pour conserver le reste ; elles espéreraient sauver leur repos en transigeant de leur liberté. Par une combinaison fort étrange, plus l'esprit général serait pacifique, plus l'État, qui se mettrait en lutte avec cet esprit, trouverait d'abord des succès faciles.

Mais quelles seraient les conséquences de ces succès, même pour la nation conquérante? N'ayant aucun accroissement de bonheur réel à en attendre, en ressentirait-elle au moins quelque satisfaction d'amour-propre? Réclamerait-elle sa part de gloire ?

Bien loin de là. Telle est à présent la répugnance pour les conquêtes, que chacun éprouverait l'impérieux besoin de s'en disculper. Il y aurait une protestation universelle, qui n'en serait pas moins énergique pour être muette. Le gouvernement verrait la masse de ses sujets se tenir à l'écart, morne spectatrice. On n'entendrait dans tout l'empire qu'un long monologue du pouvoir. Tout au plus ce monologue serait-il dialogué de temps en temps, parce que des interlocuteurs serviles répéteraient au maître les discours qu'il aurait dictés. Mais les gouvernés cesseraient de prêter l'oreille à de fastidieuses harangues, qu'il ne leur serait jamais permis d'interrompre. Ils détourneraient leurs regards d'un vain étalage dont ils ne supporteraient que les frais et les périls, et dont l'intention serait contraire à leur vœu.

L'on s'étonne de ce que les entreprises les plus merveilleuses ne produisent de nos jours aucune sensation. C'est que le bon sens des peuples les avertit que ce n'est point pour eux que l'on fait ces choses. Comme les chefs y trouvent seuls du plaisir, on les charge seuls de la récompense. L'intérêt aux victoires se concentre dans l'au-

torité et ses créatures. Une barrière morale s'élève entre
le pouvoir agité et la foule immobile. Le succès n'est
qu'un météore qui ne vivifie rien sur son passage. A
peine lève-t-on la tête pour le contempler un instant.
Quelquefois même on s'en afflige comme d'un encouragement donné au délire. On verse des larmes sur les victimes, mais on désire les échecs.

Dans les temps belliqueux, l'on admirait par dessus
tout le génie militaire. Dans nos temps pacifiques, ce
que l'on implore, c'est de la modération et de la justice.
Quand un gouvernement nous prodigue de grands spectacles, et de l'héroïsme, et des créations, et des destructions sans nombre, on serait tenté de lui répondre :

Le moindre grain de mil serait mieux notre affaire;

et les·plus éclatants prodiges, et leurs pompeuses célé-
brations ne sont que des cérémonies funéraires où l'on
forme des danses sur des tombeaux.

Effet de ces succès sur les peuples conquis.

« Le droit des gens des Romains, dit Montesquieu,
« consistait à exterminer les citoyens de la nation vain-
« cue. Le droit des gens, que nous suivons aujourd'hui,
« fait qu'un État qui en a conquis un autre continue à
« le gouverner selon ses lois, et ne prend pour lui que
« l'exercice du gouvernement politique et civil [1]. »

---

1. Pour qu'on ne m'accuse pas de citer faux, je transcris tout le
paragraphe. « Un État, qui en a conquis un autre, le traite d'une

Je n'examine point jusqu'à quel point cette assertion est exacte. Il y a certainement beaucoup d'exceptions à faire, pour ce qui regarde l'antiquité.

Nous voyons souvent que des nations subjuguées ont continué à jouir de toutes les formes de leur administration précédente et de leurs anciennes lois. La religion des vaincus était scrupuleusement respectée. Le polythéisme, qui recommandait l'adoration des dieux étrangers, inspirait des ménagements pour tous les cultes. Le sacerdoce égyptien conserva sa puissance sous les Perses. L'exemple de Cambyse qui était en démence ne doit pas être cité ; mais Darius ayant voulu placer dans un temple sa statue devant celle de Sésostris, le grand-prêtre s'y opposa, et le monarque n'osa lui faire violence. Les Romains laissèrent aux habitants de la plupart des contrées soumises leurs autorités municipales, et n'intervinrent dans la religion gauloise que pour abolir les sacrifices humains.

Nous conviendrons cependant que les effets de la conquête étaient devenus très-doux depuis quelques siècles, et sont restés tels jusqu'à la fin du dix-huitième. C'est que l'esprit de conquête avait cessé. Celles de Louis XIV lui-même étaient plutôt une suite des prétentions et de l'arrogance d'un monarque orgueilleux que d'un véritable esprit conquérant. Mais l'esprit de conquête est ressorti des orages de la révolution française plus impétueux que jamais. Les effets des conqué-

---

« des quatre manières suivantes. Il continue à le gouverner selon
« ses lois, et ne prend pour lui que l'exercice du gouvernement
« politique et civil ; ou il lui donne un nouveau gouvernement po-
« litique et civil ; ou il détruit la société et la disperse dans d'au-
« tres ; ou enfin il extermine tous les citoyens. La première ma-
« nière est conforme au droit des gens que nous suivons aujour-
« d'hui : la quatrième est plus conforme au droit des gens des
« Romains. » *Esprit des Lois*, liv. X, ch. III.

tes ne sont donc plus ce qu'ils étaient du temps de M. de Montesquieu.

Il est vrai, l'on ne réduit pas les vaincus en esclavage, on ne les dépouille pas de la propriété de leurs terres, on ne les condamne point à les cultiver pour d'autres, on ne les déclare pas une race subordonnée, appartenant aux vainqueurs.

Leur situation paraît donc encore à l'extérieur plus tolérable qu'autrefois. Quand l'orage est passé, tout semble rentrer dans l'ordre. Les cités sont debout ; les marchés se repeuplent ; les boutiques se rouvrent ; et sauf le pillage accidentel, qui est un malheur de la circonstance, sauf l'insolence habituelle, qui est un droit de la victoire, sauf les contributions, qui, méthodiquement imposées, prennent une douce apparence de régularité, et qui cessent, ou doivent cesser, lorsque la conquête est accomplie, on dirait d'abord qu'il n'y a de changé que les noms et quelques formes. Entrons néanmoins plus profondément dans la question.

La conquête, chez les anciens, détruisait souvent les nations entières ; mais, quand elle ne les détruisait pas, elle laissait intacts tous les objets de l'attachement le plus vif des hommes, leurs mœurs, leurs lois, leurs usages, leurs dieux. Il n'en est pas de même dans les temps modernes. La vanité de la civilisation est plus tourmentante que l'orgueil de la barbarie. Celui-ci voit en masse ; la première examine avec inquiétude et en détail.

Les conquérants de l'antiquité, satisfaits d'une obéissance générale, ne s'informaient pas de la vie domestique de leurs esclaves ni de leurs relations locales. Les peuples soumis retrouvaient presque en entier, au fond de leurs provinces lointaines, ce qui constitue le charme de la vie : les habitudes de l'enfance, les pratiques consacrées, cet entourage de souvenirs, qui, malgré l'assujettissement politique, conserve à un pays l'air d'une patrie.

Les conquérants de nos jours, peuples ou princes, veulent que leur empire ne présente qu'une surface unie, sur laquelle l'œil superbe du pouvoir se promène, sans rencontrer aucune inégalité qui le blesse ou borne sa vue. Le même code, les mêmes mesures, les mêmes règlements, et, si l'on peut y parvenir graduellement, la même langue : voilà ce qu'on proclame la perfection de toute organisation sociale. La religion fait exception : peut-être est-ce parce qu'on la méprise, la regardant comme une erreur usée, qu'il faut laisser mourir en paix. Mais cette exception est la seule; et l'on s'en dédommage, en séparant, le plus que l'on peut, la religion des intérêts de la terre.

Sur tout le reste, le grand mot aujourd'hui, c'est l'uniformité. C'est dommage qu'on ne puisse abattre toutes les villes pour les rebâtir toutes sur le même plan, niveler toutes les montagnes, pour que le terrain soit partout égal : et je m'étonne qu'on n'ait pas ordonné à tous les habitants de porter le même costume, afin que le maître ne rencontrât plus de bigarrure irrégulière et de choquante variété.

Il en résulte que les vaincus, après les calamités qu'ils ont supportées dans leurs défaites, ont à subir un nouveau genre de malheurs. Ils ont d'abord été victimes d'une chimère de gloire, ils sont victimes ensuite d'une chimère d'uniformité.

Terme inévitable des succès d'une nation conquérante.

La force nécessaire à un peuple, pour tenir tous les autres dans la sujétion, est aujourd'hui, plus que jamais, un privilége qui ne peut durer. La nation qui prétendrait à un pareil empire se placerait dans un poste plus périlleux que la peuplade la plus faible. Elle deviendrait l'objet d'une horreur universelle. Toutes les opinions, tous les vœux, toutes les haines la menaceraient, et tôt ou tard ces haines, ces opinions et ces vœux éclateraient pour l'envelopper.

Il y aurait sans doute dans cette fureur contre tout un peuple quelque chose d'injuste. Un peuple tout entier n'est jamais coupable des excès que son chef lui fait commettre. C'est ce chef qui l'égare, ou, plus souvent encore, qui le domine sans l'égarer.

Mais les nations, victimes de sa déplorable obéissance, ne sauraient lui tenir compte des sentiments cachés que sa conduite dément. Elles reprochent aux instruments le crime de la main qui les dirige. La France entière souffrait de l'ambition de Louis XIV et la détestait; mais l'Europe accusait la France de cette ambition, et la Suède a porté la peine du délire de Charles XII.

Lorsqu'une fois le monde aurait repris sa raison, reconquis son courage, vers quels lieux de la terre l'agresseur menacé tournerait-il les yeux pour trouver des défenseurs? A quels sentiments en appellerait-il? Quelle apologie ne serait pas décréditée d'avance, si elle sortait de la même bouche qui, durant sa prospérité coupable, aurait prodigué tant d'insultes, proféré tant de mensonges, dicté tant d'ordres de dévastation? Invoquerait-il la justice? il l'a violée. L'humanité? il l'a foulée aux pieds. La foi jurée? toutes ses entreprises ont commencé par le parjure. La sainteté des alliances? il a traité ses alliés comme ses esclaves. Quel peuple aurait pu s'allier de bonne foi, s'associer volontairement à ces rêves gigantesques? Tous auraient sans doute courbé momentanément la tête sous le joug dominateur; mais ils l'auraient considéré comme une calamité passagère. Ils auraient attendu que le torrent eût cessé de rouler ses ondes, certains qu'il se perdrait un jour dans le sable aride, et qu'on pourrait fouler à pied sec le sol sillonné par ses ravages.

Compterait-il sur les secours de ses nouveaux sujets? Il les a privés de tout ce qu'ils chérissaient et respectaient; il a troublé la cendre de leurs pères, et fait couler le sang de leurs fils.

Tous se coaliseraient contre lui. La paix, l'indépendance, la justice, seraient les mots du ralliement général; et par cela même qu'ils auraient été longtemps proscrits, ces mots auraient acquis une puissance presque magique. Les hommes, pour avoir été les jouets de la folie, auraient conçu l'enthousiasme du bon sens. Un cri de délivrance, un cri d'union, retentirait d'un bout du globe à l'autre. La pudeur publique se communiquerait aux plus indécis; elle entraînerait les plus timides. Nul n'oserait demeurer neutre, de peur d'être traître envers soi-même.

Le conquérant verrait alors qu'il a trop présumé de la dégradation du monde. Il apprendrait que les calculs fondés sur l'immoralité et sur la bassesse, ces calculs dont il se vantait naguère comme d'une découverte sublime, sont aussi incertains qu'ils sont étroits, aussi trompeurs qu'ils sont ignobles. Il rirait de la niaiserie de

la vertu, de cette confiance en un désintéressement qui
lui paraissait une chimère, de cet appel à une exaltation
dont il ne pouvait concevoir les motifs ni la durée, et
qu'il était tenté de prendre pour l'accès passager d'une
maladie soudaine. Maintenant il découvre que l'égoïsme
a aussi sa niaiserie, qu'il n'est pas moins ignorant sur
ce qui est bon que l'honnêteté sur ce qui est mauvais;
et que, pour connaître les hommes, il ne suffit pas de
les mépriser. L'espèce humaine lui devient une énigme.
On parle autour de lui de générosité, de sacrifices, de
dévouement. Cette langue étrangère étonne ses oreilles;
il ne sait pas négocier dans cet idiome. Il demeure immobile, consterné de sa méprise, exemple mémorable
du machiavélisme dupe de sa propre corruption.

Mais que ferait cependant le peuple qu'un tel maître
aurait conduit à ce terme? Qui pourrait s'empêcher de
plaindre ce peuple, s'il était naturellement doux, éclairé,
sociable, susceptible de tous les sentiments délicats, de
tous les courages héroïques, et qu'une fatalité déchaî-
née sur lui l'eût rejeté de la sorte loin des sentiers de
la civilisation et de la morale? Qu'il sentirait profondément sa propre misère! Ses confidences intimes, ses
entretiens, ses lettres, tous les épanchements qu'il croirait dérober à la surveillance, ne seraient qu'un cri de
douleur.

Il interrogerait tour à tour et son chef et sa conscience.

Sa conscience lui répondrait qu'il ne suffit pas de se
dire contraint pour être excusable, que ce n'est pas
assez de séparer ses opinions de ses actes, de désavouer
sa propre conduite et de murmurer le blâme, en coopé-
rant aux attentats.

Son chef accuserait probablement les chances de la
guerre, la fortune inconstante, la destinée capricieuse.

Beau résultat, vraiment, de tant d'angoisses, de tant de souffrances, et de vingt générations balayées par un vent funeste, et précipitées dans la tombe !

Résultats du système guerrier à l'époque actuelle.

Les nations commerçantes de l'Europe moderne, industrieuses, civilisées, placées sur un sol assez étendu pour leurs besoins, ayant avec les autres peuples des relations dont l'interruption devient un désastre, n'ont rien à espérer des conquêtes. Une guerre inutile est donc aujourd'hui le plus grand attentat qu'un gouvernement puisse commettre : elle ébranle, sans compensation, toutes les garanties sociales. Elle met en péril tous les genres de liberté, blesse tous les intérêts, trouble toutes les sécurités, pèse sur toutes les fortunes, combine et autorise tous les modes de tyrannie intérieure et extérieure. Elle introduit dans les formes judiciaires une rapidité destructive de leur sainteté comme de leur but ; elle tend à représenter tous les hommes que les agents de l'autorité voient avec malveillance, comme des complices de l'ennemi étranger ; elle déprave les générations naissantes ; elle divise le peuple en deux parts, dont l'une méprise l'autre, et passe volontiers du mépris à l'injustice ; elle prépare des destructions futures par des destructions passées ; elle achète par les malheurs du présent les malheurs de l'avenir.

Ce sont là des vérités qui ont besoin d'être souvent répétées ; car l'autorité, dans son dédain superbe, les traite comme des paradoxes, en les appelant des lieux communs.

Il y a d'ailleurs parmi nous un assez grand nombre d'écrivains, toujours au service du système dominant, vrais lansquenets, sauf la bravoure, à qui les désaveux ne coûtent rien, que les absurdités n'arrêtent pas, qui cherchent partout une force dont ils réduisent les volontés en principes, qui reproduisent toutes les doctrines les plus opposées, et qui ont un zèle d'autant plus infatigable qu'il se passe de leur conviction. Ces écrivains ont répété à satiété, quand ils en avaient reçu le signal, que la paix était le besoin du monde; mais ils disent en même temps que la gloire militaire est la première des gloires, et que c'est par l'éclat des armes que la France doit s'illustrer. J'ai peine à m'expliquer comment la gloire militaire s'acquiert autrement que par la guerre, et comment l'éclat des armes se concilie avec cette paix dont le monde a besoin. Mais que leur importe? Leur but est de rédiger des phrases suivant la direction du jour. Du fond de leur cabinet obscur, ils vantent, tantôt la démagogie, tantôt le despotisme, tantôt le carnage, lançant, pour autant qu'il est en eux, tous les fléaux sur l'humanité, et prêchant le mal, faute de pouvoir le faire.

Je me suis demandé quelquefois ce que répondrait l'un de ces hommes qui veulent renouveler Cambyse, Alexandre ou Attila, si son peuple prenait la parole, et s'il lui disait : « La nature vous a donné un coup d'œil rapide, une activité infatigable, un besoin dévorant d'émotions fortes, une soif inextinguible de braver le danger pour le surmonter, et de rencontrer les obstacles pour les vaincre. Mais est-ce à nous à payer le prix de ces facultés? N'existons-nous que pour qu'à nos dépens elles soient exercées? Ne sommes-nous là que pour vous frayer de nos corps expirants une route vers la renommée! Vous avez le génie des combats : que nous fait votre génie? Vous vous ennuyez dans le désœuvrement de la paix : que nous importe votre ennui? Le léopard aussi, si on le transportait dans nos cités populeuses, pourrait se plaindre de n'y pas trouver ces forêts épaisses, ces plaines immenses, où il se délectait à poursuivre, à saisir et à dévorer sa proie, où sa vigueur se déployait dans la course rapide et dans l'élan prodigieux. Vous êtes comme lui d'un autre climat, d'une autre terre, d'une autre espèce que nous. Apprenez la civilisation, si vous voulez régner à une époque civilisée. Apprenez la paix, si vous prétendez régir des peuples pacifiques : ou cherchez ailleurs des instruments qui vous ressemblent, pour qui le repos ne soit rien, pour qui la vie n'ait de charmes que lorsqu'ils la risquent au sein de la mêlée, pour qui .la société n'ait créé ni les affections douces, ni les habitudes stables, ni les arts ingénieux, ni la pensée calme et profonde, ni toutes ces jouissances nobles ou élégantes, que le souvenir rend plus précieuses, et que double la sécurité. Ces choses sont l'héritage de nos pères, c'est notre patrimoine. Homme d'un autre monde, cessez d'en dépouiller celui-ci. »

Qui pourrait ne pas applaudir à ce langage? Le traité ne tarderait pas à être conclu entre des nations qui ne voudraient qu'être libres, et celle que l'univers ne combattrait que pour la contraindre à être juste. On la verrait avec joie abjurer enfin sa longue patience, réparer ses longues erreurs, exercer pour sa réhabilitation un courage naguère trop déplorablement employé. Elle se replacerait, brillante de gloire, parmi les peuples civilisés; et le système des conquêtes, ce fragment d'un état de choses qui n'existe plus, cet élément désorganisateur de tout ce qui existe, serait de nouveau banni de la terre, et flétri, par cette dernière expérience, d'une éternelle réprobation.

Dernières réflexions.

Durant l'impression de cet ouvrage, commencé au mois de novembre dernier [1813], les événements qui se sont succédé rapidement ont appuyé de preuves si évidentes les vérités que je voulais établir, que je n'ai pu m'empêcher de faire usage des exemples qu'ils me fournissaient, malgré mon premier désir de me réduire, le plus qu'il serait possible, à des principes généraux.

Celui qui, depuis douze années, se proclamait destiné à conquérir le monde, a fait amende honorable de ses prétentions. Ses discours, ses démarches, chacun de ses actes, sont des arguments plus victorieux contre le système des conquêtes, que tous ceux que j'avais pu rassembler.

Avant même que son territoire ne soit envahi, il est frappé d'un trouble qu'il ne peut dissimuler. A peine ses limites sont-elles touchées, qu'il jette au loin toutes ses conquêtes. Il exige l'abdication d'un de ses frères, il consacre l'expulsion d'un autre. Sans qu'on le lui demande, il déclare qu'il renonce à tout.

Il a tout réduit en poussière, et cette poussière mobile laisse arriver à lui les vents déchaînés. Les cris de sa famille, nous dit-il, déchirent son cœur. N'étaient-ils pas de cette famille ceux qui périssaient en Russie · dans la triple agonie des blessures, du froid et de la famine? Mais, tandis qu'ils expiraient désertés par leur chef, ce chef se croyait en sûreté. Maintenant, le danger qu'il partage lui donne une sensibilité subite.

La peur est un mauvais conseiller, là surtout où il

n'y a pas de conscience. Il n'y a dans l'adversité, comme dans le bonheur, de mesure que dans la morale. Où la morale ne gouverne pas, le bonheur se perd par la démence, l'adversité par l'avilissement.

Quel effet doit produire sur une nation courageuse cette aveugle frayeur, cette pusillanimité soudaine, sans exemple encore au milieu de nos orages? Car ces révolutionnaires, justement condamnés pour tant d'excès, avaient du moins senti que leur vie était solidaire de leur cause, et qu'il ne fallait pas provoquer l'Europe, quand on n'osait pas lui résister. Certes, la France gémissait depuis douze ans sous une lourde et cruelle tyrannie. Les droits les plus saints étaient violés, toutes les libertés étaient envahies. Mais il y avait une sorte de gloire. L'orgueil national trouvait (c'était un tort) un certain dédommagement à n'être opprimé que par un chef invincible. Aujourd'hui que reste-t-il? plus de prestige, plus de triomphes, un empire mutilé, l'exécration du monde, un trône dont les pompes sont ternies, dont les trophées sont abattus, et qui n'a pour tout entourage que les ombres errantes du duc d'Enghien, de Pichegru, de tant d'autres, qui furent égorgés pour le fonder! Vous qui désiriez une république, que dites-vous d'un maître qui a trompé vos espérances et flétri les lauriers dont l'ombrage voilait vos dissensions civiles, et faisait admirer jusqu'à vos erreurs?

FIN.

INDEX ALPHABÉTIQUE

35.

E

H

36.

Q

R

S

T

FIN DE L'INDEX.

TABLE DES MATIÈRES

FIN DE LA TABLE DES MATIÈRES.

Paris. — Imprimerie Vieville et Capiomont, rue des Poitevins, 6.

.

www.ingramcontent.com/pod-product-compliance
Lightning Source LLC
Chambersburg PA
CBHW060952280326
41935CB00009B/695